Вадим Подольный

АРХИТЕКТУРА ВЫСОКОНАГРУЖЕННЫХ СИСТЕМ

3-е издание, дополненное

2026

УДК 004.6
ББК 16.35
П44

Редактор Надежда Тихомирова

Подольный В.

П44 Архитектура высоконагруженных систем / Вадим Подольный. — 3-е изд., доп. — Альпина ПРО, 2026. — 518 с.

ISBN 978-5-00206-054-2

Книга представляет собой подробное руководство по проектированию и созданию систем, способных эффективно справляться с большими нагрузками. Автор раскрывает такие темы, как аппаратная и программная архитектура, принципы распределения данных, методы масштабирования и балансировки нагрузки. В книге особое внимание уделено вопросам надёжности, отказоустойчивости, кеширования и согласованности данных, что делает её особенно ценной для разработчиков критических информационных систем. Книга поможет читателям освоить сложные концепции распределённых систем, предлагая современные подходы и технологии. Автор приводит распространённые архитектурные шаблоны построения таких систем. В новом издании приведены многочисленные примеры деталей архитектуры распределённых систем, применяемых в задачах разработки систем промышленной автоматизации, систем хранения данных, СУБД и элементов систем общего назначения. В заключительной главе уделено внимание кибербезопасности распределённых систем. Новое издание адресовано профессиональным разработчикам, архитекторам и инженерам, стремящимся создавать надёжные, отказоустойчивые и производительные решения.

УДК 004.6
ББК 16.35

ISBN 978-5-00206-054-2 (твердая обложка)
ISBN 978-5-00206-055-9 (мягкая обложка)
ISBN 978-5-00206-044-3 (EPUB)

При поддержке

Клуб топ-менеджеров 4CIO[1] — одно из старейших ИТ-сообществ в России, площадка для обмена опытом профессионалов ИТ-индустрии.

Ассоциация разработчиков программных продуктов «Отечественный софт»[2] является крупнейшим объединением российских производителей тиражируемого программного обеспечения.

Ассоциация участников отрасли ЦОД[3] является профессиональной некоммерческой организацией, которая ведёт свою деятельность в интересах игроков рынка ЦОД, способствует формализации и развитию быстрорастущей инновационной отрасли.

---

[1] Клуб 4CIO, #A1.
[2] АРПП, #A2.
[3] АУО ЦОД, #A3.

Оглавление

Благодарности

Автор выражает искреннюю признательность коллегам за помощь в подготовке книги. Прежде всего хотелось бы поблагодарить Клуб топ-менеджеров «Клуб директоров ИТ — 4 СИО.Ру», редакционную коллегию учебников по цифровой трансформации 4CIO и 4CDTO[4], персонально **Сергея Кирюшина**, **Феликса Карасёва**, **Евгения Борисова**, **Дмитрия Северова**, **Алексея Кравченко** за полученный опыт разработки глав учебника 4CIO/4CDTO, мотивацию к созданию собственной книги, конструктивную критику и отзывы.

Автор благодарит Рената Лашина, исполнительного директора АРПП «Отечественный софт», и Игоря Дорофеева, президента Ассоциации участников отрасли ЦОД, за высокую оценку издания и отзывы.

Автор благодарит профильных экспертов за активное участие в обсуждении книги, тщательный анализ материала, критику, ценные замечания и конструктивные предложения:

- **Антона Жбанкова**, архитектора ЦОД и инфраструктуры высоконагруженных распределённых систем, @antonvirtual;
- **Александра Веретенникова**, доцента кафедры КВМиКН УрФУ, эксперта в области алгоритмов и структур данных, @veretennikovab;
- **Ростислава Глузмана**, архитектора распределённых высоконагруженных систем, @Rostislav_G;
- **Сергея Шелудько**, архитектора распределённых высоконагруженных программных систем управления;
- **Станислава Осипова**, архитектора операционных систем, @stas_os;
- **Игоря Гальцева**, эксперта в области создания и интеграции систем массового обслуживания, @galtsevia;
- **Михаила Малышева**, эксперта в области ИИ и машинного обучения. Михаил ведёт канал «Технозаметки Малышева», @tsingular[5].

Автор выражает благодарность опытному старшему товарищу, автору книг[6] по цифровизации АО «Концерн Росэнергоатом», а именно «Центры обработки данных», «Цифровой двойник», «Цифровая трансформация», «Искусственный интеллект», «Робототехника» и «Микроэлектроника», **Александру Прохорову** за комментарии, которые позволили сделать книгу более качественной.

[4] Учебник 4CDTO, #A4.
[5] Технозаметки Малышева, #A5.
[6] Digital Atom — книги, #A6.

Об авторе

Вадим Подольный с 2000 г. работает в области разработки программного обеспечения промышленных распределённых высоконагруженных систем управления. За 25 лет Вадим принял участие во многих крупных инфраструктурных проектах, связанных с обеспечением технологической независимости ключевых отраслей промышленности. Будучи главным конструктором, он руководил разработкой российской программной платформы АСУ ТП АЭС класса DCS/SCADA (ПО распределённых технологий автоматизации лицензированное, ПОРТАЛ) в ГК «Росатом». В настоящее время на базе этой разработки создано и успешно введено в эксплуатацию множество систем верхнего уровня АСУ ТП на современных энергоблоках АЭС с реакторами ВВЭР-1000, ВВЭР-1200 и БН-800. Вадим был главным конструктором и руководителем разработки операционной системы специального назначения «Заря», разрабатываемой в ГК «Ростех». Как эксперт Вадим участвовал в разработке решений в области распределённых автоматизированных систем для государственных корпораций и ряда коммерческих структур. Сейчас Вадим руководит несколькими проектами в области разработки промышленных распределённых высоконагруженных систем управления, обработки и хранения данных. Он является руководителем комитета промышленной автоматизации Ассоциации разработчиков программных продуктов (АРПП «Отечественный софт»), членом совета Клуба топ-менеджеров 4CIO, членом программного комитета и постоянным спикером многих профильных конференций. Вадим ведёт авторский курс «Архитектура высоконагруженных систем» в Университете Иннополис[7].

Вадим окончил факультет технической физики («Ф») Национального исследовательского ядерного университета МИФИ (Московский инженерно-физический институт) по специальности «Ядерные реакторы и энергетические установки», аспирантуру Всероссийского научно-исследовательского института по эксплуатации АЭС (ВНИИАЭС), получил дополнительное профессиональное образование в области автоматизированных систем управления технологическими процессами, разработки программного обеспечения и индустриальной кибербезопасности.

Связаться с Вадимом: *vadim@podolny.ru (email), @vpp01(tg)*[8]

---

[7] Иннополис, #A7.

[8] Podolny.ru, #A8.

О чём эта книга

Идея создания книги появилась после долгого обсуждения с техническими заказчиками подходов к разработке высоконагруженных распределённых систем. Всегда возникал один и тот же вопрос: «Как будем делать эту систему?» — а за ним один и тот же ответ: «Да вот так и будем!» Заказчик уходил думать, пытаясь «сколхозить» решение собственными силами, а когда в очередной раз не получалось, возвращался и говорил: «Вот ещё требования добавились, как делать-то будем?» Да всё так же! И это могло повторяться снова и снова достаточно долго. Бывало так: приходишь, а там уже другой человек, и всё начинается сначала. Мне это надоело, и я решил, что вместо объяснений буду вручать эту книгу. Конечно, это шутка, но в каждой шутке есть доля правды.

Эта книга не претендует на звание универсального свода знаний о высоконагруженной обработке данных или создании систем реального времени. Она лишь отражает некоторый опыт в этой области. Мой опыт в основном касается создания распределённых систем управления промышленными критическими информационными системами. В таких системах присутствуют сотни тысяч источников изменений данных и их потребителей. Сценарии управления зависят от характера и интенсивности этих изменений. Возможно, экспертам в области корпоративных информационных систем используемая терминология покажется несколько непривычной, но она появилась из-за сильно отличающихся от ИТ и отчасти завышенных требований к промышленным системам.

Возникает вопрос: как обуздать этот хаос? Нужен *ordo ab chao* (порядок из хаоса). А что, если из хаоса достаточно создать порядок, но не полный? Как вы обычно просите своего ребёнка, чтобы привёл в порядок свою комнату? Каковы метрики требуемого результата? С какого момента беспорядок можно считать в большей степени порядком, чем беспорядком? Так происходит и с данными в высоконагруженных системах. Чтобы с ними можно было работать, данные должны быть целостными. А какими должны быть метрики целостности и согласованности данных, позволяющие однозначно сказать, готовы данные к обработке или нет? Ведь если управлять, например, опасным производством, основываясь на неконсистентных (устаревших) данных, может случиться авария.

Книга даёт представление о том, как проектируются высоконагруженные распределённые системы управления; она адресована всем, кто хочет разобраться, как устроены и создаются такие системы.

Предисловие к 3-му изданию, дополненному

Первые два издания получили признание широкого круга читателей и собрали множество положительных отзывов и конструктивных замечаний, которые учтены в настоящей редакции. Третье издание существенно дополнено и переработано.

Книга обрела большую цельность — с точки зрения как структуры, так и логики изложения. Добавлен значительный объём нового материала, подкреплённый многочисленными примерами. Большинство глав пересмотрены с учётом экспертной критики.

Изменения отражают профессиональный и преподавательский опыт автора, полученный в Университете Иннополис и в рамках других образовательных программ. Этот опыт позволил оптимизировать стиль изложения, лучше структурировать основные акценты и включить новые важные темы.

Особое внимание уделено последовательному сравнению архитектурных подходов на примерах двух принципиально разных областей: систем промышленной автоматизации и систем хранения данных. Эти домены часто предъявляют противоположные требования к репликации данных, предсказуемости задержек и масштабированию. Такой контрастный анализ позволяет глубже раскрыть универсальные закономерности и архитектурные компромиссы, определяющие современный подход к проектированию высоконагруженных распределённых систем.

Обращение к читателю Евгения Борисова

Когда я читал предыдущую редакцию, она уже казалась фундаментальной и системной работой. Третье издание выросло почти вдвое: добавлены новые главы, в том числе про архитектурные шаблоны распределённых систем управления и современные приёмы их реализации. Автор проделал огромную работу по обновлению и переосмыслению содержания, фактически создав новую книгу!

Вадим Подольный — признанный специалист в своей области. Мне хорошо знаком стиль и подход автора: до этого мы вместе работали над «Учебником CDTO», для которого он подготовил главы об Интернете вещей и АСУ ТП. А я был заместителем главного редактора и соавтором ряда глав. Этот опыт позволил увидеть его системный подход, внимательность к деталям, точность формулировок и умение объяснять сложные технологические темы простым языком. Его опыт основан на более чем двадцати пяти годах в разработке промышленных распределённых систем управления и обработки данных. Сегодня Вадим руководит технологическими проектами, возглавляет комитет промышленной автоматизации АРПП «Отечественный софт», входит в экспертный совет 4CIO и преподаёт в Университете Иннополис. Это уровень, задающий высокую планку технической точности во всей книге.

Автор выстраивает повествование от терминов и фундаментальных понятий к архитектурным принципам и далее к шаблонам и практической инженерии. Он словно строит дом, возводя каркас от определений через проблематику, ограничения, решения и принятые архитектурные практики к приёмам их реализации. Это делает чтение системным и не даёт потеряться в сложности описываемой темы. Отличительные черты автора, которые нашли своё отражение и в этой книге, — это системность и структурированность.

Мы живём в эпоху, когда начинают активно применяться цифровые двойники, возрастает количество и качество ИИ-систем, edge- и fog-архитектуры становятся нормой, корпорации строят внутренние платформы и, соответственно, растут нагрузки и актуализируются требования к распределённому хранению и вычислениям. С точки зрения B2B-продуктов, венчурных проектов или оценки технологий в крупных организациях грамотная инженерия распределённых систем становится важным фактором устойчивости и стоимости продукта. Книга автора охватывает всю эту область комплексно и современно.

Книга читается легко, на одном дыхании. Она определённо станет своего рода энциклопедией высоконагруженных и распределённых систем, системным фундаментом, на который можно наслаивать новые знания и практические подходы!

Евгений Валерьевич Борисов,
директор по развитию Фонда развития интернет-инициатив[9],
главный редактор книги «Продуктовый подход.
Как создавать продукты, которые зарабатывают»,
заместитель главного редактора книги «Учебник для CDTO»,
член грантового комитета РФРИТ,
Экспертного совета фонда Сколково
Комитета по развитию рынка инноваций Мосбиржи,
совета клуба топ-менеджеров «Клуб директоров ИТ — 4 СИО.Ру»

[9] ФРИИ, #A9.

Приветственное слово Рената Лашина

Уважаемые читатели!

Современные тенденции развития программного обеспечения неразрывно связаны с необходимостью создания эффективной программной архитектуры. Наиболее чувствительной задачей, важной для экономики Российской Федерации, является разработка программных продуктов, направленных на решение задач построения распределённых систем управления объектами критической информационной инфраструктуры, такими как крупные промышленные предприятия, банки, сервисы массового обслуживания клиентов. В современных условиях необходимо уметь разрабатывать такие системы силами отечественных разработчиков. Именно перед российскими разработчиками стоит задача создания программных решений для обеспечения технологической независимости страны. Опыт, накопленный автором в рамках решения указанных задач, консолидирует теоретические основы разработки распределённых высоконагруженных систем управления, которые будут полезны коллегам и начинающим разработчикам.

Ренат Леонидович Лашин,
исполнительный директор
Ассоциации разработчиков программных продуктов
(АРПП) «Отечественный софт»

Приветственное слово Игоря Дорофеева

Уважаемые читатели!

Объём общемировых данных ежегодно увеличивается на 30%. Однако за этой формальной цифрой скрываются важные качественные изменения.

Во-первых, растёт зависимость человечества от данных, их доступности и скорости обработки. Мы уже воспринимаем постоянное использование цифровых сервисов как нечто само собой разумеющееся. На вопрос, какой центр обработки данных (ЦОД) можно считать хорошим, есть элегантный ответ: тот, о котором вы не знаете или забыли. Обычно мы вспоминаем о ЦОДах только тогда, когда какой-то сервис — будь то платёжный процессинг, заказ такси или что-то иное — становится недоступен, вызывая заметные неудобства.

Во-вторых, из-за роста объёма «сырых» данных, которые генерируются относительно легко, повышается сложность их обработки и структурирования. Вопросы эффективности, оптимизации и защищённости становятся перманентными. Таким образом, развитие информационных технологий как отрасли и информационных систем как практики остаётся крайне динамичным. Даже архитектура ЦОДов, несмотря на их основательность как объекта недвижимости, вынуждена адаптироваться к этим изменениям, следуя за эволюцией ИТ-систем в силу своего обеспечивающего характера.

Уверен, эти тезисы подтверждают актуальность тематики данной книги. Вектор развития принципов построения информационных систем смещается в сторону подходов, ориентированных на обработку критически важных данных в режиме реального времени.

Отдельно хочу выделить ещё один важный, но неочевидный вопрос. Сегодня во многих передовых отраслях знания формируются практически «с колёс». К сожалению, львиная доля публичной информации — это фейки, мифы и манипуляции. Существует острая проблема систематизации знаний и создания качественной основы для дальнейшего развития. Частично она была решена в этой монографии, за что я выражаю автору большую благодарность.

Игорь Викторович Дорофеев,
президент Ассоциации участников отрасли ЦОД

Приветственное слово Дмитрия Комиссарова

Уважаемые читатели!

Неоднократно слышал от топ-менеджеров крупнейших ИТ-компаний, что десятикратный рост аудитории почти всегда является приговором старой архитектуре и приводит к радикальной смене стека. Вадим — один из немногих на российском рынке практиков, кто проходил через такие трансформации неоднократно, раз за разом добиваясь результата.

Сегодня, когда стоимость ресурсов растёт, а обычная память может подорожать в пять раз, вопрос «покупать ещё железо или оптимизировать архитектуру» становится вопросом выживания бизнеса.

Но главное даже не в железе. В эпоху «вайбкодинга», когда нейросети берут на себя рутину, рынок джунов и мидлов ждёт серьёзная встряска. В этих условиях ценность архитектора, способного работать собственной головой, а не только подсказками ИИ, возрастает многократно. Код может сгенерировать машина, но спроектировать жизнеспособную, устойчивую систему может только глубокий человеческий интеллект.

В книге Вадима собраны актуальные, проверенные временем и практикой современные подходы для решения самых масштабных задач. Это инвестиция в ваше архитектурное мышление. Читайте — сэкономленное время и ресурсы бесценны.

Дмитрий Владимирович Комиссаров,
член правления
Ассоциации разработчиков программных продуктов
(АРПП) «Отечественный софт»,
основатель компаний «РОСА» («РОСА Линукс»),
«Новые Облачные Технологии» («МойОфис»)

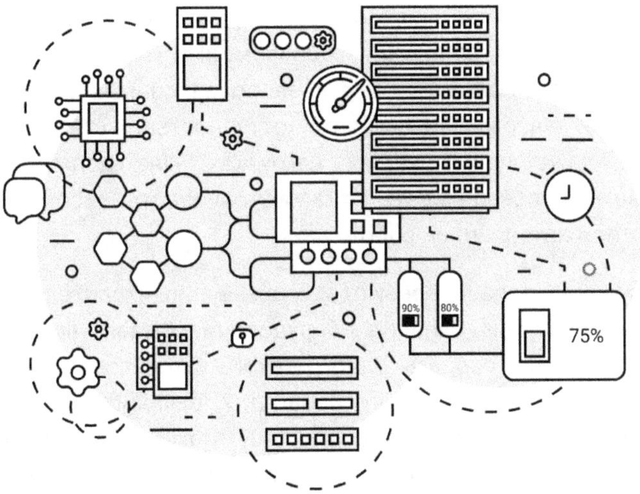

Глава 1. Введение

Что такое высоконагруженная система (ВНС)? Очевидно, ВНС — это система, которая обрабатывает высокие нагрузки. А что такое высокая нагрузка? Как обрабатывает? На чём обрабатывает? Насколько эффективно обрабатывает? На все эти вопросы есть ответы. Высокая нагрузка — состояние, при котором система приближается к пределу своих возможностей. Любая ВНС должна обрабатывать данные эффективно, то есть задействуя все доступные ресурсы аппаратного обеспечения: вычислительную мощность всех ядер процессоров, оперативную память, сетевые устройства.

Недопустимо, чтобы из-за низкой эффективности (производительности) сетевых карт процессоры оставались загруженными не полностью. Такая ситуация означает, что аппаратное обеспечение выбрано неэффективно с точки зрения решения конкретной задачи обработки данных. Задачи обработки данных бывают самыми разными, их можно классифицировать.

Для каждого класса задач обработки существует своя эффективная (оптимальная) аппаратная конфигурация. С экономической точки зрения, аппаратную конфигурацию рекомендуется подбирать таким образом, чтобы при максимальной загрузке все аппаратные компоненты использовались с максимальной эффективностью, а отдельные узлы и компоненты не простаивали.

Если попытаться точно и всеобъемлюще сформулировать определение ВНС, то звучать оно будет следующим образом. ВНС — это система, предназначенная для обработки большого объёма запросов, данных или пользователей с минимальными задержками, высокой доступностью и стабильной производительностью даже при пиковых нагрузках. Она должна эффективно масштабироваться, обеспечивать отказоустойчивость и сохранять целостность данных при интенсивной работе.

Современные задачи требуют серьёзных вычислительных ресурсов. Какой бы ни была конфигурация оборудования самого мощного сервера, который только можно собрать, одного такого устройства никогда не будет достаточно, чтобы решить задачу обработки высоких нагрузок, обусловленных наличием множества источников и потребителей данных. В ВНС обработку данных принято осуществлять на многочисленных объединённых в сеть устройствах, распределяя нагрузки между ними.

Оптимальное разделение нагрузки между связанными в единую сеть распределёнными устройствами — это сложная нетривиальная задача, которая напрямую определяет конечную стоимость аппаратного обеспечения. Она является ключевым показателем эффективности бизнеса — в особенности если таких устройств тысячи, десятки тысяч и более.

Существуют задачи, которые можно разделить (распределить) между совокупностью узлов, например обслуживание нагрузки на сайты в центрах обработки данных (ЦОД). За клиентом закрепляют определённый набор серверов (узлов), участвующих в его обслуживании. В рамках такого подхода в современных системах принято и рекомендовано использовать кластеры (разд. 9.1) или гиперконвергентные решения. Такие решения включают объединение ресурсов вычислений[10], хранения и сетевой инфраструктуры на одном уровне и поддерживают горизонтальное масштабирование (разд. 9.3.2). При этом вся работа, связанная с надёжностью, выполняется за счёт средств виртуализации и связанных средств резервирования.

В таких случаях обслуживание клиента осуществляется на закреплённом за ним узле без особого взаимодействия с окружающими узлами. Естественно, средства виртуализации «съедают» часть ресурса оборудования, однако при этом они обеспечивают высокую бизнес-эффективность.

[10] CPU, GPU-серверы.

Существуют задачи обработки данных, в которых одни изменения влекут за собой созависимые каскадные изменения. В задачах автоматизированных систем управления технологическими процессами (АСУ ТП) изменения одних переменных влияют на другие переменные и требуют мгновенной реакции (отклика) — например, перерасчёта переменных. В таких задачах не всегда можно использовать гиперконвергентные подходы, поэтому рекомендуется применять принцип «быть ближе к железу», исключив все лишние прослойки, приводящие к потере производительности и эффективности использования аппаратных ресурсов.

1.1. Немного о системах реального времени

ВНС, обеспечивающую выполнение проектных характеристик, таких как выполнение заданного числа операций в пределах заданного интервала времени, можно считать системой реального времени (СРВ[11]). Любую ВНС можно проектировать как СРВ или хотя бы как систему псевдореального времени. Как минимум, в ВНС стоит заложить некоторые присущие СРВ полезные архитектурные свойства.

СРВ совсем не обязательно должна обрабатывать высокие нагрузки, однако при решении современных задач большинство таких систем являются высоконагруженными. Например, умный датчик (устройство IIoT[12]) вполне может работать в режиме реального времени (РВ), но при этом не быть ВНС. Технологически такие компоненты обычно являются частью более крупных распределённых ВНС, о которых идёт речь в этой книге.

К СРВ относятся системы, в которых все компоненты должны работать максимально быстро и слаженно. Каналы связи должны обеспечивать высокую пропускную способность. Физические соединения и кабели должны быть произведены из лучших, эффективных по скорости прохождения импульсов и, следовательно, дорогостоящих материалов. В таких системах необходимо использовать быстродействующие микропроцессоры. В таких системах должно быть обеспечено многократное резервирование компонентов. Использование такого рода ресурсов оправдано при решении ряда задач — например, таких как управление органами регулирования ядерного реактора и остальными системами управления атомной электростанцией, органами управления летательными аппаратами, системами управления вооружением, медицинскими системами. Такие системы принято относить к СРВ,

[11] Real Time System, #01-01 [w].
[12] Industrial Internet of Things, #01-02 [w].

а в некоторых случаях — к системам жёсткого РВ, к компонентам которых предъявляют особенно высокие требования.

Для СРВ важнейшими понятиями являются задержка[13], представляющая собой время отклика, и дедлайн, представляющий собой предельную длительность выполнения операции. Поэтому СРВ и некоторые ВНС обычно называются низколатентными или ультранизколатентными (ULL[14]) системами (разд. 7.1.2).

В области знаний о СРВ и в их описаниях часто возникают путаница с терминами и споры об их использовании. СРВ классифицируют по степени строгости требований к величине задержек и дедлайнов. Выделяют следующие разновидности СРВ:

- жёсткого РВ (Hard Real-Time, HRT);
- умеренно жёсткого РВ (Firm Real-Time, FRT);
- мягкого РВ (Soft Real-Time, SRT);
- близкого к РВ (Near Real-Time, NRT);
- псевдо-РВ (Pseudo-Real-Time, PRT).

Во многих системах допустимо ослабление требований к режимам РВ. Для более точной классификации таких систем введено понятие джиттера[15]. Джиттер, определяющий разброс значений времени отклика, может увеличиваться в связи с различными обстоятельствами, например проблемами в сети, пиковыми запросами или иными перегрузками (разд. 7.1.4). Выделяют несколько методик вычисления джиттера:

- абсолютный — максимальное отклонение от заданного значения;
- пиковый (P2P[16] jitter) — отклонение между максимальной и минимальной задержкой;
- средний (average jitter) — среднее отклонение в пределах интервала;
- среднеквадратичный (RMS[17] jitter) — в пределах интервала.

В системах, работающих в режиме HRT, недопустимо нарушение дедлайнов, которое гарантированно приведёт к отказам (разд. 7.2). В таких системах джиттер должен быть минимальным и предсказуемым. Обычно, когда заявляют реализацию HRT, подразумевают аппаратное исполнение или исполнение в виде аппаратно-программного комплекса (АПК), в котором

---

[13] Latency, #01-03. ▸
[14] Low latency, ultra-low latency, #01-04.
[15] Jitter, #01-05 [w].
[16] Peak To Peak Jitter.
[17] Root Mean Square Jitter.

ответственность за реализацию режима РВ в основном возложена на железо. Такой режим РВ актуален для критических систем, таких как авионика, системы противоаварийной защиты (ПАЗ) АСУ ТП ядерных реакторов, электроэнергетических установок, исследовательских и медицинских устройств.

В системах с FRT допускаются редкие нарушения дедлайнов, что не приводит к отказу. Результат вычислений, полученный с нарушением дедлайнов, может считаться бесполезным. Джиттер в таких системах должен быть предельно низким. Этот режим РВ актуален для АСУ ТП нормальных режимов эксплуатации большинства критических систем, а также финансовых сервисов.

В системах с SRT допустимы нарушение дедлайнов и умеренно контролируемый джиттер. Такой режим РВ актуален для систем оперативного управления, видеозвонков, онлайн-игр.

В системах с NRT строгие требования к дедлайнам отсутствуют, допустимы значительные отклонения задержки. В таком режиме функционируют системы, нетребовательные к оперативной реакции, — например, телеметрические сервисы, системы бизнес-аналитики, допускающие значительные задержки получения информации.

В системах с PRT не задаются требования к дедлайнам, допустимы высокие джиттеры. В таком режиме функционируют системы, не требующие интерактивного обновления данных, — например, системы бизнес-аналитики, отчётности.

Чем выше требования к режимам РВ, тем больше ответственность при проектировании, верификации и валидации решений. Чем ниже требования к режиму РВ, тем разработка таких систем проще и дешевле. Иногда лучше отказаться от требований к режиму РВ, даже если таковые подразумеваются. На практике такие системы создавать проще, чем системы с соответствующими требованиями. Обычно проектируют некую систему, оценивают её возможности, а затем система масштабируется и оптимизируется в узких местах. Такой подход является менее ресурсоёмким, чем создание СРВ с высокими требованиями к режимам РВ.

Системы без требований РВ — это системы, в которые не закладывают требования к режимам работы РВ. Тем не менее такие системы могут быть эффективно и качественно разработаны, они могут обладать исключительными характеристиками производительности. Однако если в такую систему заранее не заложить требования режимов работы РВ, то при высоких нагрузках и перегрузках такая система с высокой вероятностью поведёт себя непредсказуемо. Не всегда будет сразу понятно, что с ней не так, где именно возникли проблемы.

Самая большая проблема для принимающих решения лиц возникает в тот момент, когда появляется путаница в терминах. Разработчики навязывают систему, критичную к быстродействию, но реальная задача позволяет обойтись и не очень критичной. В таком случае возникает перерасход на разработку, закупку оборудования, пусконаладку, начинаются проблемы, связанные с обслуживанием серьёзной, критичной к быстродействию системы. А такая дорогостоящая и «капризная» система нужна далеко не всегда.

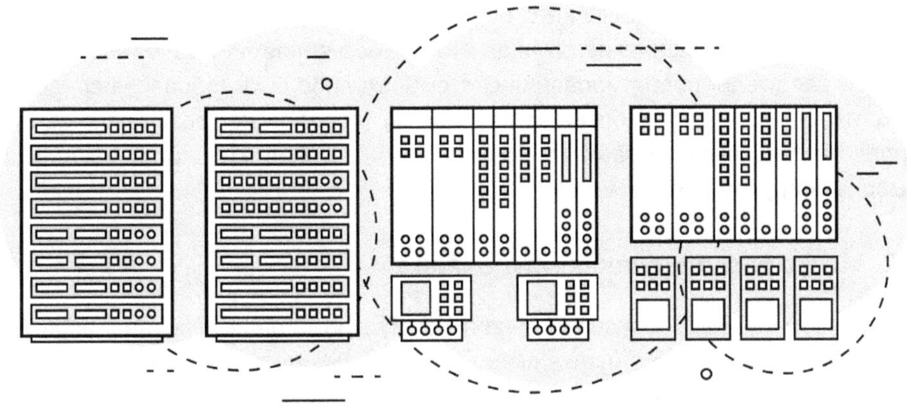

Глава 2. Аппаратная архитектура

Аппаратная инфраструктура является важнейшей составляющей высоконагруженных распределённых систем. В этой книге не будут подробно детализированы, но будут отмечены некоторые моменты, которые в итоге влияют на надёжность, эффективность и стоимость инфраструктуры целевой системы. При проектировании аппаратной инфраструктуры для распределённых систем следует учитывать несколько факторов, в том числе:

- выбор типа оборудования;
- выбор места размещения оборудования;
- оценку конфигурации при нагрузке;
- оценку зависимости от производителей и технологий;
- планирование масштабирования.

2.1. Выбор типа оборудования

При проектировании рассматриваемых систем всегда возникает вопрос выбора типа используемого оборудования: использовать меньше серверов, но крутых, мощных и дорогих с резервированием компонентов, или больше, но дешёвых и слабых без резервирования компонентов? На этот вопрос можно ответить, рассмотрев задачу как с точки зрения аппаратного обеспечения (АО), так и в совокупности с программным обеспечением (ПО), потому что именно оно влияет на итоговую эффективность работы оборудования.

При выборе между «круто и дорого» и «завалить кучей дешёвого железа» существует оптимальный алгоритм действий: необходимо тщательно оценить технические требования, географию, условия размещения оборудования, доступность технического персонала на местном рынке труда и т. д. В абсолютном большинстве случаев этот выбор является надуманным. Если пройти все этапы проектирования системы, то либо многообразие вариантов сократится до одного безальтернативного, после чего останется только провести тендер на поставку, либо существенно сократится число вариантов выбора оборудования.

2.2. Место размещения оборудования

Место размещения оборудования почти всегда обусловлено правильно сформулированными бизнес- и техническими требованиями при проектировании. География распределённых кластеров напрямую зависит от показателей RPO/RTO (разд. 7.2.2) и требований по защите от катастроф (разд. 7.2.3). Выбор между коммерческим ЦОД и локальным размещением на площадке предприятия вытекает из требований к удалённости, безопасности, защищённости и резервированию каналов связи.

Проектирование обычно осуществляется сверху вниз, путём декомпозиции от общего к частному. Важно своевременно учитывать возможности самого нижнего уровня, чтобы компенсировать его недостатки на верхнем. При отсутствии подходящих аппаратных решений и/или площадок для размещения оборудования можно снизить требования к нижнему уровню (площадке) за счёт использования эффективной программной архитектуры и реализации общего уровня защищённости на более высоких уровнях. Важно помнить, что требования архитектуры целевой системы — это способ реализации основной бизнес-задачи, а не истина в последней инстанции. Всегда существует несколько способов реализации таких требований.

2.3. Оценка конфигурации оборудования при нагрузке

Необходима определённая аккуратность в оценке комплектации оборудования. Например, при максимальной нагрузке на сетевые устройства может оказаться, что процессоры серверов остаются недостаточно загруженными. В таких случаях необходимо оптимизировать соответствующие аппаратные ресурсы, увеличить мощность сетевого оборудования или выбрать менее мощные процессоры, при этом даже немного сэкономив.

Требования к конфигурации оборудования должны исходить из следующих целевых показателей:

- производительность и загрузка при установленной нагрузке;
- производительность и загрузка при пиковой нагрузке;
- уровень резервирования;
- размеры доменов единичного и двойного отказа;
- стандартизация конфигураций;
- доступность оборудования и конфигурации (комплектующих) на рынке, планы по поддержке производителем (вендором);
- доступность квалифицированных кадров на локальном рынке труда.

Зачастую имеет смысл разместить достаточно мощное оборудование с большим запасом по производительности и резервированию на удалённых площадках для максимизации времени безостановочной работы без обслуживания при возникшем сбое. При наличии надёжной логистики и большого склада в крупном центре уровень резервирования запасных частей, инструментов и принадлежностей (ЗИП) можно снизить, ориентируясь на статистику отказов и обеспечивая своевременное пополнение.

2.4. Зависимость от вендора или технологии

Необходимо оценить риски зависимости от одного вендора или конкретной технологии. Всегда лучше рассчитывать на то, что и вендора, и технологию в какой-то момент придётся заменить. Или сам вендор может выбрать другую технологию для своего будущего оборудования, и ваши системы станут несовместимы. Например, бывает так, что программная инфраструктура использует особую аппаратную технологию. В этой связи можно вспомнить классический пример того, как компания DEC перестала поддерживать серверы AlphaServer с архитектурой RISC в начале 2000-х гг. Такие решения продолжают использовать и сейчас на множестве предприятий, и у многих из них не осталось резервов (ЗИП). Системы такого рода продолжают эксплуатировать, потому что разработчики ПО, занимавшиеся ныне устаревшей архитектурой, уже на пенсии или недоступны, поэтому портировать системы на современную архитектуру некому. Модернизировать такие системы можно только целиком. Представьте себе, например, что это АЭС с несколькими энергоблоками. Такие ситуации встречаются весьма часто во многих отраслях и странах мира. Возникает вопрос организации технической и гарантийной поддержки для большого разнообразия оборудования и решений на основе продукции одного вендора.

Крупные сервисные провайдеры и интеграторы самостоятельно осуществляют сборку оптимальных конфигураций оборудования для конкретных инфраструктурных решений, что довольно эффективно. Например, Google, Amazon и Яндекс самостоятельно разрабатывают серверные и инфраструктурные решения, контролируя их архитектуру, производство и жизненный цикл.

2.5. Планирование масштабирования

Необходимо заранее планировать сценарий масштабирования ресурсов (разд. 9.3). Следует планировать возможность увеличения мощности серверов за счёт добавления в них оперативной памяти, сетевых карт, процессорных и GPU-модулей в случае модульных серверов. Кроме того, следует планировать увеличение числа серверов. Бывают ситуации, когда программная инфраструктура рассчитана на предельное число узлов и просто не может работать при большем их числе. О таких ограничениях лучше знать заранее. Может случиться так, что условия лицензии на дополнительные узлы не устроят потребителя. Кроме того, на этапе проектирования стоит рассмотреть возможность применения решений для разгрузки[18] CPU[19].

На этапе проектирования стоит рассмотреть возможность применения специализированных аппаратных ускорителей для решения специализированных задач. Среди них следует отметить:

- DPU[20]: для разгрузки CPU от задач инфраструктуры — виртуализации, обработки сетевого стека (SmartNIC), управления СХД и безопасности;
- GPU[21]: для задач, требующих массового параллелизма, — искусственный интеллект, высокопроизводительные вычисления (HPC), машинное обучение, графика;
- NPU[22]: для аппаратного ускорения инференса нейросетей при низком энергопотреблении;
- LPU[23]: для специализированных задач машинного обучения;

[18] Offloading, #02-01 [w].
[19] Central Processor Unit.
[20] Data Processing Unit, #02-02.
[21] Graphics Processing Unit, #02-03 [w].
[22] Neural Processing Unit, #02-04 [w].
[23] Language Processing Unit, #02-05.

- FPGA[24] (программируемая пользователем вентильная матрица): для задач, требующих детерминированного выполнения логики с минимальными и предсказуемыми задержками за счёт реализации логики непосредственно в аппаратуре без программного стека и джиттера планировщика ОС, широко применяется в телекоммуникационных и автоматизированных системах управления;
- ASIC[25] (интегральная схема специального назначения[26]): для решения узкоспециализированных задач с максимальной производительностью и энергоэффективностью.

Важно отметить, что термин NPU неоднозначен. В контексте сетевых устройств он исторически обозначал Network Processing Unit[27] — функции которого сегодня выполняют DPU и SmartNIC. В контексте 2026 г. NPU принято относить к Neural Processing Unit.

---

[24] Field-Programmable Gate Array, #02-06 [w].
[25] Application-Specific Integrated Circuit.
[26] ИССН, #02-07 [w].
[27] Network Processing Unit, #02-08 [w].

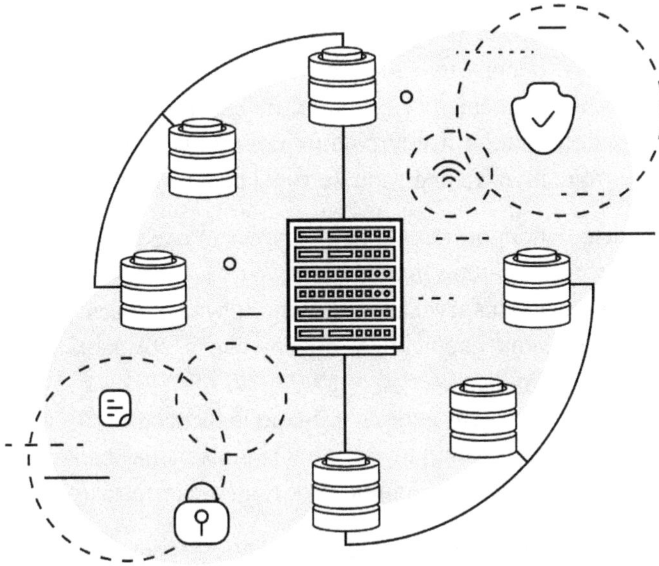

Глава 3. Принципы распределения данных

Современные информационные системы оперируют колоссальными объёмами данных. Эти данные генерируются в режиме реального времени миллионами распределённых источников. Такими источниками могут быть финансовые транзакции, телеметрия IoT-устройств, потоковое видео или контент, связанный с обслуживанием социальных сетей и мессенджеров. Обработка данных такого рода предъявляет принципиально новые требования к архитектуре вычислительных комплексов. Монолитные централизованные системы уже не справляются с обеспечением необходимой производительности, отказоустойчивости и масштабируемости.

На смену приходят распределённые системы — сложные программно-аппаратные комплексы, состоящие из множества независимых вычислительных узлов, скоординированно решающих общую задачу. Ключевым преимуществом таких систем является их способность к горизонтальному масштабированию. При росте нагрузки в кластер добавляются новые узлы, что позволяет практически линейно наращивать вычислительную мощность и пропускную способность.

Для обеспечения эффективности функционирования распределённых систем прежде всего необходимо определиться с принципами разделения данных между распределёнными узлами.

3.1. Данные и метаданные

Основная нагрузка в распределённых системах связана с обработкой большого объёма (потока) сообщений (данных, изменений, событий) из разнообразных внешних источников и внутренних составных компонентов системы (разд. 4.7). Принято выделять следующие типы событий:

- асинхронные — полностью непредсказуемые события, такие как оповещения, тревоги, команды управления;
- синхронные — предсказуемые события, случающиеся с определённой частотой, такие как сообщения, связанные с обменом данными и их синхронизацией (разд. 4.4.1);
- изохронные — разновидность синхронных событий, происходящих с гарантированной периодичностью и минимальным джиттером, например диагностические сообщения о состоянии системы (разд. 7.1.3).

Часто меняющиеся данные и возникающие события можно отнести к оперативным данным, или данным реального времени. Не все данные в системе являются оперативными. Часть данных необходима для описания оперативных данных, и они могут подвергаться изменениям крайне редко. Такие вспомогательные данные называются данными о данных или метаданными. Например, фотоизображения могут содержать дату, координаты, выдержку в качестве метаданных.

Метаданные могут содержать разную полезную, но не относящуюся к оперативному взаимодействию узлов информацию. Следовательно, метаданные можно отнести к неоперативным данным.

В распределённых системах следует тщательно разделять способы обмена оперативными и неоперативными данными. Объём неоперативных данных может быть весьма заметен, и если их включать в трафик обмена оперативными данными, они могут занять существенный его объём, а также значительно повлиять на нагрузку целевой системы.

Оптимизация баланса обмена данными является весьма непростой задачей. Изменение метаданных может повлиять на системное восприятие оперативных данных. Следовательно, все изменения метаданных следует оперативно доставить на требуемые узлы. При обмене метаданными следует учитывать их приоритет.

В целевой системе необходимо определить, какие изменения оперативных и неоперативных данных считать значимыми или бесполезными. Тогда управлять данными этой системы будет значительно проще.

3.2. Единый формат данных

Основу быстродействия любой системы составляет отсутствие задержек при лишних преобразованиях форматов данных. Это значит, что в идеальной ситуации все узлы распределённой системы взаимодействуют между собой в едином формате в рамках формализованного протокола. Чтобы можно было быстро и эффективно обрабатывать, считывать и записывать (перезаписывать) данные, структура их хранения должна быть максимально упрощённой и соответствовать выбранному протоколу.

Данные, участвующие в обмене между узлами, могут быть отделены от метаданных, за исключением специфических случаев, например, когда метаданные, такие как тип данных в сообщении или его версия, необходимы для интерпретации данных непосредственно в процессе их обработки. В реальных распределённых системах редко возникают ситуации, при которых в нагрузке изменяется структура данных: обычно меняются только значения переменных. Как правило, структура данных системы статична. Конфигурация структуры может быть загружена из файла или получена из СУБД (DBMS[28]) при старте узлов или в режиме минимальной нагрузки. Конфигурация структуры данных распределённой системы обычно размещается в метаданных. Все сложные связи, определяющие структурную принадлежность, иерархичность и связность, могут находиться в метаданных. Всё, что можно убрать из трафика обмена данными между узлами в режиме эксплуатации под нагрузкой, рекомендуется определять как метаданные. Единый формат данных выбирают с учётом структур, подходящих для транспортировки данных (разд. 10.2.10).

Существует множество подходов к унификации формата данных. Каждая область знаний обладает существенной отраслевой спецификой, следовательно, модели данных могут значительно различаться. Например, в информационных технологиях широко применяется CIM[29] — открытый стандарт, определяющий представление управляемых элементов в виде совокупности объектов и их связей. В промышленной автоматизации такие модели используются в современных протоколах, таких как OPC UA, МЭК 61850 (разд. 11.3) и др.

[28] Relational Database Management System, #03-01 [w].
[29] Common Information Model, #03-02 [w].

3.3. Распределённое разделение данных

В современных системах, какими бы мощными ни были ресурсы узла (сервера), они в какой-то момент исчерпываются. В высоконагруженных системах целесообразно обрабатывать данные на совокупности распределённых узлов. Это значит, что сначала данные необходимо распределить таким образом, чтобы их можно было удобно и эффективно обработать в распределённом режиме (разд. 3.3.1). Каждый такой узел обладает определённым объёмом оперативной и постоянной памяти, определёнными мощностями процессоров и пропускной способностью сетевых карт. В СРВ не принято задействовать постоянные накопители, какими бы производительными ни были эти устройства. Если в таких системах и используются более медленные накопители, чем оперативная память, то к режиму РВ это не имеет отношения.

Распределение данных между узлами может осуществляться в зависимости от их аппаратных конфигураций:

- совокупность узлов с одинаковой конфигурацией;
- совокупность относительно равных по конфигурации узлов;
- совокупность групп узлов, относительно равных по конфигурации;
- совокупность неравных по конфигурации узлов.

Для кластерных систем наиболее эффективным является первый вариант, второй вариант тоже допустим (разд. 9.1).

Жизненный цикл ВНС включает в себя периодическое масштабирование (разд. 9.3) и модернизацию оборудования, поэтому конфигурация с относительно равными узлами встречается чаще.

Если речь идёт о задачах, в которых встречаются граничные (edge[30]) и туманные (fog[31]) вычисления, то такие системы соответствуют третьему варианту. Если в системе встречается множество разнообразных источников и потребителей, например устройств интернета вещей (IoT), то такая система соответствует четвёртому варианту.

Распределение данных между узлами может осуществляться с формированием избыточности (разд. 4.2.3). Принцип избыточности широко известен, он применяется в различных информационных системах. Например, в системах хранения данных (СХД) для надёжности используются разнообразные избыточные устройства (разд. 11.2). Неотъемлемой частью любой СХД являются физические накопители, объединяемые в группы. Такие группы

[30] Edge compute, #03-03 [w].
[31] Fog compute, #03-04 [w].

обслуживаются программно-определяемыми массивами независимых дисков (RAID[32]). Существует целый ряд конфигураций такого рода массивов (разд. 11.2.1), в которых используются разнообразные способы организации избыточности данных на обслуживаемых физических накопителях (HDD, SSD). Обычно RAID эффективно работают с одинаковыми по конфигурации устройствами. В распространённых решениях такие массивы обслуживаются одним или двумя узлами (контроллерами), работающими в режиме active-active (активно-активный) или active-passive (активно-пассивный) (разд. 4.2.1). Обычно это сервер, где встроена резервируемая подсистема ввода-вывода для работы с дисковыми массивами, либо сервер (контроллер), который сопрягается со специальным устройством (дисковая полка[33]) для обслуживания массива накопителей. Устройства для клиентского доступа к комплексу (сетевые карты) тоже резервируются. Резервирован может быть и контроллер. В этом случае каждый такой контроллер может иметь равноправный доступ к массивам накопителей. Такое резервирование существенно повышает отказоустойчивость СХД. Решения с более чем двумя управляющими узлами (контроллерами) встречаются реже из-за их сложности и дороговизны (разд. 10.2.3).

Современные СХД, основанные на технологии фабрик NVMe[34] (NVMe-oF[35]), могут функционировать дезагрегированно. Узлы такой системы обслуживают свой пул NVMe SSD (разд. 4.2.4). Узлы фабрики эффективно координируются и масштабируются.

Существуют решения, представляющие собой программно-определяемые хранилища, которые устроены иначе, чем классические, основанные на программно-аппаратных RAID. Такие программно-определяемые хранилища могут быть созданы на базе узлов с различной аппаратной конфигурацией. Такие конфигурации, как правило, весьма просты и широко доступны на рынке. Конструкции подобного рода называются избыточными массивами независимых узлов (RAIN[36]).

[32] Redundant Array of Independent Disks, #03-05 [w].
[33] JBOD, JBOF, FBOF, #03-06.
[34] Non-Volatile Memory Host Controller Interface Specification, #03-07 [w].
[35] NVMe over Fabric, #03-08.
[36] Redundant Array of Independent Nodes, #03-09.

В распределённых системах активно применяются как классические СХД, так и программно-определяемые СХД на базе RAIN. В любом случае до того, как данные попадут на физические накопители таких решений, они сначала окажутся в оперативной памяти. Вопрос обмена данными между оперативной памятью и массивами накопителей не относится к задачам РВ, так как зависит от производительности используемых накопителей, которые, в свою очередь, медленнее, чем оперативная память. Например, RAIN используется в известных программно-определяемых хранилищах, таких как Ceph, GlusterFS, а также в других программно-определяемых распределённых системах хранения данных (SDS[37]) с открытым исходным кодом.

Распределённые системы могут использовать для обработки данных оперативную память распределённых узлов как общее пространство (разд. 4.10, 10.5.2). Такая конструкция, предназначенная для формирования общей оперативной памяти узлов, представляет собой особый вид RAIN. Задачи создания общей оперативной памяти лежат в области асимметричного и симметричного мультипроцессирования (AMP[38], SMP[39]). При объединении нескольких процессоров в рамках одного узла основной задачей архитектуры AMP является разделение ресурсов между ними, в то время как задача SMP заключается в координации конкурентного доступа всех ядер к единому полю оперативной памяти (разд. 5.4). В распределённом случае подразумевается объединение совокупности узлов с процессорами и оперативной памятью в единый вычислительный кластер (разд. 9.1).

Сейчас, в эпоху тотальной виртуализации, задача объединения ресурсов распределённых узлов формулируется как задача виртуализации SMP[40]. Задача объединения ресурсов распределённых узлов в единую конструкцию, по сути, является задачей, обратной классической виртуализации, в рамках которой решается задача разделения большего ресурса на меньшие с возможностью программного управления их активностью. Важно пояснить, что виртуализация SMP в распределённой системе является логической конструкцией и не тождественна аппаратному SMP. Именно такую конструкцию предлагается рассмотреть для управления распределённой обработкой данных в распределённой системе. Эта конструкция по своей сути является распределённой разделяемой памятью.

[37] Software Defined Storage, #03-10.
[38] Asymmetric multiprocessing, #03-11[w].
[39] Symmetric multiprocessing, #03-12 [w].
[40] Например, vSMP от ScaleMP, #03-13.

3.3.1. Принципы разделения данных

В распределённой системе важной задачей является разделение данных в целях их разнесения (распределения) по разным устройствам для упрощения хранения, обработки или управления структурой данных системы.

Принципы разделения данных зависят от их структурирования. Разделить по определённому признаку можно как структурированные, так и неструктурированные данные. Важно определить, что является структурой относительно объекта хранения данных. Например, если рассматривать блочное хранение данных в оперативной памяти или на накопителях СХД, то для такого уровня организации хранения данных совершенно не важно, что находится внутри блоков. Каждый блок, содержащий часть общих данных, является чёткой и понятной структурой. В таком случае для разделения данных достаточно выбрать блоки или группы блоков и распределить их по разным устройствам заданным способом, возможно, с избыточностью (разд. 4.2). Таким образом, разделение данных может быть блочным или структурированным. В случае распределённых систем под этими устройствами подразумеваются распределённые узлы. В случае СХД такими устройствами будут ещё и различные виды накопителей данных (разд. 11.2).

Разделение данных на части всегда подразумевает некоторую логику (схему) их распределения и является основой масштабирования (разд. 9.3) распределённых систем. Распределение данных может осуществляться на основании предопределённого алгоритма, например итеративного. Схемы разделения данных могут быть заданы статически или подчиняться определённой логике. Статически можно явно указать узлы, на которых будут представлены необходимые части данных (переменные, объекты, страницы, файлы) (рис. 3–01).

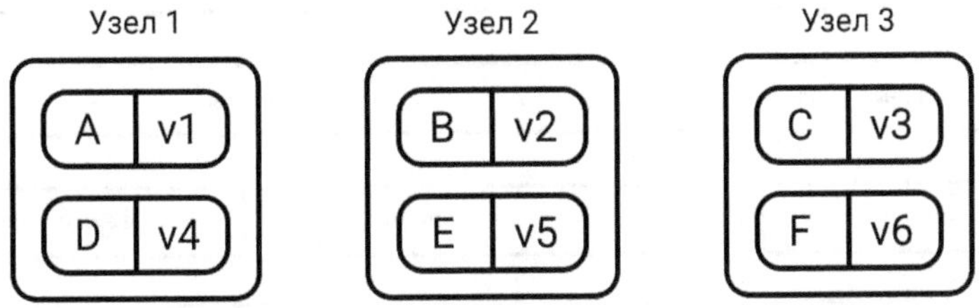

Рис. 3–01. Разделение данных

В случае со структурированными данными разделение данных может осуществляться различными способами. Тем или иным способом можно разделить любую структуру данных. Плоские структуры данных, такие как массив, список, вектор, хеш, ключ-значение[41] (разд. 3.3.10), можно разделить на части (разделы) и разделить между несколькими устройствами (узлами). Такое распределение называется горизонтальным разделением.

Разделение больших структурированных данных требует формирования метаданных (разд. 3.1), содержащих информацию о характере разделения и прочих особенностях. Такие метаданные либо добавляются к данным, либо хранятся изолированно. При необходимости обращения к той или иной части данных с помощью метаданных можно будет найти узел или устройство, на котором представлена эта часть данных.

Для описания разделения данных в различных распределённых системах используется ряд подходов, в наименованиях которых часто путаются (рис. 3–02). Среди таких подходов необходимо выделить:

- горизонтальное разделение — разделение группы структур данных на части без нарушения целостности каждой структуры;
- вертикальное разделение — разделение группы структур данных на части с разделением их целостности по признакам;
- партиционирование — разделение данных любым способом;
- секционирование — партиционирование в СУБД скорее горизонтальным разделением;
- сегментирование — разделение блочных партиций на части;

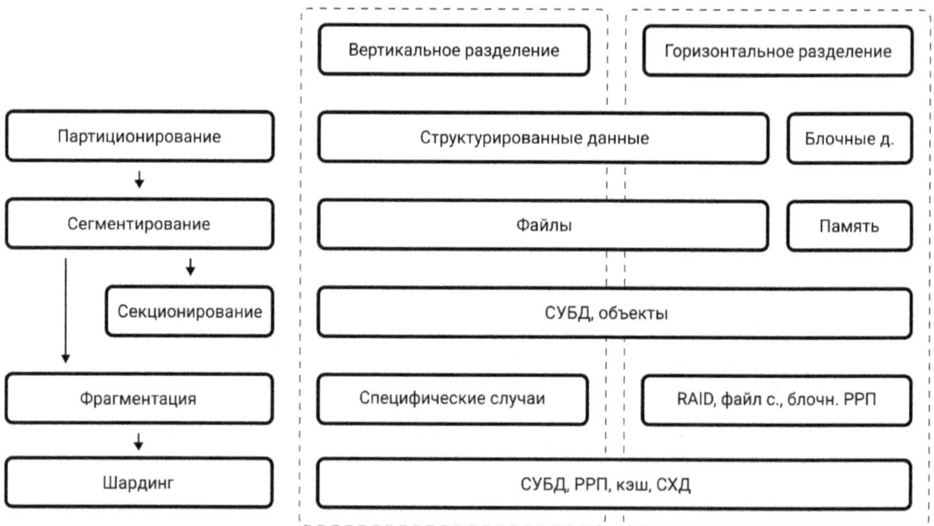

Рис. 3–02. Подходы к разделению данных

[41] Key-Value, #03-14 [w].

- фрагментацию — разделение блочных сегментов на части;
- шардинг — распределение партиций по разным узлам.

Применение каждого из терминов подразумевает определённую частную форму разделения данных в соответствии с определёнными принципами. Эти принципы подробно рассмотрены ниже.

3.3.2. Горизонтальное разделение

Горизонтальное разделение подразумевает разделение группы структур данных на части без нарушения целостности каждой структуры. Так можно разделить список, массив, таблицу или неструктурированные блоки данных и распределить их по разным устройствам или распределённым узлам (рис. 3–03).

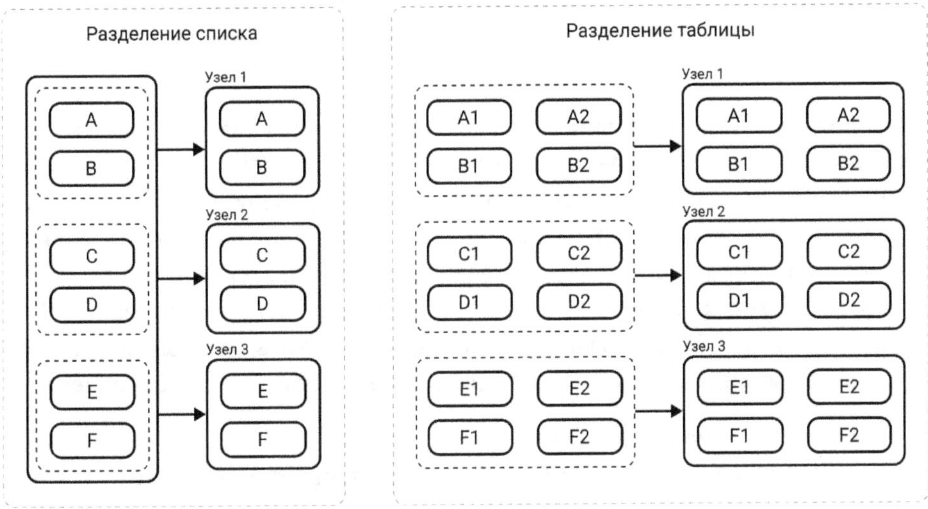

Рис. 3–03. Горизонтальное разделение данных

Горизонтальное разделение используется для упрощения логики доступа к данным, повышения эффективности их обработки, а также для изоляции и обеспечения разграничения доступа. Следует выделить ряд преимуществ горизонтального разделения:

- возможность разделения данных между разными накопителями, при этом более востребованные данные могут быть размещены на более быстрых накопителях;
- возможность изоляции разделов с целью защиты данных от утраты;
- возможность создания избыточности при разделении, что существенно повышает отказоустойчивость целевой системы.

В качестве проблем, возникающих при горизонтальном разделении данных, необходимо отметить следующие:

- горизонтальное разделение может усложнить целевую систему и потенциально увеличить задержки операций объединения нескольких разделов, поскольку данные необходимо запрашивать из разных разделов;
- если данные распределены неравномерно или некоторые разделы получают больше запросов или обновлений, чем другие, это может привести к дисбалансу системы, который может повлиять на производительность (разд. 8.1).

Важно отметить, что в случае распределения частей (партиций) данных по разным накопителям в рамках одного узла такое горизонтальное разделение принято называть партиционированием. Горизонтальное разделение данных является основой горизонтального масштабирования. Такой подход характерен для различных массивов накопителей на основе RAID (разд. 11.2.1).

В случае горизонтального разделения (распределения) партиций между разными узлами разделение принято называть шардингом (разд. 3.3.7). Горизонтальное разделение данных составляет основу масштабирования распределённых систем (разд. 9.3.2). Горизонтальное разделение данных широко применяется для вычислительных кластеров, обрабатывающих нагрузку, например для распределённых СУБД (разд. 11.1), многоузловых СХД (разд. 11.2) или АСУ ТП (разд. 11.3). Следует отметить, что горизонтальное масштабирование в контексте СУБД принято называть секционированием.

Горизонтальное разделение данных, как правило, осуществляется на основе ключей, диапазона или хешей. Применяется и объектное разделение, например в распределённых объектных файловых системах.

3.3.3. Вертикальное разделение

Структурированные данные, которые можно представить в виде многомерных массивов, например двумерных таблиц, могут быть подвергнуты вертикальному разделению. Такой вид разделения данных подразумевает распределение совокупности измерений, колонок для таблиц, по разным узлам или устройствам (рис. 3–04). Типичным примером такого разделения являются колоночные (столбцовые) СУБД, в том числе построенные на базе СУБД для хранения временных рядов (TSDB[42]).

[42] Time Series Database, #03-15 [w].

В качестве ещё одного примера можно привести разделение статических и динамических данных по разным типам СУБД (разд. 3.1).

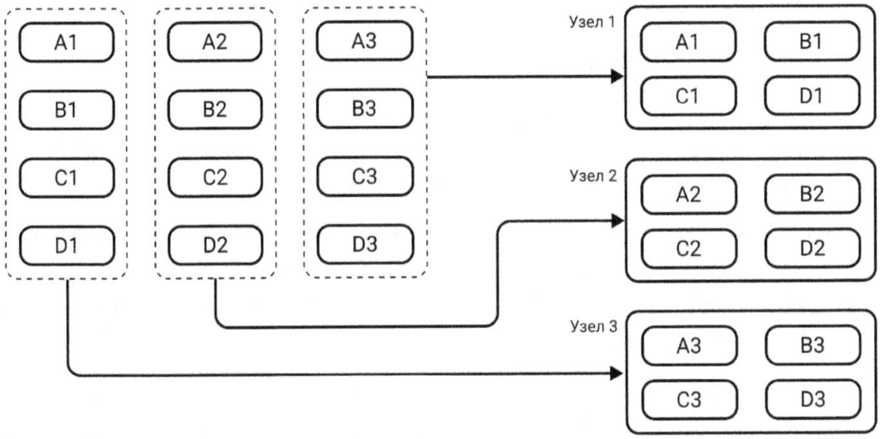

Рис. 3–04. Вертикальное разделение данных

Следует выделить несколько преимуществ вертикального разделения. Оно приводит к улучшению производительности, скорости в связи с увеличением скорости обработки операций за счёт выделения часто используемых колонок, атрибутов в более доступные и производительные устройства (узлы). Такой подход приводит к уменьшению объёма данных, которые необходимо запрашивать из разных разделов (узлов). Соответственно, повышается эффективность извлечения данных. Если запрос требует только определённые колонки или атрибуты, вертикальное разделение позволяет извлечь именно эти данные. Следовательно, имеет место существенная экономия ресурсов ввода-вывода, снижается общая нагрузка на систему. Уменьшается сложность некоторых операций. Добавление или удаление колонок или атрибутов упрощается, так как изменения затрагивают только соответствующий раздел (узлы), не влияя на другие.

В качестве проблем, возникающих при вертикальном разделении данных, можно отметить следующие:

- те же проблемы, что и с горизонтальным масштабированием, проблемы объединения данных и проблемы неравномерного разделения;
- существенной проблемой является масштабирование сложных структур с большим разнообразием столбцов и атрибутов — добавление новых структур потребует сложных операций перераспределения, в итоге эффективность разделения может снизиться.

Важно отметить, что в случае распределения частей данных (партиций) по разным накопителям в рамках одного узла такое вертикальное разделение принято называть партиционированием.

3.3.4. Партиционирование

Термин «партиционирование»[43] в общем случае применяют для обозначения разделения данных любым из известных способов. Термин применяется в контексте систем хранения данных относительно работы с физическими накопителями (разд. 11.2). В таком случае партиционирование подразумевает виртуальное разделение данных на логические части (партиции) в рамках одного накопителя данных или группы, например разделение физического накопителя на виртуальные тома.

Этот термин применяется в контексте СУБД относительно разделения структур баз данных (таблицы, объекты) на составные части (строки, столбцы, атрибуты). Следовательно, партиционирование может быть как горизонтальным, так и вертикальным.

3.3.5. Сегментирование

Термин «сегментирование»[44] (сегментация) может использоваться в разных контекстах. Сегментирование подразумевает разделение данных на части (сегменты). Сегмент воспринимается как часть более мелкая, чем партиция. Принято считать, что партиция может включать в себя множество сегментов.

Сегментирование применяется для обозначения деталей разметки носителя данных. Это значит, что предполагается наличие некоторой адресации, в рамках которой осуществляется доступ к данным. Принято считать, что сегментирование редко меняется и таким образом порождает статическую структуру. Данные могут перемещаться между сегментами весьма активно.

Данный термин применяют в области систем управления оперативной памятью, например при разделении оперативной памяти на сегменты для удобства их обслуживания операционной системой. Именно такие сегменты используются для перемещения данных между оперативной памятью и областью подкачки, размещаемой на постоянных носителях, для временного высвобождения оперативной памяти и их возврата в случае обращения к ним. Для обслуживания такого механизма используются алгоритмы миграции данных (разд. 4.3.3).

[43] Partitioning, #03-16 [w].
[44] Segmentation, #03-17 [w].

Важно отметить, что сегментирование в большинстве случаев относится к блочным данным, то есть оно не предполагает уточнение логики структурирования. Бывает, что сегментированием называют разделение структурированных сущностей, например файлов или объектов в формате вертикального масштабирования. В случае с файлом подразумевается разделение большого файла на части и распределение частей по разным устройствам. В случае с объектами подразумевается разделение отдельных атрибутов объектов. Термин «сегментирование» также применяют в контексте разделения сетей.

3.3.6. Фрагментация

Термин «фрагментация»[45] описывает процесс разделения данных на части (фрагменты). Фрагмент воспринимается как часть более мелкая, чем сегмент и партиция. Фрагмент однозначно относится к блочным данным. Разделение данных на фрагменты (фрагментация) предполагает динамические операции с данными (рис. 3–5). Основной задачей фрагментации является обеспечение возможности эффективного управления небольшими фрагментами данных, в особенности их перемещения (миграции, разд. 4.3.3).

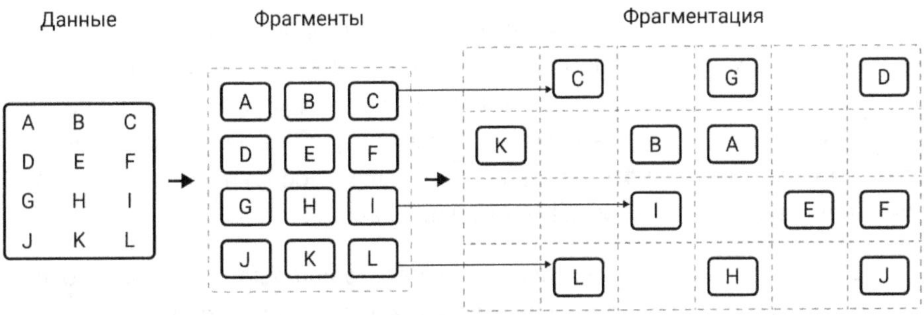

Рис. 3–05. Фрагментация данных

Классическим примером использования фрагментации является оптимизация порядка размещения данных на жёстком диске (HDD) для улучшения его производительности.

Зачастую при работе операционной системы с физическими накопителями и оперативной памятью остаются свободные, незанятые сегменты памяти, которые неудобно использовать для размещения целевого фрагмента из-за недостаточного объёма. В этом случае перемещение занятых фрагментов осуществляется таким образом, чтобы осталось пространство для размещения больших фрагментов.

[45] Fragmentation, #03-18 [w].

Занятые фрагменты перемещаются, в результате чего достигается «уплотнение» памяти (рис. 3–06). Такой процесс называется дефрагментацией. Важно отметить, что современные твердотельные накопители (SSD, NVMe) требуют дефрагментации в значительно меньшей степени, чем механические (HDD).

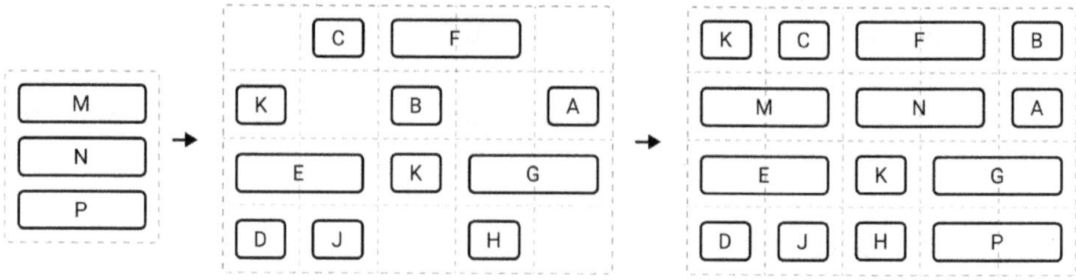

Рис. 3–06. Уплотнение фрагментов

Фрагментация повышает эффективность перемещения данных за счёт уменьшения атомарности. Необходимость перемещения фрагментов данных может быть обусловлена разнообразными требованиями современных информационных систем, например необходимостью сохранения целостности структуры в задачах обслуживания СХД (разд. 11.2) при перестроениях RAID-массивов (разд. 10.2.1).

В зависимости от выбранного типа RAID фрагменты данных определённым образом перераспределяются между физическими накопителями. В некоторых задачах может возникнуть необходимость дополнительного разделения фрагментов на части. Это может потребоваться на определённом уровне абстракции, в котором фрагмент будет восприниматься атомарно. Таких уровней абстракции может быть несколько.

Целевая логика может подразумевать разделение как одного фрагмента на части, так и группы фрагментов как единого блока данных. Такое разделение принято называть грануляцией. Грануляция связана со следующими понятиями:

- фрагмент — первичный блок разделения;
- чанк[46] — вторичный блок разделения;
- гранула[47] — минимальная единица структурирования.

На примере видно, что группа фрагментов перед грануляцией рассматривается как единый блок данных (рис. 3–07). При этом совсем не обязательно, что при грануляции размер получившихся гранул будет меньше фрагментов или чанков.

---

[46] Chunk.
[47] Grain.

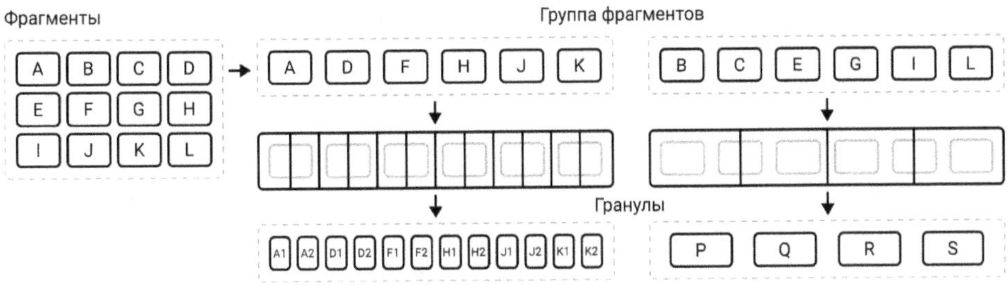

Рис. 3–07. Грануляция

Часто возникает задача перемещения фрагментов данных между холодными и горячими сегментами. В задачах СХД в гибридных системах с механическими и твердотельными накопителями применяется технология перемещения между быстрыми и медленными накопителями в зависимости от потребности в данных. Такой процесс называется тиринг[48]. В задачах обслуживания блочной распределённой разделяемой памяти (разд. 4.10) допустимо перемещение фрагментов между узлами в целях перемещения данных ближе к потребителю.

3.3.7. Шардинг

Шардинг[49] представляет собой типичное горизонтальное партиционирование с распределением данных по разным узлам. Шардинг является наиболее распространённой практикой разделения данных в распределённых системах.

Шардинг часто путают с сегментированием и фрагментацией, которые отвечают за локальное управление данными. Следует выделить ряд преимуществ шардинга:

- параллельная обработка больших объёмов данных, распределение их между множеством узлов — сбой одного узла не влияет на работу остальных, повышая надёжность системы;
- возможность использовать узлы с разной конфигурацией и производительностью, балансируя распределение данных;
- возможность создания избыточности при разделении, что существенно повышает отказоустойчивость целевой системы;
- изоляция данных для обеспечения их защиты от несанкционированного доступа — вероятность, что злоумышленник получит доступ ко всем узлам, существенно ниже, чем для централизованной системы.

[48] Tiering, #03-19 [w].
[49] Sharding, #03-20 [w], #03-21. ▸

Шардинг данных составляет основу масштабирования распределённых систем. Эта стратегия применяется для управления распределёнными данными в различных системах, таких как СУБД, распределённые хранилища и системы с разделяемой памятью.

В контексте СУБД шардинг обеспечивает раздельное хранение объектов баз данных и их составных частей (шардов[50]) на разных узлах, каждый из которых управляется собственным экземпляром сервера. В системах распределённой разделяемой памяти (разд. 4.10) шардинг выполняет роль сегментирования оперативной памяти с последующим распределением сегментов (шардов) по узлам, в том числе в контексте распределённого кеша (разд. 5.2). В системах хранения данных он используется как механизм партиционирования и размещения партиций на различных узлах, обеспечивая масштабируемость, устойчивость к отказам и эффективный доступ к данным.

Важно отметить: в связи с тем, что в контексте разделения оперативной памяти принято использовать термин «сегментирование», распределённое разделение оперативной памяти принято называть распределённым сегментированием или сегментированием РРП, в том числе в контексте распределённого кеша. В английском языке термин *shared memory* также означает локальную разделяемую память для нескольких процессов, а распределённая разделяемая память называется *distributed shared memory*.

Шардинг представляет собой программную реализацию горизонтального разделения данных и может осуществляться на основе диапазонов, циклического распределения, индексов, ключей (разд. 11.1.1), хешей, виртуальных слотов и менее распространённых подходов. Среди таких подходов можно выделить следующие:

- каталожный шардинг — каталог содержит метаданные о размещении данных[51];
- географический шардинг, привязка данных к региону[52];
- шардинг на основе сущностей[53] (разд. 10.4.1);
- временной шардинг[54] — разделение по времени (разд. 11.1.5);
- шардинг на основе графов[55] для больших графов (mesh);
- адаптивный шардинг на основе статистики и машинного обучения;
- гибридный шардинг — комбинация нескольких стратегий.

---

[50] Shard, #03-22 [w].
[51] Directory-based sharding, #03-23. ▸
[52] Geo-sharding, #03-24.
[53] Entity-based sharding.
[54] Time-based sharding.
[55] Graph-based sharding.

Как правило, шарды являются весьма крупными структурами, поэтому разделяются на фрагменты, с которыми осуществляется алгоритмическое взаимодействие.

При перемещении данных между виртуальными или физическими накопителями в распределённой системе, обслуживаемой несколькими узлами, возникает вопрос управления избыточностью данных (разд. 4.2.3). Шардинг является основным механизмом для управления не только схемой разделения данных, но и избыточностью данных в распределённых системах.

3.3.8. Разделение данных на основе диапазона

Разделение данных осуществляется на основе предопределённых диапазонов[56] значений. Например, если набор данных содержит временные метки, их можно разделить по временным интервалам (день, месяц, год и т. д.). Такой подход особенно полезен для данных с естественным порядком (разд. 11.1.5), так как позволяет распределять их по разделам в соответствии с указанными диапазонами (рис. 3–08).

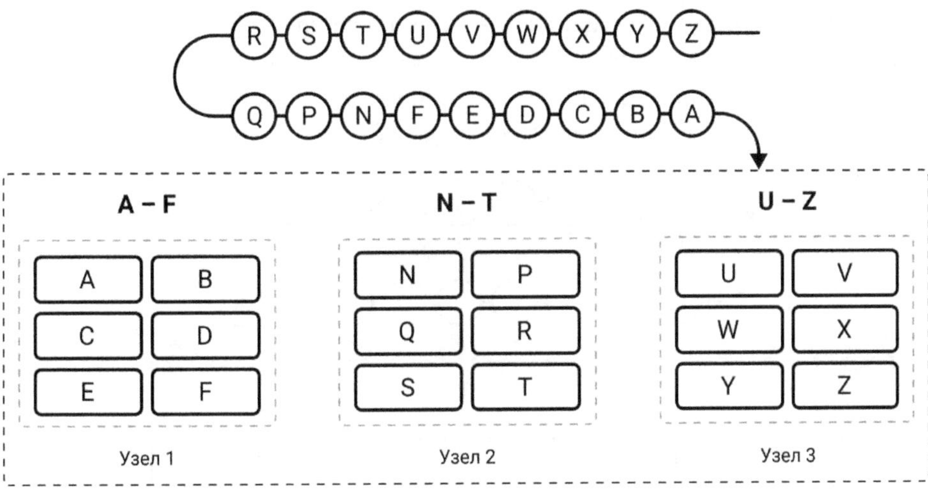

Рис. 3–08. Разделение на основе диапазона

Следует выделить несколько преимуществ такого разделения:

- разделение подходит для данных с временными метками, упрощая поиск и извлечение по диапазону;
- запросы, связанные с диапазонами, обрабатываются быстрее, так как система знает, в каких разделах находятся соответствующие данные;

[56] Range-based partitioning.

- разделение позволяет сбалансировать нагрузку, равномерно распределяя данные по диапазонам.

В качестве проблем, возникающих при таком разделении данных, можно отметить следующие:

- в ряде случаев распределение данных может быть неравномерным, что может создать дисбаланс нагрузки;
- с увеличением объёма данных может потребоваться пересмотр диапазонов или добавление новых разделов, что требует некоторой аккуратности;
- запросы, охватывающие несколько несмежных диапазонов, или объединение данных из разных разделов могут вызвать повышенные задержки в связи с необходимостью обращения к нескольким разделам одновременно.

3.3.9. Циклическое разделение данных

Циклическое разделение данных обеспечивает равномерное распределение между устройствами по циклическому[57] принципу (рис. 3–09). Каждая следующая часть назначается очередному устройству независимо от его характеристик. Такой подход отличается простотой реализации и обеспечивает базовый уровень балансировки нагрузки (разд. 8.2).

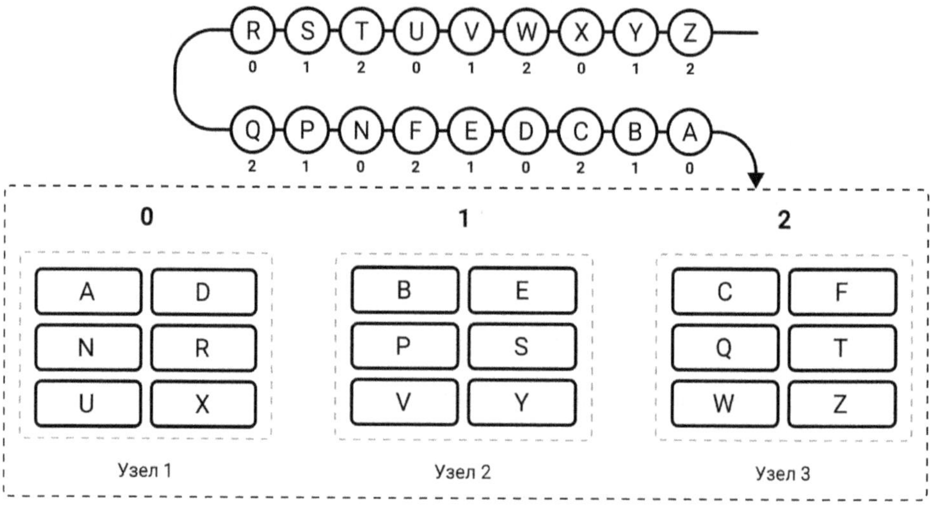

Рис. 3–09. Циклическое разделение

[57] Round-Robin-based partitioning.

Следует выделить несколько преимуществ такого разделения:

- лёгкая реализуемость, так как данные распределяются по разделам последовательно, без учёта их типа или структуры;
- циклический принцип распределения гарантирует равномерное заполнение разделов, что обеспечивает простейший тип балансировки (разд. 8.2.8);
- данные разделяются между разделами, обеспечивая возможность параллельной обработки.

В качестве проблем, возникающих при таком разделении данных, можно отметить следующие:

- если объём данных не кратен количеству разделов, может возникнуть дисбаланс и часть разделов окажется перегруженной;
- запрос диапазона вызовет увеличение задержек;
- метод не учитывает тип и структуру данных, что может усложнить поиск и выполнение запросов, требующих извлечения необходимых данных.

3.3.10. Разделение данных на основе ключей

Разделение данных на основе ключей[58] позволяет распределить данные, разделяя их по значениям определённого атрибута или ключа. В каждый раздел помещаются данные, связанные с определённым значением ключа (рис. 3–10). В распределённых СУБД и прочих системах такое разделение часто применяется для равномерного распределения данных между узлами, которое позволяет эффективно выполнять поиск и обработку данных по ключу.

Следует выделить несколько преимуществ такого разделения:

- данные с одинаковыми значениями ключей могут размещаться в одном разделе, что упрощает поиск по ключу и делает его более эффективным;
- данные могут равномерно распределяться между разделами, обеспечивая высокий параллелизм доступа и улучшая масштабируемость системы;
- есть возможность построения эффективных схем балансировки нагрузки.

[58] Key-based partitioning.

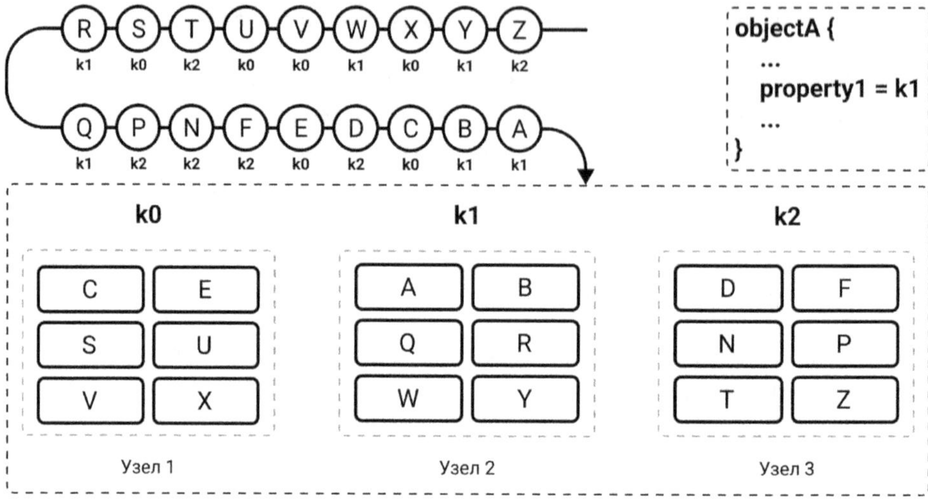

Рис. 3–10. Разделение на основе ключей

В качестве проблем, возникающих при таком разделении данных, можно отметить следующие:

- если ключи распределены неравномерно (skew) или некоторые значения ключей используются чаще, это может вызвать дисбаланс данных и создать горячие точки, ухудшающие производительность, требующие перераспределения данных или перебалансировки системы;
- такой метод разделения наиболее эффективен для поиска по конкретным ключам; запросы, охватывающие диапазоны ключей или требующие выборки данных из нескольких разделов, могут вызывать повышенные задержки и быть сложнее в реализации;
- для эффективной работы целевой системы требуется тщательное планирование и регулярное обслуживание разделов, особенно при увеличении объёма данных или при изменении распределения ключей.

Типичным примером разделения данных на основе ключей является конструкция ключ-значение (разд. 11.1.1).

3.3.11. Разделение данных на основе хешей

Разделение на основе хешей[59] представляет собой метод, в котором для определения принадлежности данных к разделу используется хеш-функция (рис. 3–11). С помощью хеш-функции генерируется значение, которое используется для классификации и распределения данных по разделам. Такой

[59] Hash-based partitioning.

подход обеспечивает возможность равномерного распределения нагрузки и ускорения доступа к данным.

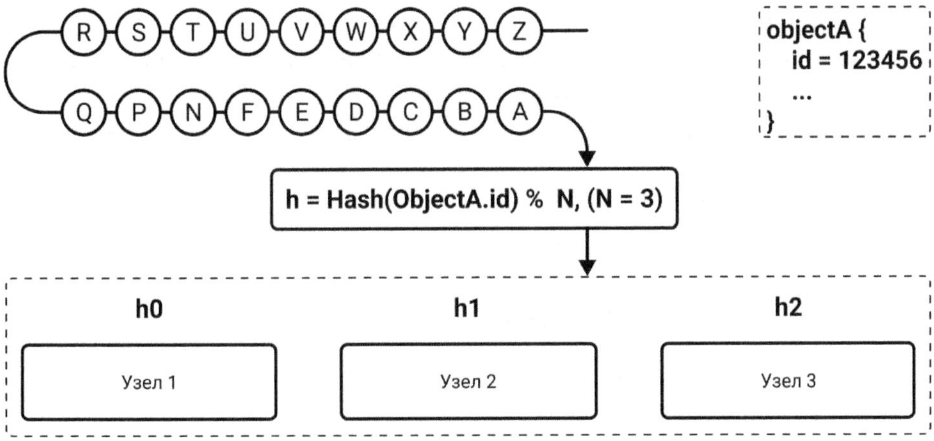

Рис. 3–11. Разделение на основе хешей

Следует выделить несколько преимуществ такого разделения:

- разделение обеспечивает эффективное распределение данных, что помогает сбалансировать нагрузку между разделами;
- оно обеспечивает равномерное распределение данных по разделам, что упрощает параллельную обработку и делает систему более масштабируемой;
- разделение не зависит от типа и структуры данных.

В качестве проблем, возникающих при таком разделении данных, можно отметить следующие:

- данный метод не подходит для эффективного поиска данных, поскольку запрос может потребовать обращения к нескольким разделам;
- в ряде случаев распределение данных может быть неравномерным, что может создать дисбаланс нагрузки;
- с ростом объёма данных или изменением их структуры могут потребоваться изменение логики разделения данных и их перераспределение.

Добавление нового узла потребует заметного перераспределения данных. Для оптимизации данной проблемы применяется консистентное хеширование[60]. В отличие от простого разделения на основе хешей, при котором смена числа узлов меняет распределение полностью, в данном алгоритме перераспределяется только небольшая часть данных.

[60] Consistent Hashing, #03-25.

Суть оптимизации заключается в следующем:

- пространство хешей задаётся как замкнутое кольцо, объём которого зависит от числа битов хеш-функции (рис. 3–12);
- идентификаторы узлов и объектов отображаются в данное пространство с помощью хеш-функции;
- стрелка указывает на результат отображения идентификатора объекта (k);
- объект размещается на том узле, на который указывает стрелка в результате хеширования.

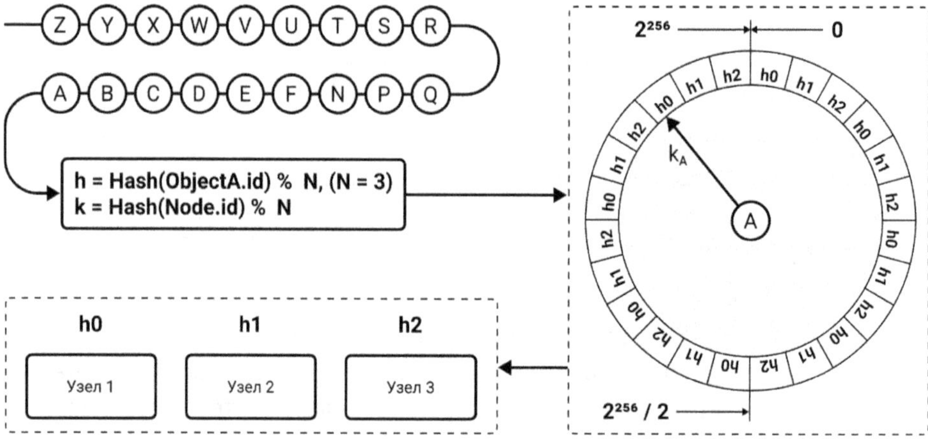

Рис. 3–12. Разделение на основе консистентного хеширования

При утрате узла ранее размещённые на нём идентификаторы перераспределяются на следующий по часовой стрелке. Такие методы разделения данных активно применяются в задачах СХД и СУБД (разд. 11.2).

3.3.12. Разделение данных на основе виртуальных слотов

Проблема перераспределения данных при изменении числа узлов представляет собой важную задачу. Для её решения применяется метод, заключающийся во введении дополнительного слоя абстракции (виртуализации).

В таком промежуточном логическом пространстве (рис. 3–13) группы данных размещаются в виртуальные слоты (бакеты[61]). В слотах на основе идентификаторов, диапазонов, хешей или иных признаков группируются указатели на блоки данных (шарды). Данные распределяются по узлам на основе сгруппированных указателей в бакете. Каждый бакет назначается одному или нескольким узлам. При добавлении или утрате узлов осуществляется перераспределение бакетов целиком. Именно так реализуется механика фрагментации и грануляции за счёт одного или нескольких виртуальных слоёв (разд. 3.3.6).

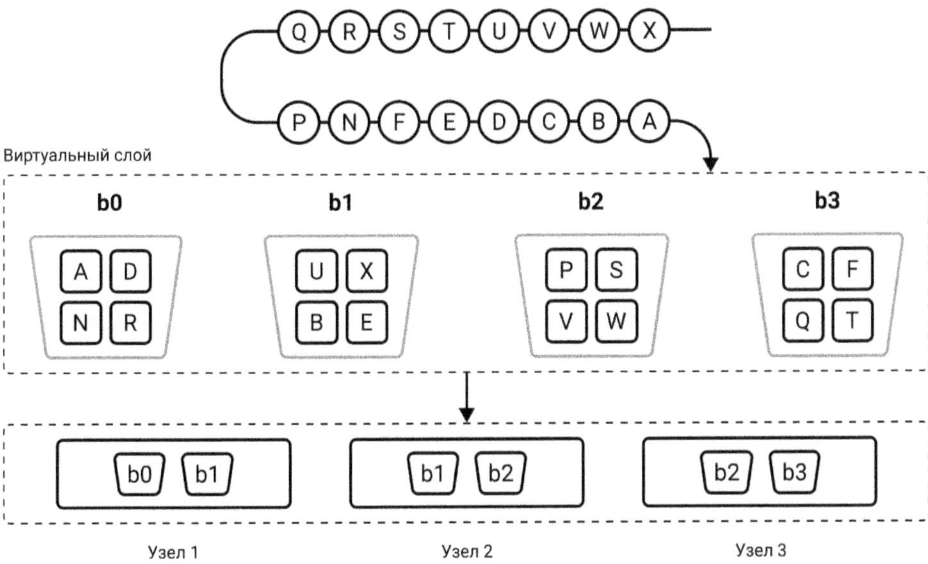

Рис. 3–13. Разделение на основе виртуальных слотов

Такой подход весьма эффективен для больших объёмов данных. Виртуальный слой адресации, основанный на логическом разделении данных, позволяет повысить эффективность маршрутизации запросов. Бакеты могут дублироваться, что является основой избыточности данных в распределённых системах (разд. 4.2.3).

[61] Bucket-Based Sharding.

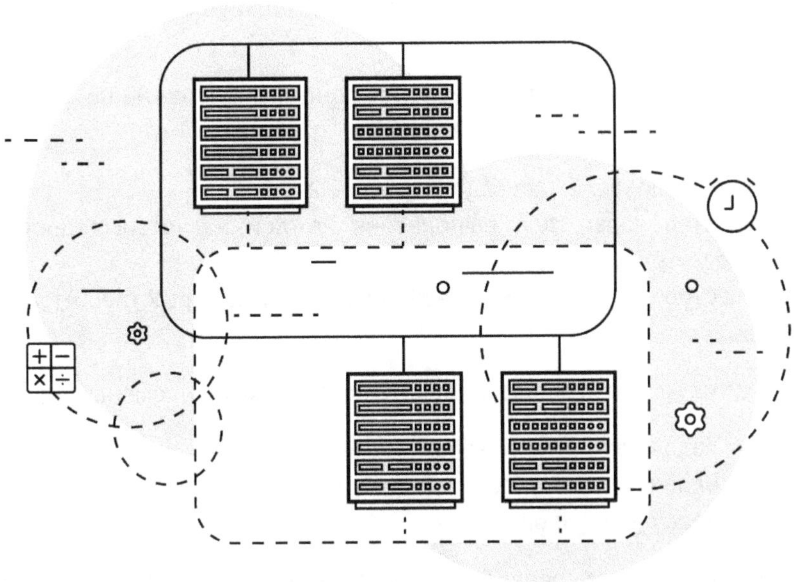

Глава 4. Управление распределёнными данными

Большинство современных высоконагруженных систем представляют собой распределённые системы. Например, широкий класс распределённых ВНС, СРВ, можно отнести к распределённым системам управления (РСУ[62]). Современные вычислительные комплексы расчётного моделирования физических процессов построены как распределённые кластеры (разд. 9.1), а системы операторского сервисного обслуживания построены как распределённые системы массового обслуживания[63].

В обслуживании распределённых систем принимает участие множество узлов, выполняющих разнообразные задачи. Такие системы могут выполнять роль распределённых вычислительных систем (РВС), распределённых систем обслуживания (РСО), распределённых систем управления (РСУ). В общем случае РВС и РСО чем-то управляют — хотя бы собственными вычислениями, обслуживанием потребителей. Такое допущение позволяет классифицировать их как РСУ для удобства описания. Основными объектами внимания в настоящей книге являются высоконагруженные РСУ (ВРСУ).

[62] Distributed Control System (DCS), #04-01 [w].
[63] СМО, #04-02 [w].

Такие системы отличаются друг от друга классом выполняемых задач, возможностью масштабирования и смены конфигураций «на лету», а также целевыми потребителями (пользователями).

Распределённые системы следует классифицировать по решаемым ими задачам:

- единая распределённая задача (разд. 9.2.1);
- множество задач, для выполнения каждой из которых достаточно одного узла (разд. 10.1.5);
- множество задач, для выполнения каждой из которых требуется группа узлов.

Также их можно классифицировать по допустимости смены задачи:

- смена задачи единичного узла;
- смена задачи группы узлов;
- смена задач всех узлов.

Современные распределённые системы состоят из множества узлов с разнообразными аппаратными характеристиками. Как правило, такие системы поддерживают следующий функционал:

- резервирование узлов (разд. 4.2.6);
- координацию узлов (разд. 4.3.1);
- обработку очередей сообщений (разд. 4.7);
- управление распределённым кешем (разд. 5.1);
- управление согласованностью данных (разд. 6.1);
- гарантии доступности и качества сервиса (разд. 7.1);
- отказоустойчивость и защиту от деградации (разд. 7.2);
- балансировку нагрузки (разд. 8.1);
- горизонтальное масштабирование (разд. 9.3);
- соответствие требованиям архитектурных решений (разд. 10.1, 10.2);
- сопряжение с СУБД, СХД, АСУ ТП (разд. 11.1, 11.2, 11.3);
- обеспечение защиты данных (разд. 12.4).

Распределённые системы могут обрабатывать данные, принадлежащие как одному пользователю, так и множеству пользователей, поэтому они должны обладать эффективными свойствами изоляции, мультитенантности и защиты от несанкционированного доступа (НСД).

Эффективность обработки данных в распределённых системах зависит от выбранных принципов распределения данных и способов координации взаимодействия узлов. На эффективность влияет множество факторов, таких как принцип балансировки нагрузки узлов и оптимальная схема их резервирования. Резервирование узлов распределённой системы должно решать следующие задачи:

- компенсация внезапно отказавшего, ставшего недоступным узла;
- компенсация ресурсов деградирующего узла;
- компенсация роста нагрузки на систему;
- компенсация единичных всплесков нагрузки;
- компенсация резкого роста нагрузки[64];
- масштабирование при плановом росте нагрузки.

4.1. Узловая модель

Распределённые системы состоят из множества узлов, которые могут включать широкое разнообразие аппаратных конфигураций (разд. 2.1). Узлы распределённой системы принято классифицировать исходя из возложенного на них функционала.

Узлы РСУ следует классифицировать в соответствии с их участием в обработке общей целевой нагрузки. Узлы, обрабатывающие большую часть нагрузки, принято называть корневыми.

РСУ может включать узлы, участвующие в обработке второстепенной нагрузки, которая может быть вынесена за пределы корневых узлов. Такие узлы называются периферийными и, как правило, имеют меньшую связность с корневыми узлами и тем более друг с другом. Такие узлы могут осуществлять предварительную, промежуточную или последующую обработку данных, не требующую координации с корневыми узлами.

Узлы, которые являются источниками запросов к корневым узлам и потребителями ответов, принято называть хостами или клиентскими узлами. Периферийные узлы и хосты, по сути, являются клиентскими узлами для корневых узлов. Важно отметить, что все такие клиентские узлы, в свою очередь, могут быть частью другой распределённой системы. Такая система будет считаться клиентской относительно рассматриваемой.

Для удобства описания любые узлы, обрабатывающие распределённую нагрузку, в этой книге обозначены как корневые, а подключённые к ним — как клиентские. Узлы распределённой системы объединяются в сети с помощью общепринятых схем (топологий).

[64] Широковещательный шторм, #04-03 [w].

4.1.1. Топология объединения узлов

Архитектура распределённой системы зависит от топологии узлов. С точки зрения статичности целевой системы выделяют два варианта топологии:

- статическая топология, при которой узлы сохраняют сетевую адресацию, расположение и связность с остальными узлами;
- динамическая топология, при которой адресация и связность узлов могут динамически изменяться.

Статическая топология свойственна таким ВНС, как кластеры высокой доступности (разд. 9.1.1). Как правило, статическая топология применяется в СРВ, предназначенных для узкоспециализированных задач, например вычислительных кластерах (разд. 9.1.2). Применение динамической топологии свойственно таким ВНС, как кластеры распределённой нагрузки (разд. 9.1.3). Проектирование архитектуры РСУ с динамической топологией является крайне сложной задачей и чаще относится к задачам гипермасштабирования (разд. 9.3.4).

Существует масса вариантов топологии сетевой связности узлов распределённых систем. Среди них выделяются простейшие коммутационные схемы, которые применяются повсеместно и допускают резервирование каналов связи между узлами (рис. 4–01). Среди таких топологий можно выделить следующие:

- кольцо, двойное кольцо (ring, double ring network);
- звезда, двойная звезда (star, double star network);
- ячеистая топология (mesh network);
- гибридная топология (hybrid network).

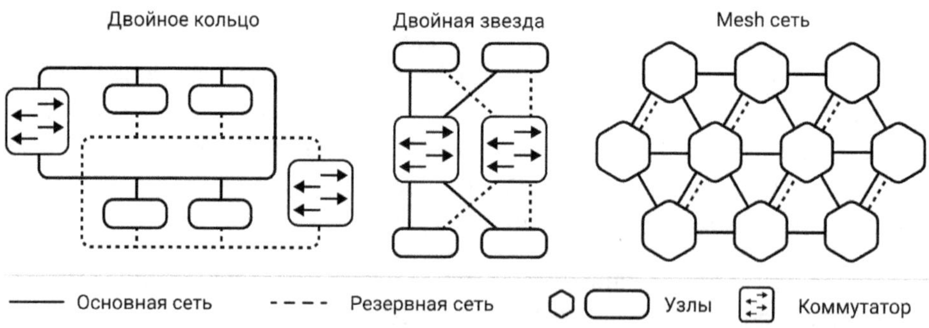

Рис. 4–01. Сетевые топологии

Сетевая топология влияет на способы обмена и обработки данных (разд. 4.5.1). В качестве примера гибридной топологии можно привести коммутационные схемы в СХД (разд. 11.2) и АСУ ТП (разд. 11.3). В таких системах сочетаются преимущества объединения топологий «звезда», «кольцо» и mesh. Звезда применяется для обслуживания верхнего уровня АСУ ТП. Такая сеть может быть многократно резервирована. К сети такого типа могут быть подключены граничные узлы, участвующие в периферийных вычислениях (разд. 9.3.5), которые разгружают основные узлы. Основные и граничные узлы могут выполнять функцию шлюзования и сопрягать полевые сети контроллеров. Полевые сети часто организованы по принципу кольца с резервированием и предназначены для обслуживания датчиков и исполнительных механизмов. Пограничные узлы могут обслуживать беспроводные сети, организованные по принципу mesh. Такие сети предназначены для подключения беспроводных датчиков и устройств (например, IIoT, разд. 11.3.4).

В архитектуре современных распределённых систем могут применяться значительно более сложные топологии. Такие топологии встречаются в продвинутых СХД (разд. 11.2). Современные ЦОД и суперкомпьютеры базируются на сложных многоуровневых иерархических топологиях. Современные сетевые топологии подробно рассмотрены в разделе о многосвязном интерконнекте (разд. 10.2.3).

Эффективная сетевая связность нужна для качественной репликации (разд. 4.4) узлов. Кроме того, связность узлов чрезвычайна важна для задач резервного копирования и кеширования (разд. 5.2).

4.1.2. Корневые узлы

Корневые узлы[65] предназначены для обработки основной целевой нагрузки распределённой системы. Такие узлы активно взаимодействуют друг с другом, координируются и обмениваются данными. Для этого корневые узлы обеспечиваются высокой связностью друг с другом.

Основная нагрузка корневых узлов обусловлена внутренними вычислительными задачами и клиентскими запросами. В общем понимании корневыми узлами являются классические серверы, например серверы распределённой СУБД. Для задач СХД и АСУ ТП такие серверы могут быть изготовлены в специальном исполнении. Такие серверы для систем хранения принято называть контроллерами СХД, для АСУ ТП — контроллерами верхнего уровня или шлюзовыми устройствами. В АСУ ТП в роли клиентских

[65] Root nodes.

узлов могут выступать контроллеры, устройства низовой автоматики и специальные вычислители.

Для обмена данными корневые узлы обычно объединяются с помощью выделенного высокоскоростного соединения. Такое соединение принято называть интерконнектом (разд. 10.2.1). Обычно интерконнект изолирован от клиентских узлов.

Интерконнект для критических задач принято резервировать. В большинстве случаев достаточно однократного резервирования. В простейших случаях резервированный интерконнект выглядит как топология «двойная звезда». При этом все узлы связаны через пару коммутаторов. Существуют задачи, в которых к интерконнекту предъявляют намного более серьёзные требования — например, когда необходима более высокая связность узлов (разд. 10.2.3).

Обмен данными между корневыми узлами осуществляется с применением специализированных протоколов, учитывающих особенности архитектуры используемых интерконнектов. Выбор протокола влияет на способы реализации следующих компонентов:

- распределённые операции;
- обмен данными;
- координация узлов;
- обработка очередей сообщений;
- репликация.

Корневые узлы строятся на базе различной с точки зрения целостности программной архитектуры. Среди таких архитектур можно выделить следующие:

- монолитную;
- сервисную (разд. 10.2.5);
- микросервисную (разд. 10.2.6);
- гибридную (разд. 10.5.1).

Обеспечение надёжности распределённой системы требует избыточности корневых узлов. Такие избыточные узлы могут применяться не только для разделения нагрузки (разд. 8.1), но и для резервирования узлов (разд. 4.2.6). Оно необходимо для повышения отказоустойчивости и доступности целевой системы в целом.

Разделение нагрузки корневых узлов может потребоваться для обеспечения резервного запаса производительности узлов. В случае отказа одного из узлов его может заменить резервный узел или его нагрузка может быть разделена между остальными узлами. Это зависит от выбранного режима работы корневых узлов (разд. 4.2.1).

4.1.3. Клиентские узлы

Клиентские узлы[66] (хосты) являются источниками или потребителями данных и не разделяют основную нагрузку корневых узлов. Один клиентский узел может взаимодействовать с несколькими корневыми узлами. Клиентские узлы (c1 — c3) могут подключаться к корневым узлам (r1 — r4). Как правило, в серьёзных распределённых системах для клиентских подключений выделяется отдельная сеть. Такая сеть обычно резервируется. Таким образом, в случае недоступности корневого узла или сети клиентский узел сохранит доступ к части корневых узлов и к системе в целом (рис. 4–02).

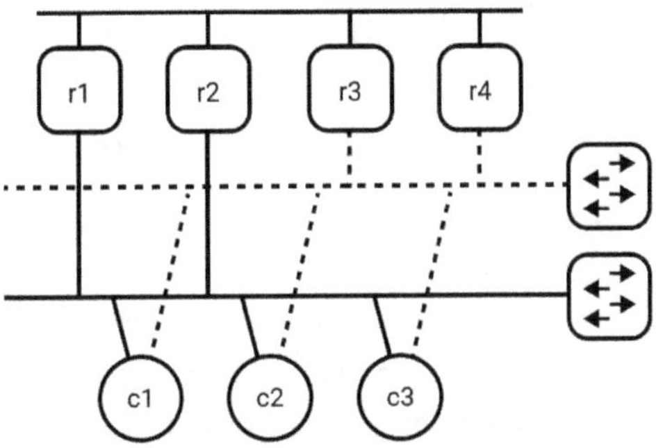

Рис. 4–02. Узлы и связи между ними

При наличии нескольких соединений может быть построен многопутевой доступ, обеспечивающий возможность одновременной работы с системой через несколько корневых узлов (разд. 10.2.2).

Клиентские узлы, в свою очередь, могут обслуживать свой пул соединений с подчинёнными узлами m1 — m4. Тогда такие узлы будут считаться клиентскими для узлов c1 — c3. При необходимости доступа узлов m1 — m4 к данным корневых узлов может осуществляться ретрансляция (разд. 7.1.5) запроса через узлы c1 — c3 (рис. 4–03).

Ретрансляция становится актуальной в случаях, когда клиентский узел теряет прямое соединение с корневыми узлами, но при этом сохраняет доступ

[66] Client nodes.

к другим узлам, в свою очередь сохранившим к ним доступ. Например, такое может произойти в слабосвязанных системах. Подобная ситуация может возникнуть в сетях с топологией mesh, например для устройств интернета вещей, подключаемых к периферийным узлам распределённой системы.

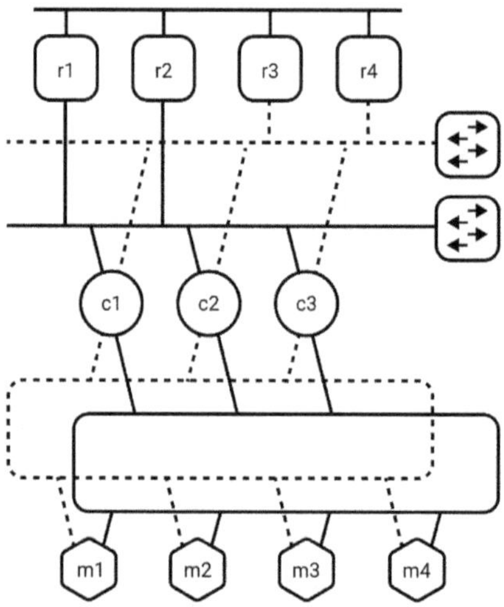

Рис. 4–03. Трёхзвенная архитектура

Обычно клиентская сеть (сеть доступа) существенно менее производительна, чем узловой интерконнект (разд. 10.2.1). Возможны целевые задачи, в которых скорость сети доступа может быть достаточно высокой, сопоставимой с интерконнектом. В таких случаях важно следить, чтобы сохранялся баланс обмена данными, иначе корневые узлы могут не справиться (разд. 4.4) с объёмом данных и система начнёт деградировать (разд. 7.3).

4.2. Избыточность

Избыточность[67] (излишество) в распределённых системах представляет собой набор механизмов для обеспечения надёжности, отказоустойчивости, доступности, целостности и масштабирования. Выделяют аппаратную и программную формы избыточности.

Аппаратная форма избыточности заключается в дублировании узлов целиком или их компонентов, например процессорных модулей, сетевых контроллеров, блоков питания, накопителей данных. Устройства, позволяющие дублировать свои компоненты, как правило, «немного» дороже тех, у которых такая опция отсутствует.

[67] Redundancy, #04-04 [w].

Особенно если такие аппаратные платформы допускают горячую замену компонентов. А в случае отсутствия возможности горячей замены отказ компонента в какой-то момент потребует выключения такого узла для обслуживания.

Для сохранения доступности распределённой системы необходимо определённое число узлов. Практика показывает, что в большинстве случаев поддержание избыточности множества недорогих простых узлов выгоднее, чем обслуживание сложных устройств с компонентной избыточностью. Это доказывает устоявшаяся практика большинства крупных компаний, провайдеров сетевых сервисов. Такая форма избыточности называется узловой избыточностью. Узловая избыточность относится к любым типам устройств, таких как серверы, коммутаторы, маршрутизаторы, контроллеры. Она всегда сопровождается коммутационной избыточностью (разд. 10.2.1).

Избыточность узлов и сетевой связности позволяет решать задачи масштабирования и требует эффективной балансировки нагрузки (разд. 8.1).

Аппаратная форма избыточности предназначена для обслуживания узлов распределённой системы, работающих как в активном, так и в пассивном режимах (разд. 4.2.1).

Программная форма избыточности заключается в создании копий данных на узлах распределённой системы. Есть два варианта реализации программной формы избыточности:

- резервное копирование — пассивная форма программной избыточности;
- репликация — активная форма программной избыточности.

Программная избыточность тесно связана с задачами масштабирования (разд. 9.3). Активные аппаратная и программная формы избыточности связаны с управлением нагрузкой в режиме горизонтального масштабирования. Но существует форма избыточности, связанная с вертикальным масштабированием. Обычно такая форма называется резервированием мощности узлов, она связана с запасом производительности аппаратных компонентов узлов. Обе формы избыточности не противоречат, а дополняют друг друга и могут быть использованы совместно.

Избыточность корневых узлов позволяет создать избыточность данных. Данные могут дублироваться на разных узлах распределённой системы. Возникает вопрос, каким именно образом происходит дублирование данных. Например, в контроллерах АСУ ТП для систем противоаварийной защиты всегда дублируются устройства ввода/вывода, вычислительные модули. Такое дублирование позволяет защититься от ошибок и сбоев. Например, данные из датчиков могут приходить сразу на три разных вычислительных устройства, а оценка результата вычислений может опираться на мажоритарную логику (разд. 9.1.1).

Избыточность возникает весьма часто, даже когда её создание специально не запланировано. Избыточность возникает при чтении данных из накопителя в оперативную память. Она возникает при сетевом обмене данными, когда используются протоколы с подтверждением (разд. 4.5.1). До подтверждения получения пакетов данные будут находиться в оперативной памяти источника. Избыточность возникает при кешировании (разд. 5.2).

Одной из форм избыточности данных является резервное копирование[68]. Узлы, которые содержат образующиеся в процессе резервного копирования данные, не участвуют в обработке нагрузки. Такие данные могут быть скопированы на специальный узел или устройство, которое может быть отчуждаемым. Требования к узлам такого рода принципиально отличаются от требований к корневым узлам, несущим целевую нагрузку. Избыточность данных применяется для масштабирования распределённых систем. За счёт избыточности данных может быть обеспечен параллельный доступ к данным (разд. 9.2.1). Существует ряд способов создания избыточности (разд. 4.3.4).

Процесс создания избыточности данных на активных корневых узлах называется репликацией (разд. 4.4). Реплика всегда имеет первичный и вторичные экземпляры. Такая подчинённость требует некоторой аккуратности. При изменении первичного экземпляра может потребоваться актуализация вторичного путём синхронизации изменений. Со временем первичные и вторичные экземпляры могут меняться ролями, такое возможно при условии допустимости записи во вторичный экземпляр. Резервная копия также представляет собой вторичный экземпляр данных, но его синхронизация не подразумевается. При необходимости создаётся новая копия. Если резервная копия становится первичным экземпляром, это может означать, что распределённая система подверглась катастрофе (разд. 7.2.3).

При достаточно большом объёме данных для репликации может потребоваться грануляция данных (разд. 3.3.6) на сегменты. Грануляция позволяет разделить процесс репликации на несколько этапов. Репликация отдельных сегментов данных является более легковесной операцией. В таком

[68] Backup.

случае должна быть определена схема грануляции реплики. Резервная копия также может гранулироваться.

Репликацию иногда путают с резервным копированием данных. Принципиальное отличие репликации от резервирования заключается в её предназначении. Репликация предназначена для создания копии данных, с которой планируется активное взаимодействие, а резервная копия нужна исключительно для восстановления после отказов. Реплику можно считать несогласованной (разд. 6.1) по истечении предельной задержки репликации. Резервная копия, напротив, гарантированно консистентна для определённого момента времени.

Избыточность возникает естественным образом в процессе кеширования данных (разд. 5.1). Кеш может быть распределённым, подчиняться правилам структурирования с избыточностью (разд. 4.2.4) и требовать актуализации при изменениях. Обычно кеш представляет собой структуру данных с более быстрым доступом, чем первичный экземпляр. Важно отметить, что репликация кешей занимает важное место в распределённых системах.

4.2.1. Режимы работы корневых узлов

Концепция отказоустойчивости и высокой доступности допускает следующие режимы работы корневых узлов:

- активно-пассивный (active-passive, A-P);
- активно-активный (active-active, A-A).

Изначально такую терминологию применяли для описания режимов работы двух узлов. Работа корневых узлов в режиме active-passive подразумевает, что активный узел обрабатывает всю нагрузку, а пассивный находится в режиме ожидания. В случае сбоя активного узла пассивный должен его заменить, став, в свою очередь, активным.

Пассивные узлы всегда воспринимаются как резервные. Они могут находиться в нескольких состояниях. Среди них выделяют:

- горячий резерв (hot standby);
- тёплый резерв (warm standby);
- холодный резерв (cold standby).

Каждое из состояний резервных узлов отличается степенью готовности к обработке нагрузки. Если же такие узлы применяются с целью замены отказавших узлов, то состояние узла определяет время восстановления (разд. 7.2.2).

Горячее резервирование предполагает, что:

- резервный узел находится в состоянии высокой доступности;
- осуществляется синхронная репликация резервного узла (разд. 4.4);
- резервный узел может участвовать в обслуживании целевой нагрузки или готов мгновенно приступить к обслуживанию таковой;
- при сбое происходит мгновенное переключение[69] на резервный узел;
- потеря данных отсутствует или очень низкая (RPO);
- требуются большие затраты.

Тёплое резервирование предполагает, что:

- резервный узел находится в состоянии низкой доступности;
- осуществляется асинхронная репликация резервного узла;
- резервный узел не участвует в обслуживании целевой нагрузки, но готов приступить к обслуживанию таковой с некоторой задержкой;
- в случае сбоя клиенты ждут готовности резервного узла;
- требуются средние затраты.

Холодное резервирование предполагает, что:

- резервный узел недоступен — он выключен;
- репликация резервного узла не осуществляется;
- резервный узел не готов сразу приступить к обработке нагрузки;
- в случае сбоя клиенты ждут восстановления резервного узла;
- требуются низкие затраты.

Работа узлов в режиме active-active подразумевает, что все корневые узлы распределённой системы активны и одновременно участвуют в обработке нагрузки. Если точнее, они разделяют общую нагрузку.

Важно отметить, что термин «active-passive» относится к современной терминологии. Аналогами являются термины «active-standby», «primary-replica» и «leader-follower». В устаревших источниках можно встретить термин «master-slave», который считается проблемным с этической точки зрения. Active-active иногда называют master-master, а в контексте большого числа узлов — multi-master.

В настоящее время схемы из двух узлов часто используются в системах хранения данных (разд. 11.2) и АСУ ТП (разд. 11.3).

---

[69] Failover.

Режимы и состояния распределённых систем с большим числом активных узлов определяются немного сложнее. В таком случае выделяют следующие режимы:

- активно-активный;
- активно-активный с резервированием.

4.2.2. Избыточность корневых узлов

Распределённая система может содержать множество узлов, каждый из которых обладает запасом (резервом) производительности. В таком случае А-А режим предполагает, что при отказе одного или нескольких корневых узлов оставшиеся активные узлы смогут справиться с общей нагрузкой, разделив её. При этом нагрузка на каждый узел пропорционально вырастет, но на доступность целевой системы не повлияет. В таком случае считается, что активные узлы осуществляют резервирование друг друга (рис. 4–04).

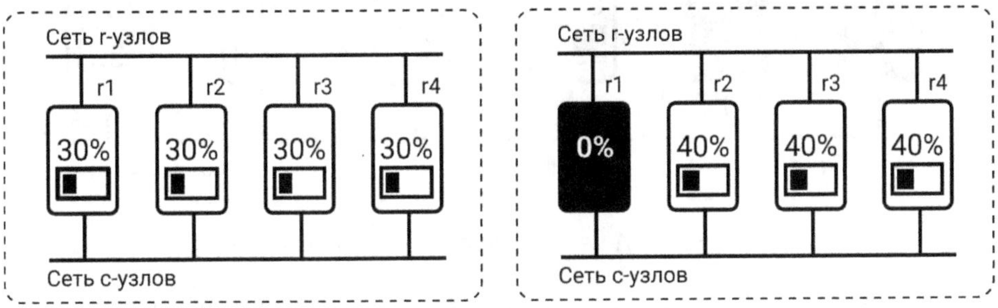

Рис. 4–04. А-А режим (% — загрузка cpu)

Преимуществом этого режима является высокая доступность всех узлов. Недостатком такого подхода является существенная недозагруженность узлов, что означает снижение экономической эффективности использования дорогостоящего оборудования. В случае отказа узлов и достижения пределов производительности оставшихся активных узлов может возникнуть деградация (разд. 7.3).

Для компенсации недостатков предыдущей схемы в неё могут быть добавлены пассивные узлы. В таком случае активные узлы могут иметь меньший запас производительности. При плановом увеличении нагрузки, связанной с отказом узлов, задействуются дополнительные пассивные узлы, находящиеся в тёплом резерве (рис. 4–05). Ввод тёплого резерва может осуществляться до полного его исчерпания (рис. 4–06).

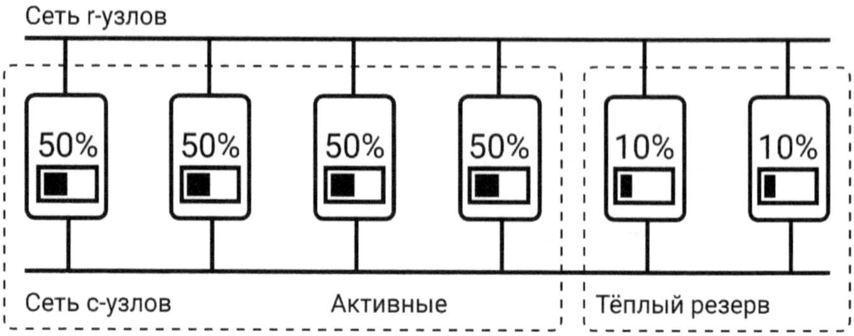

Рис. 4–05. А-А режим с тёплым резервом

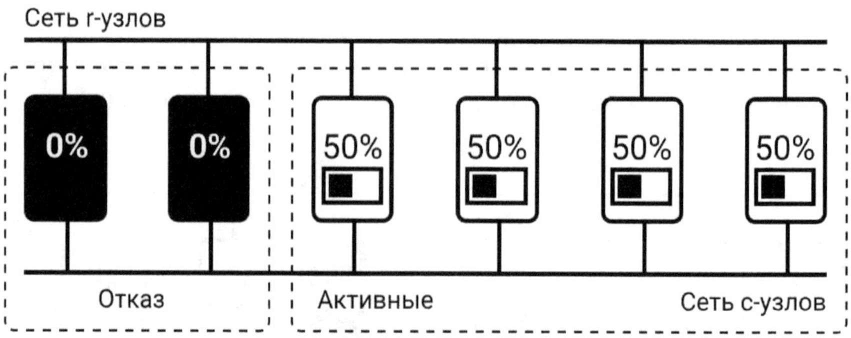

Рис. 4–06. А-А режим, тёплый резерв исчерпан

Очевидно, что отказ узлов может быть эффективно диагностирован. Исчерпанный тёплый резерв может быть восстановлен посредством ввода холодного резерва.

Применяются разнообразные схемы избыточности тёплого резервирования. Классическими схемами являются Н + 1, Н + 2 (рис. 4–05). В крупных системах применяются схемы с большим числом резервных узлов по схеме Н + W + C, где W — число тёплых узлов, а C — число холодных. Такие схемы применяются на ответственных объектах, например в ЦОДах, и требуют эффективных систем управления.

Ввод холодного резерва может быть осуществлён путём автоматического включения узлов, заблаговременно размещённых в стойках, с помощью специальных интерфейсов[70]. Данный подход целесообразен в случаях прогнозируемых регулярных отказов узлов. В такой ситуации RTO будет существенно ниже, чем в случае ручной установки оборудования со склада.

[70] IPMI, #04-05 [w].

В качестве резервных узлов могут использоваться временные резервные узлы, которые вводятся в работу до момента восстановления основных отказавших узлов. Данная схема касается как тёплых, так и холодных узлов. Такая временность может быть обусловлена рядом факторов. Холодный резерв может находиться в специальном сегменте ЦОД. Узлы холодного резерва могут иметь исключительные характеристики, обеспечивающие их быстрый перевод в тёплый резерв. Такие узлы могут обладать повышенной доступностью, например за счёт дополнительной связности (разд. 10.2.1), позволяющей ускорить репликацию (разд. 4.4). Может быть и обратная ситуация: узлы, предназначенные для резервирования, способны временно разделить нагрузку, но не обладают целевыми свойствами для продолжительного её удержания.

Холодный резерв классифицируют следующим образом:

- узлы в стойке постоянные, не требующие замены в дальнейшем;
- узлы в стойке временные, требующие замены в дальнейшем;
- узлы на локальном складе;
- узлы на удалённом складе.

Содержание холодных узлов в стойке является весьма дорогостоящим решением, так как они занимают место, которое может использоваться более эффективно. Но в таком случае холодный резерв может переключаться сразу в горячий (активный) режим. Как правило, в больших распределённых системах есть все перечисленные варианты холодного резерва. Перемещение резерва отслеживается специальными сервисами поддержки эксплуатации.

Важно отметить, что корневые узлы, работающие в режиме active-active, могут восприниматься хостами как active-passive. С точки зрения системы, все корневые узлы активны. Однако переключение на другой корневой узел в связи с отказом текущего, осуществляющего его обслуживание, может вызвать сложности для хоста. Узел, на который хост будет переключён, может не обладать требуемым набором данных. В этом случае потребуется восстановление данных, также может произойти утрата части данных.

Выбор режимов работы корневых узлов осуществляется исходя из требований к избыточности данных и их резервированию в целевой системе.

4.2.3. Избыточность данных

Избыточность данных — фундаментальное свойство распределённых систем, предполагающее обслуживание множества копий данных. Это свойство обеспечивает:

- повышенную доступность данных — при отказах узлов данные остаются доступными на других узлах;
- повышенную производительность обработки за счёт распределения нагрузки между несколькими узлами;
- надёжность и отказоустойчивость (разд. 7.2);
- балансировку (разд. 8.1);
- масштабирование (разд. 9.3).

Избыточность является важной парадигмой масштабирования распределённых систем. Распределение данных с избыточностью между узлами повышает эффективность работы целевой системы. Каждый узел имеет допустимый предел производительности. В случае превышения такого предела производительности одного узла (1) потребуется дополнительный узел (2), который сможет взять на себя часть нагрузки. Для этого на этот узел должны быть перемещены или скопированы (разд. 4.4) данные, необходимые для обслуживания нагрузки (рис. 4–07).

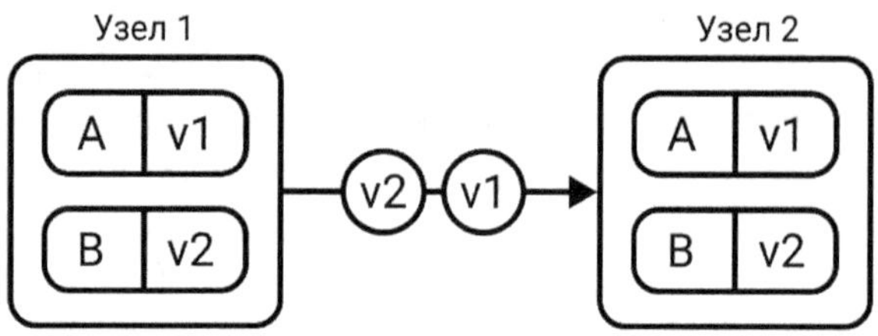

Рис. 4–07. Создание избыточности

В этом случае потребуется обеспечение актуальности копии данных на дополнительном узле в случае их изменения на основном. Данный процесс требует некоторых накладных расходов, поэтому процесс первичного копирования и поддержания актуального состояния копии нужно тщательно планировать.

Если в системе больше двух узлов, то в некоторых случаях для поддержания актуального состояния копий допустимо использование широковещательных протоколов (разд. 4.5.1) обмена данными (рис. 4–08).

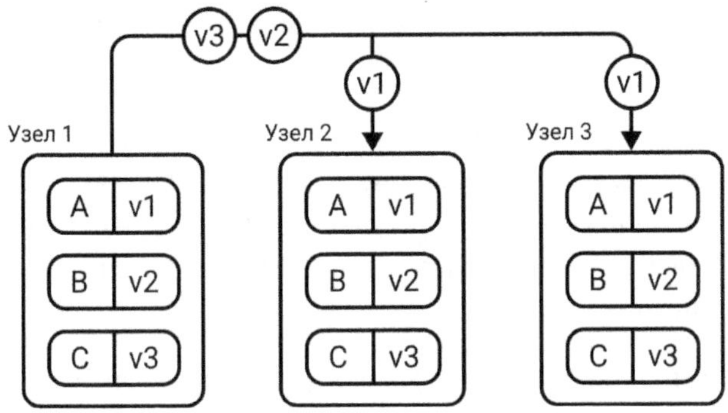

Рис. 4–08. Широковещательный обмен

4.2.4. Структурирование данных с избыточностью

Создание избыточности данных в распределённой системе является важной оптимизационной задачей и требует структурирования данных.

Самый простой и эффективный способ структурирования данных с избыточностью предполагает, что все узлы распределённой системы содержат одинаковые копии. Он применяется для кластеров высокой доступности в целях обеспечения возможности параллельных вычислений (разд. 9.2.1). Такую форму структурирования называют полной избыточностью (рис. 4–09).

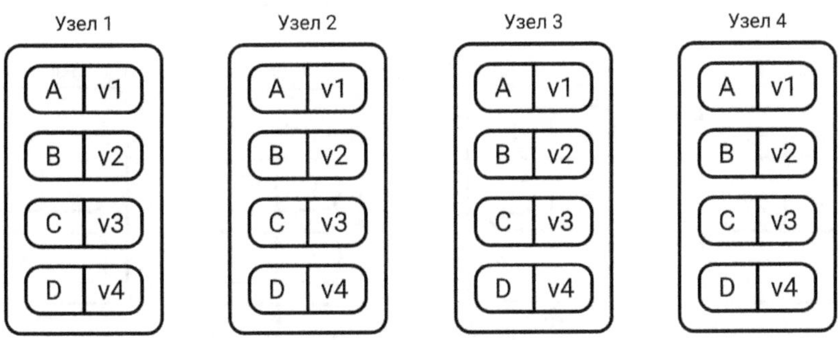

Рис. 4–09. Полная избыточность данных корневых узлов

В таком случае при активации нового узла целевая структура и содержание данных будут идентичны. Подобная схема структурирования требует высоких накладных расходов, но при этом является максимально простой и понятной. Отказ одного узла не потребует каких-либо сложных действий, например перераспределения данных между узлами.

Как правило, данные корневых узлов занимают существенный объём. Работа с большим объёмом данных требует фрагментации (разд. 3.3.6). При этом фрагменты данных могут иметь разную избыточность, то есть могут иметь разное число узловых копий. Такая структура избыточности называется неоднородной.

В данном случае может быть создана схема структурирования фрагментов. Такая схема может быть статической или подчиняться определённой проектной логике. Статическая структурная схема распределения фрагментов может быть строго задана заранее или формироваться в процессе эксплуатации целевой системы.

Важной метрикой (разд. 7.1.1) структурирования с избыточностью является фактор избыточности. Он определяет, сколько копий фрагментов будет представлено в распределённой системе. Но данная метрика не определяет точную структуру распределения фрагментов по разным узлам. Точную схему структурирования или стратегию распределённой фрагментации с избыточностью задаёт фактор избыточного распределения (разд. 4.2.5). Схема распределения может подразумевать некоторую динамику, в рамках которой фрагменты могут перемещаться между узлами (разд. 4.3.3).

Целевая динамика может зависеть от текущих или необходимых условий работы распределённой системы. Например, фактор избыточного распределения данных может задавать планировщик нагрузки (разд. 8.1). Схема распределения фрагментов может меняться в зависимости от близости узлов источников и потребителей данных (рис. 4–10).

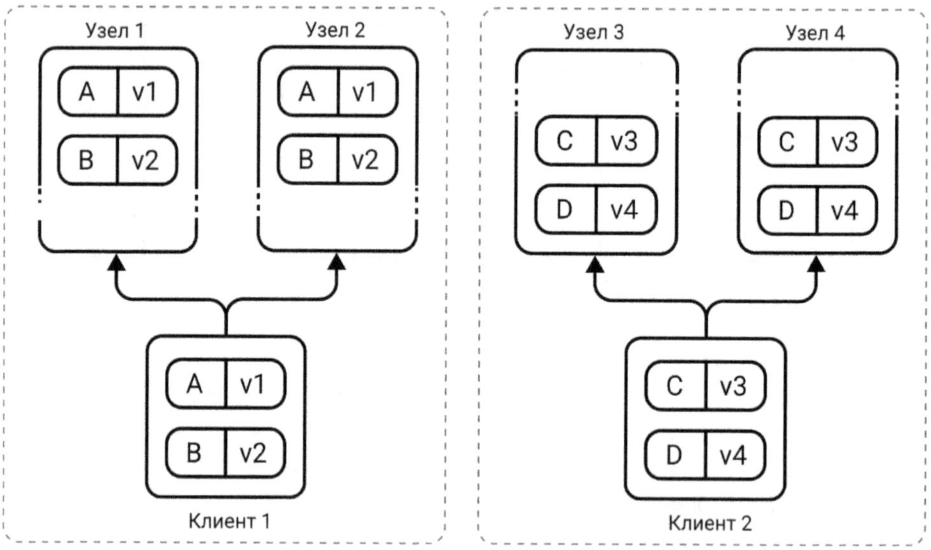

Рис. 4–10. Схема избыточности фрагментов данных

Фрагменты A, B, необходимые для работы клиенту 1, избыточны и представлены на узлах 1 и 2. Фрагменты C, D, необходимые для работы клиенту 2, избыточны и представлены на узлах 3 и 4. В случае отказа одного узла (например, узла 1) фрагменты A, B, необходимые для обслуживания клиента 1, остаются в единственном экземпляре на узле 2. Для создания избыточности фрагменты A, B могут быть скопированы на узел 3. В таком случае отказоустойчивость будет восстановлена (рис. 4–11).

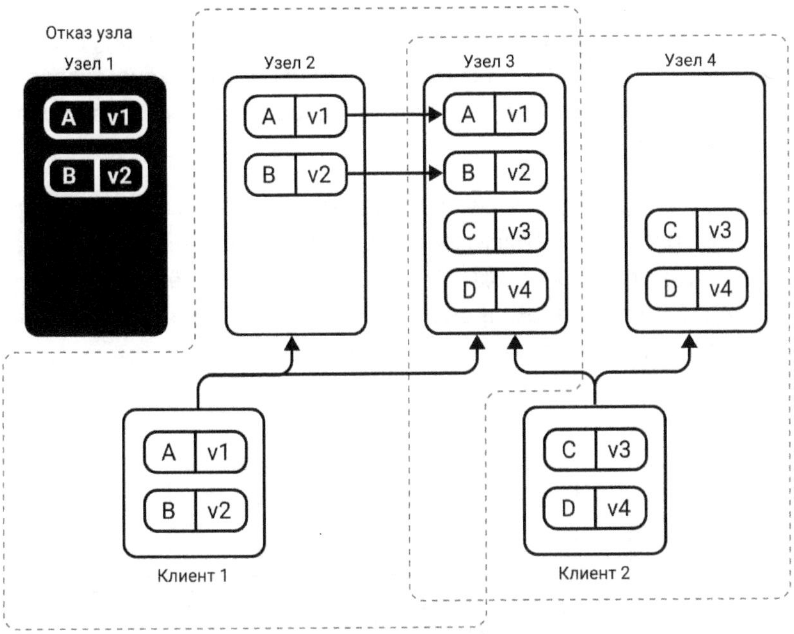

Рис. 4–11. Восстановление избыточности

4.2.5. Фактор избыточного распределения

Фактор репликации определяет число реплик в распределённой системе. В больших системах этого параметра недостаточно для оценки отказоустойчивости (разд. 7.2). Для корректной оценки должна быть сформулирована стратегия (схема) распределённого структурирования данных.

Стратегия распределённой фрагментации с избыточностью выбирается исходя из требований к формированию зон отказа. Под зоной отказа понимают место размещения узла, например стойку, сегмент или ЦОД в целом. Такая стратегия учитывает вероятность отказа как одного узла, так и целой зоны, в которой размещены узлы. Например, если в случае катастрофы стойка, в которой сконцентрированы все реплики, сгорит целиком, то реплики будут утрачены. Поэтому их необходимо по возможности распределять по разным зонам. Такие зоны называются доменами отказа.

Стратегия, которая задаёт структуру распределения фрагментов реплик по разным доменам отказа, называется фактором избыточного распределения или просто фактором распределения[71]. В случаях отказов в распределённой системе необходимо обеспечивать выполнение требований к факторам репликации и распределения.

Сочетание разнообразных фрагментов данных образует экземпляр полной реплики[72]. Утрата части сегментов, связанная с отказом узлов, делает такую реплику неполной и создаёт необходимость восстановления её полноты (разд. 4.4).

Фактор распределения может задавать статическую схему распределения избыточных фрагментов. Например (рис. 4–12), представлены восемь сегментов данных (A, B, C, D, E, F, G, H), распределённых между узлами (r1, r2, r3, r4). Таким образом, в системе можно увидеть несколько способов оценки фактора распределения (K1, K2, K3, K4, K5, K6).

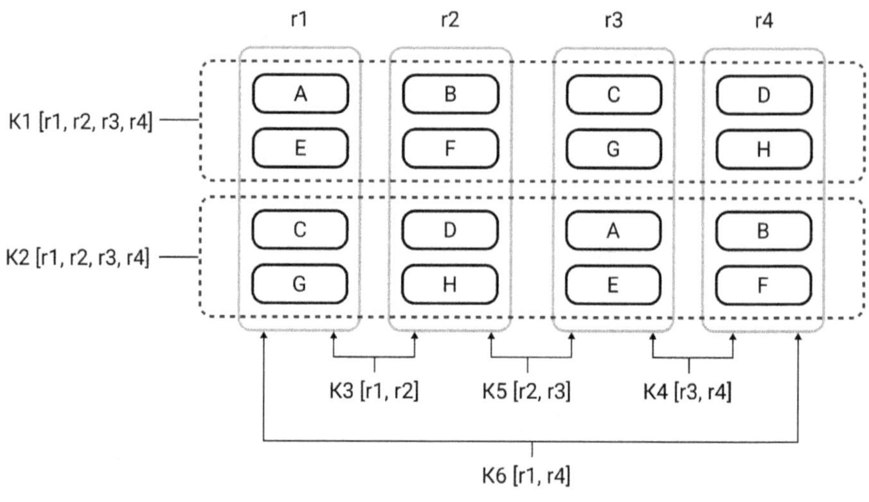

Рис. 4–12. Домены отказа

Очевидно, что одинаковые сегменты не должны быть сконцентрированы на одном узле, и это легко отслеживать. Если представить, что r1, r2, r3, r4 — это не узлы, а стойки, в которых размещены узлы (A, B, C, D, E, F, G, H), то ситуация немного меняется. Стойка может считаться доменом отказа.

[71] Distribution factor.
[72] Striped replica.

От выбранного фактора распределения зависят производительность, масштабируемость и отказоустойчивость целевой распределённой системы. Фактор распределения лежит в основе построения RAID в системах хранения данных (разд. 11.2.1).

При отказах корневых узлов может потребоваться перестройка (перераспределение) сегментов данных узлов с учётом необходимого режима резервирования данных (разд. 3.3.1).

Важно определиться со степенью грануляции данных. Изменение даже малой части фрагмента потребует перемещения всего фрагмента целиком (разд. 3.3.6). Всегда можно найти оптимальную степень грануляции, которая сведёт к минимуму накладные расходы.

Первичное распределение и дальнейшие этапы перераспределения фрагментов данных могут сопровождаться выполнением операций выделения памяти. Такие операции не следует выполнять в режиме РВ (разд. 1.1). Первичное распределение данных на узлах, выделение памяти для сегментов данных рекомендуется осуществлять при активации новых узлов. Перераспределение сегментов рекомендуется осуществлять в режимах, при которых доступен резерв производительности.

Фактор распределения должен определяться в соответствии с предварительно определённой и верифицированной матрицей рисков. Координация обмена данными для обслуживания заданного фактора распределения является нетривиальной задачей (разд. 4.3).

4.2.6. Резервирование данных с избыточностью

В распределённых системах может применяться распределённое резервирование данных. Резервирование подразумевает создание резервной копии данных, которая будет соответствовать определённому времени. Резервная копия не обновляется динамически. При необходимости создаётся новая копия. Резервная копия нужна исключительно для выполнения задач восстановления данных.

Фрагментация (разд. 3.3.7) данных в распределённой системе осуществляется на основе выбранной стратегии. При этом может осуществляться одновременное резервирование выделенных фрагментов данных, представленных на распределённых узлах (рис. 4–13).

Резервные копии делятся на два вида: crash consistent и application consistent. Crash consistent (согласованный на момент сбоя) — это тип резервной копии, который фиксирует состояние данных на момент создания. Такой вид резервного копирования характерен для систем виртуализации, систем хранения. Резервная копия создаётся на основе снимка (snapshot) без какого-либо предварительного взаимодействия с приложениями, работающими с этими данными. Резервное копирование данных осуществляется как есть. Согласованность (разд. 6.1) на уровне данных приложения не гарантирована. Такие копии обычно производятся быстрее, они практически не затрагивают производительность сервиса, но не гарантируют согласованность данных. Поэтому считается, что это «лучше, чем ничего».

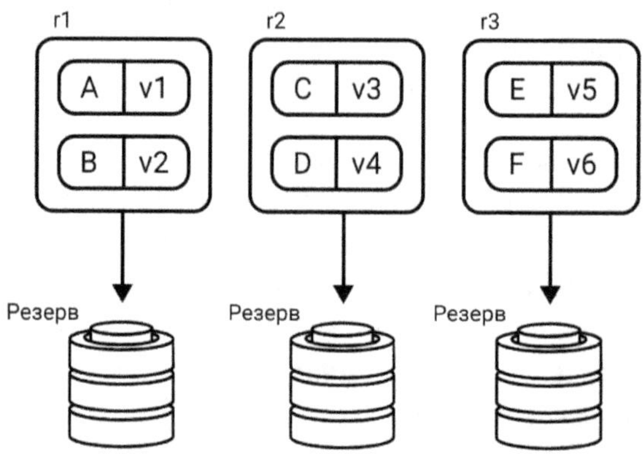

Рис. 4–13. Резервирование фрагментов

Application consistent (согласованный на уровне приложения) — это тип резервной копии, который фиксирует состояние данных с предварительным уведомлением и взаимодействием с приложением. Перед началом резервного копирования приложения уведомляются для остановки (блокировки) текущих операций до фиксации состояния данных. Поэтому копии создаются в специальных окнах обслуживания либо при существенном снижении нагрузки на систему. Такие копии гарантированно согласованы.

В распределённых системах может применяться сегментирование данных с избыточностью (разд. 4.2.4). Стратегия сегментирования определяет фактор избыточности данных и фактор распределения реплик сегментов на совокупности целевых узлов. Явно может быть задано необходимое количество избыточных реплик каждого сегмента на требуемых узлах. Такая схема распределения может быть задана в метаданных (разд. 3.1). В случае, если узел не участвует в обработке нагрузки, избыточные сегменты (реплики) могут рассматриваться как резервные копии сами по себе. Избыточные сегменты данных, каждый из которых располагается на выделенном узле, могут подвергаться резервному копированию на холодные узлы или носители. Такая опция позволяет не только ускорить процесс резервного копирования, но и обеспечить избыточность сегментов резервных копий. Такова организация распределённого резервного копирования. Таким образом, для распределённого резервного копирования также актуален фактор репликации и фактор распределения (рис. 4–14). При этом целевая система может выдержать не только отказ одного или нескольких активных узлов, но и отказ узлов или носителей, содержащих резервные копии данных.

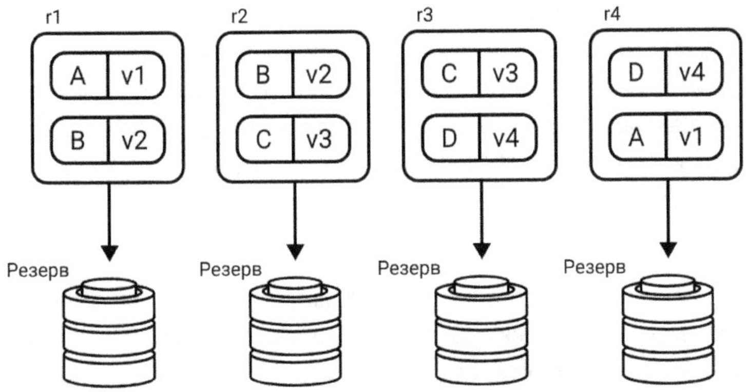

Рис. 4–14. Резервирование сегментов

4.3. Координация распределения данных

4.3.1. Способы координации корневых узлов

Для обслуживания обмена данными в распределённой системе необходима координация данного процесса. Координация процесса обмена данными между корневыми узлами распределённой системы заключается в решении ряда важнейших задач. Среди них можно выделить:

- управление фрагментацией данных;
- управление схемой распределения фрагментов данных;
- управление избыточностью фрагментов данных;
- управление передачей данных между узлами;
- управление репликацией (разд. 4.4);
- управление распределёнными операциями с данными (разд. 4.5);
- управление способом обмена данными между узлами;
- управление очередями сообщений (разд. 4.7);
- управление согласованностью данных (разд. 6.1);
- управление балансировкой нагрузки (разд. 8.1);
- управление резервированием мощностей (разд. 9.3).

Архитектурная конструкция, реализующая функции координатора, называется брокером (разд. 4.7.3). Если брокер реализует функцию балансировки распределения нагрузки, он называется балансировщиком (разд. 8.2). В больших распределённых системах может быть множество брокеров, каждый из которых реализует определённую стратегию координации. Совокупность таких брокеров называется оркестратором (разд. 10.2.7).

Самый простой способ координации заключается в том, что какой-нибудь узел берёт на себя ответственность за координацию остальных. Такая архитектура называется координацией с центральным узлом или единым лидером (single-leader). В этом случае выделяется координационный узел, называемый центральным. На него возложена задача координации остальных узлов распределённой системы. Центральный узел обеспечивает обслуживание всех запросов от хостов и клиентских узлов.

В данном случае центральный узел является слабым звеном и узким местом системы (bottleneck). Для повышения надёжности выделяется резервный узел, который станет центральным в случае отказа основного. Такие системы классифицируют как active-passive single-leader.

В случае утраты лидера (узла-координатора) должен быть выбран новый узел. Для этого может быть применён один из распространённых алгоритмов выбора лидера[73], например случайным, последовательным способом или с помощью алгоритма задиры[74].

Распределённые системы с центральным узлом являются наиболее распространёнными. Например, такой способ координации используется в типовой архитектуре клиент — сервер (разд. 10.1.4), на базе которой реализуются базовые web-сервисы, прокси, СХД начального уровня (NAS[75]).

В таких схемах резервирования наибольшей проблемой является эффективность переключения лидера. Наиболее частые проблемы, возникающие при таких переключениях, – это низкая скорость переключения, при которой может теряться часть запросов, и отказ при активации резервного узла, который может привести к отказу всей системы.

Для повышения надёжности распределённой системы целесообразно разделить функцию координации между несколькими узлами. Такая архитектура называется координацией с несколькими центральными узлами или лидерами (multi-leader). Использование нескольких лидеров повышает

[73] Leader election, #04-06 [w].
[74] Bully algorithm, #04-07 [w].
[75] Network Attached Storage, #04-08 [w].

не только надёжность распределённой системы, но и эффективность её работы в связи с возможностью распределения нагрузки на все узлы-лидеры. В этом случае возникает вопрос координации лидеров и балансировки их нагрузки (разд. 8.2). Для построения таких систем применяются архитектурные шаблоны «оркестратор» и «хореография» (разд. 10.2.7). Системы подобного рода классифицируют как active-active multi-leader.

Распределённые системы с несколькими лидерами применяются в критических системах, где важна отказоустойчивость. Например, такой способ координации используется в системах виртуализации, СХД корпоративного класса (разд. 11.2), кластерах высокой доступности и гиперскейлерах (разд. 9.1.1).

Существует способ координации без выделения центральных узлов. Такая архитектура называется координацией без выделенного центрального узла или лидера (leaderless). Она возможна в двух случаях. В первом случае предполагается, что любой узел может участвовать в инициализации нагрузки. При этом узлы должны обладать встроенным функционалом координации с другими узлами. Схемы координации в данном случае могут быть заданы как статически, так и динамически. Для построения таких систем применяется архитектурный шаблон «хореография» (разд. 10.2.7). Во втором случае предполагается, что инициаторы нагрузки, хост или клиент, заранее скоординированы перед запросом и дальнейшая координация корневых узлов не предусмотрена.

Как правило, для обслуживания такой архитектуры координации требуются отслеживание множества метрик всех узлов (разд. 7.1.2). Системы с координацией без лидера применяются в масштабных распределённых системах, например гиперскейлерах, СХД с множеством узлов и полносвязным интерконнектом (разд. 10.2.3). На рисунке ниже представлены три схемы координации корневых узлов: схема с одним лидером, несколькими лидерами и без лидера (рис. 4–15).

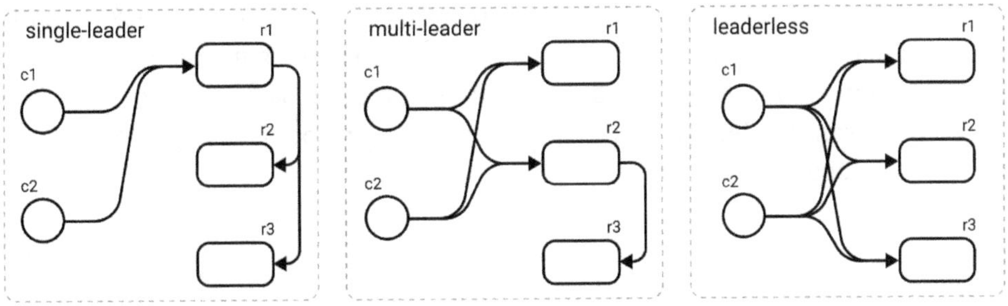

Рис. 4–15. Способы координации узлов

4.3.2. Способы запроса данных

Когда данные распределены по нескольким узлам, при запросе необходимо определить, на каких из них находятся нужные потребителю данные. Например, клиент может осуществлять итеративный перебор узлов запросами, пока не найдёт содержащий требуемые данные узел. Клиент может одновременно послать несколько запросов на все узлы, получив ответ от необходимого узла. При наличии лидера ему должна быть доступна схема распределения данных между узлами и он должен ретранслировать запрос на соответствующий узел. Если в схеме нет лидера, любой узел должен перенаправить запрос на требуемый узел. В некоторых случаях запрос может приводить к формированию кеша (разд. 5.1).

При наличии избыточности данных запрос может быть ретранслирован с учётом активной нагрузки узлов (разд. 8.1). Запрос может быть инициирован по таймеру или в результате реакции на изменение состояния (разд. 10.2.4).

Запрос может быть дезагрегирован и ретранслирован на несколько узлов, а ответ может быть собран для предъявления итогового результата (рис. 4–16). Очевидно, что такая параллелизация существенно ускоряет выполнение запроса, например кратно числу активных узлов.

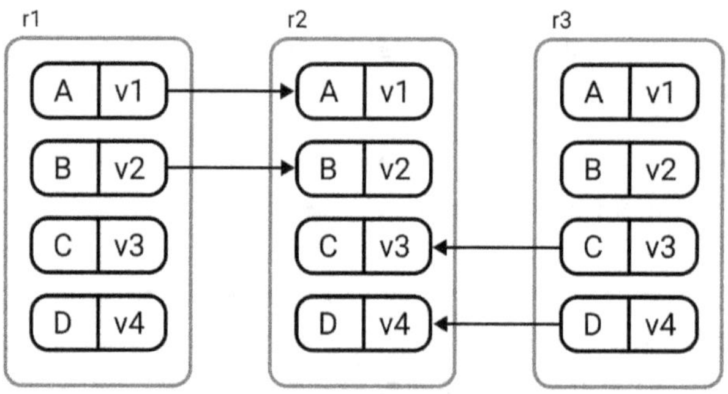

Рис. 4–16. Дезагрегация запроса

Такая дезагрегация может быть реализована с помощью архитектурного шаблона рассеивание — сбор[76]. Его суть заключается в том, что на этапе рассеивания запрос делится на подзапросы и отправляется параллельно на несколько узлов. Результаты подзапросов собираются и агрегируются в единый итоговый ответ.

[76] Scatter — gather.

4.3.3. Способы перемещения данных

В некоторых обстоятельствах может потребоваться перемещение данных между узлами. Такая потребность может возникать в связи с необходимостью перемещения данных ближе к потребителю или для восстановления фактора распределения в случае отказов узлов, ввода резерва или масштабирования. Такой процесс называется миграцией данных. Важно отметить, что процесс миграции состоит из двух стадий — репликации и последующего удаления первоисточника.

В некоторых случаях процесс миграции позволяет обеспечить повышение эффективности функционирования распределённой системы. Фрагменты данных перемещаются ближе к источнику с большей частотой запросов.

Миграция может быть полезна в том случае, когда перемещение ролей узлов и переключение на них потребителей приводят к большим накладным расходам, чем реализация процесса миграции данных между корневыми узлами.

Миграция фрагмента данных обычно осуществляется в два этапа. Сперва производится репликация фрагмента, осуществляется проверка согласованности с первичной репликой, далее фрагмент-источник удаляется. Процесс миграции может осуществляться с блокировками. При наличии избыточности клиенты могут быть переключены на другие активные реплики. За миграцию данных отвечают специальные миграционные алгоритмы[77].

Важно отметить, что в некоторых случаях для перемещения данных, если они находятся на постоянных накопителях, данные придётся переместить в оперативную память, что вызовет дополнительные задержки. Такой метод часто применяется при активном использовании распределённого кеша (разд. 5.1).

Частое перемещение данных может привести к перегрузке системы. Такая перегрузка обусловлена пробуксовкой[78]. Пробуксовка возникает в случаях, когда объём данных, необходимых для работы системы, существенно ниже, чем объём данных, используемый при миграции фрагментов в действительности. То есть, по сути, частый свопинг данных между узлами мешает работе системы, перегружая её ресурсы. Проблему пробуксовки может решить аппаратная поддержка прямого доступа к удалённой оперативной памяти

[77] Migration algorithm.
[78] Trashing, #04-09 [w].

(RDMA[79]), которая обеспечивает доступ к необходимым фрагментам без необходимости перемещения.

Миграция данных является весьма ответственной операцией, и её применение действительно должно быть обоснованным. Миграция данных позволяет существенно сэкономить ресурсы памяти целевой системы. При отсутствии избыточности отказ сети или участвующего в миграции узла повлечёт за собой утрату данных. Миграция данных применяется в задачах СХД (разд. 11.2), в том числе распределённого тиринга, для перемещения данных с узлов, обслуживающих более медленные накопители (SAS HDD и SSD), на узлы, обслуживающие более быстрые накопители (NVMe SSD).

4.3.4. Способы создания избыточности данных

Процесс создания избыточности данных называется размножением. При размножении данных создаётся копия (реплика) на одном или нескольких требуемых узлах. Обычно размножение осуществляется путём применения соответствующей распределённой операции (разд. 4.5). Размножение данных делает допустимыми доступ к ним и обработку из множества узлов распределённой системы.

Размножение данных создаёт сложности в обслуживании распределённой системы. Возникают вопросы актуальности данных в каждой реплике, необходимости их синхронизации (разд. 4.4.1) и установления согласованности (разд. 6.1). Поэтому выделяют два способа размножения данных: размножение для чтения и полное размножение.

4.3.5. Создание избыточности для чтения

Самым простым способом создания избыточности в распределённых системах является создание избыточности для чтения. В этом случае модификация данных может быть выполнена только для первичного экземпляра.

Возможно размножение данных с одного узла на другой. На остальных узлах устанавливаются блокировки на запись (разд. 4.8). В простейшем случае, когда лидером является один узел (r1), модификация данных возможна только на нём. Данные на втором узле (r2) будут доступны только для чтения. Такая схема функционирования узлов характерна для режимов active-passive (рис. 4–17). В данном случае систему может координировать один лидер. В случае утраты лидера второй узел должен быть разблокирован на запись и стать лидером.

[79] Remote Direct Memory Access, #04-10 [w].

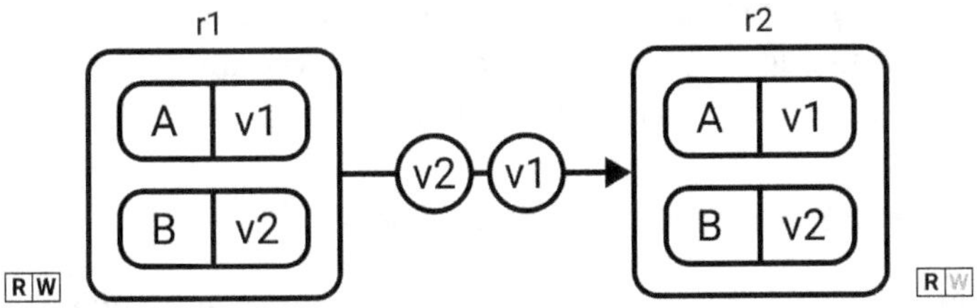

Рис. 4–17. Размножение данных в одну сторону

В более сложном случае каждый узел может обслуживать часть активных закреплённых за ним фрагментов. При этом операция записи этих фрагментов будет доступна только на соответствующем узле. На других узлах будет доступно исключительно чтение. Такая схема функционирования узлов характерна для режимов active-active. Оба узла обслуживают нагрузку, но при этом для фрагмента действует всё тот же режим active-passive (рис. 4–18).

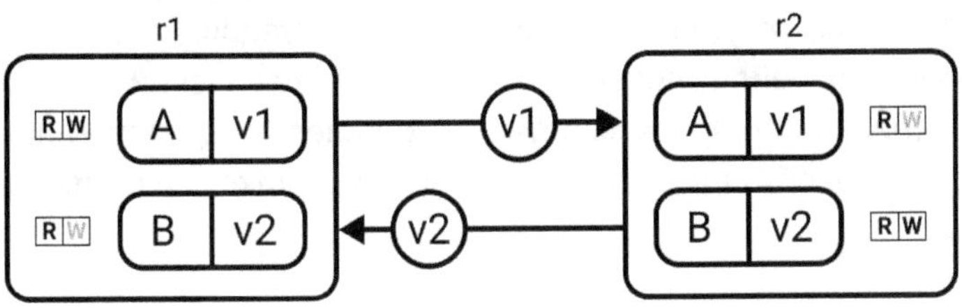

Рис. 4–18. Размножение данных в двух направлениях

В данном случае потребуется схема координации записи. При запросе на запись источник каким-то образом должен понять, какой фрагмент на каком узле доступен для записи. В случае отказа одного из узлов фрагменты, утратившие первичный экземпляр, должны сменить статус на таковой.

В случае, если узлов больше двух, должен быть выбран лидер для каждого фрагмента. За управление размножением данных в распределённых системах отвечают специальные алгоритмы размножения[80].

Режим избыточности для чтения применяется весьма часто. Доступность фрагментов данных для чтения на нескольких узлах в режиме параллельного доступа обеспечивает возможность увеличения производительности системы, позволяя обслуживать больше операций чтения. Репликация изменений в таком случае не вызывает никаких сложностей.

[80] Replication algorithm.

Нередко возникает необходимость в доступности записи на нескольких репликах. Такой процесс требует существенных накладных расходов, связанных с управлением согласованностью данных на всех узлах (разд. 6.1).

4.3.6. Создание избыточности для записи

Размножение данных с возможностью осуществления операции записи на любом узле представляет собой более сложный случай, чем размножение для чтения. В этом случае оба узла доступны как для чтения, так и для записи.

Такая схема функционирования узлов характерна для режимов active-active. Так как оба узла являются симметричными с точки зрения доступности операций чтения и записи, этот режим работы называется симметричным active-active (symmetric active-active).

Возможность записи на нескольких узлах требует эффективного разрешения конфликтов (разд. 10.2.11). Возможна ситуация, когда на двух узлах одновременно произойдёт попытка записи разных значений в размноженную переменную (рис. 4–19). В таком случае возникнет конфликт репликации, при котором будет необходимо принять решение, какое изменение считать корректным.

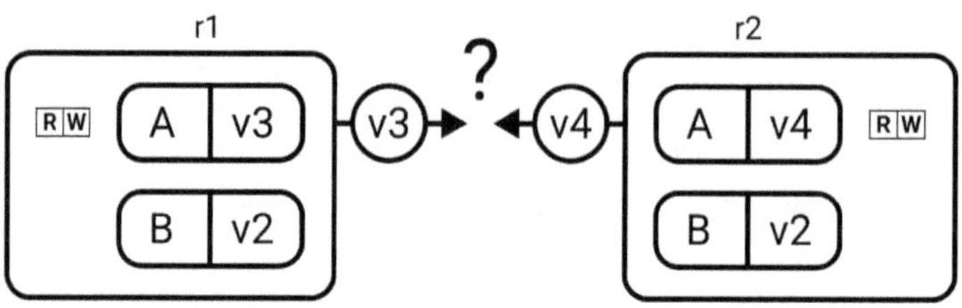

Рис. 4–19. Конфликт при выполнении операции записи

Особенно острым вопрос может стать в случае, если такие переменные отвечают за управление критически важными системами. В таких системах способы разрешения конфликтов определяются в проектной логике целевой системы.

Существует масса известных методов разрешения конфликтов репликации. Среди таких методов нужно отметить следующие:

- методику приоритетности узлов[81]: при конфликте запись узла с более высоким приоритетом считается корректной, однако в таком случае возникает проблема единого лидера;

[81] Priority-based resolution.

- алгоритмы консенсуса[82]: в данном случае узлы согласовывают изменения с помощью алгоритмов консенсуса, таких как Paxos и Raft (разд. 10.3.5). Такой подход имеет высокую надёжность, но высокие задержки. Помимо этого, он сложен в реализации;
- модели консистентности (разд. 6.1), которые определяют, что и в каком случае считать конфликтом;
- структуры данных, защищённые от конфликтов репликации.

Например, в РСУ, подразумевающих применение временных рядов, в простейших случаях допускается использование методики разрешения конфликтов на основе временных меток[83]. В случае конфликта корректной считается более поздняя запись. В более сложных случаях может применяться модель консистентности по времени с некоторыми уточнениями (разд. 6.2.7).

4.4. Репликация данных

Репликация представляет собой процесс создания избыточной копии данных, а также поддержания её актуального состояния при изменениях (разд. 4.3.4). Такая избыточная копия называется репликой. Реплика создаётся из первоисточника данных, называемого первичным экземпляром, с помощью копирования, в результате которого получается вторичный экземпляр данных.

Репликация представляет собой фундаментальную парадигму распределённых систем. Именно репликация обеспечивает возможность функционирования корневых узлов в требуемых целевых режимах (разд. 4.2.1). Создание первичной копии (реплики) — тривиальная задача, однако процесс поддержания её актуальности является весьма трудоёмким.

Свойство гранулярности реплики (разд. 4.2) декомпозирует процесс репликации. Репликация осуществляется согласно схеме распределённой фрагментации с избыточностью. Она является достаточно трудоёмким процессом и требует высоких накладных расходов. В серьёзных высоконагруженных распределённых системах процесс репликации выделяют в отдельную сеть (разд. 10.2.1), а обслуживание брокеров — в отдельные ядра процессора (разд. 9.2.1).

Принято считать, что репликация представляет собой комплексный подход к процессу приведения к состоянию идентичности нескольких копий данных корневых узлов.

---

[82] Consensus-based resolution.
[83] Timestamp-based resolution, #04-11 [w].

Репликация включает несколько этапов:

- создание копии данных на других узлах (инициализация);
- поддержание реплики в актуальном и согласованном состоянии (синхронизация);
- разрешение конфликтов репликации, если таковые возникают в процессе синхронизации (разд. 10.2.11).

Процесс инициализации часто называют первичной репликацией. Дальнейший процесс приведения к состоянию идентичности нескольких распределённых узлов называется синхронизацией. Репликация применяется для обслуживания неструктурированных (блочных) и структурированных данных (например, объектов).

В случае неструктурированных данных при изменении синхронизируется весь фрагмент целиком. Следовательно, необходимо следить за размером фрагментов. В случае структурированных данных может потребоваться репликация как самой структуры данных, если структура является динамической, так и обслуживаемых ею данных. Очевидно, что процесс поддержания актуальности динамических структур — крайне сложная задача. В процессе репликации динамических структур могут возникать конфликтные ситуации.

В случае динамических изменений структуры реплики целевая реплика должна актуализировать своё состояние. В целях сохранения всех структурных изменений в жизненном цикле эксплуатации целевой системы может применяться персистентная репликация (разд. 4.10.1). Она может обеспечить сохранение всех структурных изменений реплики. Такая репликация крайне удобна для работы с устаревшими резервными копиями. Если развернуть устаревшую резервную копию данных в соответствии с актуальной репликой, могут возникнуть конфликты несоответствия структуры данных резервной копии. Если резервная копия не сохраняет структуру реплицируемых данных или если отсутствует механизм чувствительности к таким изменениям, конфликты неизбежны. Персистентная репликация позволяет избежать подобных ошибок.

Репликация узлов может осуществляться в различных режимах: синхронном и асинхронном. Синхронный режим репликации допускает низкие задержки, а асинхронный — высокие. Оценка величины задержек определяется требованиями целевой системы. Разрешать конфликты репликации в синхронном режиме сложнее, чем в асинхронном.

Результатом репликации является согласованность данных (разд. 6.1). Режимы репликации определяются условиями доступности узлов. Например, сетевые задержки могут составлять от 10 до 100 мкс. При таких условиях репликацию можно считать синхронной, также может быть достигнуто высокое качество согласованности (разд. 6.2.3).

Если протяжённость сети для репликации составляет десятки километров (метрорасстояние), задержки могут существенно возрасти — до 200—500 мс. При большей протяжённости (500+ км) задержки могут быть крайне высокими.

В волоконно-оптическом кабеле свет распространяется со скоростью ≈200 000 км/с, то есть 1 км ≈ 5 мкс задержки в одну сторону, или 10 мкс в обе стороны (разд. 7.1.3). Это физический предел — никакая оптимизация не может ускорить передачу данных. Таким образом, на расстоянии 100 км получается не менее 1 мс задержки только за счёт скорости света в волокне.

К физической задержке также добавляются:

- время маршрутизации;
- сетевые потери, перезапросы;
- обработка данных на корневом узле.

Для каждой системы можно определить пределы допустимости применения различных видов репликации в зависимости от целей и задач (рис. 4–20).

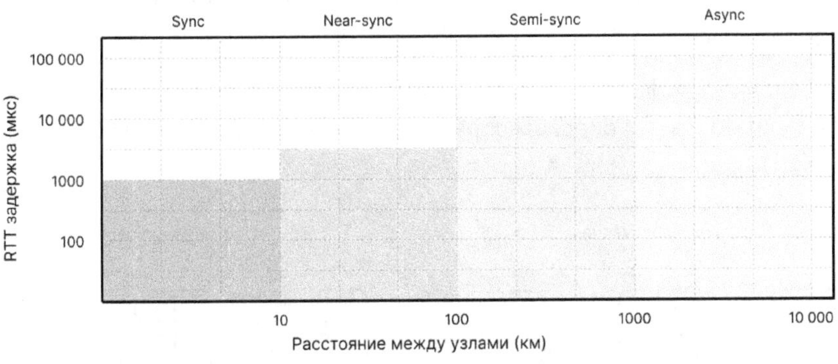

Рис. 4–20. Пределы допустимости видов репликации

Важно отметить, что во многих системах наряду с синхронной (sync) и асинхронной (async) репликацией выделяют промежуточные варианты. Таковыми являются близкая к синхронной (near-sync) или полусинхронная (semi-sync) репликация. Близкая к синхронной репликация допускает нарушение дедлайнов. Полусинхронная репликация допускает сочетание синхронных и асинхронных запросов, которые, в свою очередь, приоритизируются в зависимости от состояния целевой системы. Такие подходы позволяют добиться более сбалансированного компромисса между задержками записи и гарантией согласованности данных. Подобный компромисс может привести к существенному снижению числа блокировок. Подтверждение доставки может осуществляться после получения данных хотя бы одним удалённым узлом, даже до их полной фиксации на всех репликах, например в репликациях на основе кворума[84] (разд. 10.3.1).

В случаях недопустимости синхронной репликации (или полусинхронной) применяется асинхронная. В таких условиях согласованность может быть низкого качества (разд. 7.1), а в некоторых случаях её может не быть вовсе.

В ВНС приоритет может быть отдан процессу синхронизации. Поддержание актуальности реплик может осуществляться в синхронном режиме. Процесс создания первичных реплик, напротив, может осуществляться в асинхронном режиме и даже с существенными задержками в связи с большим объёмом данных. Условия и режимы репликации определяются требованиями целевой системы.

Важно отметить, что корневые узлы распределённой системы зачастую находятся на небольшом удалении друг от друга. При возникновении непрогнозируемых высоких нагрузок на узлы возможны задержки, влияющие на режим репликации. Архитектура целевой системы должна поддерживать вынужденную смену режима и возврат в оптимальное состояние (разд. 6.4.7).

Репликация фрагментов данных узла может осуществляться частично или полностью. Таким образом определяются частичная репликация и полная (рис. 4–21).

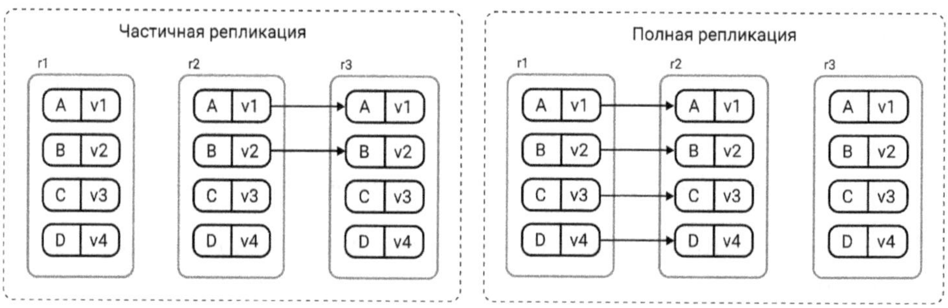

Рис. 4–21. Репликация данных с одного узла

[84] Quorum based replication.

Репликация узла может осуществляться путём копирования фрагментов с нескольких узлов в режиме некоторого параллелизма. При этом процесс репликации подразумевает, что отдельные фрагменты данных полной реплики могут быть реплицированы с разных узлов. Такая репликация осуществляется быстрее, чем репликация с одного узла. Возможна частичная репликация с нескольких узлов (рис. 4–22).

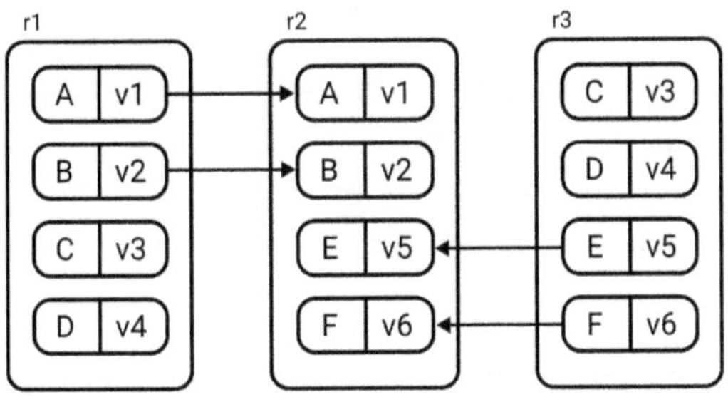

Рис. 4–22. Репликация фрагментов с разных узлов

Механизм репликации одинаково эффективен как для многосвязных (разд. 10.2.3), так и для слабосвязанных распределённых узлов, таких как mesh (рис. 4–23).

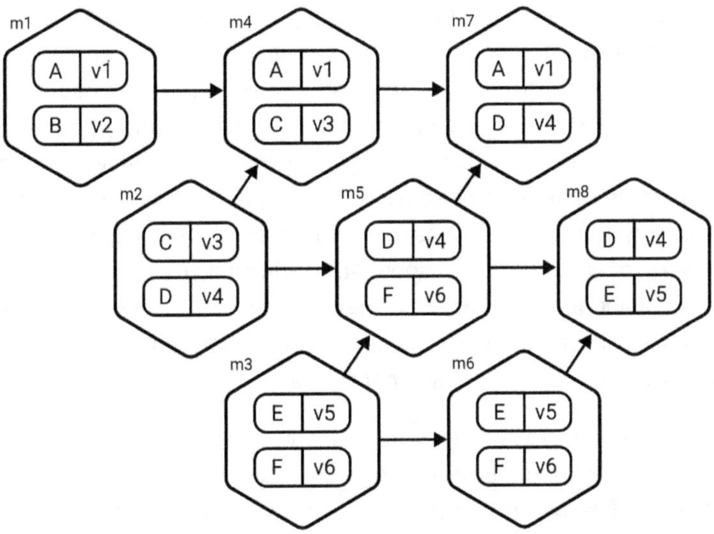

Рис. 4–23. Репликация mesh

4.4.1. Синхронизация данных

Синхронизация данных — это процесс поддержания актуальности и согласованности нескольких реплик (копий) данных в условиях постоянных изменений. Без синхронизации репликация превращается в простое однократное копирование, которое быстро устаревает.

Синхронизация решает ряд важных задач:

- определение стратегии распространения изменений (разд. 4.5.1);
- обеспечение согласованности (разд. 6.1);
- поддержание порядка операций (разд. 6.2.5);
- разрешение конфликтов (разд. 10.2.11);
- восстановление после сбоя (разд. 7.2).

Синхронизация может осуществляться в нескольких режимах:

- реактивной синхронизации (разд. 10.2.4);
- с буферизацией (разд. 4.7.1).

Реактивная синхронизация осуществляется по факту изменения. Синхронизация с буферизацией может происходить на разных условиях, например по факту заполнения буфера или по таймеру. Модель согласованности может определять стратегию распространения данных. Она определяет условия, при которых реплики можно считать идентичными. Стратегия распространения изменений определяет, как и в каком порядке изменения дойдут до реплик. Такая стратегия представляет собой фундаментальный выбор между надёжностью и производительностью. Стратегия определяет способ обмена данными между корневыми узлами и, следовательно, протокол. Синхронизация должна обеспечивать разрешение конфликтов с учётом выбранной методики. В случае разделения, то есть если узел с репликой был недоступен некоторое время и реплика пропустила часть изменений, она должна иметь возможность «догнать» актуальное состояние.

Синхронизация может быть декомпозирована на атомарные операции, называемые распределёнными (разд. 4.5). Такие операции декомпозируются за счёт свойств фрагментации реплик. Обмен данными между двумя узлами осуществляется путём репликации фрагментов. Такая репликация может состоять из нескольких атомарных операций. Совокупность атомарных репликаций, необходимых для приведения группы узлов в идентичное состояние, может быть определена как цикл. Один цикл синхронизации может включать в себя несколько циклов репликации (рис. 4–24).

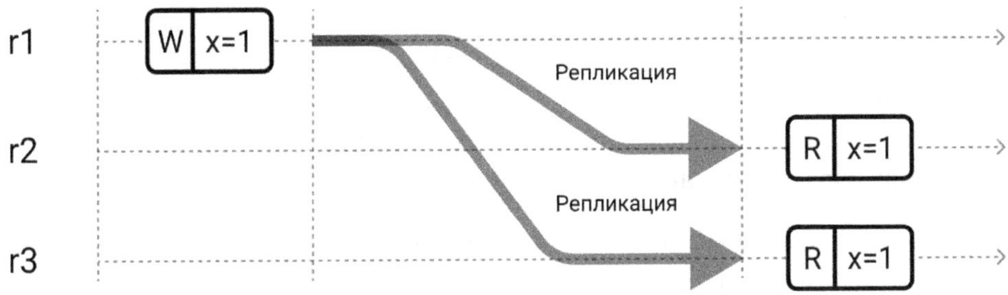

Рис. 4–24. Синхронизация (3 узла)

При этом репликация может быть как синхронной, так и асинхронной (рис. 4–25).

Рис. 4–25. Синхронизация (4 узла)

В ходе эксплуатации целевой системы структура реплицируемых данных может претерпевать изменения, могут быть добавлены или удалены переменные, объекты. Синхронизация должна осуществляться с учётом поддержки таких структурных изменений. Поддержание актуальности изменений структур реплик является задачей синхронизации. Если синхронизация не будет чувствительна к структурным изменениям реплик, обязательно возникнут конфликты репликации, из-за которых согласованность данных узлов будет утрачена (разд. 6.1).

В РСУ для синхронизации обычно применяются узловые очереди сообщений, обрабатываемые распределённым брокером (разд. 4.7.8). Каждый цикл синхронизации подразумевает:

- изъятие из очереди части сообщений из источника;
- упаковку сообщений в сетевой пакет;
- отправку сетевого пакета в соответствии с выбранным способом обмена данными потребителю (разд. 4.5.1);
- приём пакета на потребителе, разборку;
- применение изменений;
- подтверждение статуса, отсутствия ошибок, конфликтов.

Синхронизация может осуществляться в различных режимах с точки зрения инициации цикла. Управление запуском циклов синхронизации в СРВ может осуществляться по таймеру. В системах, в которых может наблюдаться периодическое разделение, циклы синхронизации могут осуществляться по расписанию (отложенная репликация).

Синхронизация может осуществляться в реактивном режиме. В данном случае цикл синхронизации инициируется по наступлении определённого события, например по факту изменения данных на одном из узлов целевой системы или иных условий. Большая частота изменений может вызвать перегрузки, поэтому в таком случае необходимо допустить некоторую степень буферизации.

В одной целевой системе инициация циклов синхронизации может осуществляться по-разному. Репликация данных с высоким приоритетом может происходить синхронно. Остальные данные могут реплицироваться в асинхронном режиме.

4.4.2. Конфликты репликации

В процессе репликации возможны конфликты. Они могут быть обусловлены попыткой записи одной переменной двумя разными значениями из двух разных источников. Подобное может произойти, если два клиента направляют запрос одному корневому узлу. В таком случае разрешение конфликта на одном узле является совсем несложной задачей. Если два клиента попытаются осуществить запись на разных узлах одной переменной, которую ещё и предполагается синхронизировать между ними, разрешить конфликт будет сложнее. Бывают ситуации и хуже. Например, один клиент на первом узле удалил переменную, а другой клиент на втором узле её модифицирует. Разрешение конфликта в таком случае становится весьма нетривиальной задачей. В таких случаях приходится решать:

- каким изменениям доверять;
- какие изменения считать актуальными;
- что делать с актуальными изменениями;
- что делать с операциями, вызывающими удаление данных.

Для разрешения конфликтов могут применяться специальные структуры данных, защищённые от конфликтов репликации (разд. 10.2.11). Такие структуры позволяют бесконфликтно осуществить синхронизацию и возложить разрешение конфликта на логику целевой системы.

В СРВ данные всегда привязаны ко времени. По этой причине каждому элементу, блоку данных можно поставить в соответствие метку времени[85] или даже несколько меток (разд. 11.1.7). Наличие такой метки существенно упрощает алгоритмическую реализацию синхронизации и разрешение конфликтов записи. Во многих системах модификация данных из разных источников вполне допустима, при этом данные будут иметь разные временные метки. В таких случаях конфликты сохраняются и синхронизируются, а решение проблемы делегируется вышестоящей логике.

Если, например, целевая система представляет собой АСУ ТП (разд. 11.3), в которой синхронизируются показания датчиков, то такие конфликты обрабатывают специальные фильтры. Однако если это команда управления, которая поступила от двух разных источников (разд. 10.3.8) и которая подразумевает разные результаты, то конфликт должен вызвать тревогу. Рассмотренная ситуация, очевидно, представляет собой проблему архитектуры автоматизированной системы или следствие несанкционированного доступа (например, DDoS-атаки, разд. 12.3.1). Такие конфликты должны разрешаться на основе правильно подобранной модели консистентности (разд. 6.1).

Для обеспечения безопасности доступа при синхронизации вводятся блокировки (разд. 4.8). Очевидно, что блокировки не повышают эффективность синхронизации. В распределённых системах синхронизация может быть блокирующей и неблокирующей.

Выделяют три уровня неблокирующей синхронизации:

- беспрепятственная (obstruction-free);
- безблокировочная (lock-free);
- безожидательная (wait-free).

Эти уровни отличаются уровнем гарантии выполнения операций и производительностью.

Беспрепятственная синхронизация гарантирует, что если запрос выполняет операцию в отсутствие конкуренции (разд. 9.2.1), то она завершится успешно за конечное время. Однако при одновременных запросах с нескольких узлов результат может зависеть от характера взаимодействия узлов. Такой подход применим, когда конкуренция за ресурсы минимальна или возникает редко, он не гарантирует отсутствие конфликтных ситуаций при выполнении операций.

---

[85] Time series.

Безблокировочная синхронизация гарантирует, что по крайней мере один узел из множества завершит свою операцию за конечное время, даже если остальные узлы конкурируют за ресурсы. Это предупреждает ситуации, в которых система может вызвать высокую задержку из-за блокировки операции. Такой подход исключает возможность возникновения конфликтных ситуаций, но может вызвать перегрузку очередей в связи с увеличением задержек.

Безожидательная синхронизация гарантирует, что каждый узел завершит свою операцию за конечное количество шагов, независимо от активности других узлов. Это самый строгий и производительный уровень неблокирующей синхронизации, подходящий для СРВ. Такой подход гарантирует завершение всех операций при минимальных задержках, но при этом не участвует в разборе конфликтных ситуаций. Он применим, например, при использовании структур данных, защищённых от конфликтов синхронизации (разд. 10.2.11), или когда логика целевой системы допускает конфликты записи.

Возможной проблемой синхронизации данных в СРВ является то, что скорость изменения данных источников может превышать предел возможностей системы. Это значит, что синхронизация не сможет обеспечить согласованность всех изменений данных. Однако это уже проблема архитектуры и реализации целевой системы или какое-то проявление деградации (разд. 7.3) целевой системы.

Синхронизация может осуществляться с учётом приоритета (разд. 4.7.4) данных. Например, при периодической синхронизации на узлах данные могут накапливаться в буфере изменений. В СРВ зачастую бывают важны самые свежие изменения — при синхронизации именно такие данные доставляются первыми. Например, алгоритмам целевой системы для обработки могут быть нужны текущие и ближайшие экстремальные значения изменений. Эти значения должны быть доставлены в порядке приоритета, а за ними все остальные, сформировавшие соответствующие очереди синхронизации (рис. 4–26).

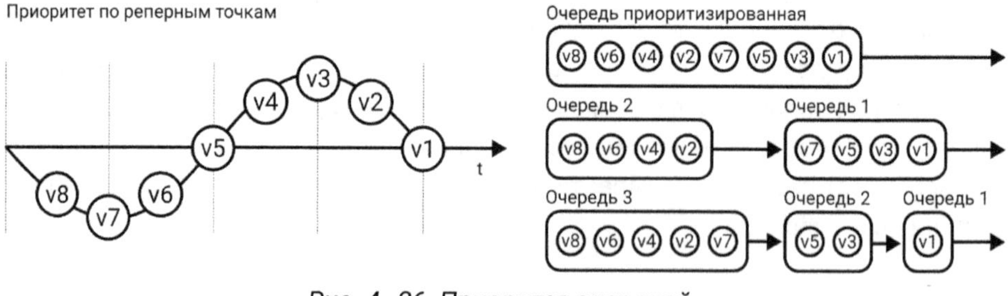

Рис. 4–26. Приоритет очередей

Локальный алгоритм сортировки очереди определённо будет применён быстрее, чем распределённый алгоритм синхронизации, особенно если необходимо подтверждение консистентности (разд. 6.1) распределённых данных. Управление эффективностью алгоритмов обработки данных, как локальных, так и распределённых, обеспечение их непротиворечивости с точки зрения управления задержками целиком и полностью находятся в зоне ответственности архитектора.

Важной задачей является управление размерами очередей синхронизации. В зависимости от архитектуры целевой системы они могут как быть одинаковыми, так и различаться по длине. В РСУ синхронизация данных может осуществляться между любыми типами и любым количеством узлов. Синхронизация может происходить с самыми разными схемами распределения данных в зависимости от топологии целевой системы (рис. 4–27).

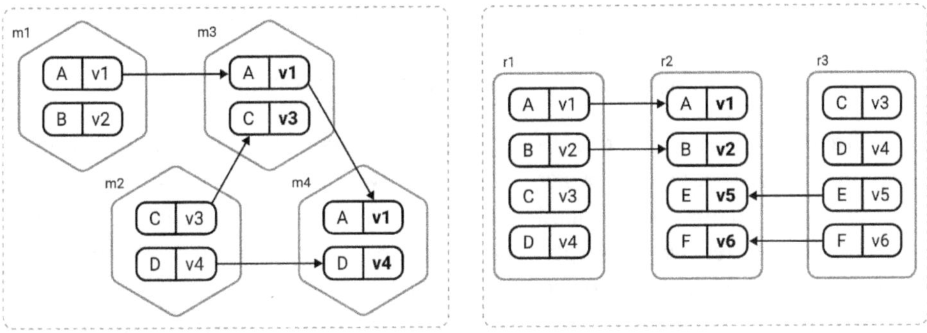

Рис. 4–27. Синхронизация данных

Разрешение конфликтов репликации обеспечивают модели консистентности, а также архитектурный подход использования данных, защищённых от конфликтов репликации.

4.4.3. Синхронизация корневых узлов

Для обеспечения в РСУ режима РВ достаточно соблюдать следующее правило: нагрузка трафика на общую сеть (совокупность всех соединений) не должна превышать пропускную способность этой сети. Если расчётная нагрузка не предполагает каких-либо скачков, можно предусмотреть резервную сеть, которая может быть использована для сглаживания таких эффектов. Например, если к сети 10 GbE будут подключены 10 клиентов, каждый со скоростью 1 GbE, и каждый из них создаст максимальную нагрузку, такой сети не хватит пропускной способности ещё и для синхронизации. Следовательно, начнётся деградация (разд. 7.3) обмена данными.

Совсем не факт, что резервной сети хватит для сглаживания такой нагрузки. Соответственно, как уже было сказано выше (разд. 4.1.2), для синхронизации корневых узлов необходим выделенный интерконнект. Для надёжности такой интерконнект (разд. 10.2.1) следует резервировать (рис. 4–28).

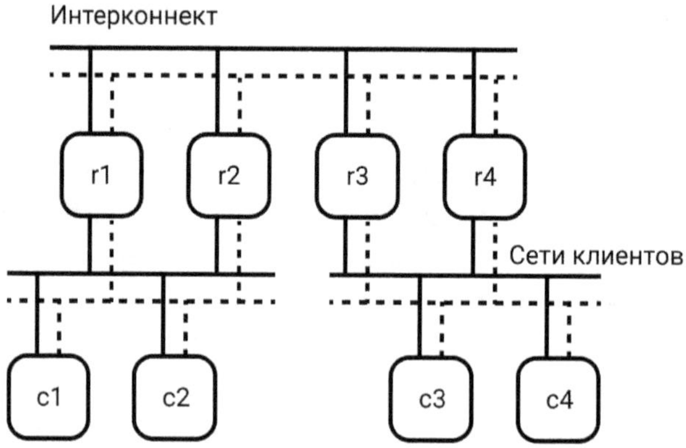

Рис. 4–28. Интерконнект синхронизации

Таким образом, для обеспечения эффективности репликации корневых узлов и обслуживания нагрузки клиентских узлов следует разделить сети. В реальной жизни при такой сетевой архитектуре избежать проблем не удастся. В качестве примера рассмотрим следующую конфигурацию: пять узлов объединены в интерконнект сетью 400 GbE, к каждому корневому узлу выполнено подключение 100 GbE. Соответственно, в момент пиковой нагрузки суммарная нагрузка клиентских соединений будет выше, чем способен обработать интерконнект корневых узлов, и это если не вдаваться в подробности структуры трафика сетевых пакетов, которая может содержать дополнительную информацию, увеличивающую общую нагрузку на сеть (рис. 4–29).

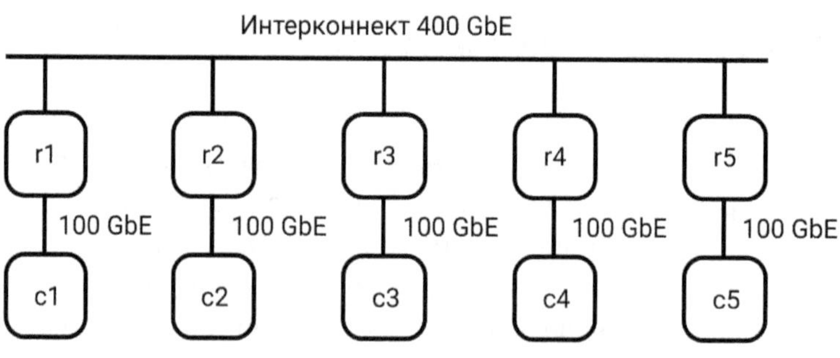

Рис. 4–29. Синхронизация, скоростные ограничения

Для построения эффективных РСУ необходимо, чтобы было выполнено базовое правило конфигурации сетей: пропускная способность[86] интерконнекта корневых узлов не должна быть меньше суммы пропускных способностей всех сетей, обеспечивающих подключения к корневым узлам клиентов. Очевидно, что можно ограничить пропускную способность клиентских каналов, но, если приходится заниматься чем-то подобным, это значит, что при пиковых нагрузках часть данных поменяется.

4.4.4. Стратегии синхронизации

Важно отметить необходимость выбора стратегии синхронизации данных. Иногда выгоднее синхронизировать только изменившиеся данные (разд. 10.2.4). Изменения можно синхронизировать сразу по факту их регистрации или с определённой задержкой, например по факту накопления некоторого буфера (разд. 4.7.1), обеспечивая некоторую дискретность обмена данными.

Как правило, стратегию синхронизации выбирают по принципу снижения нагрузки на систему. В некоторых ситуациях может быть сложнее разбираться, какие данные изменились, а какие нет. Поэтому проще синхронизировать все сразу без разбора, например по таймеру.

Важно выбрать порядок синхронизации данных. Нужно определить, требуется ли при синхронизации приоритизация. Анализ любых метрик (разд. 7.1.1), например метрик приоритета, требует привлечения дополнительных ресурсов.

4.5. Распределённые операции

В высоконагруженных системах, в особенности в системах РВ, операции чтения, записи, перезаписи, удаления (CRUD[87]) принято приоритизировать по значимости. Наиболее частыми (востребованными) являются операции чтения (read) и перезаписи (update).

Операции создания структуры данных или объекта (create), как правило, сопровождаются выделением динамической памяти, а операции удаления (delete) — высвобождением динамической памяти. Данные операции не рекомендуется выполнять в режиме РВ, так как они являются затратными с точки зрения ресурсов. Если create — достаточно безопасная операция, то delete таковой совсем не является, поэтому в СРВ рекомендуется отказаться от этой операции и вместо физического удаления пометить структуру как удалённую.

---

[86] Throughput.
[87] Create, Read, Update, Delete, #04-12 [w].

Физически операцию удаления рекомендуется выполнять в режиме сервисного обслуживания или в период, когда система не будет подвергаться нагрузке. В распределённых системах при нагрузке рекомендуется избегать любых динамических операций с данными, способных привести к нарушению целостности.

Операции CRUD следует рассматривать с точки зрения распределённости узлов. Какой бы ни была распределённая структура узлов, все распределённые операции должны выполняться с учётом того факта, что узлов более одного. Все распределённые операции должны осуществляться с требуемой эффективностью, с минимальными задержками и, возможно, даже с поддержкой параллелизма.

Если в распределённой системе выполняется операция create, значит, должно появиться требуемое число копий структур данных, определяемых конфигурацией целевой системы. Следовательно, при выполнении операции delete эти копии должны быть уничтожены. Если осуществляется операция read, считывание данных должен выполнять узел, ближайший к источнику запроса. В ряде случаев при новом запросе ячейка чтения может быть не заполнена, а в случае долгого отсутствия запроса она может перестать обновляться. Возникает дилемма: что выгоднее — поддерживать в актуальном состоянии ячейку данных или обновлять её при запросе, при определённой частоте запросов или, например, по расписанию?

Операцию update в распределённой системе следует рассмотреть подробнее. По сути, update отвечает именно за поддержание актуальности той самой ячейки памяти. Однако поддержание её актуальности может осуществляться с различным приоритетом в зависимости от значимости обрабатываемой переменной. В СРВ рекомендуется выделять три вида таких операций:

- негарантированный update[88];
- гарантированный (строгий) update[89];
- гарантированный (жёсткий) update с подтверждением[90].

Простой негарантированный update не гарантирует доставку на целевые узлы и не предполагает подтверждение операции. Это самый быстрый способ распределённой модификации данных, применяемый для переменных, потеря значений которых может быть скомпенсирована в следующем цикле обновления значений (разд. 6.2.3).

---

[88] Fast update, Best effort, #04-13 [w].
[89] Strict update.
[90] Hard update.

Гарантированный update обеспечивает распространение изменений по всем целевым узлам. Гарантированный update с подтверждением обеспечивает самый надёжный способ обновления данных с подтверждением. Выполнение такой операции будет происходить медленнее остальных. Её следует использовать для работы с переменными, отвечающими за критически важные данные: например, когда нужно передать команду управления. Поскольку такие операции наиболее ресурсозатратны, их применение следует свести к минимуму.

Перечисленные выше распределённые операции представляют собой механизмы распространения данных в распределённой системе, обеспечивающие их системную избыточность (разд. 4.2.3). Именно такие операции обеспечивают поддержание данных в актуальном состоянии при их изменении, по сути, осуществляя синхронизацию изменений (разд. 4.4.1).

Для разрешения конфликтов существует специальный подход, позволяющий безопасно работать с операциями распределённого удаления (разд. 10.2.11).

4.5.1. Обмен данными в распределённых системах

В составе РСУ могут быть узлы разной мощности. Они могут представлять собой серверы, рабочие станции, коммутаторы, промышленные контроллеры, устройства интернета вещей. Узлы с разной степенью активности (непрерывности работы и доступности) могут обмениваться сообщениями между собой. Обмен сообщениями может происходить как в синхронном режиме (РВ), так и в асинхронном, в рамках заданной событийной модели (разд. 10.2.4).

Чтобы обеспечить эффективную работу РСУ, следует выбрать оптимальный способ обмена данными между узлами. Стабильность работы РСУ определяется устойчивостью соединений. Установка новых соединений, переподключения, связанные с плохой связью или изменением сетевой конфигурации, вызывают существенные задержки целевой системы. Если таких соединений требуется множество, то суммарное время, затраченное на их установку, может повлиять на эффективность работы всей системы.

Оптимизация слаженного взаимодействия распределённых узлов зависит от выбора типа протокола передачи данных, способа координации узлов и целевых моделей консистентности (разд. 6.1).

4.5.2. Протоколы TCP и UDP

Важной задачей РСУ является выбор коммуникационного протокола взаимодействия узлов. TCP является строго unicast-протоколом, поэтому каждое TCP-соединение должно обслуживаться отдельно. В РСУ возникает необходимость доставки одинаковых сообщений более чем на один узел одновременно — следовательно, множество (пул) TCP-соединений может оказаться неэффективным. В таких случаях рекомендуется использовать протокол UDP для обеспечения возможности передачи многоадресных (multicast) или широковещательных (broadcast) сообщений. TCP можно использовать для широковещательных сообщений, однако при этом могут возникать некоторые задержки в связи с циркулирующими подтверждающими пакетами, которые создают лишнюю нагрузку. Бывают ситуации, когда выгодно установить пул устойчивых TCP-соединений и обеспечить реализацию широковещательных сообщений поверх совокупности таких соединений. Обработка пула соединений может вызывать задержки. При использовании пула TCP-соединений задержки системы будут выше, чем при использовании протокола UDP (рис. 4–30).

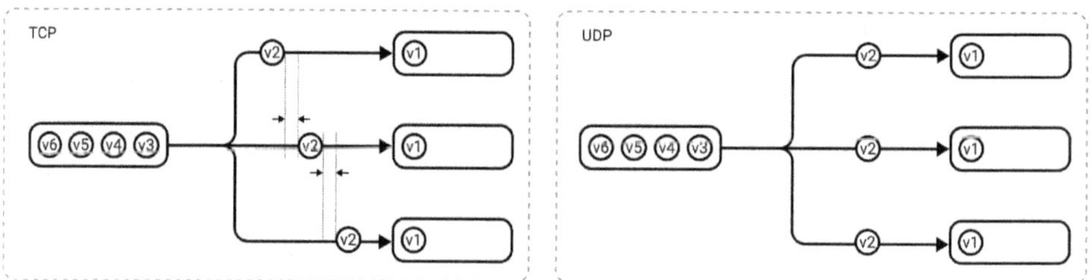

Рис. 4–30. Разница между задержками TCP и UDP

Иногда возникают проблемные ситуации: новые сообщения могут устаревать в процессе получения адресатами. Следовательно, у части адресатов могут оказаться уже неактуальные данные, что может быть неприемлемо в контексте задач управления. В СРВ невыгодно применять TCP-соединения в связи с тем, что на базе TCP сложнее реализовать пул асинхронных сообщений.

В реальном мире события возникают асинхронно. Кроме того, применение UDP-соединений в асинхронном режиме выгоднее. Разработчик может самостоятельно контролировать обмен диагностическими сообщениями, которые могут содержать необходимые метрики. Такие метрики могут описывать показатели качества обмена сообщениями. Например, это могут быть метрики подтверждения доставки сообщений согласно требованиям разработчика, состояние узлов и компонентов целевой системы (разд. 7.1).

Всегда возникает вопрос приоритета быстродействия и надёжности, когда при организации взаимодействия приходится выбирать между надёжным TCP и более быстродействующим UDP. Очевидно, что можно обеспечить надёжный обмен данными с гарантированной доставкой и поверх UDP, но для этого потребуется собственная реализация, что в некотором смысле сложнее реализации поверх TCP.

4.5.3. Протокол SCTP

В современных телекоммуникационных системах необходим баланс между надёжностью и производительностью. В связи с этим следует обратить внимание на протокол Stream Control Transmission Protocol[91].

SCTP — это транспортный протокол, разработанный как альтернатива TCP и UDP. Он сочетает в себе преимущества обоих протоколов, обеспечивая надёжную передачу данных и поддержку многопоточности. В отличие от TCP, где реализация пула потоков данных требует установки и обслуживания нескольких соединений по разным портам, SCTP может обслуживать несколько потоков данных в рамках одного соединения[92] (рис. 4–31).

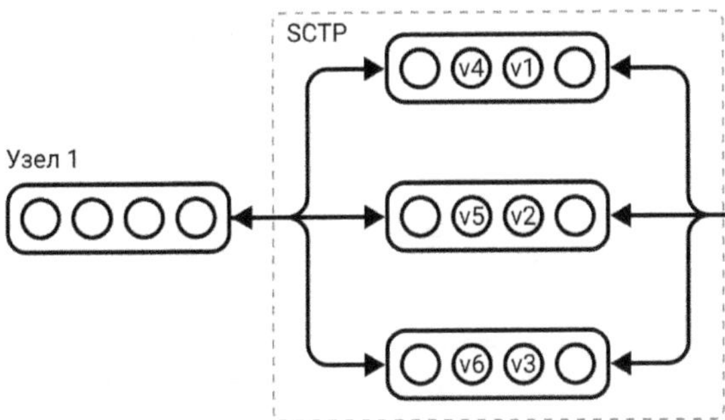

Рис. 4–31. Пул потоков SCTP

Такая архитектура протокола обеспечивает возможность параллельного обмена данными по нескольким потокам и предотвращает блокировку всего соединения из-за задержек или иных проблем в одном из потоков.

Важной особенностью SCTP является поддержка использования множества интерфейсов[93]. Потоки SCTP могут быть разделены между разными IP-адресами (рис. 4–32).

[91] SCTP, #04-14 [w].
[92] Multistreaming, #04-15 [pdf].
[93] Multihoming, #04-16 [w].

Если в архитектуре TCP понятие «соединение» подразумевает обмен данными между двумя узлами по одному соединению, то архитектура SCTP определяет концепцию ассоциации[94]. Такая ассоциация определяет все возможные взаимодействия между узлами по протоколу SCTP (рис. 4–33).

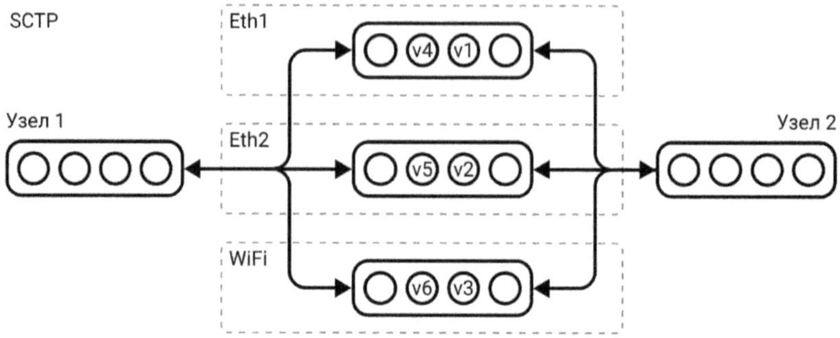

Рис. 4–32. Мультихоминг SCTP

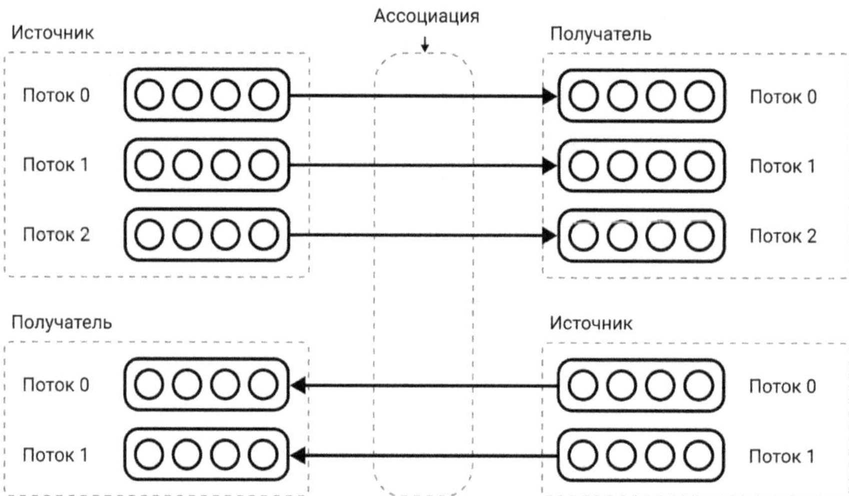

Рис. 4–33. Ассоциация SCTP

Таким образом, SCTP решает множество задач, важных для реализации современных распределённых систем. Поддержка пула потоков может быть использована для выделения отдельных потоков данных в целях приоритизации трафика. Отдельные потоки могут быть использованы для передачи данных, квитирования доставки, диагностики.

Свойство мультихоминг SCTP может быть использовано для решения не только задач отказоустойчивости (разд. 7.2),

---

[94] Association, #04-17 [pdf].

но и задач агрегации трафика и балансировки нагрузки каналов передачи данных (сетей). Таким образом, SCTP отлично подходит для реализации виртуализации сетей (разд. 10.2.1). Это свойство SCTP составляет основу архитектуры многопутевого доступа в распределённых системах (разд. 10.2.2).

В отличие от TCP важным свойством SCTP является большая защищённость от атак на установление множества соединений[95] с ложными (поддельными) IP-адресами, приводящими к исчерпанию ресурсов узла. В отличие от TCP, в котором при установке соединения применяется трёхэтапное квитирование[96], SCTP использует механизм четырёхэтапного квитирования, который подразумевает передачу дополнительной информации, подтверждающей подлинность (действительность) узла.

Таким образом, SCTP сочетает в себе преимущества TCP и UDP. Установка SCTP-соединения приведёт к увеличению задержки соединения, но работа с трафиком с использованием пулов данных может быть существенно оптимизирована. В данном случае общая задержка может быть снижена, а производительность целевой системы — существенно возрасти. В случаях, когда прямое использование SCTP невозможно, работа протокола может быть организована поверх UDP. Данный протокол активно применяется в задачах VoIP операторами связи для обслуживания мобильных устройств базовыми станциями.

Помимо классических транспортных протоколов, таких как TCP, UDP и SCTP, следует обратить внимание на современные решения, основанные на UDP, но предлагающие улучшенные механизмы управления потоком и надёжности. Среди них протокол QUIC[97], который развивает концепцию многопоточности соединения с возможностью мультиплексирования.

4.5.4. Протоколы QUIC, UDT и производные

QUIC поддерживает встроенное шифрование на основе TLS 1.3, которое является неотъемлемой частью протокола, а не надстройкой. Handshake происходит параллельно с установкой соединения. QUIC, как и SCTP, обеспечивает возможность мультиплексирования. При первом подключении обмениваются ключами и договариваются о параметрах соединения за 1-RTT[98]. При повторном подключении узел может отправить данные сразу, без ожидания ответа, используя сохранённые параметры предыдущей сессии.

[95] SYN (synchronization) flood, #04-18 [w].
[96] 3-way handshake, #04-19.
[97] Quick UDP Internet Connections, #04-20.
[98] Round-trip time.

Такое взаимодействие может осуществляться за 0-RTT. Эта опция является преимуществом данного протокола, в отличие от TCP с TLS, требующего 2–3 RTT.

Важно отметить транспортный протокол UDT[99], разработанный для высокоскоростной передачи данных по сетям с высокой задержкой и высокой вероятностью потерь пакетов. В отличие от TCP, который ориентирован на универсальность и надёжность в обычных условиях, UDT использует UDP в качестве базового транспорта, добавляя механизмы управления потоком и надёжностью доставки.

Также следует отметить протоколы KCP, RUDP[100], улучшающие свойства стандартного UDP за счёт добавления механизмов подтверждения и контроля потока, а также свойства, повышающие производительность в условиях значительных задержек.

Новые протоколы становятся всё более востребованными в различных областях, включая промышленную автоматизацию, потоковую передачу данных, обмен данными в распределённых и облачных инфраструктурах.

4.5.5. Способы обмена данными между узлами

В зависимости от задачи целевой системы для каждой узловой конфигурации можно подобрать оптимальный способ организации обмена данными (разд. 4.5.5). Важно, чтобы обмен данными между узлами строился преимущественно на базе надёжных соединений, исключающих разрывы связи. Важно наличие резервных соединений, которые могут быть использованы не только по прямому назначению, но и для организации параллельного доступа к данным, что в некоторых случаях может повысить эффективность доступа.

Обмен данными между корневыми и клиентскими узлами может быть реализован как через прямые соединения, так и через ретрансляцию. Наличие резервного соединения существенно повышает отказоустойчивость системы в целом. Клиентские узлы могут иметь одно-два соединения, а также могут быть соединены с множеством или даже с каждым из корневых узлов.

В задачах обмена данными в РСУ может возникать необходимость доставки данных сразу нескольким узлам, например в случае репликации (разд. 4.4) или синхронизации (разд. 4.4.1) данных корневых узлов. При наличии множественных соединений между клиентским и корневыми узлами

---

[99] UDP-based Data Transfer Protocol, #04-21 [w].
[100] Reliable UDP, #04-22 [w].

данные могут передаваться сразу на все эти корневые узлы. В таком случае эффективным способом обмена данными между узлами (разд. 4.5.1) станет использование широковещательных сообщений.

Обмен данными может быть инициирован разными обстоятельствами. Он может осуществляться в связи с клиентским запросом, или клиентский узел может быть подписан на изменения данных (разд. 10.1.2). Корневые узлы могут синхронизироваться по таймеру или по событию (разд. 10.2.4), например при изменении значения переменных в случае организации РРП на основе переменных.

В нормальном режиме эксплуатации сеть доступа редко бывает предельно нагружена. В ответственных системах к таким сетям, как и к интерконнекту, предъявляются высокие требования.

К второстепенным сетям, по которым осуществляются соединения узлов более низкого ранга, требования по производительности ещё меньше. Эти сети могут быть многократно зарезервированы, поэтому утрата такой сети или снижение её производительности может не стать существенной проблемой для целевой РСУ. Обычно это физические соединения в виде кольцевых сетей или беспроводные сети для подключения разнообразных датчиков. Важно учитывать, что беспроводные сети предполагают более высокие задержки, чем физические кабельные соединения.

Одним из наименее эффективных способов обмена данными в РСУ является ретрансляция сообщений через цепочку узлов (цепная, последовательная ретрансляция), так как она увеличивает задержки (рис. 4–34).

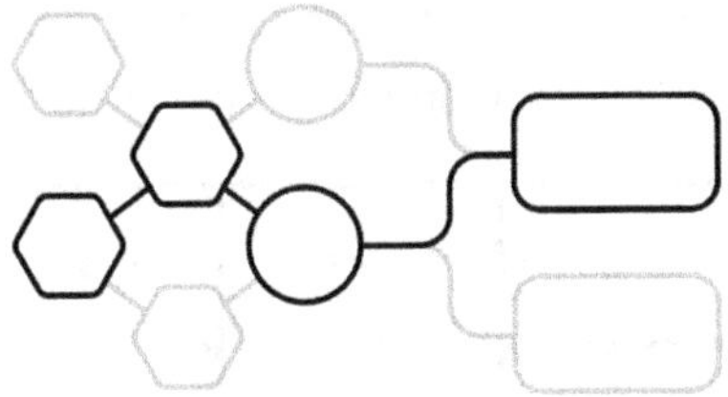

Рис. 4–34. Ретрансляция сообщения

Данный метод взаимодействия не стоит применять, но бывают ситуации, когда без него не обойтись. Обычно в таких системах может быть несколько вариантов маршрута, таким образом, может быть применён многопутевой доступ.

Оптимальный способ и условия обмена данными между корневыми узлами зависят от выбранного способа координации таких узлов.

4.6. Ограничения распределённых систем

В любой распределённой системе действует принцип теоремы CAP[101], которая гласит, что при реализации распределённых вычислений можно обеспечить не более двух из трёх следующих свойств:

- **C**onsistency — согласованность (консистентность) данных гарантирует, что во всех не отказавших вычислительных узлах в один момент времени данные не противоречат друг другу, то есть являются одинаковыми;
- **A**vailability — доступность гарантирует, что любой запрос к не отказавшим узлам возвращает корректный отклик, при этом нет гарантий, что ответы всех узлов системы совпадут;
- **P**artition tolerance — устойчивость к разделению гарантирует, что разделение распределённой системы на несколько изолированных сегментов в связи с нестабильностью соединения или его полным отказом не приведёт к её отказу.

Типичные распределённые системы построены на сочетаниях требований CAP-теоремы (рис. 4–35):

- согласованные РСУ со всегда доступными узлами, но неустойчивые к разделению (CA);
- устойчивые к разделению РСУ со всегда доступными узлами, но несогласованные (AP);
- согласованные и устойчивые к разделению РСУ, но с не всегда доступными узлами (CP).

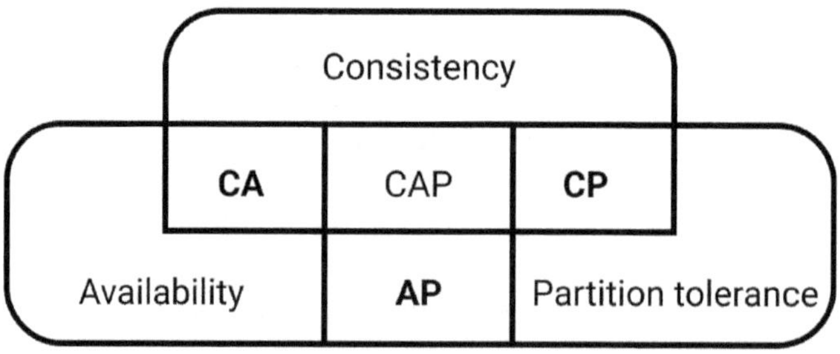

Рис. 4–35. CAP-теорема

В реальных задачах пытаются приблизиться к одновременному выполнению всех трёх свойств теоремы. Возникает вопрос: как этого достичь, какие допущения и упрощения можно сделать, чтобы приблизиться к выполнению

[101] CAP theorem, #04-23, #04-24. ▸

всех трёх требований CAP? Опытным профильным архитекторам и разработчикам секрет давно известен: он заключается именно в свойствах консистентности, которые могут быть самыми разнообразными. Консистентность может быть как строгой, так и слабой, как длительной, так и периодической (разд. 6.7). Системы проектируют так, чтобы минимизировать вероятность разделения, а в случае его наступления — максимально элегантно деградировать, выбирая доступность или согласованность в зависимости от целевой логики (разд. 6.7.3).

Например, если рассматривать РСУ в составе АСУ ТП, становится очевидно, что в таких системах недопустимо разделение узлов — может произойти потеря управления важной подсистемой. Совершенно недопустима несогласованность данных. Например, если операторы будут работать с отличающимися данными, их действия будут несогласованными. Такая ситуация может привести к катастрофе. Естественно, в подобных системах допустима потеря связи между узлами.

В серьёзных АСУ предусмотрена возможность автономной работы отдельных подсистем и даже автономного управления. Оборудование не будет повреждено даже при разделении целостной системы на подсистемы, однако такая АСУ не проработает долго в таком режиме. Существуют специальные регламенты, определяющие, сколько времени можно проработать в режиме автономности подсистем. По истечении регламентного времени технологический процесс следует остановить, что зачастую бывает очень дорого и небезопасно. Так, например, остановка ядерного реактора АЭС стоит десятки миллионов долларов.

Рассматриваемые системы, а именно ВНС, СРВ, РСУ, обладают различными свойствами, выполняют самые разнообразные задачи. ВНС часто являются распределёнными (ВН РС). Существуют ВНС, работающие в режиме РВ (ВНС РВ). Встречаются и РСУ, работающие в режиме РВ (РС РВ). Реже встречаются ВН РС, работающие в режиме РВ (ВН РС РВ): например, масштабные АСУ ТП. Как правило, СРВ является составной частью ВНС, которая, в свою очередь, может быть частью РС(У) (рис. 4–36).

Хороший пример противоположности принципов и задач, выполняемых такими системами, можно получить, сравнив, к примеру, системы промышленной автоматизации (разд. 11.3) с банковскими системами.

Например, если вычислитель вовремя не получит значение температуры реактора от одного или нескольких датчиков или получит его с задержкой, может возникнуть серьёзная проблема. А вот если клиент банка получит сообщение о зачислении зарплаты немного позже, чем ожидал, или даже совсем его не получит, с ним ничего не случится. Он зайдёт в приложение и увидит, что деньги пришли. Не будет катастрофой, если клиент немного поругается с банком, если не увидит своевременного зачисления.

Рис. 4–36. Связь между типами систем

Обычно в зарплатные дни банковские системы испытывают высокие нагрузки: банки тщательно обрабатывают все транзакции и контролируют, чтобы все получили сообщения о начислении зарплаты и не звонили с вопросами. Банк не отправляет клиенту более одного сообщения о начислении заработной платы, чтобы не допустить необоснованной радости и последующего разочарования. В промышленной автоматизации, напротив, в АСУ ТП может поступать множество повторных сообщений о значениях температуры и её изменениях. Если часть сообщений потеряется, ничего страшного не произойдёт. В критически важных компонентах располагают множество избыточных резервных датчиков. Таким образом, подтверждающая информация о доставке значений температур с этих датчиков становится не совсем обязательной. При подаче команд управления, естественно, необходимо подтверждение их выполнения. В таких случаях команда управления обычно запускает параллельные каскадные изменения ряда параметров, которые формируют множество обратных связей. Множество таких связей может привести к частому обновлению состояния переменных. Изменения в трафике, касающиеся команд, составляют долю процента от общего объёма трафика. Следовательно, часть данных в АСУ ТП можно потерять. Вопрос о том, какой объём данных допустимо потерять, зависит от конкретных условий целевой задачи. Такое допущение позволяет найти компромисс, при котором все три условия CAP-теоремы будут выполняться с определёнными уточнениями. Например, потеря части данных не повлечёт за собой утрату консистентности АСУ ТП. В правильно спроектированных РСУ сообщения приоритизируются по значимости, при этом допускается потеря наименее значимых данных, а наиболее приоритетные сообщения обрабатываются с подтверждением, почти как транзакции.

4.6.1. Ограничения протоколов транспортного уровня

Планирование архитектуры целевой распределённой системы начинается с анализа способов обмена данными между узлами. Выбор сетевых протоколов может осуществляться на основе принципов CAP-теоремы. Протоколы можно рассматривать применительно к каждому принципу.

Что касается согласованности:

- TCP гарантирует упорядоченность данных, но при сетевых разделениях может возникнуть задержка доставки или восстановления соединений, что влияет на согласованность;
- UDP не гарантирует доставку, поэтому не обеспечивает согласованность. Его можно использовать в случаях, когда согласованность не критична (например, в потоковых приложениях). Также можно разработать собственные надстройки, которые обеспечат функциональность согласованности;
- SCTP обеспечивает надёжную доставку и упорядочивание данных, что подходит для приложений, где согласованность критически важна;
- QUIC имеет встроенные механизмы для обеспечения последовательности и консистентности, особенно в контексте HTTP/3 и защищённых соединений.

Что касается доступности:

- TCP хорошо работает при стабильных сетевых соединениях, но может стать уязвимым при разделении сети или потере соединений, так как требует завершения установки соединения;
- UDP предлагает высокую доступность благодаря отсутствию необходимости установки соединений и низким накладным расходам;
- SCTP обеспечивает среднюю доступность. Хотя протокол поддерживает отказоустойчивость и многоканальность, при серьёзном разделении сети могут возникать проблемы;
- QUIC свойственна высокая доступность, особенно для мобильных устройств, благодаря быстрому восстановлению соединений и отсутствию блокировок на установку соединений.

Что касается устойчивости к разделению:

- TCP плохо справляется с сетевым разделением, так как требует восстановления соединений, что может существенно повлиять на доступность;

- UDP — это протокол, в котором нет привязки к соединениям, что делает его устойчивым к разделению, но он не гарантирует доставку данных, что может создать проблему с согласованностью;
- SCTP имеет высокую устойчивость к разделению благодаря многопоточности и поддержке нескольких потоков, каждый из которых может работать независимо;
- QUIC свойственна высокая устойчивость к разделению, поскольку он поддерживает быструю реконструкцию соединений при минимальных накладных расходах на установку соединений и шифрование.

Таким образом, можно сделать некоторые выводы. Для систем, где приоритетом являются строгая согласованность и надёжность (CP), рекомендуется выбирать SCTP. Этот протокол обеспечивает гарантированную доставку, строгий порядок данных, встроенную поддержку мультиплексирования нескольких потоков и отказоустойчивости на уровне соединения. Такой протокол хорошо подходит для СУБД с репликацией (разд. 4.4), телекоммуникационных и финансовых сервисов, где отказоустойчивость и согласованность данных критически важны, даже в ущерб задержкам.

Для систем, в которых критична гарантированная доставка и строгая последовательность данных (CA) и допустимы умеренные задержки, рекомендуется выбирать TCP. Несмотря на уязвимость к длительным сетевым разделам, TCP остаётся «золотым стандартом» для внутренней коммуникации в кластерах благодаря своей предсказуемости, повсеместной поддержке и гарантиям порядка и доставки. Он подходит для систем, где сетевая инфраструктура достаточно стабильна и предсказуема и требуется абсолютная надёжность передачи данных. Такой протокол хорошо подходит для работы в высокопроизводительных интерконнектах (разд. 10.2.1), для обслуживания систем хранения данных (разд. 11.2), автоматизированных систем управления технологическими и производственными процессами (разд. 11.3), брокеров очередей (разд. 4.7.3) и прочих критических сервисов.

Для систем, где приоритетом являются доступность и низкая задержка (AP), рекомендуется выбирать UDP с применением специализированных надстроек. Чистый UDP предоставляет максимальную пропускную способность и минимальную задержку, что критически важно для систем реального времени. Однако его использование требует реализации на уровне приложения собственных механизмов для обеспечения необходимого уровня надёжности (например, упорядочивания, подтверждения доставки, контроля переполнения). Это оптимальный выбор для потоковых сервисов, таких как стриминг, видеоконференции, VoIP, коллективные игровые сервисы (разд. 6.4.11), а также систем мониторинга и телеметрии, где допустима потеря отдельных пакетов.

Для адаптивных систем, требующих комплексного баланса принципов CAP и работы в нестабильных сетях, рекомендуется выбирать QUIC. Этот протокол современного поколения, работающий поверх UDP, представляет собой кардинальное решение проблем, связанных с фундаментальными недостатками TCP. Он обеспечивает высокую доступность и устойчивость к разделению, а также встроенное шифрование. Он гарантирует быстрое соединение при повторном подключении, что критически важно для мобильных клиентов, переключающихся между Wi-Fi и сотовыми сетями. Поддержка мультиплексирования исключает блокировки и связанные с ними задержки и потерю данных. Таким образом, QUIC является предпочтительным выбором для современных публичных ППИ-шлюзов[102], веб-сервисов (HTTP/3), мобильных приложений и прочих сервисов, к которым пользователи подключаются из разных точек мира с неидеальным качеством связи. Он предлагает наилучший компромисс, обеспечивая высокую доступность и устойчивость, сравнимую с UDP, но при этом предоставляя надёжность и согласованность, близкую к TCP.

4.7. Обработка очередей в распределённых системах

Обмен данными в РСУ чаще всего осуществляется путём обмена многочисленными небольшими по объёму сообщениями. Такие сообщения могут содержать:

- данные структурированные или блочные (разд. 3.1);
- признаки операций (разд. 4.5);
- признаки блокировок (разд. 4.8);
- признаки причинности (разд. 6.2.6).

Источниками и приёмниками таких сообщений могут быть как корневые, так и клиентские узлы. За извлечение сообщений из источника и передачу сообщений приёмникам отвечают конструкции типа брокер сообщений (очередей). Перед обработкой сообщения попадают во временный буфер[103]. Буфер сообщений позволяет осуществлять операции ввода-вывода сообщений согласно предопределённой логике. Процесс управления данными такого буфера называется буферизацией.

---

[102] API gateway.
[103] Message buffer.

4.7.1. Буферизация сообщений

Буферизация сообщений представляет собой способ первичной обработки данных при приёме сообщений и их подготовки для последующей передачи следующему потребителю. Обработка данных в буфере осуществляется в соответствии с предопределённым алгоритмом буферизации, направленным на решение целевых задач РСУ. Выделяют несколько способов буферизации применительно к последовательности обработки сообщений.

Простейший способ обработки сообщений в буфере основан на принципе «первым пришёл — первым обслужен» (FIFO[104]). В СРВ принцип FIFO не всегда эффективен. СРВ всегда стремится оперировать наиболее актуальными данными, поэтому для обработки сообщений в режиме РВ часто применяется принцип «последним пришёл — первым обслужен» (LIFO[105]). FIFO-буфер называется очередью[106], а LIFO-буфер — стеком[107] (рис. 4–37).

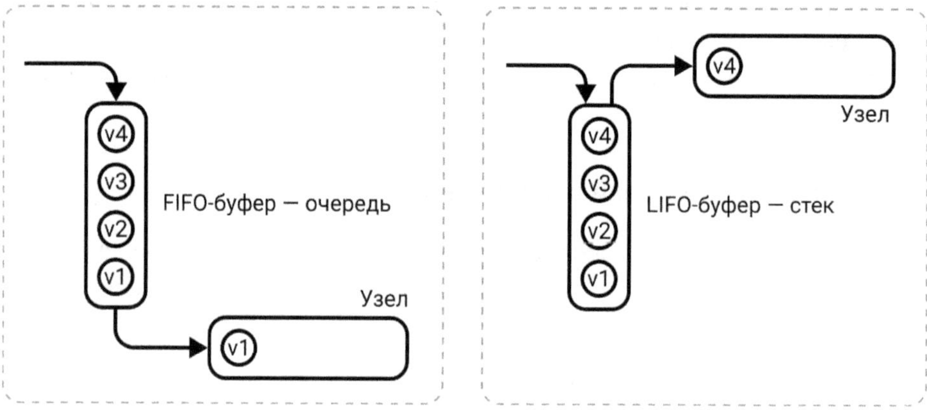

Рис. 4–37. Способы буферизации

Буферизация решает ряд важных задач. Она позволяет компенсировать неэффективность обработки сообщений приёмником в случае, если он не успевает принять сообщения из буфера. Таким образом, при временной перегрузке приёмника решается задача предотвращения потери сообщений. Буферизация может повысить общую производительность системы за счёт увеличения эффективности использования ресурсов. Стек можно использовать для принудительного (разд. 7.3.3) удаления устаревших сообщений. Такие сообщения могут считаться утратившими актуальность или малозначимыми для эффективности работы РСУ.

---

[104] First input — first output.
[105] Last input — first output, #04-25 [w].
[106] Queue, #04-26 [w].
[107] Stack, #04-27 [w].

Буферизация может быть использована для организации более сложных алгоритмов обработки сообщений. Могут быть учтены различные параметры, такие как приоритет сообщения (разд. 4.7.4), метка времени (разд. 11.1.7), ограничения по размеру буфера, эффективность подсистем ввода-вывода, в которых располагается буфер. Чаще всего процессы буферизации связаны с обработкой очередей. Важно отметить, что буферизация составляет основу важнейшей парадигмы распределённых систем — кеширования (разд. 5.2).

4.7.2. Очереди сообщений

Важнейшей задачей ВНС является эффективная обработка очередей сообщений (mq[108]). Существует масса вариантов алгоритмов обработки очередей сообщений и их реализации в виде готовых решений. Каждое решение имеет свои плюсы и минусы. Задачей эффективной ВНС является получение сбалансированного решения, поэтому при разработке серьёзных систем реализацию обработки очередей принято осуществлять самостоятельно. В некоторых случаях можно использовать готовые решения из коробки.

Конструкция очереди определяется конструкцией буфера, отвечающего за хранение сообщений. Таким образом, кроме стандартных FIFO, LIFO-очередей можно отметить ещё несколько распространённых конструкций.

В РСУ могут использоваться двусторонние очереди (deque[109]). Эта конструкция позволяет добавлять и удалять сообщения как с начала, так и с конца очереди. Такая очередь полезна для повышения эффективности алгоритмов поиска и сортировки, она также эффективна для оптимизации под аппаратную инфраструктуру при наличии более одного физического интерфейса доступа к буферу.

В ВНС, в особенности в СРВ, часто применяются циклические очереди[110]. Такая конструкция обусловлена необходимостью применения буфера фиксированного объёма. Это может быть связано с ограничением физического пространства или необходимостью ограничения объёма буфера для обеспечения прогнозируемости нагрузки на его обработку. Кольцевой буфер структурно связывает первый и последний элемент, что в определённых случаях существенно повышает эффективность доступа к данным и их обработки.

---

[108] Message queue, #04-28.
[109] Double-ended queue, #04-29 [w].
[110] Circular queue, #04-30 [w].

Особо значимой конструкцией очереди в РСУ является приоритетная очередь[111]. Такая очередь учитывает, что каждое сообщение имеет приоритет, и сообщения обрабатываются в соответствии с приоритетом, а не в порядке поступления (разд. 4.7.4). Встречаются и двусторонние очереди с приоритетами[112].

4.7.3. Брокер очередей

Конструкцию, отвечающую за обработку сообщений в очереди, обычно называют брокером (диспетчером) сообщений[113] (очередей, разд. 10.1.3). В зависимости от архитектуры целевой системы на брокер сообщений могут быть возложены функции маршрутизации сообщений от источников к приёмникам, их разделения и агрегации (рис. 4–38). В брокер сообщений могут быть встроены функции валидации контроля целостности данных и их предобработки. Брокер может отвечать за преобразование данных согласно целевой спецификации, например преобразование протоколов в понятный приёмникам формат.

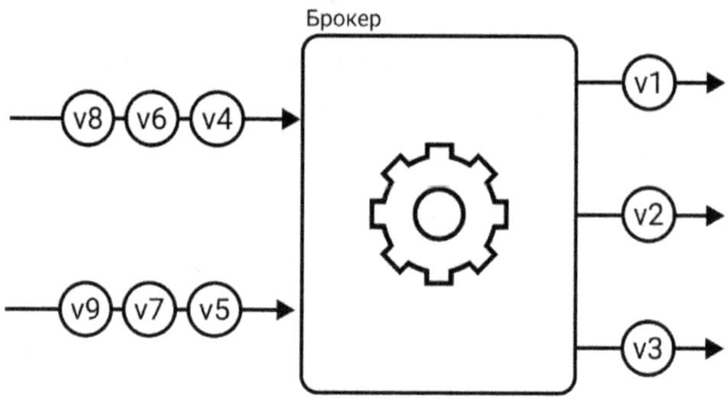

Рис. 4–38. Брокер сообщений

Выделяют множество конструкций брокеров, среди которых следует обратить внимание на следующие:

- брокер с приоритетом;
- брокер на выделенном узле;
- брокер, встроенный в клиентский узел (хост);
- брокер, встроенный в корневой узел;
- брокер распределённый (децентрализованный);
- брокер распределённый для координации корневых узлов.

---

[111] Priority queue (pq), #04-31 [w].
[112] Priority deque.
[113] Queue broker, message broker, #04-32.

4.7.4. Брокер с приоритетом

В РСУ могут быть использованы сложные алгоритмы обработки очередей. Например, может быть задан приоритет попадающих в очередь сообщений, согласно которому они должны быть обработаны. В таких случаях принято использовать брокер с приоритетом.

Брокер с приоритетом управляет совокупностью очередей, каждая из которых отвечает за обработку сообщений с соответствующим приоритетом. Брокер осуществляет сортировку сообщений по соответствующим приоритетам очередям. Обработка сообщений в таком брокере будет осуществляться согласно приоритету выделенных очередей (рис. 4–39).

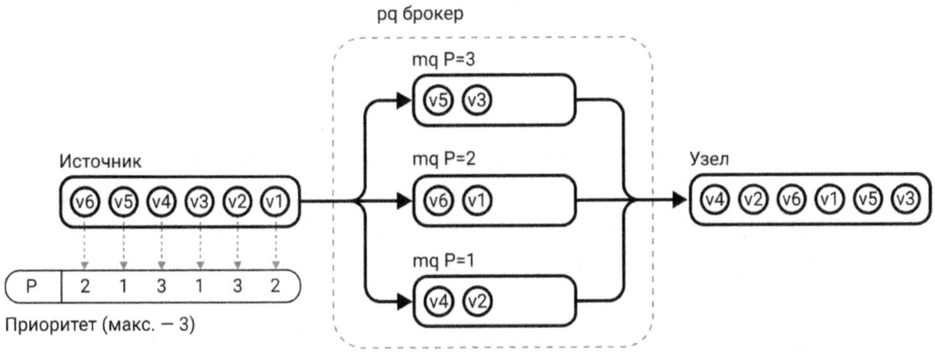

Рис. 4–39. Брокер с приоритетом

Простой брокер с приоритизацией очередей обеспечивает значимое преимущество в обработке сообщений с наивысшим приоритетом. Сообщения с более низким приоритетом необходимо обрабатывать так, чтобы они не накапливались в очередях.

Современные ВНС подразумевают использование мощных многоядерных процессоров, по ядрам которых можно распределить потоки. Можно работать с несколькими потоками в режиме одного ядра, но это менее эффективно. Потоки имеют встроенное свойство приоритетов, которое идеально подходит для приоритетной обработки очередей сообщений. Если приоритет сообщения известен заранее и число таких приоритетов разумно, а именно так часто бывает в реальных системах, удобнее создать конструкцию из статического числа потоков, равного числу приоритетов. В таких случаях можно организовать эффективное распределение (маршрутизацию) сообщений (данных) согласно их приоритетам, причём в такой конструкции может быть сколько угодно входных очередей. В качестве примера можно рассмотреть следующий вариант: сервис получает сообщения из двух источников (s1, s2), которые маршрутизируются в очереди сообщений mq1, mq2, mq3. Указанные очереди обрабатываются потоками T1, T2, T3, отвечающими за обработку очередей с соответствующим приоритетом (рис. 4–40).

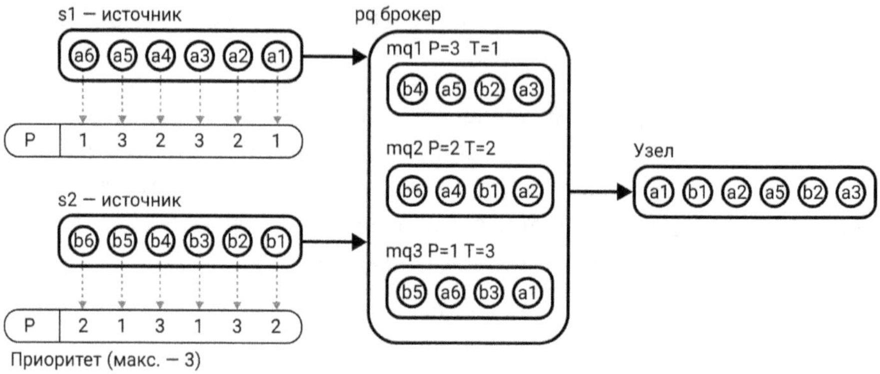

Рис. 4–40. Брокер многопоточный

Такая конструкция актуальна для обработки данных, поступающих с устройств (источников) s1, s2: например, с различными протоколами обмена. Брокер обеспечивает передачу данных для обработки в нужный поток. Брокер может выполнять предварительное преобразование данных (предобработку) в единый формат (разд. 3.2). В представленном примере поток T1 согласно своему приоритету успевает обработать три сообщения (a3, b2, a5), поток T2 успевает обработать два сообщения (a2, b1), а поток T3 — только одно (a1).

Во многих случаях используются пулы потоков[114]. В классическом варианте они представляют собой динамическую очередь потоков, которые могут быть созданы или уничтожены в случае необходимости (например, при балансировке нагрузки на узел). Как было отмечено выше, в ВНС при нагрузке, в высокой динамике не рекомендуется создавать и тем более удалять любые динамические конструкции, объекты, потоки, переменные. По этой причине в таких случаях рекомендуется создавать статические пулы потоков.

Такой конструкции свойственна неэффективность: если число сообщений с различными приоритетами будет неодинаковым, каждый из потоков будет загружен неравномерно. В этом случае выделение под потоки отдельных ядер при неравномерной загрузке неэффективно для ВНС. Закрепление потока за определённым ядром — общепринятая практика в ВНС и тем более СРВ.

[114] Thread pool, #04-33 [w].

В распространённых операционных системах (ОС) потоки могут иметь доступ к общей разделяемой памяти. Для эффективного использования аппаратных ресурсов следует обеспечить оптимальную равномерную нагрузку на ядра, насколько этого возможно достичь средствами ОС, компиляторами и программной логикой. Выгодно наделять одинаковой логикой обработчики данных (сообщений) в потоках, обеспечивая их равномерным доступом к разделяемой памяти и избавляясь от лишней логики маршрутизации, которая может стать источником задержек и узким местом алгоритма. В этом случае необходимо определиться с точкой входа обработчика (entry point) и методом передачи (ретрансляции) управления обработкой данных разделяемой памяти между потоками (рис. 4–41).

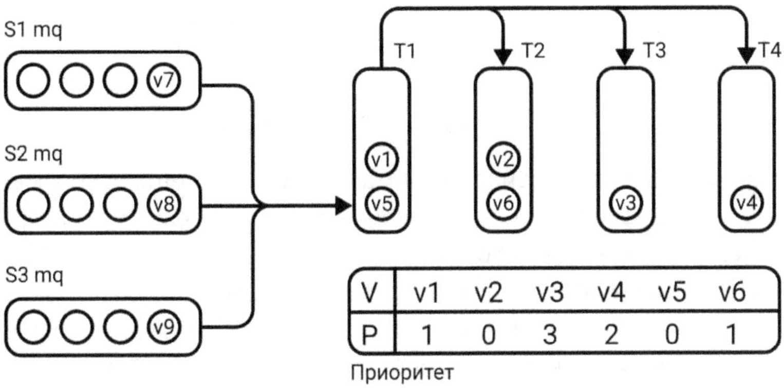

Рис. 4–41. Брокер на узле-лидере

Вопрос выбора точки входа всегда остро стоит в системах распределённой обработки данных, но он становится ещё более острым в ситуациях, когда в распределённой обработке данных участвует множество распределённых сетевых узлов.

4.7.5. Брокер на выделенном узле

Важной задачей РСУ является обработка очередей сообщений на распределённых узлах. Задача обработки очередей РСУ наиболее критична для корневых узлов, обрабатывающих большую часть нагрузки. Брокер должен обеспечивать управление распределением обрабатываемых сообщений по вычислительным узлам согласно заданному алгоритму целевой системы.

Выделяют несколько вариантов построения брокера, обслуживающего обработку очередей сообщений, основываясь на способах координации взаимодействия узлов (разд. 4.3.1).

В самом простом варианте выделяется отдельный узел, который назначается брокером. Такой узел иногда называют прокси, так как он является промежуточным и отвечает исключительно за маршрутизацию сообщений. На нём может быть определена элементарная логика распределения подобных сообщений. В распределённых системах такую конструкцию принято называть брокером с одним лидером (single-leader брокером) (рис. 4–42).

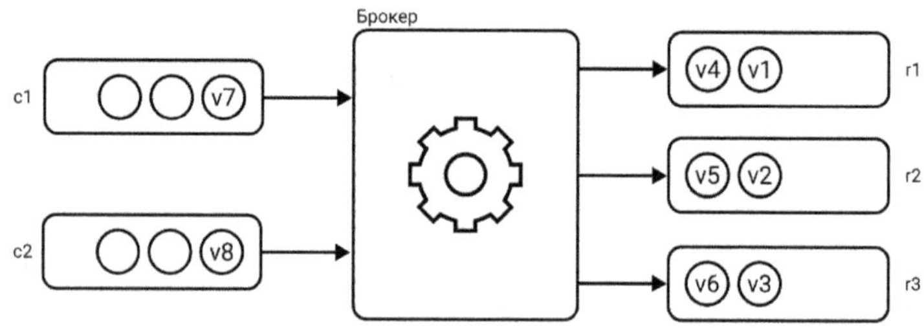

Рис. 4–42. Брокер с одним лидером

Такая конструкция крайне уязвима, так как является узким местом — наиболее слабым звеном системы с точки зрения надёжности (разд. 7.2.1). Отказ брокера повлечёт за собой отказ всей системы. Поэтому в РСУ может одновременно применяться несколько таких брокеров. При отказе одного брокера клиенты могут переключаться на оставшиеся в работе. Если считать несколько подобных брокеров единой конструкцией обработки сообщений, то конструкцию принято называть брокером с несколькими лидерами (multi-leader, рис. 4–43).

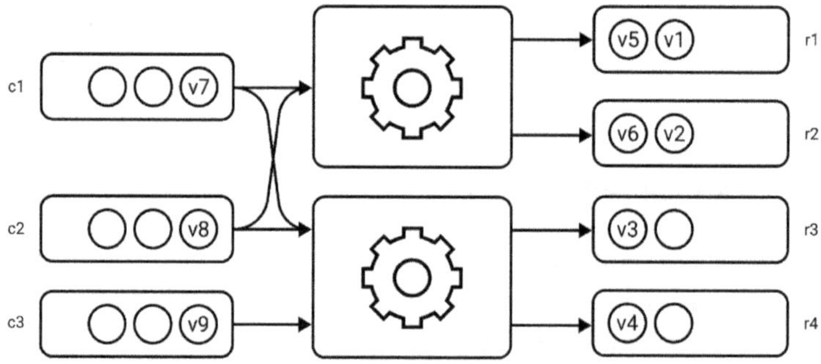

Рис. 4–43. Брокер с несколькими лидерами

4.7.6. Брокер, встроенный в клиентский узел (хост)

Бывают ситуации, когда выделять отдельные узлы для брокера нет необходимости. В таких случаях брокер может быть встроен в клиентский узел (хост). Каждый подобный узел может самостоятельно осуществлять маршрутизацию сообщений внутри доступного ему пула соединений с корневыми узлами. Такую конструкцию принято называть брокером без лидера (leaderless, рис. 4–44).

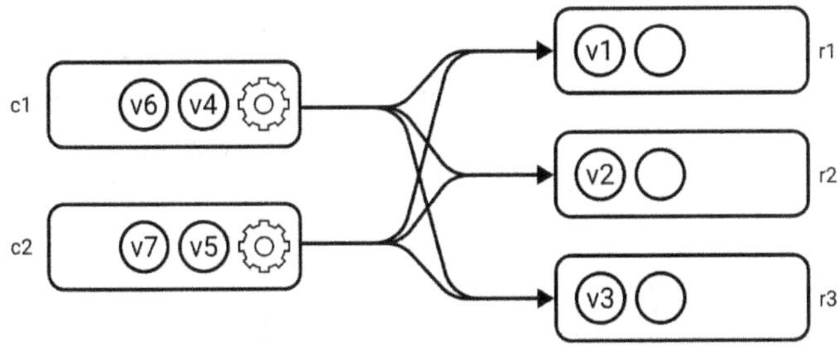

Рис. 4–44. Брокер, встроенный в клиентский узел, без лидера

4.7.7. Брокер, встроенный в корневой узел

В качестве альтернативы встроенному в клиента брокеру может использоваться брокер, встроенный в корневой узел (рис. 4–45). В данном случае корневой узел при необходимости может самостоятельно ретранслировать запрос на другой узел.

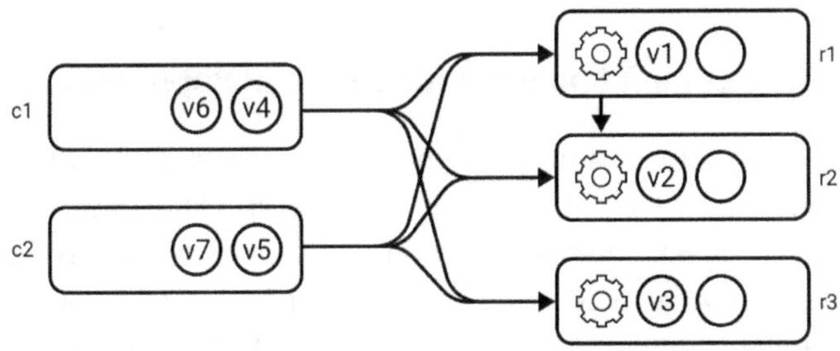

Рис. 4–45. Брокер, встроенный в корневой узел, без лидера

4.7.8. Распределённый (децентрализованный) брокер

В ряде случаев логика координации может быть достаточно сложной и зависеть от многих факторов состояния как коренных, так и клиентских узлов. В таких случаях брокеры могут встраиваться как в клиентские, так и в корневые узлы. При этом логика координации может быть декомпозирована. Подобная ситуация возможна, например, когда группы корневых узлов выполняют различные задачи. Брокеры, встроенные в клиента, могут отвечать за координацию доставки сообщений в пределах групп. В свою очередь, в рамках группы узлов за координацию запросов могут отвечать брокеры, встроенные в корневые узлы. Так брокер становится распределённым (децентрализованным, рис. 4–46).

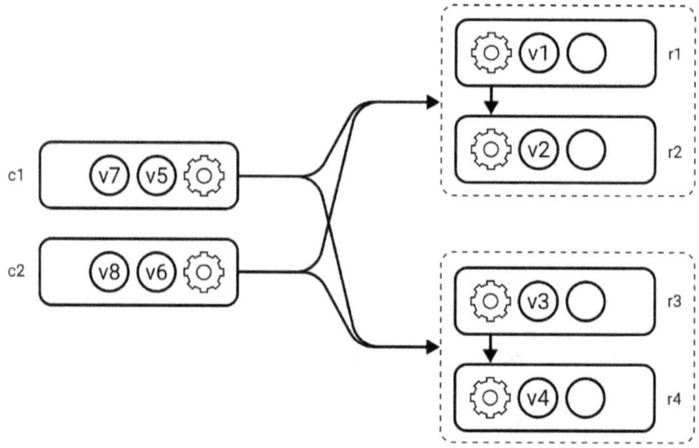

Рис. 4–46. Распределённый брокер

Конструкции распределённых брокеров могут включать в себя промежуточные узлы. Подобная ситуация возможна при наличии большого числа корневых узлов целевой системы, способных менять свои роли и требующих сложной многоуровневой координации (разд. 10.1.4).

4.7.9. Распределённый брокер координации корневых узлов

Для обеспечения координации корневых узлов друг с другом может быть использован специальный распределённый брокер. На основе такого брокера могут быть построены репликация и синхронизация корневых узлов (разд. 4.4), а также их балансировка (разд. 8.2.4). Такому брокеру, как правило, требуется выделенный интерконнект (разд. 10.2.1). На каждом корневом узле, участвующем в процессе, размещается брокер, обслуживающий обработку исходящих (snd) и входящих (rcv) сообщений (очередей). Все узловые брокеры должны координироваться между собой (рис. 4–47).

Распределённый брокер наиболее сложен в реализации в связи с тем, что вариантов реализации и алгоритмов работы такого брокера может быть очень много. Например, самая простая ситуация, отражённая на схеме выше, подразумевает, что все узлы общаются друг с другом. Одновременно узел r1 отправляет сообщения a1 — a4, узел r2 — сообщения b1 — b4, узел r3 — сообщения c1 — c4. Следовательно, в зависимости от способа обмена данными (разд. 4.5.1) будут поддерживаться следующие соединения для соответствующих протоколов обмена (рис. 4–48).

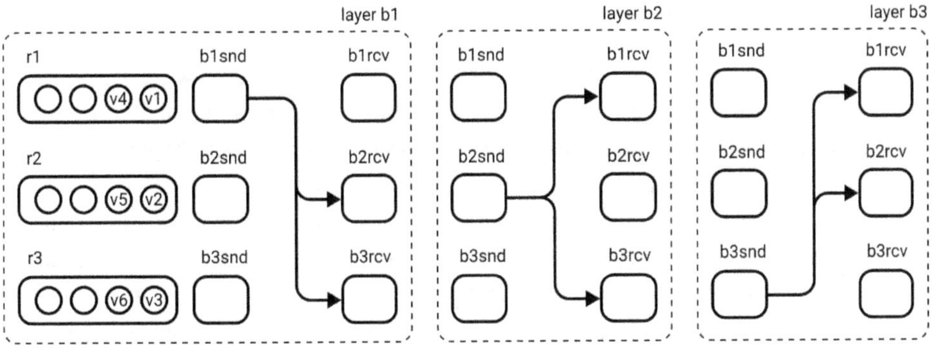

Рис. 4–47. Распределённый брокер корневых узлов

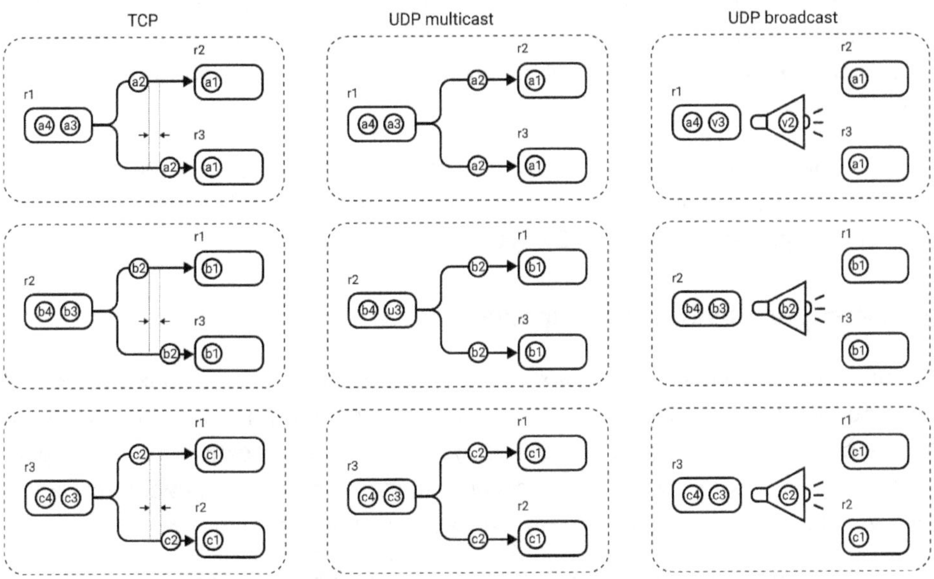

Рис. 4–48. Сравнение реализаций распределённого брокера

На схеме видно, что простейшая конфигурация распределённого брокера из трёх узлов демонстрирует существенное преимущество использования мультивещательных и широковещательных способов обмена данными. Использование multicast значительно снижает общую задержку взаимодействия и уменьшает число поддерживаемых соединений. При увеличении числа узлов сетевая топология будет существенно сложнее, например, если указанные узлы обслуживаются полносвязным интерконнектом (разд. 10.2.3).

Важными задачами являются выбор схемы обмена данными, выбор синхронного или асинхронного режима обмена, определение необходимости применения блокировок и задержек для компенсации потери времени, связанной с тем, что мощность узлов может быть неодинаковой.

Необходимо определить способ инициации передачи (разд. 4.5.1). Например, может быть реализована событийная модель, в рамках которой отправка данных осуществляется по факту наступления события (разд. 10.2.4). Может быть реализована временная модель, в рамках которой отправка данных осуществляется строго в определённые временные интервалы. При этом могут быть отправлены как только те данные, которые изменились, так и все данные, чтобы не тратить время на обход и идентификацию переменных, подвергшихся модификации. Для уменьшения числа сетевых пакетов и увеличения их объёма может быть реализована накопительная модель. Например, в этом случае выгоднее осуществлять проверку контрольных сумм пакетов: чем больше переменных упаковано в накопительный пакет, тем меньше будут засорять трафик подтверждающие пакеты с контрольными суммами.

Брокер может формировать диагностическую информацию об узлах, которые он обслуживает. Такая диагностика позволяет фиксировать обратные связи при балансировке РСУ (разд. 8.2.13).

4.8. Распределённые блокировки

В централизованных системах координация процессов, конкурирующих за общий ресурс, обеспечивается с помощью механизмов операционной системы, таких как мьютексы, семафоры, критические секции. Однако в распределённых системах, где процессы выполняются на независимых узлах, не имеющих общей памяти, эта задача кардинально усложняется.

В распределённых системах возникает фундаментальная проблема обслуживания взаимоисключающего[115] доступа к ресурсам. Как правило, эту проблему решает распределённый менеджер (брокер) блокировок (РМБ).

РМБ осуществляет координацию управления блокировками (locks). Узлы распределённой системы должны запрашивать у РМБ право на доступ к ресурсу, а РМБ — предоставлять его. РМБ должен обеспечивать гарантии,

---

[115] Exclusive access.

что в данный момент времени только один узел контролирует блокировку для конкретного ресурса.

Блокировки могут выполнять самые разные задачи. Самая основная и очевидная задача РМБ заключается в блокировании записи всех вторичных экземпляров до завершения их синхронизации. Можно выделить несколько типов блокировок:

- Эксклюзивные (exclusive lock, write lock) — гарантируют, что только один владелец блокировки имеет монопольный доступ к ресурсу на запись (и обычно на чтение).
- Разделяемые (shared lock, read lock) — гарантируют, что множество узлов может работать с ресурсом в режиме чтения.
- Заявительные (intent locks) — специальный механизм для иерархических ресурсов: они сообщают о намерении установить блокировку дочернего или связанного ресурса, но не всего ресурса целиком. Выделяют intent shared и intent exclusive блокировки, они позволяют эффективно разрешать конфликты блокировок на разных уровнях иерархии, не проверяя каждую дочернюю блокировку.

В ВНС и тем более СРВ блокировки могут иметь временные ограничения (ephemeral leases). Такая необходимость обусловлена вероятностью отказа узла. Узел может установить блокировку, но не успеть её снять в связи с отказом. Современная концепция РМБ заключается в том, что блокировки должны устанавливаться на ограниченное время. Узел, работающий с ресурсами, которые блокированы для других, должен периодически продлевать блокировку для подтверждения своего права аренды ресурса. По истечении времени аренды РМБ должен автоматически снять блокировку, сделав ресурс доступным для других узлов. Следовательно, выделяют следующие виды блокировок применительно ко времени:

- краткосрочные (short-lived, lease-based) — блокировка выдаётся на ограниченное время (TTL);
- долгосрочные (long-lived, until released) — блокировка удерживается до явной команды освобождения.

РМБ, как и любой брокер, может быть архитектурно реализован как алгоритм с одним или несколькими центральными узлами, а также без центрального узла (разд. 4.3.1). РМБ может быть выделен в отдельный узел или встроен в корневые или клиентские узлы. Он может быть реализован с высокой степенью децентрализации. Если РМБ реализуется как кластер, потребуется обеспечить согласованность входящих в него узлов (разд. 6.1).

Таким образом, блокировка может считаться установленной только при наличии кворума (разд. 10.3.1).

Передача данных о блокировках может осуществляться с помощью сообщений, обслуживаемых брокерами очередей. Поэтому для обеспечения высокой производительности и эффективности целевой системы функции РМБ встраиваются в брокеры очередей (разд. 4.7.3). Однако существуют специальные законченные решения, такие как Apache ZooKeeper. Например, сообщения могут содержать специальный токен. Узлы, которые получили токен, получают право доступа к ресурсу. Такие блокировки называются блокировками на основе токена (token-based lock).

Встречаются механизмы оптимистического[116] и пессимистического[117] блокирования. Пессимистическое блокирование заключается в установке блокировки заблаговременно, до начала операции. Такой вид блокировки гарантирует отсутствие конфликтов, так как для их разрешения должно хватить времени до целевой операции.

4.9. Распределённые транзакции

В распределённых системах для обработки данных зачастую необходимо выполнить ряд распределённых операций. Операции такого рода могут требовать фиксации данных корневых узлов в целях сохранения неизменности данных, с которыми выполняется последовательность действий. Такая последовательность распределённых операций называется транзакцией.

Транзакция — это последовательность распределённых операций, выполняемых как единое целое с целью обеспечения целостности данных в распределённой системе. В классических транзакциях применяется принцип ACID[118]. Он формулирует требования к транзакциям:

- **A**tomicity — атомарность гарантирует, что каждая транзакция будет выполнена полностью или не будет выполнена совсем, промежуточные состояния не допускаются.
- **C**onsistency — консистентность (согласованность, разд. 6.1): транзакция, достигающая нормального завершения (EOT[119]) и тем самым фиксирующая результаты, переводит данные из одного согласованного состояния в другое согласованное состояние без нарушения согласованности для внешних наблюдателей в период перехода между состояниями.

[116] Optimistic locking, #04-34 [w].
[117] Pessimistic locking, #04-35.
[118] ACID, #04-36.
[119] End Of Transaction.

- **I**solation — изолированность: во время выполнения транзакции параллельные транзакции не должны влиять на результат.
- **D**urability — устойчивость транзакции: независимо от проблем на нижних уровнях (таких как обесточивание системы или сбои оборудования) изменения, возникшие в результате успешно завершённой транзакции, должны остаться сохранёнными после возвращения системы в работу. Если пользователь получил от системы подтверждение, что транзакция выполнена, он может быть уверен, что внесённые им изменения не будут утрачены из-за какого-либо сбоя.

Важно отметить, что в транзакционном смысле под атомарностью понимают всю последовательность операций. Такую атомарность называют транзакционной. А консистентность оценивают относительно всей последовательности операций. Транзакции могут выполняться как локально на узле в рамках нескольких локальных сервисов, так и на множестве распределённых узлов. Такие транзакции называются распределёнными (рис. 4–49).

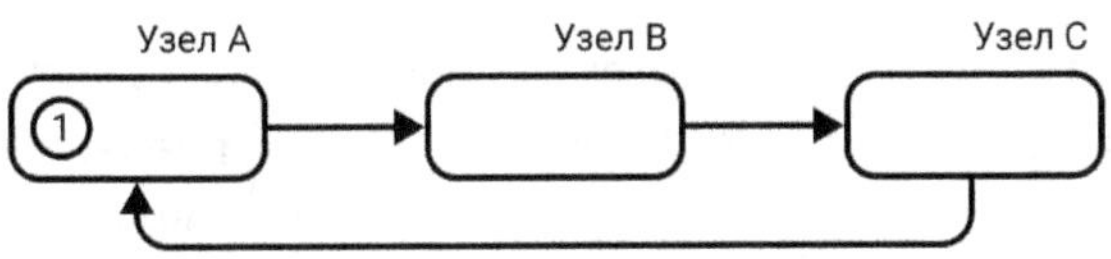

Рис. 4–49. Распределённая транзакция

Согласно принципу ACID, для выполнения транзакции данные каждого узла должны быть заблокированы до её завершения. Это означает, что изменение данных на всех узлах до завершения транзакции недопустимо. Таким образом, узел A (инициатор транзакции) ждёт, пока транзакция будет обслужена всеми участвующими в процессе узлами — B и C.

Координация распределённых транзакций, блокировок требует особой аккуратности. Брокеры очередей должны воспринимать сообщения, связанные с транзакционной атомарностью, включая данные о блокировках, как единое неразделимое целое.

В системах, близких к реальному времени, данные могут обновляться с высокой частотой, требуя быстрой обработки. Все подобные изменения должны быть размещены в очереди (разд. 4.7.1) ожидания или проигнорированы (разд. 7.3). Такие блокировки вызывают существенные задержки и проблемы эффективности обработки данных. В связи с блокировками транзакции такого рода называют блокирующими.

Для повышения эффективности распределённой системы сложная транзакция может быть разделена на несколько отдельных локальных транзакций (рис. 4–50). В данном случае допускается, что принцип ACID касается исключительно отдельных узлов. По завершении локальных узловых операций происходит разблокировка узла.

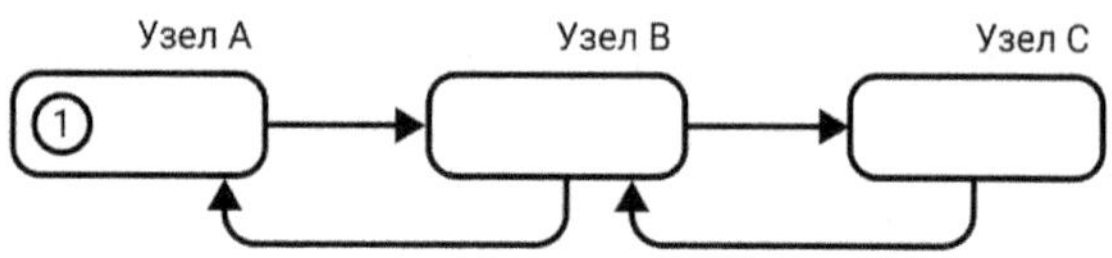

Рис. 4–50. Разделение транзакции

Важным упрощением применения транзакций является применение неблокирующих транзакций. В данном случае для разных транзакций допустимо вносить изменения в данные узлов. Такие транзакции требуют эффективных методов разрешения конфликтов. Обычно для этого применяется MVCC (разд. 6.6.1).

Существуют ситуации, в которых вообще не требуется разрешение конфликтов. Для примера: в АСУ ТП (разд. 11.3) в распределённой транзакции участвуют данные датчика температуры, который меняется с весьма слабой динамикой. Небольшое изменение существенно не повлияет на результат транзакционных вычислений. Изменения переменной, связанной с таким датчиком, незначительны, поэтому её можно не блокировать, а использовать для транзакционных вычислений.

Различные гипотезы и архитектурные решения могут существенно снизить требования к строгости ACID и позволить перейти к упрощённым принципам распределённой обработки информации, что подтверждено реальной практикой. Важно уметь декомпозировать крупные архитектурные конструкции в более простые. При декомпозиции сложной транзакции задержка ожидания её выполнения может быть существенно снижена.

ВНС могут обрабатывать большой объём распределённых транзакций. Возникает вопрос эффективности применения блокировок. Блокировки вызывают необходимость ожидания завершения каждой транзакции. Реализация возможности параллельной неблокирующей обработки множества транзакций в асинхронном режиме является зачастую непростой архитектурной задачей. Каждая операция распределённой транзакции может быть обработана в параллельном асинхронном режиме (разд. 4.7.2). Обработка неблокирующих транзакций может осуществляться в параллельном или конвейерном режиме (рис. 4–51).

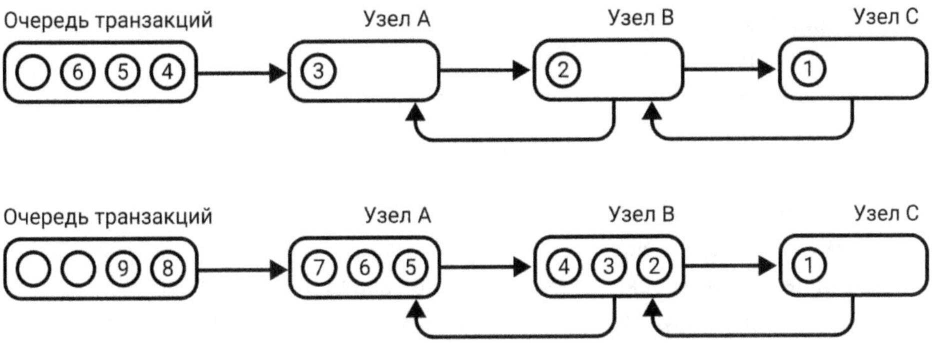

Рис. 4–51. Распределённая транзакция в конвейере

В случае допустимости декомпозиции транзакций может быть применён принцип распределённой конвейерной обработки транзакций (разд. 10.1.5). При этом распределённая система может приобрести большую эффективность за счёт уменьшения числа синхронных взаимодействий и увеличения числа асинхронных. За счёт снижения общего количества блокировок эффективность использования аппаратных ресурсов существенно повышается.

Эффективная архитектура обеспечивает возможность децентрализации сложной логики на большее количество узлов распределённой системы, обеспечивая её свойствами эффективного масштабирования (разд. 9.3). Процесс асинхронной обработки распределённых транзакций вместо обеспечения эффективности может привести к дисбалансу целевой системы. Такая ситуация может возникнуть в случае, когда целевая система позволяет использовать непредсказуемо сложную логику, задаваемую пользователем, а не жёстко заданную при её вводе в эксплуатацию. Среднее время обработки транзакций определённо может увеличиваться. Такую систему тяжело балансировать из-за непредсказуемых значений задержек и особенно длительности блокировок.

Следует выделить строгую разновидность ACID (Strong ACID), которая предполагает:

- более строгую изолированность — чаще всего сериализационную[120] изолированность;
- гарантированную консистентность в реальном времени с минимальными задержками.

---

[120] Serializable, #04-37 [w].

Сериализационная изолированность — самый строгий уровень изолированности, при котором транзакции выполняются так, будто они идут последовательно, даже если исполняются параллельно (разд. 6.2.5).

Strong ACID достигается с помощью:

- строгой изолированности. Применяют двухфазное блокирование (2PL[121]), когда транзакция блокирует записи перед изменением и удерживает блокировки (разд. 4.8) до завершения. Также применяют многоверсионную консистентность (разд. 6.6.1) или данные, защищённые от конфликтов репликации (разд. 10.2.11) в транзакциях;
- двухфазной (или трёхфазной) фиксации (разд. 10.3.2). Предварительно проверяется готовность всех узлов и возможность осуществить фиксацию транзакции;
- алгоритмов распределённого консенсуса, таких как VSR (разд. 10.3.4), Paxos (разд. 10.3.5), Raft (разд. 10.3.6);
- архитектурной практики Сага (разд. 10.3.7);
- синхронной репликации в системах с ультранизкими задержками. Как правило, достигается за счёт применения высокопроизводительной аппаратной инфраструктуры.

Strong ACID решает проблемы возникновения в транзакционных распределённых системах конфликтов следующего характера:

- потерянное обновление[122] — когда два клиента вносят изменение в одну и ту же запись, при этом один из них перезаписывает изменения другого;
- искажение записи[123] — когда два клиента принимают решения на основе старых данных и оба завершают транзакции, что приводит к некорректному состоянию.

В распределённых системах может существовать множество узлов-инициаторов, брокеров транзакций. Для обеспечения слаженной работы узлов распределённой системы требуется их координация (разд. 4.3.1) и, возможно, балансировка (разд. 8.1), которая позволяет управлять нагрузкой узлов. Если узлы, обрабатывающие транзакции, не влияют на вычислительные процессы друг друга, такая координация может осуществляться относительно просто. Однако, когда алгоритмы распределённых транзакций зависят от данных других узлов, которые ещё и меняются в режиме реального

---

[121] Two-Phase Locking, #04-38 [w].
[122] Lost Update, #04-39 [w].
[123] Write Skew, #04-40.

времени, это может вызывать непредсказуемые изменения нагрузки, значительно усложнив процесс балансировки (рис. 4–52).

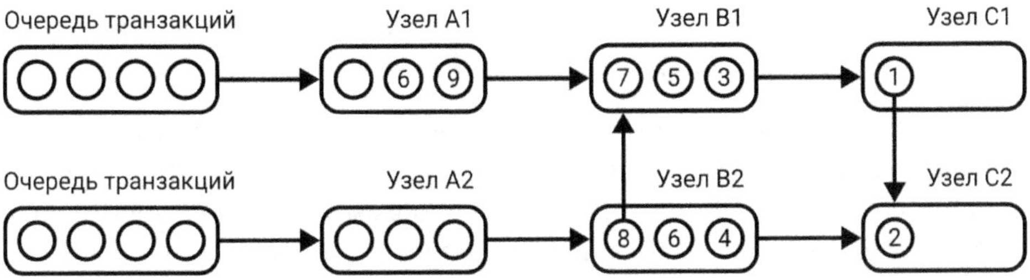

Рис. 4–52. Распределённая транзакция с зависимостью

Эта проблема хорошо изучена в реляционных системах управления базами данных (СУБД), которые предоставляют инструменты для обработки распределённых транзакций[124]. Оптимизация структур данных и конфигурации СУБД повышает эффективность вычислений, но не делает обработку данных близкой к требованиям ВНС и тем более систем реального времени (СРВ). В таких транзакциях часто используются механизмы блокировок, которые создают значительные задержки. В результате скорость обработки в реляционных СУБД оказывается ниже, чем в специализированных системах.

Современные СУБД обычно хранят данные на физических накопителях, что требует выполнения дополнительных операций: чтения, записи, поиска, обработки и сохранения индексов. Хотя некоторые реляционные СУБД позволяют хранить данные и индексы в оперативной памяти, сложность реляционных структур ограничивает производительность. Это делает транзакции на базе таких СУБД недостаточно быстрыми для ВНС и тем более СРВ.

В современных распределённых системах стараются отказаться от классических транзакций, применяя более эффективные механизмы обработки данных и балансировки распределённых взаимодействий. Для этих целей разработано множество специализированных решений, таких как NoSQL и NewSQL, каждое из которых обладает уникальными преимуществами и недостатками. В таких системах преимущество отдаётся неблокируемым распределённым транзакциям. Для удовлетворения целевых требований обычно комбинируются различные решения, создавая интегрированные системы, в которых используются сильные стороны каждого из них.

[124] Каскадные транзакции, #04-41.

4.10. Распределённая разделяемая память

Любое взаимодействие узлов распределённой системы осуществляется через оперативную память. Даже в случае с СХД взаимодействие с накопителями данных всё равно осуществляется через оперативную память.

Эффективным способом разделения данных распределённой системы является построение распределённой разделяемой памяти[125] (РРП). РРП представляет собой разновидность технологии программно-определяемой памяти (SDM[126]). Она образует виртуальное адресное пространство (программно-определяемое), разделяемое совокупностью узлов РСУ. Сервисы узлов (программы, сценарии) в РСУ получают доступ к данным в РРП.

РРП может быть организована статически, когда данные РРП не перемещаются между узлами, или динамически, когда они перемещаются между узлами (разд. 4.3.3). При организации РРП необходимо решить ряд важных вопросов:

- определения структуры разделения данных (разд. 3.3.1);
- определения структуры избыточности данных (разд. 4.2.3);
- поддержки актуального состояния данных (разд. 6.1);
- снижения задержки при доступе к данным.

С точки зрения избыточности данных РРП может работать в нескольких режимах:

- данные на узлах не повторяются (отсутствие избыточности);
- данные повторяются на части узлов (частичная избыточность);
- данные повторяются на всех узлах (полная избыточность).

В случае отсутствия избыточности или частичной избыточности данные могут быть распределены по узлам в зависимости от задач целевой системы и требуемой логики обработки данных. В случае частичной или полной избыточности подразумевается резервирование данных (разд. 4.2.6). Полная избыточность обеспечивает многократное (кратное числу узлов) резервирование данных в системе. Это подразумевает существенные затраты на аппаратную конфигурацию узлов, при этом узлы должны иметь одинаковую конфигурацию. Обычно такие конструкции применяются для построения кластерных систем обработки данных (разд. 9.2).

---

[125] Distributed Shared Memory, #04-42 [w].
[126] Software Defined Memory, #04-43.

Применительно к РРП распределение данных называется сегментированием РРП (разд. 3.3.5). Сегментирование РРП реализует прикладные цели, такие как:

- управление схемой сегментирования данных и их миграции;
- управление схемой избыточности данных и их репликации;
- управление синхронизацией данных и их консистентностью;
- управление доступом к данным РРП.

Существует целый ряд алгоритмов организации РРП, основанных на известных структурах данных:

- РРП на основе разделяемых страниц (блоков данных);
- РРП на основе разделяемых переменных (ключ-значение);
- РРП на основе разделяемых объектов (структур данных).

Основные конструкции РРП сводятся к трём вышеуказанным моделям. Не имеет значения, какая логика взаимодействия задана на базе приведённых возможных архитектур РРП. Как теоретически, так и практически логика распределения данных может быть изолирована от логики целевых задач РСУ. Следовательно, на базе РРП можно одинаково успешно реализовать распределённую (Key-Value), графовую СУБД или иную конструкцию (разд. 11.1).

Важной задачей является создание и обслуживание распределённой структуры адресации и данных РРП. Такая структура должна быть реплицирована и доступна, преимущественно всем корневым узлам. Для этого структура адресации и данные должны синхронизироваться между узлами. Должна быть обеспечена консистентность реплик согласно принятой модели. Узлы РРП могут координироваться одним или несколькими узлами (разд. 4.3.1).

На основе РРП создаётся масса разнообразных решений, таких как распределённые системы кеширования (разд. 5.2), высокоуровневые хранилища данных в памяти (IMDG, разд. 10.5.2). Современные IMDG-решения «из коробки» поддерживают сложные структуры данных — блочные, структурированные, объектные. Они обеспечивают частичную или полную персистентность. Такие решения обеспечивают функции управления хранилищами, распространения и миграции данных, репликации и синхронизации (разд. 4.4), кеширования и балансировки нагрузки (разд. 8.1).

4.10.1. Персистентность данных

Персистентность[127] представляет собой свойство системы, которое гарантирует долговременное сохранение данных, включая изменения, даже после сбоя или перезапуска системы. Это свойство необходимо для восстановления требуемого состояния данных (например, версии). Такая необходимость может возникнуть после частичного или полного отказа системы, когда требуется её восстановление до состояния, в котором она нормально работала.

В локальных системах персистентные данные могут обслуживаться физическими накопителями. Например, может быть обеспечена персистентность оперативной памяти посредством периодического сброса её дампа или изменений на физический накопитель.

Выделяют несколько уровней[128] персистентности:

- частичная (partially persistent);
- полная (fully persistent);
- конфлюентная (confluently persistent);
- функциональная (functional persistent).

Частично персистентные структуры данных допускают возможность менять только последнюю версию, сохраняя доступ к предыдущим версиям только для чтения.

Полностью персистентные структуры допускают изменение любой версии, что усложняет управление, но повышает гибкость системы. Конфлюэнтные структуры данных позволяют объединять множество структур данных в одну (слияние).

Функциональные персистентные структуры предназначены для обслуживания иммутабельных данных, что означает невозможность их изменения, а перезапись влечёт за собой создание нового экземпляра структуры с новым значением. Такие структуры по определению являются полностью персистентными.

В случае необходимости обслуживания персистентной оперативной памяти вполне достаточно частичной персистентности. Таким образом, при отказе узла его можно перезапустить в последнем успешном состоянии, получив нужную версию дампа состояния оперативной памяти.

---

[127] Data persistence, #04-44 [w].
[128] Persistent level #04-45.

Обеспечение распределения персистентных структур данных представляет собой достаточно сложную задачу. Она сопряжена с необходимостью реализации сложных методов управления согласованностью, разрешением конфликтов репликации (разд. 10.2.11) и многими другими вызовами, которые будут детально рассмотрены в последующих главах.

4.10.2. Персистентная разделяемая память

В распределённых системах роль персистентного накопителя могут выполнять синхронизируемые узлы. Синхронизация узлов осуществляется всегда через оперативную память. Следовательно, вместо того, чтобы полагаться на встроенные накопители, задержка работы с которыми будет выше, чем работа с оперативной памятью, можно полагаться на соседние узлы даже с условием сетевой задержки.

РРП может обладать свойствами персистентности (разд. 4.10.1). Узлы могут сохранять историю изменений, к которой можно обращаться. Такая конструкция называется персистентной РРП. Содержание персистентных структур узлов может отличаться. Конфлюэнтная персистентность позволяет объединять изменения из разных узлов. Это полезно для восстановления консистентного состояния системы, но синхронизация таких структур требует сложных алгоритмов.

Свойства персистентности активно используются в специальных функциональных структурах, защищённых от конфликтов репликации (разд. 10.2.11). Функциональная персистентность достигается за счёт использования иммутабельных данных. Иммутабельная конфлюэнтная РРП используется в задачах коллективной работы, когда требуется объединять изменения от разных пользователей. В ряде случаев может потребоваться слияние данных таких защищённых структур. Эту возможность может обеспечить функционально-конфлюэнтная РРП.

Таким образом, персистентная РРП может быть:

- частично персистентной — можно изменять только последнюю версию;
- полностью персистентной — допускается изменение любой версии;
- конфлюэнтной — позволяет объединять изменения из разных узлов;
- функциональной (иммутабельной) — каждое изменение создаёт новую версию данных;
- иммутабельно-конфлюэнтной — обеспечивает безопасное объединение изменений в задачах коллаборации.

Сложность реализации таких систем увеличивается с ростом их гибкости и возможностей. Кроме того, возрастают требования к аппаратным вычислительным ресурсам.

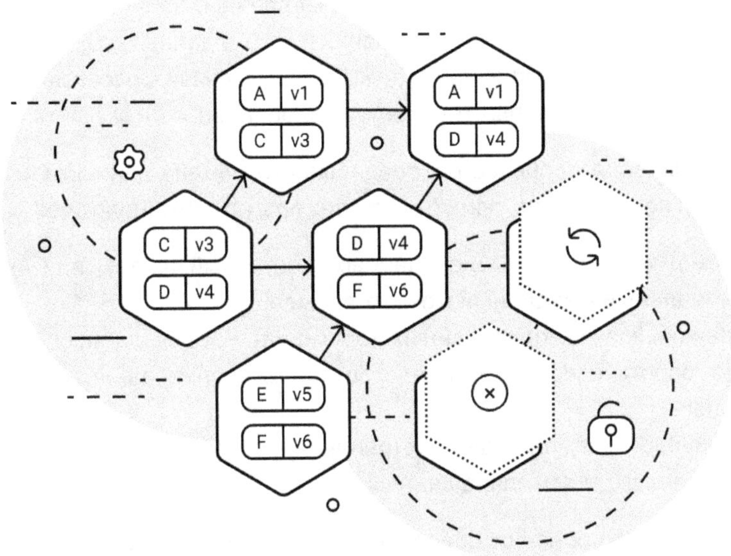

Глава 5. Кеширование данных

Кеширование представляет собой механизм ускорения доступа к данным посредством создания промежуточного буфера (кеша[129]). Доступ к кешу быстрее, чем к исходному источнику, потому что кеш размещается ближе к потребителю и в более быстрой памяти.

Разные определения кеша гласят, что объём кеша традиционно считается ограниченным по сравнению с объёмом хранилища исходных данных. Современные технологии позволяют создавать кеши огромного объёма. Например, In-Memory кеши могут обслуживать петабайты данных. Ключевая функция кеша заключается в хранении подмножества данных из более ёмкого источника для ускорения доступа.

В специализированных системах, например в СРВ, всё рабочее пространство данных может размещаться в оперативной памяти распределённых узлов как кеш, при этом являясь первичным источником истины для системы.

---

[129] Cache, #05-01 [w], #05-02. ▸

Кеширование необходимо во многих случаях:

- для ускорения работы с данными на медленных хранилищах;
- при большой частоте запросов одних и тех же данных;
- при больших задержках доступа к данным в связи с расстоянием;
- при репликации данных множества узлов (разд. 4.4).

Для описания процесса распределённого обмена данными, в котором используется кеширование, применяют следующую терминологию:

- экземпляр данных — блок данных, доступный на том или ином узле и актуальный в заданный момент времени;
- первичный экземпляр данных (оригинал) — блок данных, с которым идёт работа и которому предстоит быть скопированным (реплицированным);
- вторичный экземпляр данных (реплика) — блок данных, скопированный с первичного экземпляра данных.

Процесс кеширования обеспечивают типичные операции CRUD (разд. 4.5). Однако терминология для кеширования немного отличается. Выделяют следующие операции с кешем:

- read — чтение данных из кеша;
- write — запись данных в кеш: если блок данных отсутствует, то он будет создан (create), иначе переписан (update);
- delete — удаление данных;
- invalidate — данные помечаются как невалидные, но остаются в кеше.

Выделяют несколько разновидностей кеша в зависимости от места его размещения:

- локальный кеш (local cache) — например, кеш в оперативной памяти локального узла;
- удалённый кеш (remote cache) — кеш, находящийся на другом узле;
- далёкий кеш (far cache) — разновидность удалённого кеша, расположенного на большом расстоянии;
- распределённый кеш (distributed cache) — общий кеш, распределённый между несколькими узлами;
- ближний кеш (near cache) — локальный кеш узла в контексте синхронизации с распределённым кешем (рис. 5–01).

Важно отметить, что распределённый кеш может быть реализован как в режиме шардинга, так и в режиме частичной или полной избыточности (разд. 4.2.3).

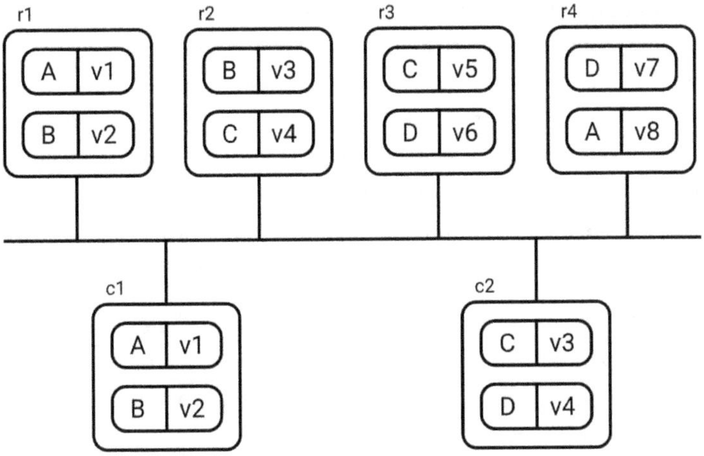

Рис. 5–01. Кеширование

Корневые узлы (r1 — r4) обслуживают распределённый кеш. Для клиентских узлов (c1 и c2) кеш корневых узлов является удалённым. Для сервисов, размещённых на клиентских узлах, доступен локальный кеш. Он же будет считаться ближним кешем для указанных сервисов с точки зрения синхронизации локального кеша с распределённым.

Удаление данных кеша называется вытеснением. Вытеснение необходимо для освобождения переполненной памяти кеша для новых, более актуальных данных. Существует множество разнообразных стратегий вытеснения кеша[130]. Они направлены на обеспечение эффективности кеша.

Существуют стратегии инвалидации[131] кеша, которые определяют, когда данные в кеше должны быть признаны устаревшими (невалидными). Выделяется ряд стратегий инвалидации кеша:

- инвалидация по времени (time-based Invalidation) — данные становятся невалидными через определённое время (например, через TTL[132]);
- инвалидация по записи (write-based Invalidation) — данные становятся невалидными, когда изменяется источник данных (например, при записи данных в источник кеширования);
- принудительная инвалидация (manual Invalidation) — данные становятся невалидными в соответствии с заданными условиями целевой системы.

---

130 Cache Eviction Strategies.
131 Cache Invalidation Strategies.
132 Time to Live.

При операциях чтения кеша может возникать ряд статусов обращения к кешу. При наличии запрашиваемых данных в кеше результатом будет попадание в кеш (hit). Это означает, что запрашиваемые данные уже есть в кеше и их можно быстро предоставить без обращения к хранилищу. В некоторых случаях попадания в кеш может быть возвращён статус наличия данных в кеше, но данные будут устаревшими (stale hit). Такой статус может быть возвращён в случае устаревания данных по стратегии TTL. В случае удаления данных возвращается статус истечения срока хранения в кеше (expired).

При отсутствии данных в кеше результатом будет промах (miss). Это значит, что необходимо обратиться в хранилище и их скопировать. Если данные устарели (по TTL), но ещё могут быть быстро загружены в кеш, будет возвращён статус soft miss.

Важно уточнить разницу между stale hit и soft miss. В первом случае кеш идентифицирует данные как устаревшие и отдаёт их с таким статусом. Во втором случае данные в кеше отсутствуют, но ещё могут быть оперативно загружены.

Некоторые реализации могут возвращать статус, показывающий, что данные никогда ранее не попадали в кеш (cold miss). По аналогии только что созданный кеш, ещё не заполненный данными, называют холодным кешем (cold cache). Жизненный цикл данных кеша выглядит следующим образом (рис. 5–02).

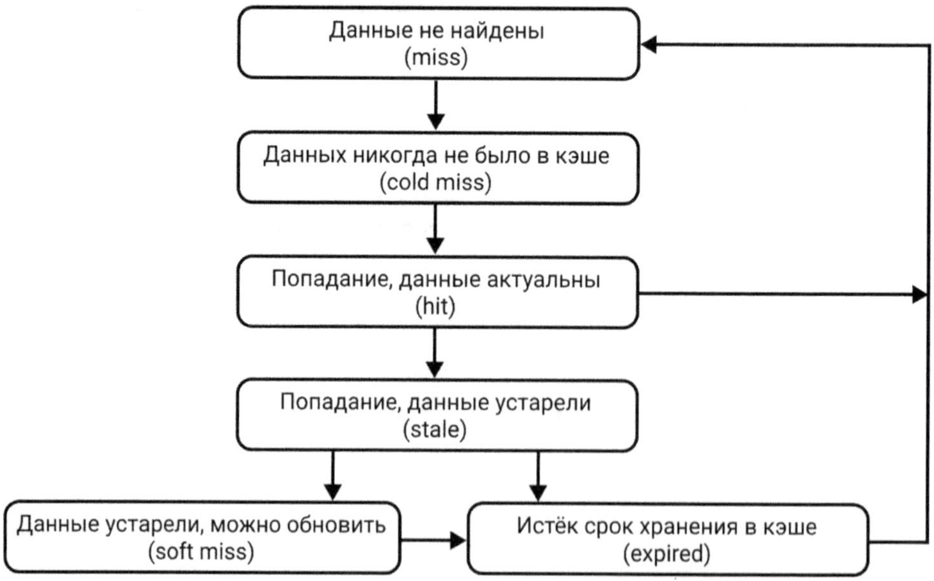

Рис. 5–02. Жизненный цикл кеша

5.1. Фрагментация кеша

Важной задачей является определение структуры кеша (разд. 3.3.6). Для выполнения разных задач кеш, как и любой другой массив данных, может быть структурирован известными способами. Выделяют следующие виды структурирования кеша:

- блочный (страничный);
- Key-Value;
- гибридный;
- специализированный.

Блочный кеш фрагментируется на фиксированные блоки данных (страницы). Каждый блок идентифицируется адресом. Для управления таким кешем требуется организация метаданных (разд. 3.1), которые, как правило, хранятся в компактных структурах:

- битовые карты для отслеживания модифицированных блоков;
- хеш-таблицы для быстрого поиска блоков;
- деревья (B/B+) для диапазонных запросов.

Блочный кеш обладает следующими особенностями:

- групповые операции записи (write coalescing);
- раздельные очереди для грязных и чистых страниц.

Групповые блочные операции позволяют объединить несколько небольших операций записи в одну большую, что существенно повышает общую эффективность, уменьшает количество циклов записи и минимизирует нагрузку на устройства хранения или память.

Key-Value — более универсальный способ структурирования кеша, который позволяет хранить произвольные данные по уникальным ключам переменной длины. Значения могут иметь любой размер и внутреннюю структуру. Управление метаданными осуществляется через специальные структуры данных:

- хеш-таблицы для ключей и указателей на данные;
- дополнительные индексы (B-деревья, списки с пропусками[133]) для диапазонных запросов;
- структуры для управления памятью.

[133] Skiplist, #05-03 [w].

Key-Value кеш обладает следующими особенностями:

- фрагментация по хешу ключа;
- тепловая сегментация данных (горячие/холодные);
- возможность компрессии значений;
- возможность иммутабельной записи.

В некоторых случаях применяются гибридные кеши. Среди них можно выделить следующие конструкции:

- блочный кеш для данных + Key-Value для метаданных;
- иерархический кеш (DRAM, NVM, SSD);
- кеши со сложной топологией (многосвязный, слабосвязный).

Существуют кеши, выполняющие узкоспециализированные задачи, например кеш для обслуживания колоночных СУБД и кеш для обслуживания текстур GPU или данных CPU.

Каждая архитектура предполагает компромисс между:

- гранулярностью управления памятью;
- скоростью поиска данных;
- накладными расходами на обслуживание метаданных;
- поддержкой параллельного доступа.

5.2. Стратегии кеширования

Существует масса различных стратегий кеширования. Выделяют стратегии, ориентированные как на оптимизацию чтения, так и на оптимизацию записи.

5.2.1. Стратегии записи кеша

Существуют несколько стратегий записи данных в кеш (рис. 5–03):

- write-through — запись в кеш и хранилище сразу;
- write-behind — запись в кеш сразу, в хранилище позже;
- write-back — запись в кеш сразу, в хранилище только при вытеснении;
- write-once — иммутабельная запись;
- write-around — запись в хранилище в обход кеша.

Принцип сквозной записи write-through обеспечивает синхронную запись данных в кеш и в хранилище. В процессе записи данных в хранилище возникнет задержка, обусловленная производительностью устройства. В момент записи в хранилище сам кеш (или его части) будет блокирован на запись, поэтому такой кеш называется read-only. Следовательно, все новые запросы на запись в такой кеш будут поставлены в очередь. В этом случае write-through кеш может быть малоэффективен. Все преимущества ускорения чтения могут нивелироваться устаревшим характером данных такого кеша. Более того, в данном случае может возникнуть «давка в кеше» (cache stampede), то есть излишне высокая нагрузка на кеш, приводящая к его деградации (разд. 7.3).

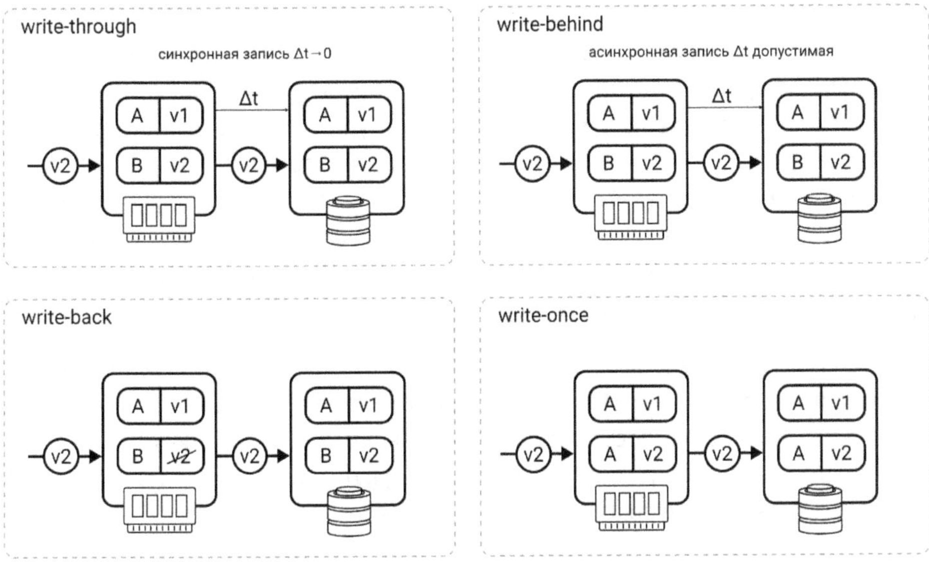

Рис. 5–03. Стратегии записи в кеш

В соответствии с принципом write-behind обеспечивается синхронная запись данных в кеш и асинхронная запись в хранилище. Запись данных кеша в хранилище осуществляется без блокировки (разд. 4.8), с доступной эффективностью записи хранилища. В случае новых записей в такой кеш данные могут быть перезаписаны, следовательно, часть данных может не попасть в хранилище и быть утрачена.

В соответствии с принципом отложенной записи write-back осуществляется запись в хранилище по факту вытеснения данных. Такая стратегия крайне удобна для работы с медленными хранилищами. Вытеснение подразумевает отсутствие потребности в операциях записи данных в кеш. Следовательно, запись данных кеша в медленное хранилище не вызовет проблем, возможных при применении стратегии write-behind. Если при записи через кеш данные в кеше новее, чем в основной памяти (хранилище), такие данные называются «грязными» (dirty). После успешного write-back идентичные данные в кеше становятся «чистыми» (clean).

В write-back кешах возникает риск утраты данных в случае отказа оперативной памяти или узла целиком. Для защиты от таких рисков применяются разные стратегии. Например, оперативная энергозависимая память оснащается специальными батареями, которые способны поддерживать питание в течение некоторого времени. Так данные кеша сохранятся после перезапуска узла. Устройства также могут быть оснащены резервированным блоком питания или аккумуляторной батареей для обеспечения работоспособности узла. Такая стратегия применяется в современных СХД (разд. 11.2).

Стратегия иммутабельной записи write-once (immutable, append-only) подразумевает, что данные могут быть записаны только один раз. Данные в кеше нельзя перезаписать, они будут доступны только для чтения. Все изменения данных фиксируются как новые элементы, следовательно, и в кеше для них выделяется новое место. Эта стратегия отлично подходит для кеширования данных в персистентных (разд. 4.10.2) системах, данных, защищённых от конфликтов репликации (разд. 10.2.11), и структур данных доменной архитектуры (разд. 10.4.1).

Стратегия write-around подразумевает запись непосредственно в хранилище, минуя кеш. Например, такая стратегия полезна как средство против засорения кеша редко востребованными данными. Бывают системы, в которых заранее известно, какие данные не будут востребованы для чтения дважды. Такие данные рекомендуется пропускать мимо кеша (рис. 5–04).

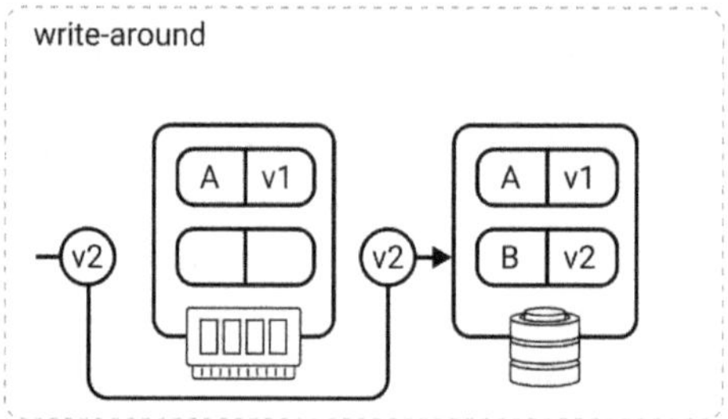

Рис. 5–04. Стратегия записи write-around

5.2.2. Стратегии чтения кеша

Существует несколько стратегий чтения данных из кеша (рис. 5–05):

- read-through — кеш загружает данные при промахе;
- read-behind — кеш отдаёт старые данные, пока нужные загружаются;
- read-ahead — данные загружаются по прогнозу до запроса;
- read-once — данные доступны для однократного запроса;
- read-around — прямое чтение из источника, минуя кеш.

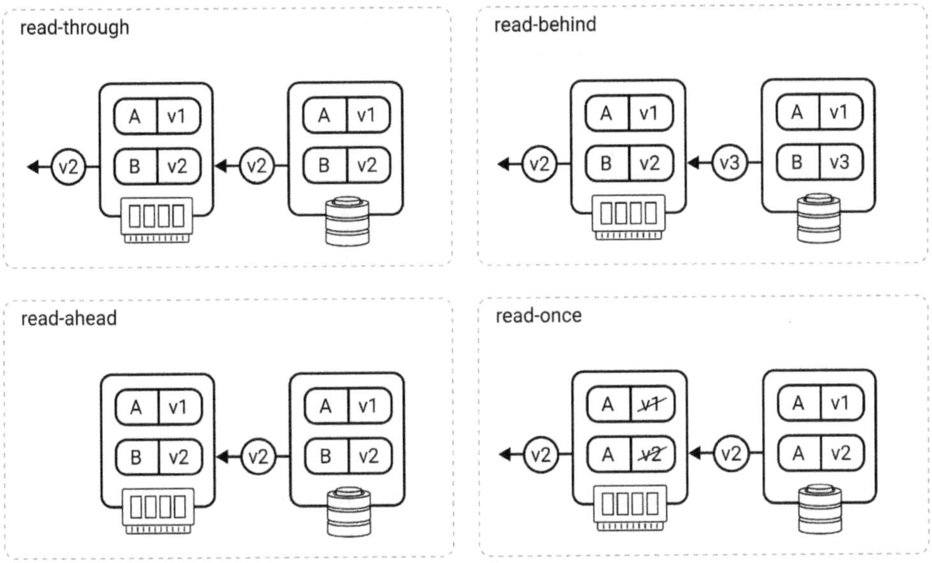

Рис. 5–05. Стратегии чтения кеша

Стратегия read-through представляет собой базовую стратегию работы с кешем и подразумевает, что при промахе, отсутствии данных в кеше средства управления кешированием самостоятельно запрашивают источник данных и загружают результат в кеш.

Стратегия read-behind подразумевает, что при запросе данных допускается, что кеш отдаст старые данные до того, как будут загружены актуальные. В некоторых случаях допускается, что кеш будет отдавать аппроксимационные данные, например в задачах обслуживания кешей временных рядов (разд. 11.1.5).

Стратегия read-ahead (proactive read) предполагает прогнозирование запросов и обеспечение предварительной загрузки данных с целью обеспечить заблаговременную готовность кеша.

Важно отметить, что все прогнозирующие стратегии основаны на статистических методах. Прогнозирование осуществляется методами аппроксимации или с помощью нейросетевых моделей и машинного обучения.

Стратегия read-once подразумевает, что данные можно прочитать из кеша только один раз. Далее подразумевается, что данные удаляются. Такая ситуация может иметь место в случае необходимости ускорения однократного чтения.

Стратегия read-around предполагает прямое чтение данных из источника, минуя кеш. Она применяется в адаптивных стратегиях для снижения нагрузки на кеш (рис. 5–06).

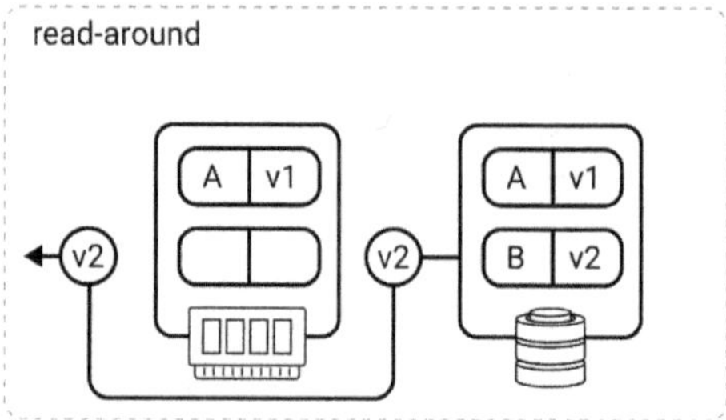

Рис. 5–06. Стратегия чтения read-around

5.2.3. Специализированные стратегии кеширования

Существует множество специализированных адаптивных стратегий управления кешем. Оптимизация может осуществляться в самых разных целях, например:

- для оптимизации чтения;
- оптимизации записи;
- оптимизации профиля нагрузки;
- снижения числа промахов;
- повышения устойчивости к ошибкам.

Стратегия refresh-ahead (proactive refresh) обеспечивает автоматическое обновление востребованных элементов кеша на основе целевых признаков. Такими признаками могут быть:

- истечение TTL;
- метрика приоритета элементов;
- метрика стоимости элементов;
- продуктивная модель.

Классический сценарий подразумевает отслеживание истечения TTL, например, на 90% до того, как элемент станет неактуальным. В таком сценарии важно учитывать время на обновление элемента, чтобы исключить ситуацию, при которой может быть запрошен устаревший элемент.

Продвинутый сценарий заключается в учёте не только временных факторов, но и дополнительных. Например, таким фактором может быть приоритет. Такой приоритет может вычисляться на основе статистики частоты обращения к элементам.

Важным фактором может являться «стоимость» запроса элемента. Если элемент очень тяжёлый для получения (требует множества запросов или сложных вычислений), его имеет смысл обновлять заранее, чтобы избежать длительного ожидания при реальном запросе.

Приоритет может быть задан явно в конфигурации, например для критически важных данных. Такие сценарии позволяют избегать «давки» при массовых промахах.

Стратегия write-allocate подразумевает, что при промахе записи данные сначала загружаются в кеш, а затем модифицируются прямо в кеше. При таком подходе промахи при записи похожи на промахи при чтении. Стратегия обычно используется в сочетании с политикой write-back, так как предполагается, что последующие записи или чтения в то же место будут более эффективными, если данные уже будут находиться в кеше.

Стратегия адаптивной записи (adaptive write policy) обеспечивает изменение политики записи в зависимости от нагрузки, частоты изменений или приоритета данных. Например, write-through предназначена для приоритетных данных, write-behind — для данных с меньшим приоритетом. Стратегия может также управлять частотой удаления элементов кеша.

Стратегия conditional writes (CAS[134]) обеспечивает обновления кеша, только если значение не изменилось с последнего чтения. Такая стратегия обеспечивает атомарность и консистентность, что очень важно при конкурентном доступе. При применении такой стратегии исключена возможность чтения неконсистентных данных (stale reads).

Стратегия накопления и группового сброса кеша (buffer + batch flush) сочетает в себе кеширование с периодической пакетной записью в хранилище. Данные накапливаются в кеше в течение определённого времени. Запись осуществляется не отдельными блоками, а группами блоков.

Стратегия подразумевает определённые условия сброса кеша, например:

- по достижении определённого размера буфера;
- по истечении временного интервала;
- по явному вызову сброса;
- по достижении иных критических условий.

[134] Compare-And-Swap.

Данная стратегия весьма популярна в критических задачах. Например, она применяется для аварийного сброса кеша при авариях в СХД. Такая стратегия весьма рискованна, как и в случае с write-back.

Стратегия write-through with retry (retry-on-fail) подразумевает выполнение стратегии write-through, но в случае неудачи автоматически выполняются повторные попытки (retry). Операция считается успешной только после подтверждения записи хранилищем.

Важно упомянуть стратегию cache-aside, которая представляет собой архитектурную практику, подразумевающую передачу контроля управления кешем целевой системе. Ключевые принципы стратегии:

- ленивая загрузка — данные загружаются в кеш только при первом запросе, хотя бывают и иные реализации;
- явный контроль — система решает, когда, как и какие данные кешировать;
- отказоустойчивость — в случае недоступности кеша целевая система знает, где находится первичный экземпляр.

5.2.4. Кеширование в распределённых системах

Управление распределённым кешем является достаточно ответственной задачей. Для распределённых кешей есть ряд устоявшихся стратегий.

Стратегия write-invalidate подразумевает, что при записи данных в кеш на всех других узлах осуществляется инвалидация всех копий. Такая стратегия подходит для active-passive архитектуры (разд. 4.2.1). Чтобы стало возможным чтение актуальных данных, потребитель должен знать, на каком они узле. Это можно узнать посредством циклического опроса узлов или с помощью координатора (разд. 4.3.1).

Стратегия write-update подразумевает, что при записи данных в кеш происходит обновление всех копий. Обновление копий осуществляется с применением выбранного типа репликации (разд. 4.4). Такая стратегия необходима для active-active архитектуры, она обеспечивает возможность параллельного многоузлового доступа к кешу. Стратегия write-update в синхронном исполнении является основой когерентных распределённых кешей.

Стратегия scatter — gather (рассеивание — сбор) позволяет осуществлять параллельное чтение данных из нескольких копий кеша (рис. 5–07).

Связка синхронного write-update + scatter – gather широко применяется в высокопроизводительных кластерах для параллельных вычислений совместно с алгоритмами map-reduce.

Эффективная организация кеширования является крайне важной задачей распределённых систем. Кеширование должно обеспечивать гарантии актуальности, целостности и консистентности данных (разд. 6.1). Обеспечение консистентности данных на основе каждой из стратегий кеширования может осуществляться в соответствии с требуемой моделью консистентности.

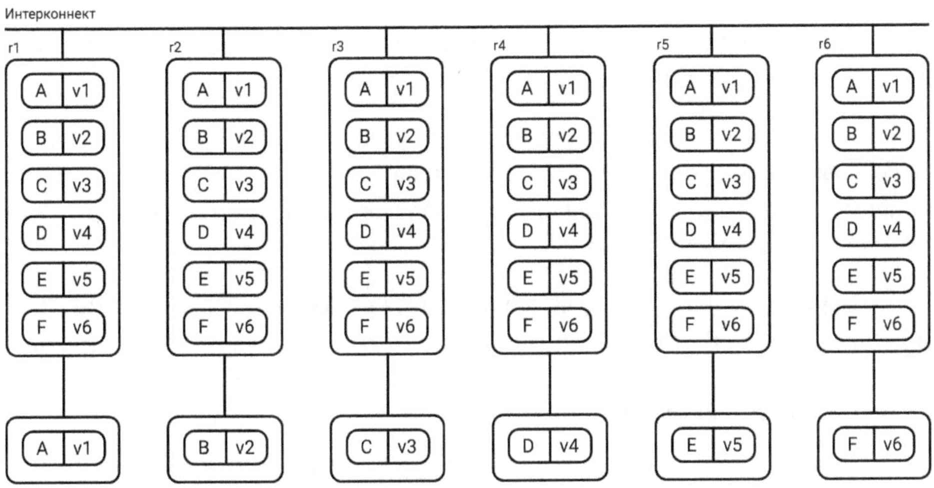

Рис. 5–07. Стратегии кеширования write-around

5.2.5. Профили нагрузки кеша

Профиль нагрузки кеша (доступа) представляет собой последовательность запросов к кешу и характеризует распределение частот запросов данных кеша по времени. Такую последовательность называют трассой запросов.

Профиль нагрузки может быть равномерным или неравномерным. Равномерный профиль характеризуется тем, что каждый элемент кеша имеет равную вероятность быть запрошенным. Например, для множества из 10 000 элементов вероятность для каждого элемента будет равна ~0.01%. Типичным примером такого профиля является сканирующая нагрузка[135]. Сканирование характеризуется большим числом одноразовых запросов, а элементы редко повторяются. Например, такая нагрузка возможна при индексации поисковой системой ресурсов или при потоковом чтении большого файла.

[135] Scanning workload.

Профиль нагрузки влияет на эффективность кеша. Обычно эффективность кеша относительно профиля оценивают по одному из двух показателей:

- hit rate (доля запросов, обслуженных кешем);
- miss rate (доля промахов).

Допустим, что:

- кеш имеет размер 1000 элементов;
- для запроса доступно 10 000 уникальных элементов;
- трасса включает 100 000 элементов.

В данном случае ожидаемый показатель hit rate составит всего 10%. В таких случаях следует задуматься о целесообразности такого кеша.

В реальных условиях профиль нагрузки не является равномерным. Некоторые элементы могут запрашиваться чаще других. Это могут быть, например, главные страницы сайтов, популярный контент. Именно такие элементы следует кешировать.

Неравномерный профиль доступа может быть как статическим, так и динамическим. В статическом профиле частоты слабо меняются, позволяя кешу эффективно адаптироваться. Однако в реальной жизни популярность контента может динамически меняться.

Существует множество наблюдаемых профилей нагрузки. Среди них можно выделить профили, подчиняющиеся законам Парето, Гаусса и Ципфа[136].

Профиль нагрузки, подчиняющийся закону Парето (80/20), подразумевает, что небольшая доля элементов (например, 20%) составляет большую долю запросов (например, 80%).

Профиль нагрузки, подчиняющийся закону Гаусса, подразумевает, что распределение частот запросов элементов подчиняется закону нормального распределения.

Профиль нагрузки, подчиняющийся закону Ципфа, подразумевает, что частота запроса к элементу с рангом k пропорциональна $1/k^s$, где s — параметр скоса.

Параметр скоса определяет степень неравномерности запросов. Он определяет локальность нагрузки, то, насколько часто запрашиваются

[136] Zipf, #05-04 [pdf].

популярные элементы по сравнению с редкими, что напрямую влияет на эффективность кеша.

- $s \approx 0$ — распределение близко к равномерному;
- $s \approx 1$ — определяет типичное распределение Ципфа, высокую локальность, где 1000 элементов из 10 000 составляют большую долю запросов (~95%);
- $s > 1$ — ещё более выраженная локальность, топ-элементы доминируют ещё сильнее, редкие элементы почти не запрашиваются.

Например, распределению Ципфа подчиняется трафик в крупных системах, в особенности интернете. Такое распределение актуально для масштабных промышленных автоматизированных систем, где популярность данных меняется в режиме реального времени, а запросы в архив (сканирующие нагрузки) осуществляются сравнительно редко (разд. 11.3). Такой профиль эффективно имитирует реальную нагрузку и обеспечивает реалистичное распределение частот, включающее имитацию сканирующих нагрузок. Трассы запросов, имитированные с помощью распределения Ципфа, позволяют протестировать и реалистично оценить различные стратегии кеширования.

5.3. Когерентность кеша

Кеш может обслуживать как один, так и множество экземпляров (реплик) данных, то есть быть избыточным (разд. 4.2.3). При обслуживании кеша остро встает вопрос актуальности, целостности, то есть консистентности. Консистентность кеша называется когерентностью. Когерентность кеша зависит от профилей нагрузки и динамики их изменения.

Существуют три основные стратегии обеспечения когерентности кешей:

- справочник (directory);
- отслеживание (snooping);
- перехват (snarfing).

В первом случае создаётся справочник, в котором размещена информация о состоянии блоков памяти. Справочник может быть распределён между узлами системы.

При наличии избыточности необходимо следить за консистентностью и консолидацией глобального кеша (разд. 4.2.5). Управление справочником может осуществляться одним из способов координации (разд. 4.3.1), но чаще реализуется с централизацией, так как этот способ управления справочником более удобен.

В случае отслеживания каждый кеш оснащается метаданными, в которых размещена информация о его состоянии. Подразумевается, что узлы, содержащие кеш, находятся в одном разделяемом интерконнекте данных (разд. 10.2.1).

Взаимодействуя с узлами по интерконнекту, контроллер (брокер) кешей определяет наличие копии соответствующего блока данных и управляет его обслуживанием. В связи с отсутствием централизации данный алгоритм массово используется в распределённых системах. Такая стратегия подразумевает синхронный характер работы и предполагает блокировки. Если контроллеров много, может начаться конкурентная давка.

В случае перехвата при перезаписи данных из определённого кеша контроллеры остальных кешей получают уведомление об этом событии (разд. 11.2.4), то есть перехватывают информацию об изменении данных и при необходимости изменяют соответствующие данные в своих кешах. Такая стратегия подразумевает асинхронный характер работы и не предполагает блокировок.

Для обеспечения когерентности кешей необходимо создать условия, при которых вторичный экземпляр данных во всех кешах был бы идентичен первичному и консистентен (разд. 6.1). Для этого применяют специальные протоколы когерентности и ограничивают области действия кешей, чтобы не допустить случайных конфликтов при операциях записи (разд. 4.3.6). В РСУ за обеспечение когерентности кешей отвечает процесс синхронизации узлов (разд. 4.4.1).

Протоколы обеспечения когерентности отвечают за поддержание актуальности данных между всеми кешами в системах с РРП (разд. 4.10). Такие протоколы поддерживают когерентность распределённой памяти согласно выбранной модели консистентности. Возможна как аппаратная, так и программная реализация таких протоколов. Большинство аппаратных протоколов соответствуют модели последовательной консистентности (разд. 6.2.5). Программные протоколы соответствуют моделям конечной консистентности (разд. 6.2.3), в особенности консистентности по выходу (разд. 6.3.1).

Когерентность кешей особенно актуальна в задачах СХД при симметричном режиме работы активных контроллеров (разд. 11.2). Обслуживание распределённых кешей чтения и записи на контроллерах требует предельно ответственной реализации, иначе обрабатываемые данные могут быть неконсистентны или повреждены. Когерентность такого кеша обеспечивается с помощью многосвязного интерконнекта (разд. 10.2.3).

5.4. Архитектура NUMA и топология памяти

Вычислительные платформы состоят из процессоров, шины памяти и памяти. В общем случае алгоритмы обработки данных разрабатывают исходя из предположения, что скорость доступа к любому участку памяти одинаковая. Это так называемая архитектура UMA[137]. Многие разработчики до сих пор разрабатывают решения, пребывая в уверенности, что это единственно возможная архитектура.

Однако, как можно заметить даже из названия, помимо Uniform бывает и Non-Uniform — архитектура NUMA[138]. В архитектуре NUMA узлы системы имеют доступ как к локальной, так и к удалённой памяти, связанной с другими узлами. Важно понимать, что узел в контексте NUMA — не обязательно отдельный сервер. Это может быть процессор внутри одного сервера со своей локальной памятью, а удалённая память — это память, физически подключённая к другому процессору в этом же сервере. NUMA массово применяется даже внутри одного вычислительного модуля (сервера) с 2008 г.[139] То есть в многопроцессорном сервере у каждого процессора есть своя локальная память. В некоторых моделях процессоров (например, от AMD) архитектура NUMA реализована даже на уровне одного кристалла (чипа). Очевидно, что доступ к удалённой памяти (RMA[140]) имеет значительно большую задержку по сравнению с локальным доступом (LMA[141]), что и создаёт неоднородность (рис. 5–08).

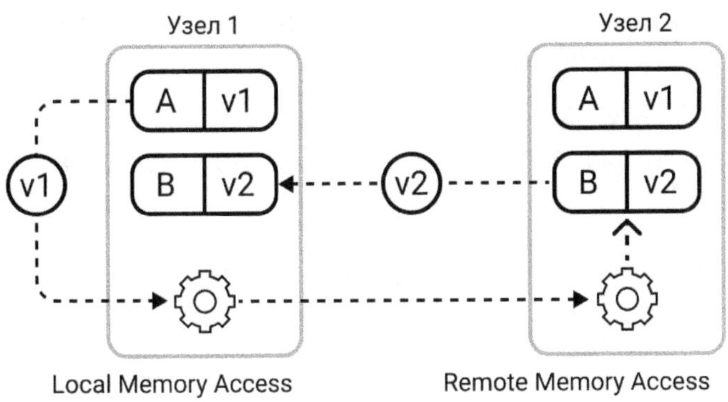

Рис. 5–08. NUMA

[137] Uniform Memory Access.
[138] Non-Uniform Memory Access, #05-05 [w].
[139] Intel Xeon серии Nehalem.
[140] Remote Memory Access.
[141] Local Memory Access.

Классическая NUMA относится исключительно к аппаратной реализации и зависит от особенностей процессорных и сетевых интерконнектов (разд. 10.2.1).

Распределённые NUMA-системы построены на основе одинаковых по аппаратной конфигурации распределённых узлов с небольшим числом процессоров и объёмом оперативной памяти, которая отчасти используется в качестве кеша. Как правило, кеш представляет собой статический раздел в памяти узла. Таким образом, все кеши идентичны по размеру, в связи с чем когерентность таких кешей алгоритмически несложно реализуется. Такую NUMA называют кеш-когерентной NUMA (ccNUMA).

Для NUMA-систем существует множество аппаратных ускорителей, повышающих производительность межузлового взаимодействия. В последние годы идёт массовое принятие NUMA в распределённых системах с применением zero-copy[142] протоколов, таких как RDMA, который реализуется с использованием специализированных сетевых адаптеров или программных решений для обычных сетей.

Важно отметить, что в некоторых системах могут одновременно использоваться аппаратная NUMA и RDMA. Например, в системах с аппаратным интерконнектом (скажем, NUMA на базе шины или бэкплейна) локальный доступ к памяти может осуществляться через NUMA, а удалённый доступ к памяти другого узла или устройства — с использованием RDMA. Такое сочетание позволяет минимизировать задержки и повысить пропускную способность в распределённых вычислениях.

Отдельно необходимо подчеркнуть важность понимания организации шины (шин памяти, рис. 5–09) для реализации ВНС, как, впрочем, и межпроцессорных шин[143].

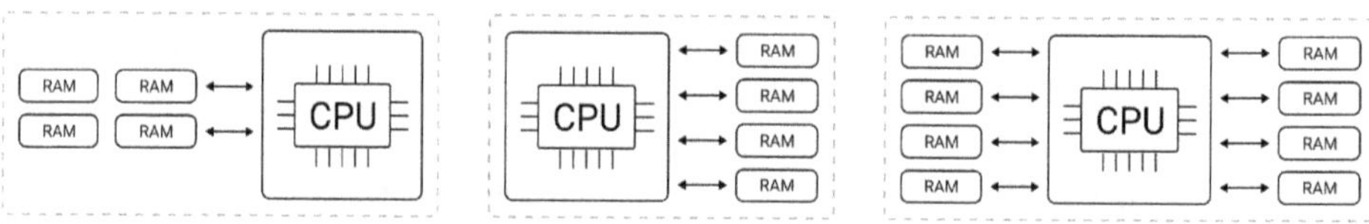

Рис. 5–09. Топологии межпроцессорных соединений

По мере роста вычислительной нагрузки возрастала нагрузка на память не только в виде требований к объёму памяти, но также и к ширине канала памяти. При невозможности (или технической сложности) интенсивного роста

---

[142] Не осуществляется копирование данных, #05-06 [w].
[143] UPI, QPI, HyperTransport.

(повышения частоты и пропускной способности канала) инженеры реализуют экстенсивный рост. Следовательно, если не хватает одного канала памяти, реализуются два. Таким способом обеспечивается возможность параллельного доступа сразу к двум модулям памяти, а также схемы с большим числом каналов.

Количество каналов памяти является классическим отличительным признаком для деления центральных процессоров на серверные и для персональных устройств. Процессоры персональных устройств практически не поддерживают более двух каналов (рис. 5–09 слева). Отдельные сверхдорогие процессоры для рабочих станций с большим количеством каналов[144] (рис. 5–09 в центре, рис. 5–09 справа) лишь подтверждают общее правило, оставаясь нишевым продуктом для узкого профессионального применения. В случае же серверных процессоров 6 или даже 8 каналов памяти на процессор — это суровая необходимость.

Пример классической топологии двухпроцессорного сервера на базе стандартных процессоров с двумя межпроцессорными шинами представлен на рис. 5–10. Но при росте количества процессоров на сервер становится очень важным количество межпроцессорных шин.

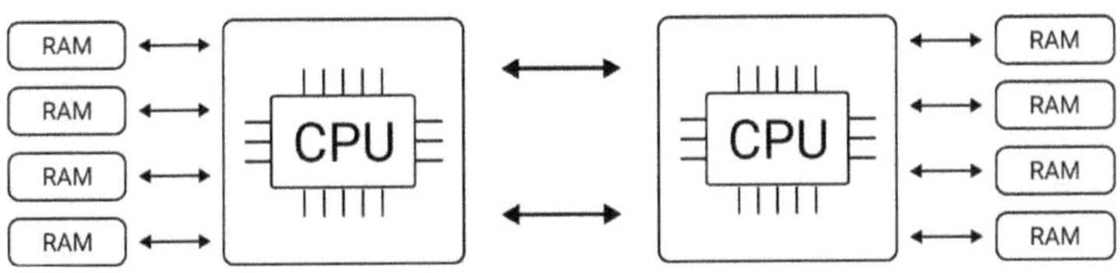

Рис. 5–10. Топология — 2 CPU

Если для построения четырёхпроцессорной системы взять процессоры с двумя межпроцессорными шинами, то каждый из процессоров может иметь соединение только с двумя соседями, а доступ к памяти оставшегося четвёртого процессора будет осуществляться в два раза медленнее через промежуточный процессор (рис. 5–11). В случае же с тремя межпроцессорными шинами образуется полносвязный интерконнект (разд. 10.2.3), и скорость доступа к памяти выравнивается (рис. 5–12).

Современные многопроцессорные системы (4, 8 CPU) зачастую решают не проблему нехватки чистой вычислительной мощности и даже не проблему нехватки объёма памяти, а проблему обеспечения общей пропускной способности шины памяти для монолитной системы (количество каналов памяти × количество CPU).

[144] Например, ThreadRipper.

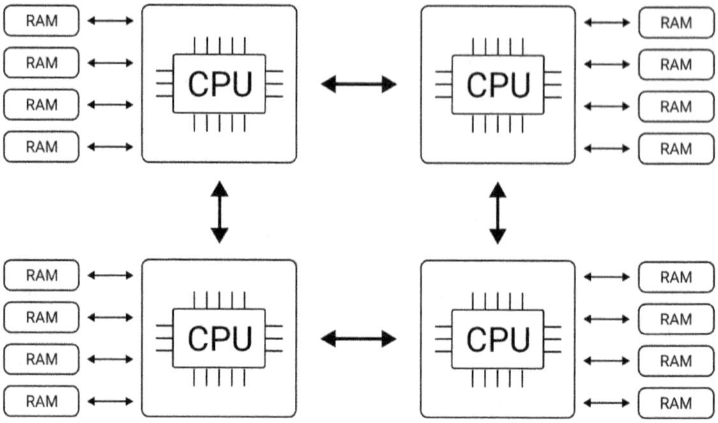

Рис. 5–11. Топология — 4 CPU, 2 шины

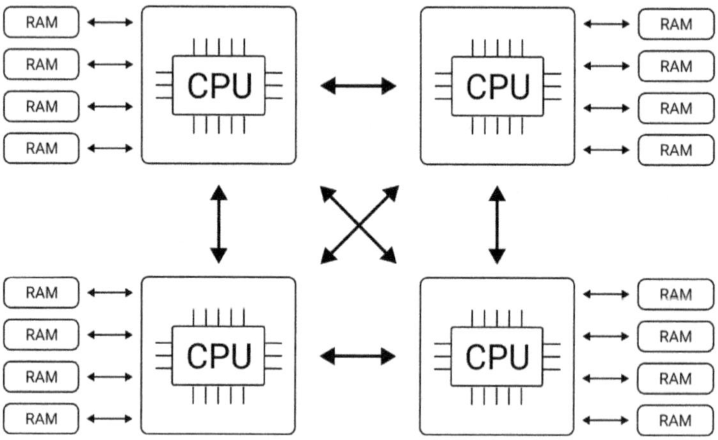

Рис. 5–12. Топология — 4 CPU, 3 шины

В качестве примера можно привести расчёт пиковой пропускной способности очень мощной станции на базе десктопного процессора с быстрой памятью DDR5-6000 и сервера на уже устаревшем стандарте DDR4-3200:

- 1 CPU, память 6000 MT/s[145], 2 канала, общая скорость 12 000 MT/s;
- 2 CPU, память 3200 MT/s, 6 каналов, общая скорость 38 400 MT/s;
- 4 CPU, память 3200 MT/s, 6 каналов, общая скорость 76 800 MT/s;
- 8 CPU, память 3200 MT/s, 6 каналов, общая скорость 153 600 MT/s.

В связи с этим для ВНС крайне важен правильный дизайн аппаратной части вычислительных модулей.

[145] Mega Transfers / Second.

Дизайн программной части системы не менее важен, чем дизайн аппаратной. Программное обеспечение должно уметь работать с топологией NUMA и правильно её учитывать. Проведённые тесты показали, что несоответствие между реальной архитектурой сервера и её восприятием программой серьёзно влияет на производительность. Например, СУБД, способная работать в NUMA-архитектуре, но ошибочно считающая, что сервер использует UMA, может терять до 1,5 раз в производительности (измеряемой в транзакциях в секунду) на одном и том же сервере.

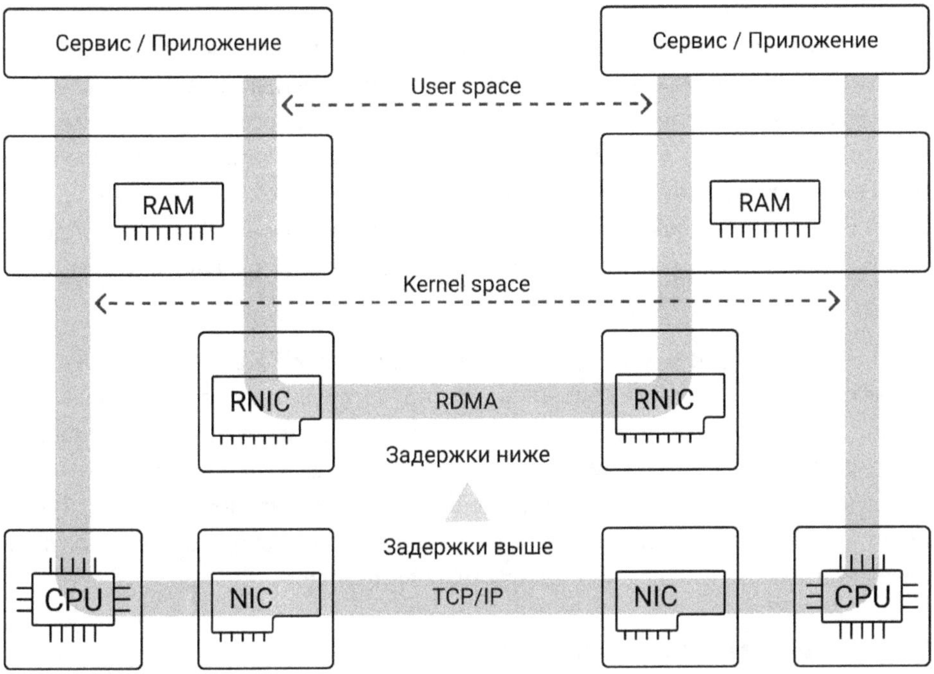

Рис. 5–13. RDMA

Применение RDMA существенно снижает задержки за счёт снижения взаимодействия с аппаратным слоем (рис. 5–13). Чем ближе к аппаратной реализации, тем ниже задержки. Данная технология является значимой альтернативой РРП (разд. 4.10). Простота использования и снижение стоимости аппаратных ускорителей RDMA побуждают архитекторов активно её применять. При проектировании ВНС важно учитывать особенности реализации RDMA-интерконнектов (разд. 10.2.1).

5.5. Стратегии вытеснения кеша

В распределённых системах проблем с наполнением кеша данными обычно не возникает. Основные сложности возникают при управлении им, что связано с ограничением аппаратных ресурсов. Важным этапом является освобождение пространства кеша от неиспользуемых или редко востребованных данных, то есть вытеснение, для заполнения кеша новыми данными. Объём памяти для кеширования всегда ограничен, поэтому разработчикам рано или поздно приходится реализовывать стратегии вытеснения.

Стратегия управления кешем зависит от логики целевой системы. Например, в РСУ критических систем принято приоритизировать переменные, участвующие в управлении технологическим процессом, по значимости. Наиболее значимые переменные должны быть обязательно кешированы на всех узлах, участвующих в управлении. К ним может сколь угодно долго отсутствовать обращение, но они всегда должны быть наготове. Следовательно, такие переменные вытеснять не следует ни при каких обстоятельствах.

Самыми простыми стратегиями (политиками[146]) вытеснения кеша[147] принято считать стратегии, основанные на простых очередях[148]. Среди них можно отметить FIFO и LIFO. Такие стратегии применяются как составная часть адаптивных алгоритмов кеширования (разд. 5.7.1). К простым относится и стратегия вытеснения случайного элемента (Random Eviction). Такие простые стратегии редко используются самостоятельно, но часто служат компонентами более сложных адаптивных алгоритмов.

5.5.1. Проблемы вытеснения кеша

При работе кеша может возникать масса самых разнообразных проблем. Одной из них является засорение кеша «бесполезными» невостребованными данными[149]. Например, такое может происходить при массовом добавлении новых данных (flood). Некоторые стратегии обеспечивают защиту от этой проблемы.

Если кеш постоянно вытесняет данные из-за новых элементов, возникает перегрузка (пробуксовка[150]) кеша. Такая перегрузка вызывает увеличение задержек и может привести к отказу кеша. Защита от данной

[146] Cache eviction policies.
[147] Cache replacement policies, #05-07 [w].
[148] Simple queue-based policies.
[149] Cache pollution.
[150] Cache trashing.

проблемы решается архитектурно и с помощью масштабирования. Перегрузка может произойти, например, при краткосрочном всплеске запросов.

Подобные всплески бывают характерны для ситуаций резкого изменения профиля нагрузки или сканирования кеша. Сканирование может иметь место при выполнении различных задач энумерации ресурсов целевой системы или работы сетевых краулеров (поисковых роботов). Ряд стратегий обеспечивает защиту от этой проблемы.

кеш может быть подвержен засорению устаревшими данными (залипание, старение[151]). В данном случае элементы долго находятся в кеше, но фактически не используются. Устаревшие данные занимают место, снижая эффективность кеширования. Ряд стратегий обеспечивает защиту от этой проблемы.

Некоторые стратегии кеширования подвержены проблеме снижения эффективности кеша при масштабировании (аномалия Белади, разд. 5.7.1). Большинство современных стратегий имеют иммунитет к этой проблеме.

5.5.2. Классификация стратегий вытеснения кеша

Все политики кеширования разделяют на несколько классов в зависимости от применяемых алгоритмических подходов к анализу состояния кеша. Среди них выделяют следующие стратегии:

- базовые;
- сегментированные;
- адаптивные;
- предиктивные (на основе статистики или машинного обучения).

С точки зрения учитываемых метрик стратегии классифицируют на следующие (рис. 5–14):

- временные — учитывают время последнего доступа;
- частотные — учитывают частоту обращений;
- частотно-временные — комбинируют учёт частоты и времени;
- прогнозирующие — предсказывают запросы;
- стоимостные — учитывают ценность данных (размер, стоимость загрузки).

[151] Cache aging.

Рис. 5–14. Обозначение метрик

С точки зрения точности стратегии классифицируют на следующие (рис. 5–15):

- точные — подробный учёт метаданных;
- аппроксимационные — упрощённый учёт метаданных.

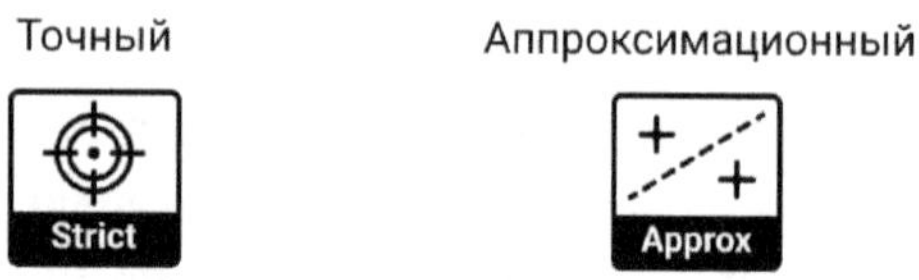

Рис. 5–15. Обозначение точности

Стратегии классифицируют на основании устойчивости к различным аномалиям. Среди них выделяют следующие (рис. 5–16):

- устойчивость от засорения бесполезными элементами (flood-resistant);
- устойчивость от сканирующих нагрузок, то есть массовых одноразовых запросов (scan-resistant);
- устойчивость от всплесков запросов (burst-resistant);
- устойчивость от «залипания» устаревших элементов (aging-resistant);
- устойчивость к аномалии увеличения промахов при росте объёма кеша (Bélády-immune).

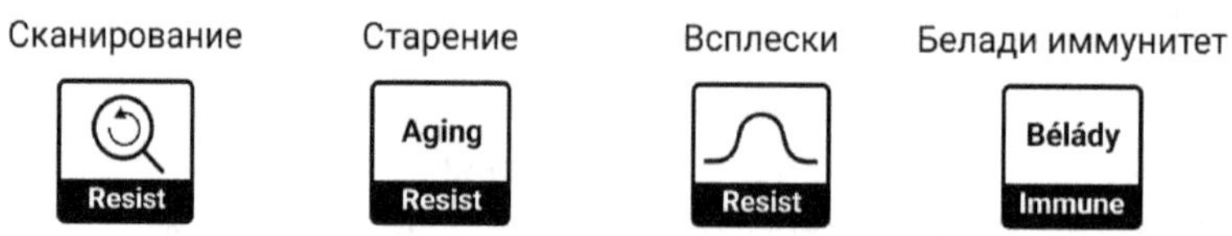

Рис. 5–16. Обозначение устойчивости к аномалиям

С точки зрения адаптивности стратегии классифицируют на следующие (рис. 5–17):

- статические — фиксированные правила вытеснения;
- динамические — автоматически подстраиваются под нагрузку;
- самообучающиеся — используют ML для адаптации.

Рис. 5–17. Обозначение адаптивности

С точки зрения сегментирования стратегии классифицируют на следующие (рис. 5–18):

- одноуровневые (атомарные) — простые стратегии для одного кеша;
- многоуровневые — координация между уровнями;
- иерархические — разные стратегии для каждого уровня;
- стратегии с теневой очередью.

Рис. 5–18. Обозначение сегментирования

Некоторые стратегии могут иметь теневую очередь (shadow set). Она представляет собой вспомогательную структуру данных, которая позволяет отслеживать историю вытесненных элементов. В теневой очереди размещается информация о вытесненных элементах, например идентификаторы элементов или иные метаданные. Такая очередь не содержит кеш. С помощью данной структуры можно оценить пользу вытесненных элементов. Некоторые стратегии могут в теневом режиме моделировать альтернативные политики кеширования параллельно с учётом данных теневой очереди. Стратегии с теневой очередью можно отнести к сегментированным.

С точки зрения предназначения выделяют следующее (рис. 5–19):

- СУБД, СХД, файловые системы — учёт стоимости запросов;
- кеширующие прокси (CDN[152]), балансировщики;
- видео, стриминг, соцсети — трендовые профили запросов;
- SSD/NVM — учёт износа ячеек, ограничения записи;
- RAM, CPU/GPU — минимизация задержек, аппаратная эффективность.

[152] Content Delivery Network.

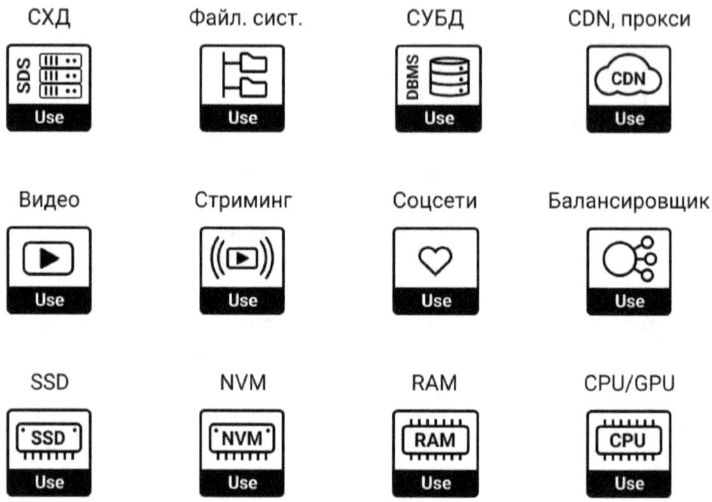

Рис. 5–19. Обозначение назначения

Среди стратегий выделяют специальные, адаптированные под аппаратную реализацию, а также оптимизированные под многопоточные и распределённые кеши (рис. 5–20).

Рис. 5–20. Обозначение оптимизации к железу

Задача любой стратегии вытеснения заключается в оптимальном использовании всех доступных обстоятельств и ресурсов, поэтому стратегии можно оптимизировать под целевые задачи.

5.6. Базовые стратегии вытеснения кеша

Базовые стратегии вытеснения кеша являются эталонными для многих более сложных специальных стратегий. Базовые стратегии не претендуют на простоту реализации и порой требуют значительных аппаратных ресурсов.

Все базовые стратегии требуют отслеживания статистики обращения к кешу, что, в свою очередь, достаточно ресурсозатратно. Следует перечислить эти стратегии вытеснения элементов:

- вытеснение давно не используемых (LRU);

- вытеснение редко используемых (LFU);
- LFU с динамическим старением (LFU-DA);
- LFU со скользящим окном (W-LFU);
- вытеснение недавно использовавшихся (MRU);
- квази-LRU (Quasi LRU);
- вытеснение не использовавшихся недавно (NRU);
- CLOCK, Generalized CLOCK, «второй шанс»;
- SIEVE;
- псевдо-LRU;
- время жизни TTL;
- время простоя TTI;
- Time-aware (TLRU, TLFU).

5.6.1. Вытеснение давно не использованных (LRU)

Идея стратегии Least Recently Used (LRU[153]) заключается в вытеснении элементов, к которым дольше всего не обращались. Предполагается, что недавно использованные элементы с большей вероятностью понадобятся снова.

LRU требует поддержания порядка: данные упорядочиваются по вре мени последнего доступа. При каждом обращении элемент перемещается в начало (или конец) упорядоченной структуры. При переполнении кеша в первую очередь удаляются самые «старые» элементы, которые дольше всего не использовались.

Важно отметить, что LRU является точным алгоритмом, так как поддерживается точный порядок между элементами. LRU — стратегия достаточно простая с точки зрения реализации, но весьма ресурсоёмкая.

Как правило, LRU реализуется с помощью хеш-таблицы для быстрого доступа к ключу и двухсвязному списку для поддержания порядка.

Устойчивость к аномалиям подразумевает:

- устойчивость к старению;
- иммунитет к аномалии Белади, но её аппроксимации могут терять это свойство;
- слабую адаптивность к изменению профиля нагрузки;
- отсутствие устойчивости к сканирующим нагрузкам, последовательный доступ приводит к вытеснению кеша;
- отсутствие устойчивости к всплескам.

---

153 LRU, #05-08 [w].

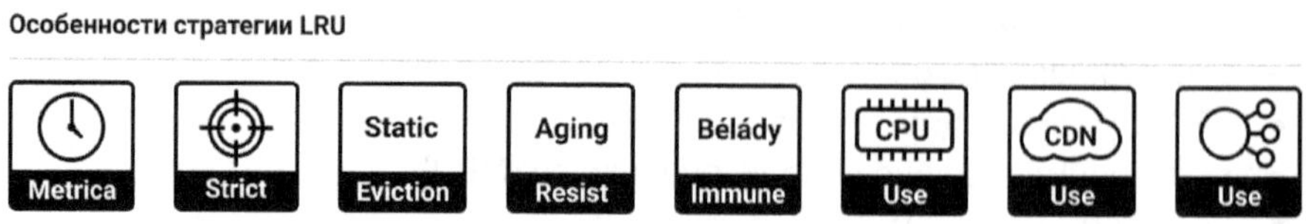

Рис. 5–21. Сводка по стратегии LRU

Важно отметить, что выделяют разновидность Midpoint LRU (MP-LRU). В данном случае список LRU разделяется на две логические части:

- верхняя часть списка из популярных элементов (горячий кеш);
- нижняя часть из редко используемых элементов (холодный кеш).

Обычно соотношение выбирается исходя из эффективности кеша в целевых условиях. Данный подход представляет собой форму сегментирования кеша:

- новый элемент попадает не в начало, а в точку раздела (например, на 50% глубины);
- если к элементу был повторный запрос, он перемещается в горячую часть;
- если запросы к элементу отсутствуют, он постепенно вытесняется к концу;
- удаление осуществляется с конца списка.

Таким образом, при небольшом изменении стратегии записи эффективность алгоритма принципиально меняется за счёт такой формы сегментирования кеша.

Отличительные особенности MP-LRU — это:

- устойчивость к старению;
- усиленный иммунитет к аномалии Белади, который зависит от реализации;
- усиление адаптивности к изменению профиля нагрузки;
- появление устойчивости к сканирующим нагрузкам;
- появление устойчивости к всплескам.

Таким образом, MP-LRU является универсальной стратегией кеширования.

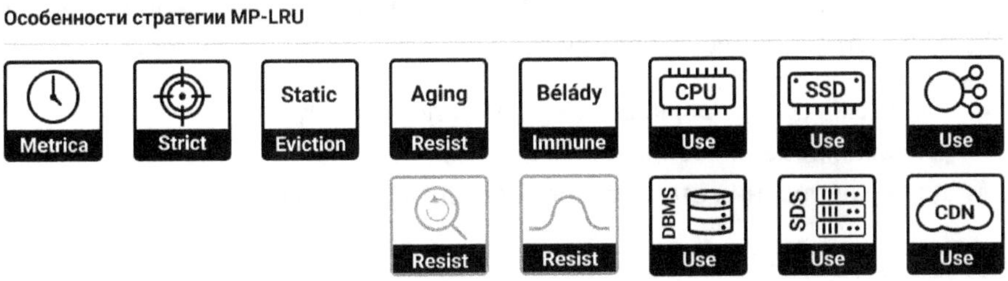

Рис. 5–22. Сводка по стратегии MP-LRU

5.6.2. Вытеснение редко используемых (LFU)

Идея стратегии Least-Frequently Used (LFU) заключается в вытеснении элементов, к которым обращались реже всего за определённый период времени.

В отличие от LRU, который учитывает время последнего доступа, LFU фокусируется на частоте использования. Каждому элементу кеша присваивается счётчик запросов. При необходимости вытеснения удаляется элемент с наименьшим значением счётчика, то есть тот, к которому реже обращались.

Важно отметить, что LFU является точным алгоритмом — для каждого элемента точно учитываются частоты.

Отличительные особенности LFU — это:

- эффективность для долгоживущих элементов;
- эффективность для доступа с неравномерной частотой;
- эффективность для профилей нагрузки с повторяющимися запросами;
- реализация более сложная по сравнению с LRU, которая требует больше ресурсов;
- слабая адаптивность к изменению профиля нагрузки.

Устойчивость к аномалиям:

- высокая устойчивость к сканированию ввиду слабого влияния на частотные счётчики;
- подвержен старению: кеш может засоряться элементами, которые были популярны в прошлом, но не используются в текущем профиле нагрузки;
- неустойчив к всплескам — новые элементы могут быстро вытесняться, не успев набрать статистики;
- нет иммунитета к аномалии Белади.

LFU фокусируется на долгосрочной популярности данных и крайне эффективен для стабильных профилей доступа. LFU особенно полезен:

- в системах с повторяющимися профилями нагрузки;
- для кеширования запросов СУБД, СХД;
- для кеширования статического контента (CDN, музыка, видео).

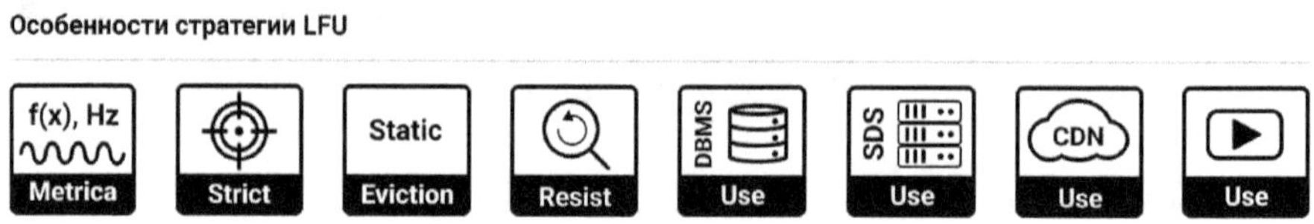

Рис. 5–23. Сводка по стратегии LFU

5.6.3. LFU с динамическим старением (LFU-DA)

Идея стратегии LFU with Dynamic Aging (LFU-DA) заключается в борьбе с проблемой неустойчивости к старению LFU.

У LFU есть серьёзный недостаток. Он «запоминает» старые частые обращения, даже когда данные уже неактуальны, и плохо реагирует на изменение профиля нагрузки. LFU имеет высокую устойчивость к сканирующим нагрузкам — однократное массовое чтение «холодных» данных не влияет на кеш. Редкие, но важные данные могут вытесняться.

Для решения этой проблемы используются различные механизмы «освежения» данных (freshness mechanisms). Одним из таких механизмов является экспоненциальное затухание частот (frequency decay). Заключается он в том, что счётчики частот периодически уменьшаются, например умножаются на коэффициент затухания (скажем, 0.9) каждые N запросов или вообще сбрасываются.

Такое затухание или сброс счётчиков позволяет «забывать» старые элементы и отдавать приоритет свежим данным. Подобную реализацию алгоритма называют LFU с динамическим старением.

Отличительные особенности LFU-DA:

- высокая устойчивость к старению;
- повышенная адаптивность к изменению профиля нагрузки в балансе с сохранением исторически популярных данных (хитов);
- средняя устойчивость к сканированию — фильтрует частично.

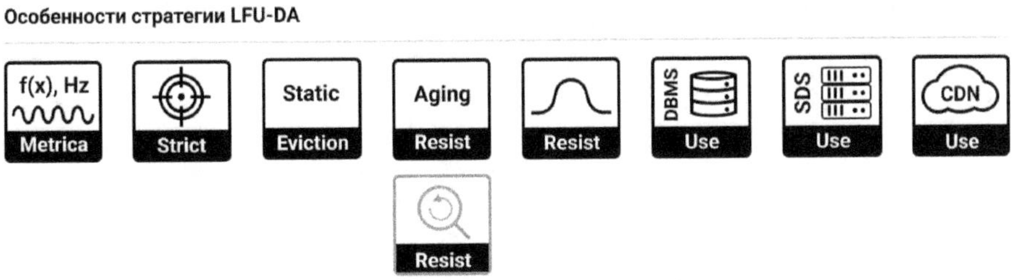

Рис. 5–24. Сводка по стратегии LFU-DA

5.6.4. LFU со скользящим окном (W-LFU)

Идея стратегии Window-LFU (W-LFU) заключается в решении проблем классического LFU: неустойчивости к старению данных, чувствительности к сканирующим нагрузкам и плохой адаптации к изменениям профиля нагрузки.

В отличие от классического LFU, который учитывает всю историю обращений, W-LFU использует механизм скользящего временного окна. Подсчёт частоты обращений ведётся только для данных, попавших в последние *N* запросов, или за последний промежуток времени. Стратегия вытеснения применяется только в пределах этого окна, а устаревшие данные за его пределами игнорируются. Фактически эта стратегия сочетает в себе принципы LFU и модель «окна устарелости» (разд. 6.4.6).

Отличительные особенности W-LFU:

- высокая адаптивность к изменениям профиля нагрузки;
- реализация сложнее, чем у W-LRU, — требует больше памяти.

Устойчивость к аномалиям:

- устойчивость к сканирующим нагрузкам;
- устойчивость к всплескам;
- автоматическая защита от старения данных;
- иммунитет к аномалии Белади не гарантирован и зависит от размера окна — чем окно больше, тем меньше гарантий.

W-LFU фокусируется на работе с актуальными данными и эффективно адаптируется к изменяющимся профилям нагрузки, что делает его полезным для социальных сетей, систем с трендовой популярностью контента и других сценариев с быстро меняющимися паттернами доступа.

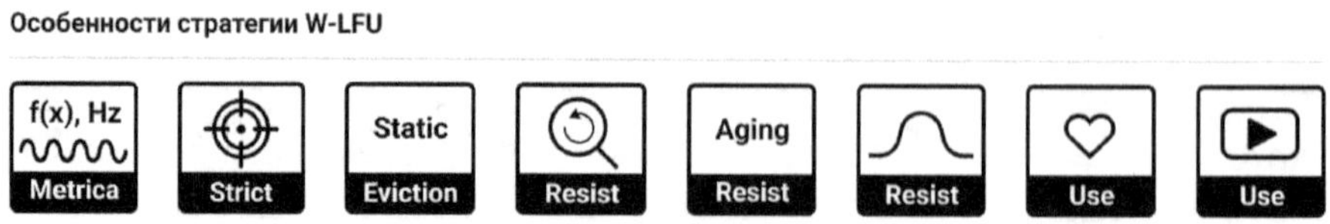

Рис. 5–25. Сводка по стратегии W-LFU

5.6.5. Вытеснение недавно использованных (MRU)

Идея стратегии Most Recently Used (MRU[154]) заключается в вытеснении элементов, которые использовались в самое недавнее время. В её основе лежит предположение, что к недавно использованным данным в ближайшее время обращаться не будут. Например, такая ситуация имеет место при последовательном чтении или потоковой передаче.

Отличительные особенности MRU — это:

- эффективность для профилей доступа с последовательным чтением;
- простая реализация, нетребовательность к ресурсам.

Устойчивость к аномалиям:

- неустойчив к старению — старые элементы никогда не вытесняются, если к ним нет обращений;
- неустойчив к сканирующим нагрузкам;
- неустойчив к всплескам;
- отсутствует иммунитет к аномалии Белади.

MRU фокусируется на данных с явным сроком актуальности. Он особенно полезен для обслуживания:

- временных буферов;
- потокового вещания (видео, музыка);
- временных данных, которые гарантированно устаревают.

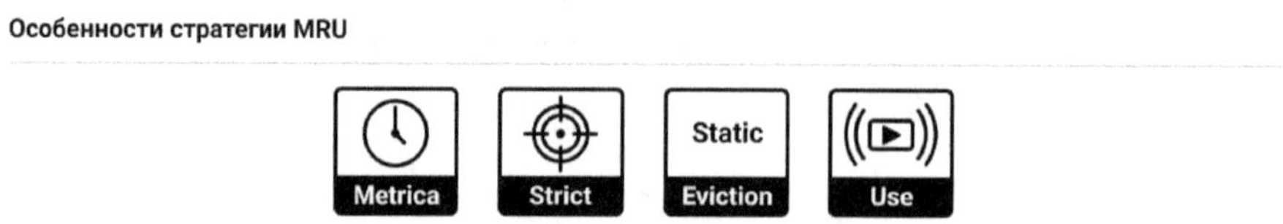

Рис. 5–26. Сводка по стратегии MRU

[154] Most Recently Used.

Данный алгоритм не подходит для общего кеширования, но часто применяется в комбинированных стратегиях вытеснения, например в качестве дополнительной политики для определённого типа данных или в многоуровневых кешах.

5.6.6. Квази-LRU (QLRU)

Идея стратегий Quasi-LRU (QLRU) заключается в снижении высоких вычислительных и аппаратных затрат точного LRU при сохранении близкой к нему эффективности. QLRU — это не один алгоритм, а семейство алгоритмов, которые аппроксимируют принцип LRU, заменяя точное поддержание порядка элементов на использование битовых флагов (например, битов доступа) и эвристических методов для приблизительного определения давности использования.

Отличительные особенности QLRU:

- низкие требования к ресурсам, снижение накладных расходов до 50% относительно LRU;
- простота реализации;
- высокая эффективность аппаратной реализации;
- порядок вытеснения неточный, общая проблема аппроксимаций.

Устойчивость к аномалиям:

- умеренная устойчивость к сканированию (зависит от реализации);
- умеренная устойчивость к всплескам (зависит от реализации);
- неустойчивость к старению;
- отсутствие гарантированного иммунитета к аномалии Белади. Наличие или отсутствие аномалии зависит от конкретного алгоритма в семействе QLRU.

QLRU — это идея аппроксимации, которая не используется в чистом виде. QLRU применяется в производительных системах, он возможен в аппаратной реализации, где использовать классический LRU слишком дорого или невозможно. Подходит для обслуживания блочных данных.

QLRU реализуется с помощью FIFO-очереди или кольцевого буфера (CLOCK). По таймеру или иному событию (разд. 10.2.4) осуществляется обход очереди или буфера, идентифицируются неиспользуемые элементы на основе специальных меток (чаще бинарных). Такие элементы помечаются к удалению или удаляются сразу.

Среди QLRU выделяют следующие стратегии:

- Not Recently Used (NRU);
- Clock (Second Chance);
- Pseudo-LRU (PLRU).

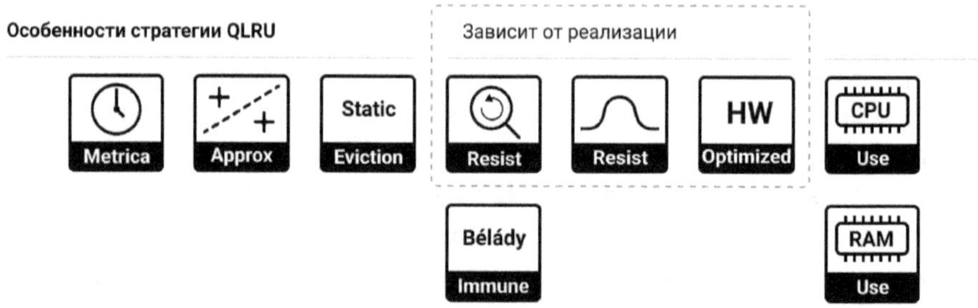

Рис. 5–27. Сводка по стратегии QLRU

5.6.7. Вытеснение не использовавшихся недавно (NRU)

Идея стратегии Not Recently Used (NRU) заключается в максимальном упрощении реализации вытеснения. Происходит вытеснение тех блоков, которые не использовались недавно.

NRU классифицирует блоки (страницы) по двум битам состояния, обычно следующим образом:

- R (Referenced) — к блоку обращались недавно;
- M (Modified) — блок был изменен (грязная страница).

На основании этих битов страницы делятся на четыре класса приоритета вытеснения:

- класс (0), R(0), M(0) — наивысший (неиспользуемая и неизменённая);
- класс (1), R(0), M(1) — не использовалась, но была изменена;
- класс (2), R(1), M(0) — использовалась, но не изменена;
- класс (3), R(1), M(1) — наименьший (часто используемая и изменённая).

По таймеру периодически сбрасывается бит R для всех страниц. Когда необходимо вытеснение, выбирается страница из наименьшего доступного класса (начиная с 0). Таким образом, NRU отдаёт предпочтение сохранению недавно используемых и/или изменённых страниц, не отслеживая точный порядок доступа.

Отличительные особенности NRU по сравнению с классом QLRU:

- временной, аппроксимационный алгоритм;
- простота реализации.

Устойчивость к аномалиям:

- умеренная устойчивость к сканированию — одноразовые элементы сканирования получат установленный бит доступа (R = 1), но при следующем цикле очистки они с высокой вероятностью попадут в класс с R = 0 и будут кандидатами на вытеснение, они не успевают «испортить» кеш так, как это происходит в чистом LRU;
- умеренная устойчивость к всплескам — всплеск запросов к объекту установит его бит доступа (R = 1), что временно защитит его, однако, если этот объект больше не будет нужен, в следующем цикле он потеряет этот статус;
- слабая устойчивость к старению, не имеет явного механизма против «залипания» — модифицированный, но редко используемый объект (с M = 1, R = 0) может очень долго оставаться в кеше, так как алгоритм старается избегать вытеснения «грязных» страниц из-за высоких затрат на запись на носитель;
- отсутствие иммунитета к аномалии Белади, как и у большинства алгоритмов, не учитывающих полную или достаточно длинную историю.

NRU широко применяется в распространённых операционных системах и системах виртуализации для управления страницами памяти.

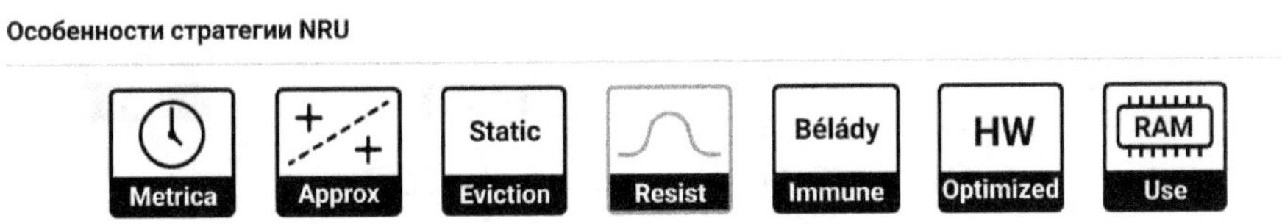

Рис. 5–28. Сводка по стратегии NRU

5.6.8. Стратегия «второй шанс» — CLOCK

Идея стратегии «второй шанс» (Second Chance) заключается в усовершенствовании подходов семейства Quasi-LRU (QLRU) за счёт более гибкого управления метками доступа. Каждому элементу в кеше сопоставляется бит доступа (бит ссылки — reference bit). Алгоритм организует циклический обход элементов:

- если элемент не использовался (холодный, bit = 0), то он вытесняется;

- если он использовался (горячий, bit = 1), то метка сбрасывается (bit = 0), предоставляя второй шанс, а указатель перемещается к следующему элементу.

Как правило, стратегия реализуется на основе кольцевого буфера (циклического списка). Указатель, подобный стрелке часов, перемещается по кругу, проверяя биты доступа и вытесняя холодные элементы. Такая реализация получила название CLOCK.

Отличительные особенности CLOCK:

- аппроксимационный алгоритм QLRU;
- средняя устойчивость к всплескам;
- средняя устойчивость к сканированию;
- частичная устойчивость к старению;
- иммунитет к аномалии Белади не гарантирован.

CLOCK широко применяется:

- в распространённых операционных системах;
- системах виртуализации для управления страницами памяти;
- контроллерах SSD, например LB-CLOCK (Large Block CLOCK).

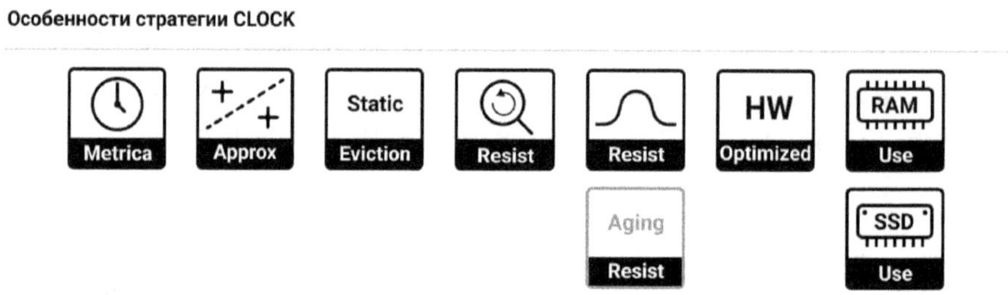

Рис. 5–29. Сводка по стратегии CLOCK

У стратегии есть модификации, например Generalized CLOCK (G-CLOCK) и Clock-Pro. Идея G-CLOCK стратегии заключается в повышении эффективности обычного CLOCK. Стратегия предназначена для более гибкого и точного управления вытеснением элементов в условиях, когда простой бинарной метки уже недостаточно. Вместо метки в G-CLOCK используется целочисленный счётчик, который оценивает «полезность» или «вес» элемента.

Принцип работы следующий:

- при каждом запросе к элементу счётчик увеличивается.
- при циклическом обходе счётчик элемента уменьшается;

- элементы с нулевым значением счётчика вытесняются.

Такая стратегия не только даёт второй шанс, но и учитывает полезность элемента в кеше.

Отличительные особенности G-CLOCK:

- частотно-временная стратегия;
- хорошая устойчивость к сканированию;
- хорошая устойчивость к всплескам;
- устойчивость к старению;
- иммунитет к аномалии Белади не гарантирован.

Такая стратегия применяется для управления высокой конкуренцией доступа к памяти, например:

- в ОС и системах виртуализации;
- в СУБД;
- в СХД, SSD.

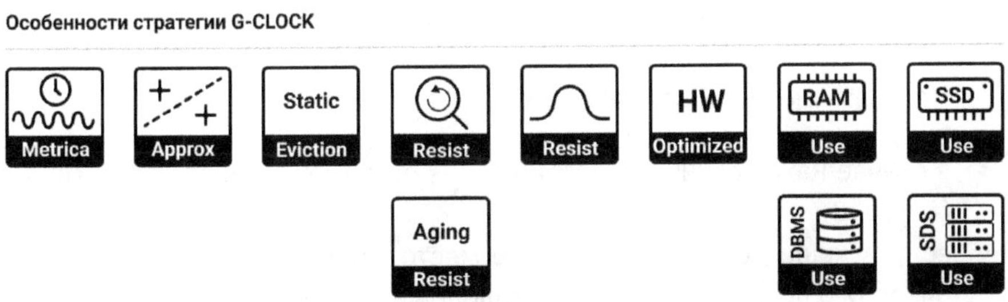

Рис. 5–30. Сводка по стратегии G-CLOCK

Идея CLOCK-Pro[155] стратегии также заключается в повышении эффективности обычного G-CLOCK за счёт применения теневой очереди для идентификаторов вытесненных элементов. При промахе, если найден идентификатор в теневой очереди, элемент может попасть сразу в горячий кеш или в холодный, в зависимости от реализации. Стратегию можно отнести к сегментированным в связи с наличием теневой очереди.

[155] CLOCK-Pro, #05-09 [pdf].

5.6.9. Стратегия SIEVE

Идея стратегии Simple and Efficient Value-based Eviction (SIEVE[156]) заключается в снижении накладных расходов стратегии CLOCK и приближении к LRU. SIEVE является достаточно свежей стратегией, которая была представлена в 2023 г.

Стратегия использует единственный указатель (sieve pointer) для обхода кеша. SIEVE реализуется как очередь. Каждому элементу присваивается битовый флаг V (visited). По таймеру указатель сканирует очередь кеша с конца в поисках кандидатов на вытеснение. Если элемент горячий (V = 1), его флаг сбрасывается в 0, то есть предоставляется второй шанс (рис. 5–31). Если V = 0, элементы удаляются.

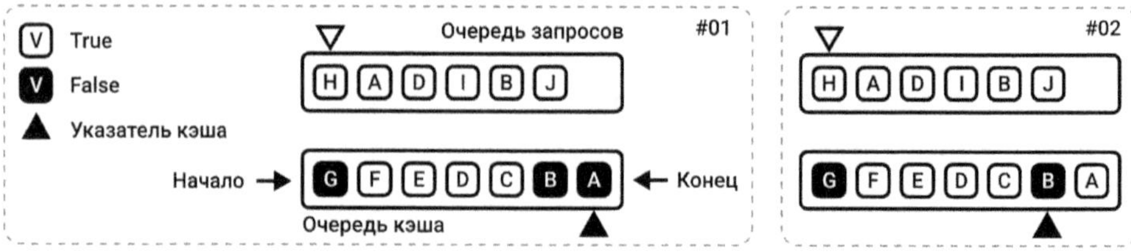

Рис. 5–31. SIEVE: примеры 01, 02

При добавлении нового элемента:

- в случае нахождения элемента в кеше он помечается V = 1 как горячий (#05, #10);
- если в кеше доступно свободное место, элемент добавляется в конец очереди и помечается V = 0 как холодный (#04, #12);
- если в кеше недостаточно места, находится первый холодный элемент (V = 0) начиная с конца очереди и удаляется (#03, #08, #12).

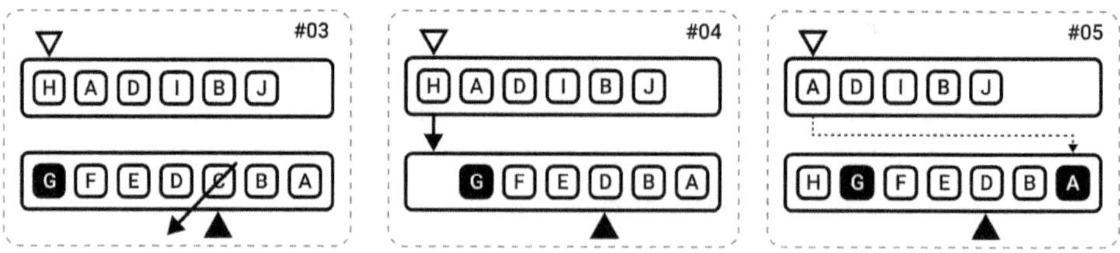

Рис. 5–32. SIEVE: примеры 03, 04, 05

Если в этот момент над горячим элементом находится указатель, то сразу после перемещения такой элемент сбрасывается (#08).

[156] SIEVE, #05-10.

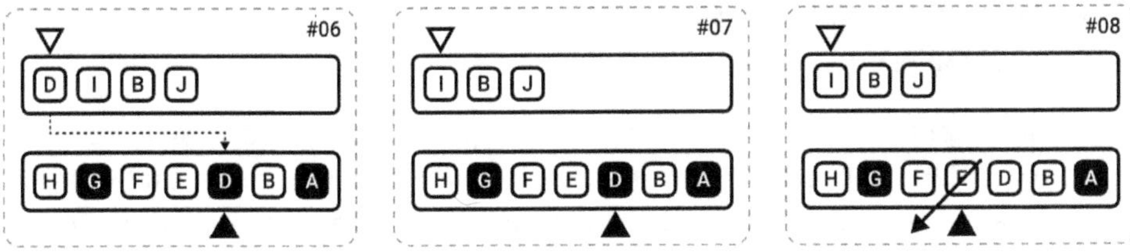

Рис. 5–33. SIEVE: примеры 06, 07, 08

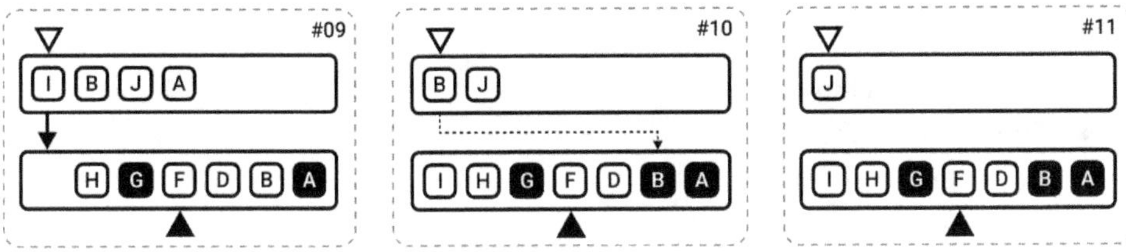

Рис. 5–34. SIEVE: примеры 09, 10, 11

Если в очередь перестанут поступать новые элементы, то при следующем прохождении указателя все элементы будут охлаждены, а в следующем цикле они будут вытеснены (#08).

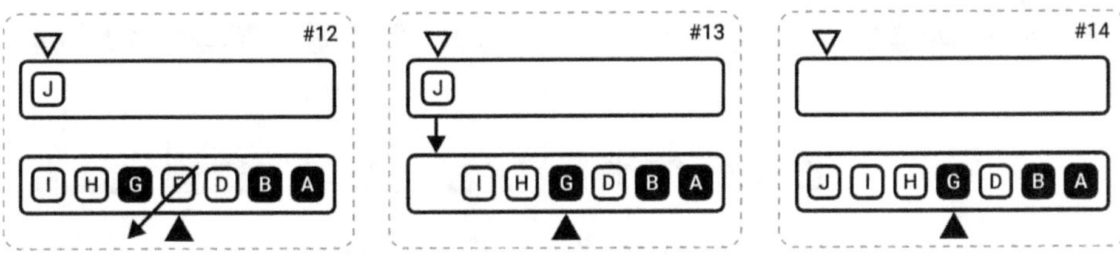

Рис. 5–35. SIEVE: примеры 12, 13, 14

В отличие от QLRU, который больше подходит для аппаратной реализации, SIEVE предназначен для программной реализации. Он одинаково эффективен для блочных и Key-Value кешей.

Отличительные особенности SIEVE:

- частотно-временная стратегия;
- простота реализации, не требует блокировок;
- вдвое меньше операций записи метаданных, чем у LRU;
- подходит для конкурентной реализации.

Устойчивость к аномалиям:

- хорошая устойчивость к сканированию;
- хорошая устойчивость к всплескам;

- средняя устойчивость к старению;
- высокий иммунитет к аномалии Белади.

По заявлению разработчиков, в некоторых задачах достаточно простой алгоритм SIEVE превосходит некоторые комбинированные стратегии. В отличие от многих QLRU-алгоритмов, ориентированных на аппаратную реализацию, SIEVE предназначен в первую очередь для программной реализации и эффективно работает как с блочными, так и с Key-Value кешами. SIEVE применяется:

- в больших In-Memory кешах;
- брокерах сообщений;
- файловых системах (ZFS);
- СХД (Ceph);
- кеширующих прокси (CDN);
- СУБД (RocksDB).

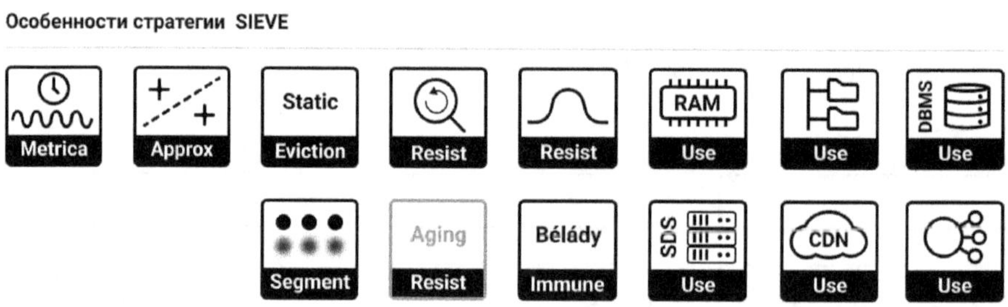

Рис. 5–36. Сводка по стратегии SIEVE

5.6.10. Стратегия псевдо-LRU (PLRU)

Идея Pseudo-LRU (PLRU) стратегии заключается в эффективной аппаратной реализации LRU. PLRU представляет собой компромиссную реализацию алгоритма LRU, разработанную для аппаратной эффективности в CPU-кешах и контроллерах памяти. В отличие от точного LRU, требующего сложного механизма сортировки, PLRU использует бинарное дерево битов для приблизительного отслеживания давности использования данных.

Для управления кешем, состоящим из N линий, требуется всего N – 1 бит. Каждый бит в дереве указывает, какая ветвь (половина поддерева) содержит более свежие данные.

Пример для четырёхлинейного кеша (рис. 5–37):

- B0 указывает на LRU среди (L0, L1) или среди (L2, L3);

- B1 указывает на LRU среди L0 или L1;
- B2 указывает на LRU среди L2 или L3.

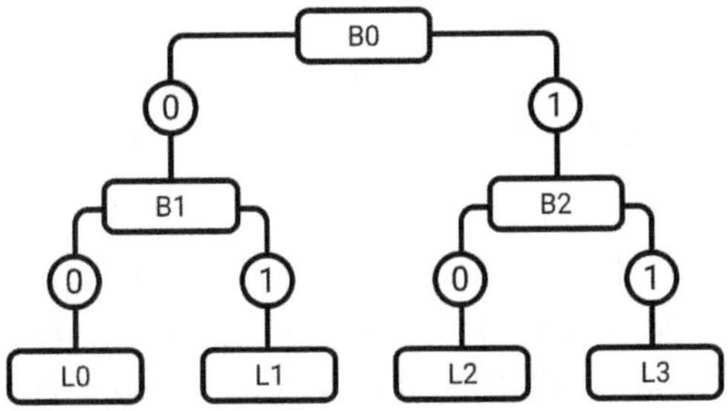

Рис. 5–37. Бинарное дерево PLRU

При доступе к линии все биты на пути от корня дерева к этой линии инвертируются. Таким образом, путь к линии помечается как недавно использованный. Для вытеснения алгоритм проходит по битам дерева, выбирая для удаления линию, находящуюся в наименее актуальной ветви.

Отличительные особенности PLRU:

- эффективная аппаратная реализация;
- предназначен для блочных кешей.

Устойчивость к аномалиям:

- умеренная устойчивость к краткосрочным всплескам;
- неустойчивость к сканированию;
- неустойчивость к старению;
- отсутствие иммунитета к аномалии Белади.

PLRU весьма широко применяется:

- в CPU (L1/L2 в Intel, AMD);
- GPU (Nvidia);
- контроллерах SSD, NVM (Samsung V-NAND, Intel Optane).

Особенности стратегии PLRU

Рис. 5–38. Сводка по стратегии PLRU

5.6.11. Стратегия на основе времени жизни (TTL)

Идея стратегии TTL (Time To Live) заключается в борьбе со старением данных путём назначения каждому элементу кеша ограниченного времени жизни. Каждому элементу присваивается метрика актуальности (разд. 7.1.1) — временной интервал (TTL), по истечении которого данные считаются устаревшими.

По достижении TTL элементы могут быть автоматически вытеснены из кеша. Кеширование, использующее этот принцип вытеснения, называют кешированием с TTL. Данная стратегия редко применяется в изолированном виде, так как она не решает другие задачи кеширования (такие как вытеснение на основе популярности или частоты обращений). Её основная и единственная функция — защита от устаревания данных. Однако TTL чрезвычайно эффективна и популярна в качестве компонента комбинированных стратегий. Будучи простой в реализации, она значительно усиливает другие алгоритмы, добавляя им функцию автоматического удаления устаревших данных. Подход, объединяющий TTL с другими политиками (например, LRU или LFU), называют expiration-aware caching (кеширование с учётом устаревания).

5.6.12. Стратегия на основе времени простоя (TTI)

Идея стратегии TTI[157] (Idle TTL) заключается в расширении базовой стратегии TTL. Данная стратегия обеспечивает удаление элемента из кеша, если к нему не было обращений в течение заданного времени. В отличие от базового TTL, который отсчитывает время с момента добавления элемента, TTI отслеживает время, прошедшее с момента последнего доступа к нему.

Следует упомянуть стратегию Refresh-ahead, которая была рассмотрена ранее как общая стратегия кеширования. Она опирается на метрики TTL или TTI и позволяет заблаговременно обновлять элементы в кеше до истечения их срока актуальности.

5.6.13. Стратегия Time-aware (TLRU, TLFU)

Идея стратегии Time-aware заключается в оптимизации известных стратегий, которая учитывает время жизни элементов TTL (TTI).

Что касается LRU (TLRU), сохраняется изначальная логика LRU, при этом добавляется проверка истечения срока актуальности данных.

[157] Time-To-Idle.

Особенности TLRU по сравнению с LRU:

- усиленная устойчивость к старению за счёт точности настройки TTL;
- в идеальной реализации сохраняется иммунитет к аномалии Белади, присущий LRU;
- неустойчивость к сканирующим нагрузкам и всплескам, однако за счёт вытеснения устаревших данных возможна немного большая эффективность по сравнению с классическим LRU в некоторых сценариях;
- более высокий hit rate, чем у LRU.

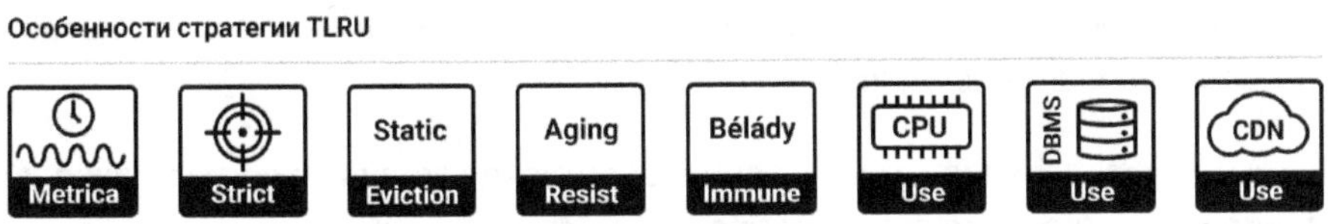

Рис. 5–39. Сводка по стратегии TLRU

Что касается LFU (TLFU), сохраняется изначальная логика LFU, при этом добавляется проверка истечения срока актуальности данных.

TLFU модифицирует частоту запросов элемента, снижая её со временем, чтобы старые запросы имели меньший вес. Пересчёт может быть основан на экспоненциальном затухании или ином принципе последовательного уменьшения.

Особенности TLFU по сравнению с LFU:

- усиленная устойчивость к старению за счёт точности настройки TTL;
- высокая устойчивость к сканированию и всплескам;
- большая адаптивность к изменению профиля нагрузки в связи с затуханием частот популярных устаревших запросов;
- наследование отсутствия иммунитета к аномалии Белади, характерного для LFU.

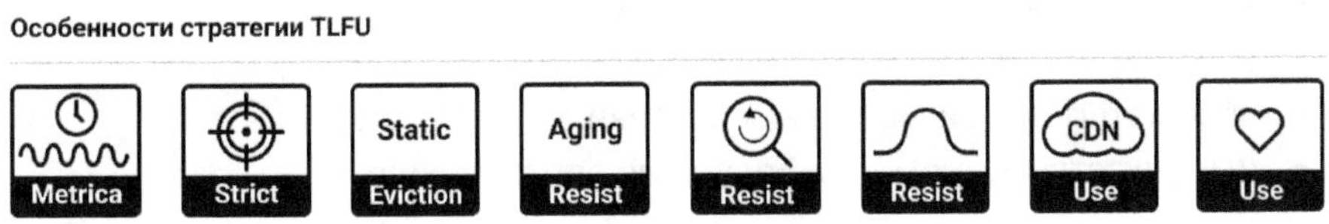

Рис. 5–40. Сводка по стратегии TLFU

5.7. Идеальная стратегия вытеснения Bélády's Algorithm

Существует теоретически идеальная (утопическая) стратегия вытеснения кеша, известная как оптимальный алгоритм Белади (OPT[158]). Этот алгоритм вытесняет тот элемент, обращение к которому произойдёт позже всех в будущем или не произойдёт вообще. Это делает стратегию утопической — идеальной в теории, но невозможной с точки зрения точной реализации на практике, поскольку стратегия требует точного знания всех будущих запросов.

При необходимости вытеснения алгоритм анализирует предстоящую последовательность запросов и выбирает для удаления элемент, который будет востребован последним или никогда.

OPT обеспечивает минимально возможное количество промахов для заданной последовательности запросов и размера кеша. Он используется как эталонный тест для оценки и сравнения эффективности других алгоритмов, таких как LRU, LFU, ARC.

На практике нельзя точно предсказать будущие запросы, поэтому OPT неприменим в реальных системах. Однако существуют аппроксимации (например, Bélády's Anomaly-aware алгоритмы).

OPT интересен тем, что показывает, скольких промахов можно было бы избежать при идеальном алгоритме. Например, если LRU даёт 10% промахов, а OPT 5%, значит, LRU проигрывает в два раза. Некоторые алгоритмы (например, FIFO) могут давать больше промахов при увеличении размера кеша. OPT никогда не страдает от этой аномалии.

Хотя OPT невозможно реализовать, существуют подходы для его аппроксимации. Например, с помощью предиктивной аналитики можно попробовать предсказать будущие профили нагрузки. Следовательно, такой идеальный алгоритм обладает:

- абсолютной устойчивостью к сканированию;
- абсолютной устойчивостью к всплескам;
- абсолютной устойчивостью к старению;
- иммунитетом к аномалии Белади по определению.

Многие современные стратегии (ARC, LIRS, W-TinyLFU) пытаются аппроксимировать OPT. ARC и W-TinyLFU динамически комбинируют LRU и LFU, чтобы приблизиться к OPT. Например, разные реализации LRU дают

[158] Bélády's Optimal Algorithm, #05-11 [w].

эффективность порядка 60–80% от OPT, что считается восхитительным результатом. На практике даже 10% от OPT уже считается приемлемым результатом.

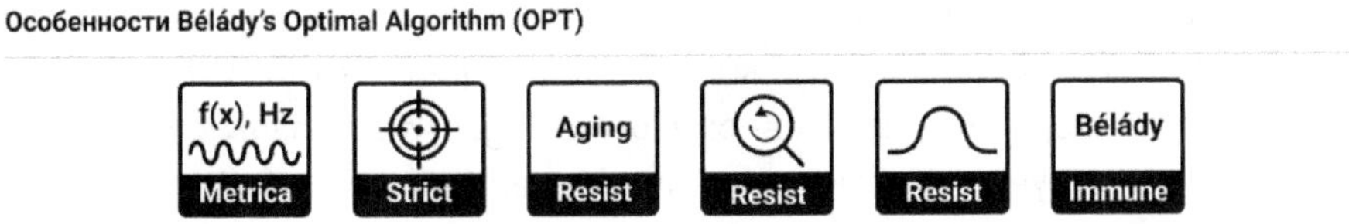

Рис. 5–41. Сводка по стратегии OPT

Главная ценность OPT заключается в теоретическом сравнении эффективности других алгоритмов. Для сравнения алгоритмов с OPT применяется OPT-кривая. Это распределение, показывающее минимально возможное количество промахов для заданного профиля нагрузки и размера кеша или количества элементов в нём.

В качестве примера можно привести сравнительную модель FIFO, LRU, SIEVE относительно OPT. Модель симулирует 2000 профилей нагрузки по закону Ципфа для очереди из 10 000 запросов и кеша объёмом от 200 до 1000 элементов. Сравнение показывает следующие результаты (рис. 5–42). Данная модель выбрана исходя из подбора условий, чтобы продемонстрировать преимущества SIEVE перед LRU, таким образом, чтобы дальнейшее увеличение кеша не влияло на достижение стабильности OPT.

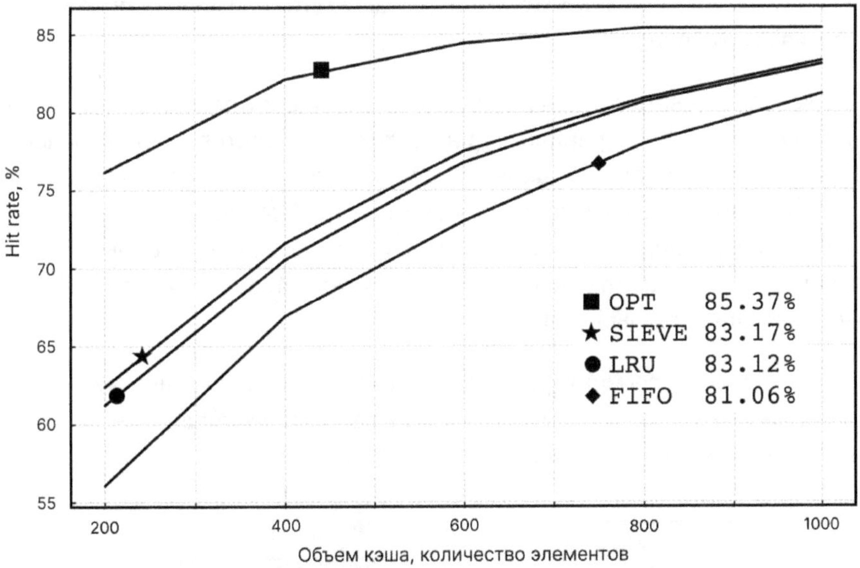

Рис. 5–42. Сравнение FIFO, LRU, SIEVE с OPT

5.7.1. Аномалия Bélády

Аномалия Белади[159] — это парадоксальная ситуация в кешировании, при которой увеличение размера кеша приводит к росту количества промахов. Это явление, которое было открыто в 1966 г. венгерским учёным Ласло Белади[160], противоречит интуитивному ожиданию, что больший кеш всегда должен работать лучше. Такой аномалии подвержены кеши, обслуживаемые неоптимальными стратегиями, например FIFO[161] или Random Eviction. Аномалии такого рода не встречаются в OPT (который по определению оптимален), LRU, LFU. То есть аномалия Белади — редкое, но опасное явление.

Важно отметить, что данная аномалия может наблюдаться в сложных распределённых кешах, каждый из которых должен вести себя как единое целое. Даже если на каждом узле применены эффективные стратегии кеширования, это совсем не означает, что с общим кешем будет всё однозначно. Процессы репликации кешей, координации узлов могут вызвать задержки, которые вызовут проблемы когерентности кеша. Соответственно, в распределённых системах есть предел объёма кеша, при превышении которого он будет терять эффективность.

5.8. Стратегии сегментирования кеша

Стратегии сегментирования (разд. 3.3.5) кеша направлены на оптимизацию кеширования. Сегментирование заключается в разделении кеша на несколько сегментов. К каждому сегменту может быть применена определённая стратегия вытеснения.

Наиболее часто встречаются конструкции, в которых кеш разделяется на два сегмента. Как правило, один из таких сегментов предназначен для хранения востребованных данных, доказавших свою полезность. Такой сегмент принято называть горячим кешем. Второй сегмент предназначен для хранения новых данных. Такой сегмент принято называть холодным. В случае сегментирования на три части и иерархической зависимости сегментов появляется ещё и тёплый кеш.

Как правило, сегментирование осуществляется иерархически. В данном случае каждый из сегментов отвечает за данные, распределённые по принципу убывания «горячести» элементов (частоты запросов).

[159] Bélády's Anomaly, #05-12 [w].
[160] László Bélády.
[161] FIFO-аномалия, #05-13.

Для оптимизации таких конструкций часто применяются теневые структуры, содержащие данные о вытесненных элементах и необходимые для оценки качества вытеснения. Возможно использование одной теневой очереди для всего кеша или выделенных очередей для отдельных сегментов кеша.

Стратегия вытеснения, основанная на «поколениях» данных (generational replacement), также относится к сегментированию кеша. Аналогично иерархическому сегментированию, кеш сегментируется на поколения. Каждое поколение содержит группу элементов кеша. В данном случае данные в кеше делятся на следующие поколения:

- молодое (young generation) — отвечает за новые данные;
- старое (old generation) — отвечает за данные, пережившие несколько циклов вытеснения (горячие).

В данном случае каждое из поколений в процессе взросления отвечает за данные, распределённые по принципу убывания степени «горячести». Для вытеснения сначала удаляются холодные данные из молодого поколения. Если в кеше заканчивается место (давление на кеш), вытесняется старое поколение. Элементы, к которым обращение происходит чаще, перемещаются в более старшее поколение. Такой подход допускает групповое вытеснение.

Стратегии иерархического сегментирования на основе FIFO, LRU направлены на оптимизацию принципов вытеснения, на которых они основаны. FIFO подразумевает невозможность вытеснения элементов из середины очереди. LRU подразумевает необходимость сортировки, которая требует ресурсов. Такие ограничения связаны с необходимостью компактной реализации алгоритма и снижения накладных расходов.

Выделяют группу стратегий вытеснения, основанную на мультиочерёдном принципе (Multi Queue Caching Algorithm[162]). Данный принцип подразумевает создание иерархически зависимых очередей, между которыми по принципу убывания распределяются элементы с разными частотами. При смене частот элементы перемещаются между очередями. Каждая очередь может обслуживаться отдельной стратегией с тонкой оптимизацией. Частными вариантами реализации таких конструкций являются кеши с двумя и тремя очередями (2QCA, 3QCA).

Сегментирование совсем не обязательно должно подчиняться только принципу иерархии. Некоторые сегменты могут находиться на одном уровне

[162] MQCA, #05-14 [pdf].

иерархии и быть разделены по иным принципам, например по принципу разделения типов данных, или по приоритету, или по месту их обработки.

Одной из таких стратегий является стратегия многоуровневого кеширования (Multi-Tier Caching, MTC). Она подразумевает наличие нескольких связанных кешей на разных уровнях. Каждый из таких кешей может использовать иную стратегию вытеснения. Это позволяет оптимизировать производительность и утилизацию памяти, особенно в архитектурах с быстрыми и медленными уровнями хранения (CPU, RAM, SSD).

В распределённых системах кеш может быть распределен как по иерархическому принципу (Distributed MQCA), так и по принципу многоуровневости (Distributed MTC). Для распределённой системы это значит лишь, что существует глобальный кеш, который распределён между разными узлами. Распределённое кеширование необходимо по разным причинам.

Одной из таких причин является необходимость сегментирования кеша по принципу производительности. Например, кеши для СХД и In-Memory СУБД существенно отличаются по параметрам производительности. Другой причиной может быть недостаточность ресурсов одного узла для решения задачи кеширования или необходимость защиты кеша избыточностью, в этом случае очереди кешей распределяют по разным узлам. Применение такого подхода требует наличия производительного интерконнекта между узлами (разд. 10.2.1). Данная стратегия применяется в распределённых системах с active-active, active-passive схемами обслуживания данных (разд. 4.3.5), например в СХД (разд. 11.2).

Разные конструкции сегментирования и комбинирование методов вытеснения обеспечивают возможность использовать преимущества каждой из стратегий и добиваться приемлемой эффективности.

Среди стратегий с сегментированием кеша выделяют:

- сегментированный FIFO (SFIFO);
- сегментированный FIFO с теневой очередью (S3-FIFO);
- сегментированный LRU (SLRU);
- стратегию адаптивной замены кеша (ARC);
- стратегию Clock with ARC (CAR).

5.8.1. Сегментированный FIFO (SFIFO)

Идея стратегии сегментированного FIFO (SFIFO) заключается в улучшении классического FIFO путём разделения кеша на несколько логических сегментов с разными правилами вытеснения. Например, SFIFO для двух сегментов включает в себя два сегмента:

- первичный сегмент (entry queue), который принимает все новые (холодные) элементы;
- вторичный сегмент (main queue), который хранит проверенные (горячие) элементы.

При повторном обращении к элементу в холодном сегменте он перемещается в горячий сегмент. Вытеснение внутри каждого сегмента осуществляется по классическому FIFO. Эффективность стратегии определяется соотношением размеров сегментов (например, 90/10, 95/5), что позволяет:

- сохранять горячие данные на более долгий срок;
- фильтровать однократно используемые элементы;
- обеспечивать низкие накладные расходы.

Важно отметить, что SFIFO является абстрактной стратегией, предназначенной для реализации целевых оптимизационных стратегий. Конечные свойства целевой стратегии будут зависеть от особенностей реализации. В качестве примера целевой стратегии SFIFO можно привести S3-FIFO.

5.8.2. Стратегия S3-FIFO

Стратегия вытеснения S3-FIFO является частным случаем SFIFO с теневой очередью. Основная концепция алгоритма заключается в трёх принципах: простоты, масштабирования и статических очередей (Simple and Scalable caching with three Static FIFO queues, S3-FIFO[163]).

Алгоритм устраняет главный недостаток FIFO, заключающийся в «слепом» вытеснении без учёта полезности данных. Статичность очередей подразумевает простоту реализации и возможность аппаратной реализации. Масштабируемость представляет особую ценность для современных распределённых систем.

Стратегия подразумевает разделение кеша на три сегмента:

- Small (S1) — для новых элементов (холодный кеш);

[163] S3-FIFO, #05-15, #05-16 [pdf].

- Main (S2) — для часто используемых элементов (горячий кеш);
- Ghost (S3) — теневая очередь для вытесненных элементов.

Соотношение размера сегментов выбирается в соответствии с требованиями целевой задачи. Обычно S1/S2 = 10/90%.

Алгоритм вытеснения работает следующим образом. При кешировании каждому элементу назначается счётчик частоты, который имеет предельное значение. Предельное значение счётчика частоты может быть оптимизировано для целевой задачи (в данном примере предельное значение равно 2).

При промахе сначала проверяется наличие идентификатора элемента (F) в S3 (#01). Если элемент не найден в S3, он заносится в S1 (#02) и ему присваивается частота 0 (F_0).

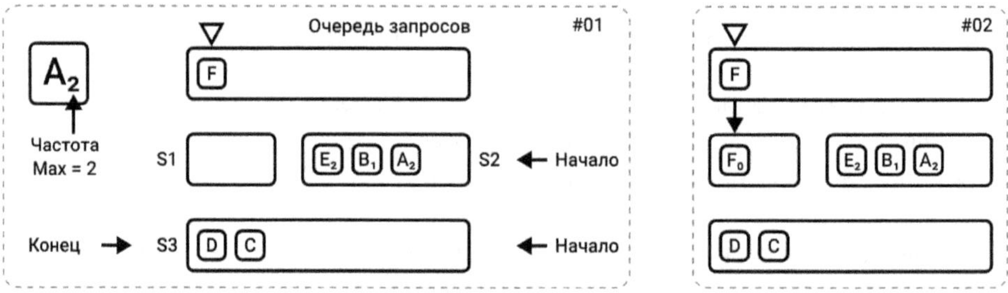

Рис. 5–43. S3-FIFO: примеры 01, 02

Если элемент найден в S3, то он заносится в S2 (#03). При этом его метаданные удаляются из S3 (#04). Следует отметить, что это не типичное поведение FIFO и потребуется иная структура данных.

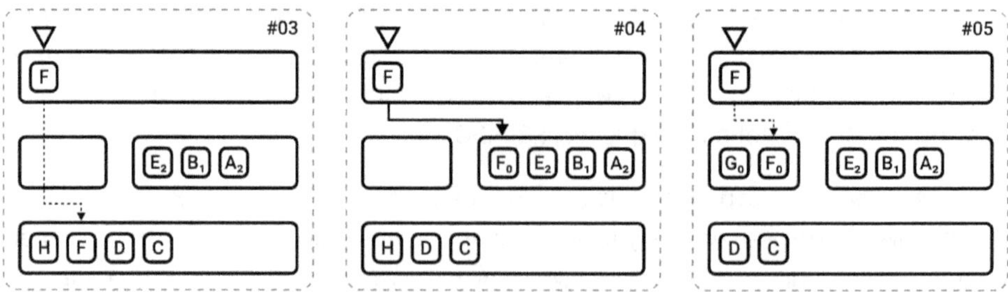

Рис. 5–44. S3-FIFO: примеры 03, 04, 05

При попадании, если элемент (F) найден в S1 (#05) или S2 (#06), его частота инкрементируется (F_1) в S1 (#07) или S2 (#08) соответственно, пока не достигнет предельного значения.

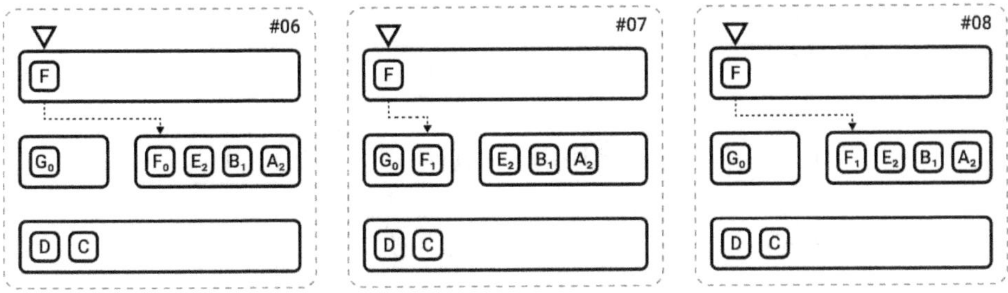

Рис. 5–45. S3-FIFO: примеры 06, 07, 08

При необходимости вытеснения S1 (#09), если частота ниже предельного значения (2), элемент (F_1) удаляется, а его идентификатор (F) размещается в S3 (#10), иначе (#11) элемент (F_2) перемещается из S1 в основную очередь S2 (#12).

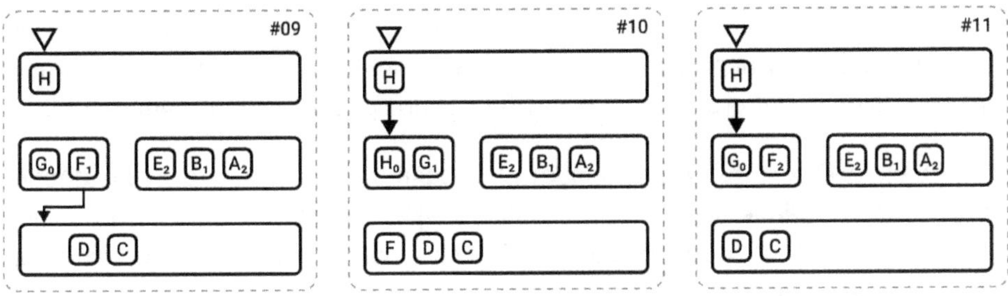

Рис. 5–46. S3-FIFO: примеры 09, 10, 11

При необходимости вытеснения S2, если частота элемента равна 0, элемент (G_0) удаляется (#13), а его идентификатор (G) размещается в S3 (#14), в противном случае элемент перемещается в начало основной очереди S2 с декрементом частоты (#15, #16). Следовательно, для освобождения очереди следующим будет вытеснен элемент B_0.

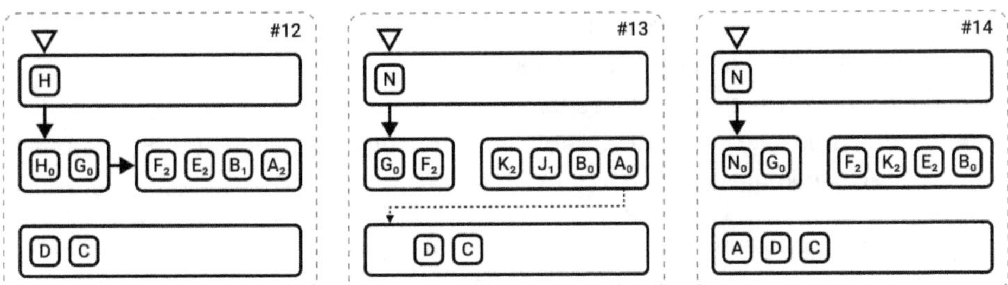

Рис. 5–47. S3-FIFO: примеры 12, 13, 14

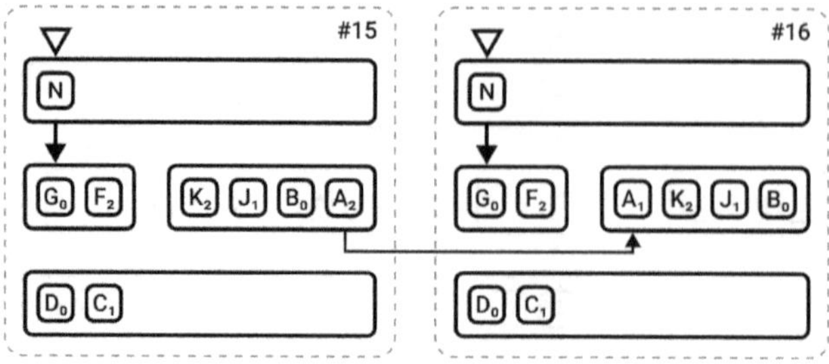

Рис. 5–48. S3-FIFO: примеры 15, 16

Важно отметить, что перемещение элементов в очереди требует высоких накладных расходов. Кольцевая структура (Clock) с перемещением указателя начала была бы значительно эффективнее и снизила бы накладные расходы.

S3-FIFO вытесняет данные из очередей с низким приоритетом, но при этом динамически перемещает популярные элементы в более защищённые очереди. Это делает его более эффективным по сравнению с обычным FIFO.

Важно отметить, что разработчики заявляют о том, что было проведено[164] тестирование на более чем 6500 профилях доступа из 12 крупнейших компаний. Согласно их заявлениям, S3-FIFO в большинстве случаев выигрывает у LRU по эффективности.

Отличительные особенности S3-FIFO:

- частотно-временная стратегия;
- подходит для конкурентной реализации.

Устойчивость к аномалиям:

- хорошая устойчивость к сканированию;
- хорошая устойчивость к всплескам;
- хорошая устойчивость к старению;
- отсутствие иммунитета к аномалии Белади, но вероятность её проявления снижена за счёт сегментирования.

S3-FIFO применяется в некоторых кеширующих прокси (CDN). S3-FIFO представляет собой универсальный перспективный алгоритм для современных систем с динамической и непредсказуемой нагрузкой.

[164] Актуальное состояние.

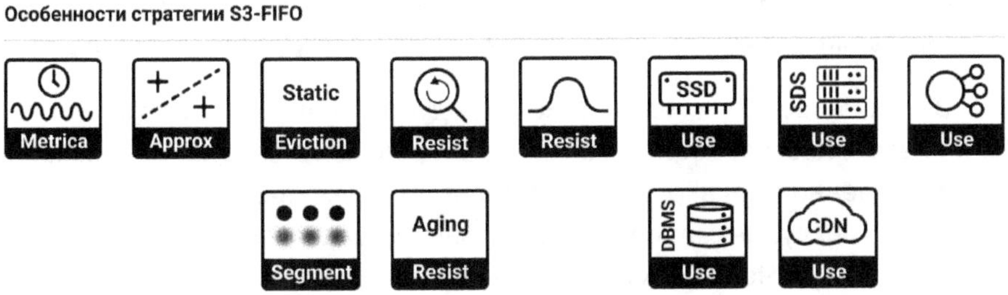

Рис. 5–49. Сводка по стратегии S3-FIFO

5.8.3. Сегментированный LRU (SLRU)

Разновидностью алгоритма LRU является сегментированный LRU (SLRU[165]). SLRU разделяет кеш на несколько сегментов. Управление размером сегментов позволяет достичь высокой эффективности в некоторых задачах.

Самой простой SLRU представляет собой реализацию из двух сегментов. Один из них предназначен для новых данных — как правило, меньший по размеру (испытательный сегмент). Второй предназначен для популярных данных (защищённый). Вытеснение из испытательного сегмента обеспечивают новые данные. При повторном обращении данные из испытательного сегмента переносятся в защищённый. При переполнении защищённого сегмента данные перемещаются в испытательный.

Устойчивость к аномалиям:

- превосходная устойчивость к сканированию — это главное преимущество: одноразовые элементы, попавшие в кеш при сканировании, скорее всего, будут вытеснены из тестового сегмента, так и не попав в основной защищённый сегмент;
- умеренная устойчивость к всплескам: всплеск запросов к новому элементу может перевести его в защищённый сегмент, но если этот элемент больше не будет запрашиваться, механизм старения в защищённом сегменте в конечном итоге вытеснит его;
- слабая устойчивость к старению — это всё ещё LRU-подобный алгоритм: популярный в прошлом элемент, оставшийся в защищённом сегменте, при отсутствии обращений будет постепенно перемещаться к хвосту списка этого сегмента и в итоге будет вытеснен. Это лучше, чем у LFU, но хуже, чем в частотных алгоритмах;

---

[165] Segmented LRU, #05-17 [pdf].

- отсутствие иммунитета к аномалии Белади: как и LRU, SLRU подвержен аномалии Белади, хотя при реальных нагрузках она встречается редко.

В качестве примера SLRU следует привести стратегию Low Inter-reference Recency Set (LIRS[166]). LIRS предназначен для обслуживания преимущественно блочных кешей. Алгоритм отслеживает число уникальных обращений между двумя последовательными запросами блока IRR (inter-reference recency). Чем IRR меньше, тем более горячим считается блок. Для истории запросов LIRS использует стек (разд. 4.7.1).

LIRS сегментирует кеш на две части: горячий кеш LIR (Low IRR) и холодный HIR (High IRR). В LIR размещаются элементы с малым IRR. HIR используется как испытательный холодный кеш, в котором размещаются блоки с большим IRR. При нехватке места HIR-блоки вытесняются. Если блок из HIR снова запрашивается, он может быть перемещён в LIR.

Существует общая стратегия многоуровневого сегментирования LRU. K-level LRU (K-LRU) представляет собой иерархическую версию LRU, которая повышает его эффективность за счёт многоуровневой фильтрации данных. Стратегия предназначена для управления кешированием при неоднородных профилях доступа. Чем выше уровень кеша (K), тем кеш холоднее. При попадании в кеш данные перемещаются на более высокий уровень (ближе к L1). В случае промаха элементы попадают на самый нижний уровень (LK). Данные вытесняются по классическому LRU между уровнями до тех пор, пока не будут удалены из кеша. Следует отметить частные случаи K-LRU из двух и трёх сегментов:

- S3LRU (трёхсегментный LRU);
- S4LRU (четырёхсегментный LRU[167]).

Следует выделить стратегию из двух сегментов Bias LRU (BLRU). Приоритет элементов рассчитывается через коэффициент полезности данных. Например, приоритет элемента может быть рассчитан по формуле Priority = Base_LRU_Score × Bias_Factor, где Bias_Factor = 1.5 для горячих данных, 0.7 — для холодных. Стратегия не является адаптивной, но позволяет подобрать коэффициенты для хорошего результата в конкретном случае. Очевидно, что такой подход работает и при большем числе сегментов.

Существует множество специальных оптимизаций SLRU. Например, можно отметить стратегии, включающие в себя многоуровневое сегменти-

[166] LIRS, #05-18.
[167] Quadruply-segmented LRU, #05-19.

рование и решения, сочетающие временные (LRU) и частотные очереди (LFU). Среди них можно выделить следующие:

- Frequency-Based Replacement (FBR);
- Least Frequently Recently Used (LFRU).

5.8.4. Стратегия адаптивной замены кеша (ARC)

Стратегия адаптивной замены кеша (ARC[168]) подразумевает использование преимуществ LRU и LFU. ARC обеспечивает адаптивную балансировку между кешированием недавних и частых обращений.

Данная стратегия подразумевает сегментирование кеша на четыре части:

- T1 — сегмент недавно использованных элементов (LRU, Recent Cache), предназначен для новых элементов;
- T2 — сегмент часто и недавно используемых (LRU, Frequent Cache), предназначен для популярных элементов;
- B1 — теневой список недавно вытесненного из T1 (Recent Ghost), для «недавних изгоев»;
- B2 — теневой список недавно вытесненного из T2 (Frequent Ghost), для «частых изгоев».

Алгоритм регулирует балансный параметр p. Шаг изменения зависит от целевой реализации. Принцип работы алгоритма следующий:

- кеш делится на две части, T1 и T2, с общим размером, например, C = 1000 элементов;
- вводится адаптивный параметр p, определяющий балансное соотношение T1 и T2, p — целевой размер T1;
- если необходимо увеличить T1, p увеличивается;
- если необходимо увеличить T2, p уменьшается.

При попадании:

- если элемент найден в T1 — он перемещается в T2;
- если элемент найден в T2 — остаётся в T2, перемещается в голову списка.

---

[168] Adaptive Replacement Cache, #05-20 [w].

При промахе:

- если идентификатор элемента найден в B1 — это сигнал, что T1 оказался слишком маленьким: p увеличивается, элемент загружается и помещается в T2, идентификатор удаляется из B1;
- если идентификатор элемента найден в B2 — p уменьшается, элемент загружается и помещается в T2, идентификатор удаляется из B2;
- если идентификатор не найден нигде — элемент помещается в T1.

Элементы всегда вытесняются из конца T1, если фактический размер T1 превысил целевой размер p, или из конца T2, если размер всего кеша T1 + T2 достиг предельного значения C. Вытесненный элемент попадает в соответствующий теневой список (B1 или B2).

Стратегия автоматически адаптируется к изменениям в профиле нагрузки (например, Zipf с s = 0.5 или s = 1.5).

Отличительные особенности ARC:

- частотно-временная стратегия;
- низкая вычислительная сложность;
- большой расход памяти из-за теневых сегментов;
- требует блокировок, не подходит для конкурентной реализации.

Устойчивость к аномалиям:

- превосходная устойчивость к сканированию;
- высокая устойчивость к всплескам;
- высокая устойчивость к старению;
- высокий иммунитет к аномалии Белади.

Таким образом, стратегия ARC представляет собой современный универсальный алгоритм кеширования.

ARC применяется:

- файловых системах и СХД (на безе ZFS);
- СУБД (Oracle ZFS);
- кеширующих прокси (CDN);
- потоковом вещании;
- социальных сетях и мессенджерах;
- контроллерах SCM[169]/NVDIMM (Intel Optane).

---

[169] Storage Class Memory.

5.8.5. Стратегия Clock with ARC (CAR)

Стратегия Clock with Adaptive Replacement (CAR) — это комбинация Clock и ARC. Алгоритм сочетает в себе простоту CLOCK и адаптивность ARC.

Вместо сегментов T1 и T2 используются кольцевые буферы с указателями. Вместо теневых списков используется один общий исторический теневой буфер, который хранит историю вытесненных из T1 и T2 элементов. Как правило, такой буфер реализуется по принципу CLOCK. Исторический буфер позволяет определить принадлежность вытесненного идентификатора к исходному сегменту с помощью специальной метки. Каждому элементу в буфере T1 и T2 присваивается бит:

- reference = 1 при попадании;
- reference = 0, если не использован.

При промахе:

- указатель ищет элемент с reference = 0 для вытеснения, сбрасывая биты по пути;
- если идентификатор элемента не найден в истории (полный промах), то новый элемент помещается в T1;
- если идентификатор элемента найден в историческом буфере, алгоритм считывает метку принадлежности, удаляет элемент из буфера, адаптирует параметр p в соответствии с этой меткой. Только после этого загруженные данные помещаются в T2.

При попадании:

- если элемент найден в T1, он перемещается в T2;
- если идентификатор элемента найден в истории, он сразу попадает в T2.

Адаптация:

- если идентификатор был вытеснен из T1, то увеличивается p для новых элементов;
- если идентификатор был вытеснен из T2, уменьшается p для популярных элементов.

Особенности стратегии CAR:

- частотно-временной, динамический, аппроксимационный алгоритм;

- сниженные накладные расходы по причине отсутствия сортировки;
- реализация требует меньших накладных расходов;
- подходит для конкурентных реализаций.

Устойчивость к аномалиям:

- высокая устойчивость к сканированию: одноразовые элементы попадают в T1 и быстро вытесняются механизмом Clock, не влияя на список частых данных;
- высокая устойчивость к всплескам — алгоритм адаптируется: если наблюдается много промахов по элементам, которые были недавно вытеснены из T1, алгоритм увеличивает размер списка, чтобы повысить устойчивость к такой нагрузке;
- превосходная устойчивость к старению: наличие отдельного списка для популярных данных и адаптивность не дают устаревшим данным долгое время занимать кеш;
- высокий иммунитет к аномалии Белади за счёт эффективных теневых очередей.

CAR — это современный общий алгоритм кеширования. Он разработан для высококонкурентных сред, где важны низкие накладные расходы и адаптивность к динамическим профилям нагрузки, таких как CDN, социальные сети.

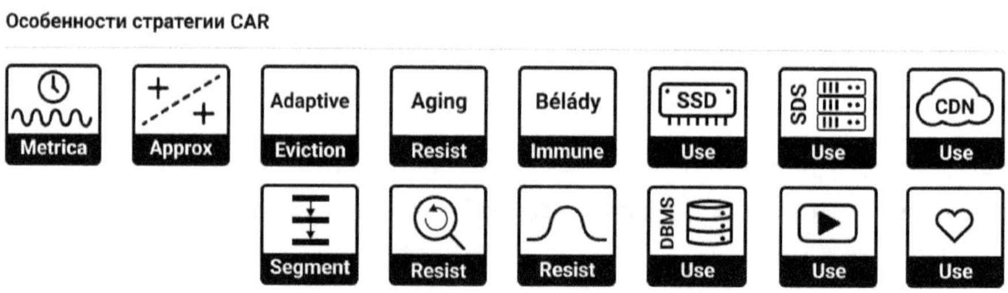

Рис. 5–50. Сводка по стратегии CAR

5.9. Адаптивные стратегии

Базовые стратегии вытеснения кеша, такие как LRU, LFU, MRU, на практике оказываются недостаточно гибкими. Эти стратегии не учитывают особенности функционирования целевых систем. В реальных РСУ кеш служит не просто временным буфером для популярных данных, но является частью архитектуры, влияющей на производительность, консистентность и множество иных факторов. Поэтому выбор стратегии вытеснения должен учитывать не только частоту и давность доступа, но и особенности структурирования данных, приоритет операций, требования к свежести, задержкам и иные параметры.

В результате эффективные решения всегда опираются на адаптивные или специальные стратегии вытеснения. Такие стратегии разрабатывают под конкретные сценарии использования с учётом изменения профилей нагрузки с течением времени и прочих условий.

Адаптивные стратегии могут применяться для отдельных сегментов как локального, так и глобального распределённого кеша.

Адаптивные стратегии вытеснения должны учитывать стоимость промаха. Промах в кеш может привести к нарушению скорости работы целевой системы и стоить очень дорого, например если это АСУ ТП. Загрузка нового элемента в кеш может зависеть от многих факторов, таких как задержка доступа, приоритеты, весовые коэффициенты и даже условия SLA (разд. 7.2.5).

Подобные стратегии называют cost aware cache replacement policy (CACRP). Они учитывают затраты, связанные с вытеснением данных. Такие стратегии учитывают стоимость загрузки и стоимость промахов. Они применяются в CDN, облачных хранилищах АСУ и системах, чувствительных к задержкам или стоимости доступа к данным (стоимость кеширования). Стратегии такого рода применяются при работе с SSD для оптимизации доступа к ячейкам с ограниченным ресурсом операций.

В распределённых системах применяются стратегии управления кешем, учитывающие задержки попадания данных в кеш узлов РСУ при распределении новых запросов. В отличие от традиционных алгоритмов планирования (разд. 8.2), которые оценивают только вычислительную нагрузку узлов, такие алгоритмы учитывают ещё и скорость попадания данных в кеш (cache aware scheduling). Подобные стратегии нередко сочетают функциональность cache aware.

5.9.1. Стратегия GreedyDual

Стратегия GreedyDual[170] представляет собой типичную cost-aware стратегию вытеснения кеша. Она учитывает стоимость кеширования. Для этого GreedyDual использует преимущества временной (LRU) и частотной (LFU) стратегий вытеснения. GreedyDual предназначена для управления кешированием на CDN, прокси-серверах и прочих крупных кеширующих сервисах.

Задача GreedyDual заключается в рациональном выборе жертвы в целях снижения стоимости запроса:

- каждому элементу в кеше присваивается приоритет H, отражающий его ценность и определяющий необходимость его удержания в кеше;
- при попадании H не изменяется, так как стратегия фокусируется на приоритете вытеснения;
- при промахе новый элемент добавляется с приоритетом H = c + L, где c — стоимость загрузки элемента, а L — глобальный параметр инфляции;
- при вытеснении выбирается элемент с наименьшим H;
- после этого L всех элементов кеша уменьшаются на минимальное значение H вытесненного, что позволяет адаптироваться к изменениям профиля нагрузки.

Отличительные особенности GreedyDual:

- вытеснение дешёвых или старых элементов;
- частично устойчива к старению благодаря обновлению L;
- не учитывает частоту запросов.

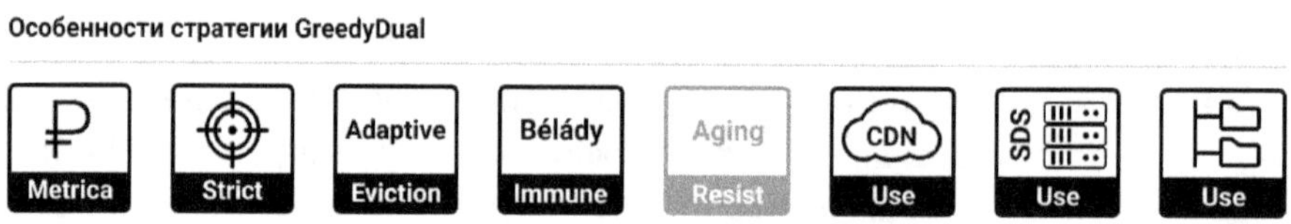

Рис. 5–51. Сводка по стратегии GreedyDual

Существует ряд вариаций стратегии для уточнения ценности, таких как:

- GreedyDual-Size (GDS[171]) — учитывает размер;
- GreedyDual-Size-Frequency (GDSF[172]) — учитывает частоту;

[170] GreedyDual, #05-21.
[171] GreedyDual-Size, #05-22 [pdf].
[172] GreedyDual-Size Frequency, #05-23.

- Weighted GreedyDual-Size-Frequency (WGDSF[173]) — учитывает дополнительный весовой коэффициент.

GDS учитывает размер элементов. Приоритет элемента рассчитывается как H = (c / s) + L, где s — размер объекта в заданных единицах (например, в байтах). GDS отдаёт предпочтение меньшим элементам с высокой стоимостью, оптимизируя использование кеша. Такая стратегия эффективна для систем с кешированием объектов разного размера.

GDSF учитывает частоту запросов к элементу. Таким образом:

- каждому элементу в кеше присваивается счётчик частоты f, который увеличивается на 1 при каждом попадании;
- при попадании инкрементируется частота, пересчитывается приоритет по формуле H =(f × c / s) + L.

Учёт частоты повышает эффективность стратегии для динамических профилей нагрузки.

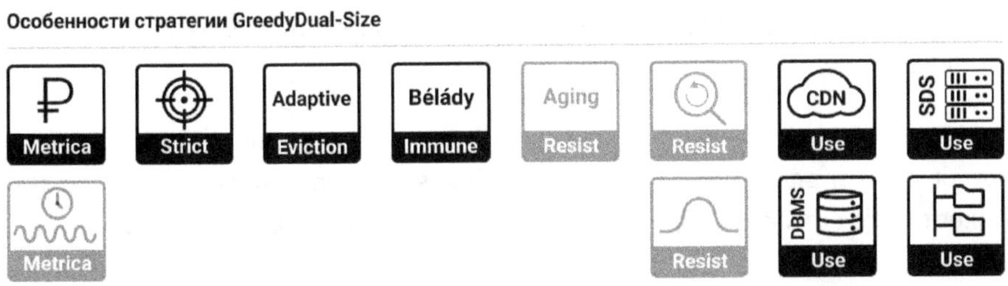

Рис. 5–52. Сводка по стратегии GDSF

WGDSF позволяет более тонко настраивать влияние частоты на процесс вытеснения. Приоритет элемента рассчитывается как H = (w × f × c / s) + L, где w — настраиваемый весовой коэффициент. Обычно w используется для затухания частоты, для повышения устойчивости к старению. Для этого устанавливается w < 1. Но в некоторых случаях может потребоваться надёжно закрепить объект в кеше, тогда устанавливается w > 1.

Важно отметить, что в адаптивных стратегиях w может динамически изменяться в зависимости от профиля нагрузки и прочих условий. Для разных приоритетов, частот, размеров объектов или иных характеристик могут выбираться разные весовые коэффициенты, они могут рассчитываться по разным законам.

---

[173] Weighted GreedyDual-Size Frequency, #05-24 [pdf].

Таким образом, данная стратегия обеспечивает высокую адаптивность к различным условиям функционирования кеша. Фокус на ценности объектов кеширования позволяет повысить качество планирования стоимости разработки и эксплуатации целевой системы.

5.9.2. Стратегия TinyLFU

Современные ВНС, обслуживающие большие объёмы данных, требуют эффективных, адаптивных стратегий кеширования. Такие стратегии прежде всего должны учитывать задачи целевой системы. Во многих современных системах профили нагрузки на кеш соответствуют Zipf-подобным распределениям, где небольшое число элементов запрашивается значительно чаще. Для таких случаев крайне полезными стратегиями управления кешем являются частотные.

Стратегия TinyLFU представляет собой оптимизированную версию LFU, которая разработана для эффективного управления кешем с профилями нагрузки, актуальными в современных ВНС. TinyLFU предназначена для работы с большими кешами и оптимизирована применительно к накладным расходам.

TinyLFU использует вероятностные[174] структуры данных, которые позволяют быстро и эффективно оценить вероятность принадлежности элемента множеству, то есть кешу. Среди таких структур важно отметить следующие:

- фильтр Count-Min Sketch (CMS[175]);
- фильтр Блума (CBF[176]).

Для понимания работы TinyLFU необходимо описать используемые структуры данных. Структура CMS предназначена для компактного хранения информации о частотах с небольшой погрешностью. CMS эффективно использует оперативную память и подходит для целевых систем, в которых не требуется точный учёт частот. CMS основан на вычислении хешей элементов, поэтому его неточность характеризует возможность коллизий хеширования. CMS представляет собой двумерный массив счётчиков размером m × w, где:

- m — количество строк: каждая строка (S) представляет собой хеш-функцию данного элемента;

[174] Probabilistic structures, #05-25.
[175] Count-Min sketch, #05-26 [w].
[176] Counting Bloom Filter, #05-27 [w].

- w — ширина массива (число столбцов), определяющая диапазон хеширования;
- каждый элемент массива представляет собой счётчик, инициализированный нулём (может быть целочисленным, а также ограниченным, например, 4, 8, 16, 32 битами для компактности).

При добавлении элемента:

- для каждого элемента A вычисляются m хеш-значений $h_1(A)$, $h_2(A)$ ... $h_m(A)$;
- для каждой строки i (от 1 до m) счётчик, позиция которого соответствует хеш-значению $h_i(A)$, инкрементируется (рис. 5–53).

Оценка частоты осуществляется по минимальному значению счётчиков во всех соответствующих позициях $S_ih_i(A)$, где $h_i(A)$ — целое число от 0 до w − 1. Минимальное значение выбирается, чтобы уменьшить переоценку элемента из-за возможных коллизий.

Чтобы учитывать изменения популярности элементов, CMS допускает периодическое уменьшение счётчиков (например, делением на 2 с округлением или иным правилом).

Рис. 5–53. Массив счётчиков CMS

В случае больших кешей CMS кажется предельно малой относительно общего объёма кеша и обычно не превышает 1–2%. Операции с CMS предельно эффективны в отношении вычислительных ресурсов. Для упрощения CMS CBF использует битовый массив счётчиков размером m (w = 1). CBF обладает меньшей точностью, чем CMS.

В CMS и CBF используются универсальные хеш-функции, которые обеспечивают равномерное распределение и минимальную корреляцию между результатами разных функций:

- CMS и CBF используют m хеш-функций (h_1, h_2 ... h_m), каждая из которых отображает элемент на индекс от 0 до m − 1 (например, для m = 8 h вернёт значение от 0 до 7);

- используются универсальные хеш-функции с разными коэффициентами для каждой h, чтобы минимизировать вероятность коллизий;
- хеш-функция применяется к числовому представлению копируемого элемента, например к результату хеширования входного блока данных с помощью SHA-256.

Важно отметить, что применение CMS и CBF может быть дополнено вероятностными структурами данных, такими как:

- HyperLogLog (HLL), MinHash — позволяют эффективно оценить профиль нагрузки и адаптировать к нему параметры алгоритма;
- кукушкин фильтр (cuckoo filter), представляющий собой развитие фильтра Блума, — позволяет эффективно оценить принадлежность элемента множеству, подходит для повышения эффективности работы с теневыми очередями;
- SkipList — предназначен для эффективной реализации основного кеша, который работает в паре с TinyLFU.

Использование такого подхода для оценки попадания в кеш позволяет TinyLFU вести приблизительный учёт частот с минимальными накладными расходами. TinyLFU имеет ряд оптимизаций, например TinyLFU + LRU.

Стратегия работает следующим образом. Новый элемент поступает в очередь LRU. TinyLFU сравнивает частоту нового элемента и частоту кандидата из LRU на вытеснение. Если новый элемент использовался чаще, он остаётся в кеше, а старый вытесняется. В противном случае новый объект не кешируется. Стратегия требует на порядок или два порядка меньше памяти, чем точный LFU.

По аналогии с W-LFU, для адаптации к динамическим профилям нагрузки существует соответствующая оптимизация для TinyLFU с применением скользящего окна. Window-TinyLFU (W-TinyLFU) включает в себя оконный фильтр для новых запросов. Стратегия реализуется как SLRU, где оконный кеш представляется холодным сегментом. В основном кеше выделяются тёплый и горячие сегменты. Так как кеш сегментирован, для повышения эффективности применяется теневая очередь. Изменение размера окна позволяет адаптироваться к профилю нагрузки. Вероятностные фильтры частот TinyLFU применяются как к холодному, так и к тёплому сегменту кеша.

Отличительные особенности W-TinyLFU:

- частотно-временной, аппроксимационный алгоритм;
- сегментированность — сегменты TinyLFU и LRU обеспечивают точный учёт частот;
- оконный фильтр обеспечивает устойчивость от сканирующих нагрузок и всплесков;
- сброс вероятностных фильтров обеспечивает высокоэффективную защиту от старения;
- динамическая адаптация к профилям нагрузки.

Устойчивость к аномалиям:

- превосходная устойчивость к сканированию;
- превосходная устойчивость к всплескам: оконный сегмент (обычно реализуемый как небольшой LRU-кеш) предназначен именно для того, чтобы поглощать всплески новых объектов и давать им шанс доказать свою полезность, прежде чем они будут допущены в основной кеш;
- превосходная устойчивость к старению;
- превосходный иммунитет к аномалии Белади, как у большинства современных частотных алгоритмов.

W-TinyLFU представляет собой мощную современную стратегию кеширования, которая используется во многих решениях:

- библиотеках кеширования, например Ristretto (Go), Caffeine (Java);
- некоторых конфигурациях Cassandra Redis;
- в CDN, например Cloudflare или Fastly.

Рис. 5–54. Сводка по стратегии TinyLFU

5.10. Предиктивные стратегии

В современных ВНС используются эффективные стратегии кеширования, основная часть которых рассмотрена в предыдущих разделах. Стратегии кеширования развиваются и оптимизируются в целях обеспечения высокой адаптивности к динамическим профилям нагрузки. Некоторые стратегии, такие как cost-aware, оценивают стоимость загрузки данных и осуществляют управление кешем на основе этой оценки. Фактически такие стратегии прогнозируют затраты на кеширование.

В отличие от реактивных стратегий, в которых кеширование осуществляется исключительно по запросу и, следовательно, опирается на исторический профиль нагрузки, предиктивные стратегии могут осуществлять упреждающее кеширование. Знание будущих запросов позволяет минимизировать промахи и повысить производительность целевой системы. Например, упреждающее кеширование можно осуществлять в периоды снижения нагрузки.

Каждая целевая система имеет некую логику, которая влияет на профиль запросов. Зная логику, можно с определённой точностью прогнозировать профиль нагрузки. Существуют подходы, позволяющие идентифицировать закономерности и адаптировать под них стратегии кеширования.

Предиктивные стратегии могут применять эвристические алгоритмы, статистические модели и машинное обучение для прогнозирования вероятности будущих запросов.

Например, LRU с упреждающим вытеснением (EELRU[177]) представляет собой модифицированный классический LRU. Традиционный LRU вытесняет данные только при нехватке места. EELRU начинает вытеснение заранее, когда обнаруживает снижение частоты обращений к данным или появление новых востребованных элементов. Снижение частоты и появление новых элементов могут быть вычислены с применением самых разнообразных подходов, включая машинное обучение.

Предиктивные стратегии особенно полезны в динамических системах, таких как веб-приложения, СУБД, CDN, IoT, АСУ ТП, а также CPU/GPU, SSD, где профили нагрузки сложные и динамичные.

---

[177] Early Eviction LRU.

5.10.1. Стратегия гиперболического кеширования

Считается, что Zipf-профили наиболее часто встречаются в ВНС. Если известен закон распределения нагрузки на кеш, вероятно, можно предсказать некоторые характеристики такого профиля и на основании прогноза адаптировать стратегию кеширования. Это стратегия гиперболического кеширования[178]. Стратегия, разработанная для обслуживания современных сервисов массового использования, представляет собой гибкий алгоритм кеширования.

Стратегия позволяет адаптироваться под целевой профиль нагрузки. Каждому элементу в кеше присваивается приоритет, который рассчитывается с использованием функции, учитывающей ряд факторов, таких как:

- частотный учёт данных;
- учёт времени жизни (TTL) и простоя (TTI);
- стоимость загрузки данных;
- группировка данных по типу;
- необходимость обработки в режиме окна.

Приоритетная функция определяется как P = F / (A + 1), где F — частота обращений, а A — возраст объекта (время с момента последнего доступа). Если элемент не запрашивается, его приоритет уменьшается по гиперболическому закону (гиперболическое затухание).

Для стратегии характерны принципы приоритета, случайной выборки и ленивой оценки. Леность заключается в том, что обновление составляющих приоритета происходит при доступе, а его пересчёт только при вытеснении.

В случае необходимости вытеснения:

- случайным образом осуществляется выборка подмножества элементов из кеша (например, 10 элементов);
- для каждого выбранного элемента рассчитывается приоритет;
- элемент с наименьшим приоритетом удаляется.

Важно отметить, что выборка может осуществляться из элементов, сгруппированных по типу. Для такой группировки применяется сегментирование кеша с разной структурой сегментов с целью хранения элементов сопутствующего типа. Сегменты, в свою очередь, могут быть распределены по разным узлам с разными конфигурациями, отвечающими за обработку соответствующего типа данных.

---

[178] Hyperbolic caching, #05-28 [pdf].

Ленивая оценка заключается в том, что приоритеты элементов не вычисляются при каждом обращении. Вместо этого они рассчитываются только в момент выборки для вытеснения. Такой подход позволяет избежать необходимости поддерживать упорядоченную структуру данных, что снижает накладные расходы.

Для улучшения начальной приоритизации новых элементов стратегия может использовать подход гиперболической инициализации[179]. Чтобы сразу отсеять невостребованные элементы, вместо оптимистичного присвоения низкого приоритета новым элементам алгоритм может использовать приоритет последнего вытесненного элемента как начальный. Такой подход особенно эффективен для Zipf-профилей нагрузки, где для большинства новых элементов характерна низкая частота.

Отличительные особенности гиперболической стратегии:

- гибкое структурирование данных;
- многофакторность приоритизации;
- высокая устойчивость к динамическим профилям;
- снижение количества промахов на реальных нагрузках в современных системах;
- высокая производительность;
- низкие накладные расходы.

В реальных задачах требуется точная настройка приоритизации данных. Случайным образом могут быть выбраны неоптимальные кандидаты на вытеснение, особенно в небольших выборках. Поэтому для оптимизации стратегии рекомендуется доступными способами снижать фактор случайности. Стратегия чувствительна к качеству данных, то есть к оценке cost-aware и TTL (TTI).

Данная стратегия, созданная для обслуживания современных веб-сервисов, эффективна для обслуживания динамических профилей, связанных с такими явлениями, как волнообразная смена популярности контента. Стратегия применяется в таких сервисах, как:

- поисковые системы;
- медиасервисы, онлайн-кинотеатры;
- социальные сети и мессенджеры;
- СУБД (Memcached, Redis, Cassandra, ScyllaDB);
- кеширующие прокси (CDN).

---

[179] Hyperbolic Init.

5.10.2. Стратегия LeCaR

Стратегия вытеснения с обучением Learning Cache Replacement (LeCaR[180]) представляет собой адаптивный алгоритм, который использует методы обучения с подкреплением (Reinforcement Learning) для динамического вероятностного выбора между LRU и LFU в зависимости от текущей нагрузки. Для каждого запроса LeCaR предсказывает, какая стратегия может дать лучший результат.

LeCaR моделирует кеширование как задачу онлайн-обучения с минимизацией «сожаления» (regret), то есть оценки работы алгоритма по сравнению с тем, насколько хорошо он мог бы работать, если бы была заранее известна трасса запросов (как в идеальном OPT). Для этого авторы стратегии предлагают моделировать кеширование как задачу «многорукого бандита» (MAB[181]).

LeCaR рассчитывает веса wLRU и wLFU, определяющие вероятность выбора LRU или LFU при промахе кеша. Веса обновляются на основе «сожаления», связанного с промахами, вызванными каждой политикой. Кеш хранит историю недавно вытесненных страниц (H) размером, равным кешу. Каждая запись в истории отмечена применяемой стратегией, которая её вытеснила (LRU или LFU). Промах считается «прискорбным» (regrettable), если запрошенная страница находится в истории, так как её можно было бы сохранить при более удачном выборе политики.

Веса wLRU и wLFU увеличиваются, если элемент найден в соответствующем сегменте. Веса пересчитываются по формуле $w = w \times \exp(\lambda \times r)$, где:

- λ — скорость обучения (например, по умолчанию 0.45);
- $r = d^t$ — награда, основанная на времени t, проведённом страницей в истории;
- коэффициент затухания (по умолчанию $0.0005^{1/N}$, где N — размер кеша);
- веса нормализуются: wLRU = wLFU / (wLRU + wLFU), wLFU = 1 – wLRU.

При попадании структура кеша обновляется. При промахе:

- если страница найдена в истории, она удаляется, а веса пересчитываются;
- выбирается стратегия добавления (LRU или LFU) на основе весов w;
- выбранная стратегия определяет вытеснение;
- новый элемент добавляется в сегмент.

[180] LeCaR, #05-29 [pdf].
[181] Multi-Armed Bandit, #05-30 [pdf].

Алгоритм LeCaR эффективно комбинирует принципы LRU и LFU, используя их ортогональность: в то время как LRU удаляет устаревшие, но потенциально востребованные данные, LFU сохраняет популярные элементы. Благодаря такому подходу в некоторых сценариях LeCaR превосходит по эффективности стратегию ARC, с которой его сравнивают авторы.

5.10.3. Современные стратегии аппаратного назначения

Важно упомянуть ряд стратегий вытеснения, созданных для управления кешем в современном аппаратном обеспечении.

Hawkeye[182] и Mockingjay[183] представляют собой современные стратегии для управления аппаратными кешами, преимущественно верхних уровней. Ценность этих стратегий заключается в том, что они пытаются приблизиться к идеальному алгоритму Bélády за счёт предиктивного анализа истории трассы запросов. Обе стратегии вычисляют дистанции до нового запроса к тому же блоку, то есть число запросов к другим блокам между обращением к исследуемому. Каждая стратегия оперирует теневой очередью для обучения предикторов, при этом допустимая длина таких очередей может на порядок (в 10 раз) превышать размер самого кеша. Алгоритм Hawkeye использует бинарный классификатор для прогнозирования того, будет ли блок данных дружественным к кешу (cache-friendly) или недружественным (cache-averse). Блоки, отнесённые к категории cache-averse, помечаются как приоритетные кандидаты на вытеснение. Mockingjay обеспечивает более широкий диапазон классификации. Для прогнозирования оптимального кандидата на вытеснение Mockingjay использует Temporal Difference Learning[184] — метод машинного обучения с подкреплением, который позволяет учиться на опыте, оценивать текущие решения и прогнозировать.

Для кеширования современных твердотельных накопителей (SSD) класса SCM разработана специальная стратегия Mithril[185]. Алгоритм оптимизирован под особенности NAND-памяти, сочетая методы предсказания доступа с учётом износа ячеек. Mithril, основанный на W-TinyLFU, применяет специальный износ-ориентированный вытеснитель (Wear-Aware Eviction, WAE). Задачей Mithril является минимизация записи и управление балансом износа посредством равномерного распределения циклов записи между блоками с помощью WAE, который учитывает счётчик циклов перезаписи ячейки. Принципы, заложенные в Mithril, находят применение в современных SSD

[182] Hawkeye, #05-31 [pdf].
[183] Mockingjay, #05-32 [pdf].
[184] TD Learning, #05-33 [w].
[185] Mithril, #05-34 [pdf].

(например, в алгоритмах типа Intelligent TurboWrite 2.0 у Samsung 990 PRO), контроллерах NVMe и кешах СХД (разд. 11.2).

Среди современных предиктивных hardware-friendly стратегий можно отметить Parrot, Signature-based Hit Predictor (SHiP, SHiP++), Last-value Prediction (LvP), HIT-aware и многие другие.

Стратегии Hawkeye, Mockingjay рассматривают на предмет возможности применения в кешах CPU (L2/L3), GPU, SSD. Mithril уже активно применяют. Идеи, заложенные в таких стратегиях, вполне могут быть применены к кешам общего и специального назначения, например в СХД.

5.11. Некоторые заключительные соображения о кешировании

В предыдущих разделах стратегии кеширования классифицированы исходя из видения автора. Но хотелось бы навести порядок и рассмотреть хронологию появления разобранных стратегий.

- 195X, FIFO, LRU, LFU;
- 1966, алгоритм Белади, László Bélády, IBM Research, США;
- 1968, CLOCK, NRU;
- 197X, MRU;
- 198X, SLRU, PLRU, G-CLOCK;
- 1997, GreedyDual, Pei Cao, Sandy Irani, Калифорнийский университет, США;
- 2002, LIRS, Song Jiang, Xiaodong Zhang, Колледж Уильяма и Мэри, США;
- 2003, ARC, Dharmendra Modha, Nimrod Megiddo, IBM Research, США;
- 2004, CAR, Dharmendra Modha, Sorav Bansal, IBM Research, США;
- 2005, CLOCK-Pro, Song Jiang, Feng Chen, Xiaodong Zhang, США;
- 2011, SHiP, Carole-Jean Wu, Принстонский университет, Intel, США;
- 2014, TinyLFU, Gil Einziger, Roy Friedman, Технион, Израиль;
- 2016, Hawkeye, Akanksha Jain, Calvin Lin, Университет Техаса, США;
- 2017, SHiP++, Akanksha Jain, Calvin Lin, Университет Техаса, США;
- 2017, Mithril, Juncheng Yang, Reza Karimi, Университет Эмори, США;
- 2018, LeCaR, Giuseppe Vietri, Liana Rodriguez, Университеты Флориды, Аризоны, США;
- 2020, Parrot, Evan Zheran Liu, Kevin Swersky, Google Research, США;
- 2022, Mockingjay, Ishan Shah, Calvin Lin, Университет Техаса, США;
- 2023, S3-FIFO, Juncheng Yang, Yazhuo Zhang, Университеты Карнеги — Меллон, США, Эмори, США;
- 2023, SIEVE, Yazhuo Zhang, Juncheng Yang, Университет Карнеги — Меллон, Cloudflare, США.

Развитие современных технологий, таких как машинное обучение, обусловливает существенный прогресс стратегий кеширования. Стоит обратить внимание на то, что некоторые, казалось бы, простые и логичные и при этом высокоэффективные стратегии, такие как S3-FIFO, SIEVE, сформулированы лишь недавно. Следовательно, можно предположить, что есть пространство для развития исследований алгоритмов кеширования.

По мнению автора, экспериментировать с разными стратегиями кеширования весьма любопытно. Например, в качестве эксперимента по аналогии с S3-FIFO был протестирован алгоритм с двумя очередями SIEVE в качестве горячего и холодного сегмента с теневой очередью. Нельзя сказать, что результаты впечатляющие, но на некоторых трассах удалось получить преимущества по сравнению с S3-FIFO и SIEVE. Результаты этих экспериментов приводить нецелесообразно, но читатель может поэкспериментировать самостоятельно. Подобный сценарий чрезвычайно легко реализовать.

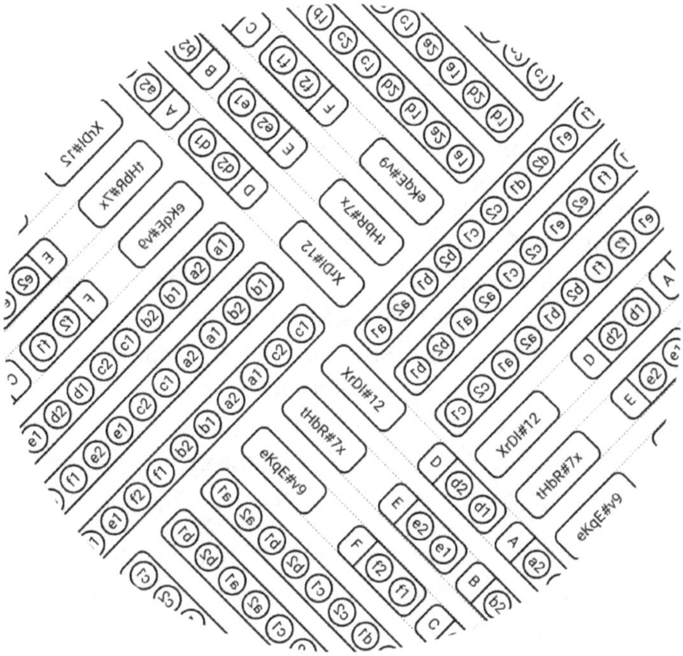

Глава 6. Консистентность данных

Консистентность, или согласованность, данных — это состояние, при котором данные на всех узлах распределённой системы целостны, непротиворечивы и соответствуют единому состоянию.

Процесс достижения согласия между узлами распределённой системы в отношении единого состояния данных называется консенсусом. Успешное завершение этого процесса (достижение консенсуса) приводит систему в консистентное состояние.

Достижение консенсуса сводится к процессам получения согласованного результата и устранения конфликтов группой узлов, участвующих в репликации данных.

Решение о достижении консенсуса может быть принято исходя из задач и логики целевой системы. Методы принятия такого решения могут быть весьма разнообразными и меняться в процессе эксплуатации распределённой системы. Например, консенсус может быть установлен при наличии некоторого кворума (разд. 10.3.1).

В распределённых системах алгоритм консенсуса бывает необходим во многих случаях — например:

- при инициализации новых узлов и их репликации (разд. 4.1);
- репликации новых блоков данных или элементов (разд. 4.4);
- синхронизации изменений (разд. 4.4.3);
- отказе узлов или их деградации (разд. 7.2).

Алгоритм консенсуса наиболее критичен для синхронизации корневых узлов, когда требуется обеспечить гарантированное обновление данных с подтверждением (hard update, разд. 4.5.1). Для диагностики целевой системы требуется периодическая проверка консистентности данных при выполнении остальных операций (fast update, strict update), и, если позволяют мощности системы, её лучше проводить в режиме РВ, однако это необязательное условие. Наиболее распространёнными алгоритмами консенсуса для распределённых систем[186] являются VSR, Paxos, Raft (разд. 10.3), а также алгоритмы децентрализованных распределённых систем (разд. 10.3.9).

Важно отметить, что обрабатываемые СРВ данные почти всегда имеют временную метку, а чаще несколько таких меток. В простейших случаях задача обеспечения консистентности узлов при их репликации подразумевает проверку того, чтобы на каждом из узлов действительно было установлено актуальное (последнее) значение данных, соответствующее источнику изменений. В более сложных случаях задача может быть расширена до необходимости контролировать синхронизацию серий данных (цепочек, временных рядов) (рис. 6–01).

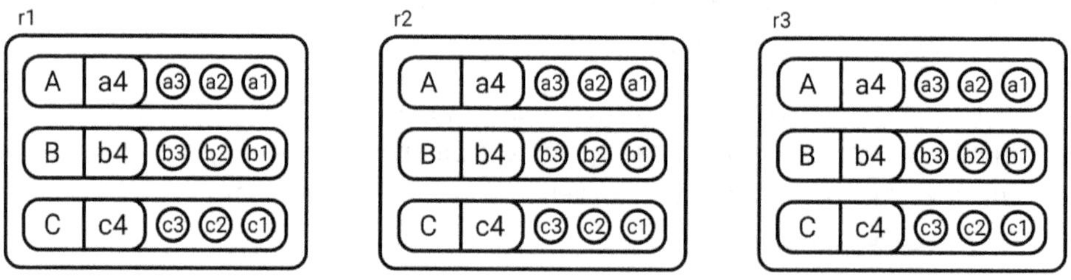

Рис. 6–01. Консистентность

В СРВ размер серии данных следует сделать фиксированным, чтобы избежать роста нагрузок, связанных с обработкой постоянно увеличивающегося объёма данных (разд. 11.1.5). В рассматриваемых системах состояние консенсуса может быть представлено как диагностический параметр (разд. 7.1.2).

---

[186] Сравнение алгоритмов консенсуса для РС, #06-01.

Этот параметр может действовать периодически и иметь ограниченный срок действия. Состояние распределённой системы может быть консистентным или неконсистентным — в зависимости от текущих операций. Некоторые системы допускают почти консистентное состояние в связи с невозможностью достичь абсолютной теоретической консистентности. Необходимо постоянно оценивать состояние консистентности в соответствии с принятой моделью консистентности.

6.1. Модели консистентности

Модель консистентности — это набор принципов и правил, которые определяют, как должны быть согласованы данные в распределённых системах при параллельной обработке сообщений узлами целевой системы. Модели описывают правила — то, каким образом различные узлы системы должны осуществлять репликацию данных, чтобы обеспечить целостность, последовательность и непротиворечивость результатов.

Подходящая модель консистентности выбирается в соответствии с требованиями целевой системы и типом операций. Конкретная модель консистентности влияет на то, как система будет обрабатывать сообщения, изменения и ошибки. Выбранная модель влияет на производительность и доступность данных. Задачей большинства моделей консистентности является обеспечение гарантий требуемых или возможных условий работы синхронизируемой распределённой системы.

Важным аспектом любой модели является прогнозируемое поведение целевой системы в условиях разделения (разд. 4.6). Важно определить, что под разделением понимают недоступность канала связи, переключение между каналами, снижение пропускной способности или перегрузку канала связи, то есть любое изменение, приводящее к снижению качества связи.

В этом случае возникает «торг» между консистентностью и доступностью[187] (разд. 6.7.3). В каждый момент времени в зависимости от состояния система должна выбрать, чему она отдаст приоритет — доступности или консистентности. Каждая модель консистентности представляет собой один из известных вариантов достижения такого компромисса. При этом все подобные компромиссы стремятся обеспечить максимальную надёжность, сопоставимую с ACID, и производительность, сопоставимую с BASE (разд. 6.7.1).

[187] Consistency vs Availability Trade-off.

Выделяют несколько классов моделей консистентности. Особое значение имеет класс моделей, ориентированных на данные (data-centric consistency models). Среди моделей консистентности, ориентированных на данные, выделяют подкласс моделей, допускающих блокировки (разд. 4.8). Также среди моделей, ориентированных на данные, выделяют подкласс с количественными (предельными) ограничениями. Такой класс моделей обозначается как «количественная консистентность» (quantitative consistency). В отдельный класс выделяют модели консистентности, ориентированные на клиентов (client-centric consistency models). Также встречаются различные специальные модели консистентности.

6.2. Модели консистентности, ориентированные на данные

Модели консистентности, ориентированные на данные, определяют правила и гарантии согласованности данных в распределённых системах. Их основная цель — обеспечить предсказуемое поведение системы при работе с данными, распределёнными между несколькими узлами, несмотря на возможные сбои, задержки или параллельные операции.

Основные принципы таких моделей заключаются в обеспечении гарантий того, что все узлы системы увидят одни и те же данные после завершения распределённых операций (разд. 4.5). Такие гарантии включают в себя учёт временных задержек и порядок выполнения операций.

Данный класс моделей сфокусирован на обеспечении правил обработки данных, а не на процессе взаимодействия компонентов, сервисов, подсистем или пользователей. Модели задают правила согласования операций чтения, записи и репликации данных (разд. 4.4).

Выделяют следующие модели, ориентированные на данные:

- строгая консистентность (strict consistency);
- слабая консистентность (weak consistency);
- конечная консистентность (eventual consistency);
- последовательная консистентность (sequential consistency);
- линейная консистентность (linearizable consistency);
- причинная консистентность (causal consistency);
- консистентность временной шкалы (timeline consistency);
- причинная консистентность временной шкалы (causal timeline consistency);
- конвейерная консистентность (pipelined consistency);
- консистентность по префиксу (consistent prefix);

- консистентность динамическая (tunable consistency);
- сильная конечная консистентность (strong eventual consistency);
- бесконфликтная консистентность (conflict-free consistency).

6.2.1. Строгая консистентность

Модель строгой консистентности[188] является самой сильной моделью консистентности. Она обеспечивает абсолютные гарантии согласованности и целостности данных. Такие гарантии требуют повышенных накладных расходов. Для её реализации нужны надёжные каналы связи с высокой пропускной способностью. Как правило, такая модель основана на транзакциях (разд. 4.9) и сопряжена с блокировками. Подобные блокировки (разд. 4.8), транзакционные подтверждения могут приводить к существенным задержкам, порой неприемлемым для многих распределённых систем.

Любое чтение данных должно возвращать значение, соответствующее самому последнему записанному. Все операции должны выполняться мгновенно с точки зрения глобального времени, то есть система должна вести себя так, как будто бы все операции выполняются последовательно и синхронно. Очевидно, что для реализации такой модели необходима синхронизация времени. Важно отметить, что строгая модель является идеальной и абстрактной. Когда говорят о строгой модели, обычно имеют в виду некую её аппроксимацию.

Основные принципы строгой модели:

- абсолютные гарантии актуальности данных: если в системе произошла запись, все последующие чтения на всех узлах должны сразу возвращать новое значение;
- абсолютная гарантия порядка операций: все узлы видят одинаковый порядок операций;
- абсолютная неприемлемость задержек: любая асинхронность нарушает строгие условия модели;
- физическая нереализуемость: в реальных РСУ строгая модель практически недостижима из-за естественной асинхронности физических процессов, задержек передачи данных и ограничений скорости света в оптических каналах связи.

Для достижения строгой консистентности требуется завершить репликацию всех узлов системы перед выполнением новых операций. После завершения репликации любой запрос к данным любого узла вернёт актуальное состояние данных (рис. 6–02).

---

188 Strict consistency, #06-02 [w].

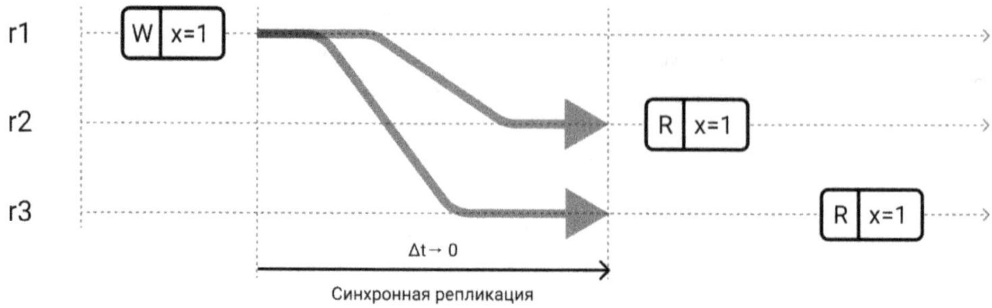

Рис. 6–02. Строгая консистентность

Любая аппроксимация строгой консистентности может сопровождаться ослабляющим условием относительно длительности и периодичности действия модели, то есть того, сколько времени или в какие временные интервалы должны выполняться условия модели. Такую модель называют темпоральной[189] (вре́менной) консистентностью. В некоторых источниках такая модель названа консистентностью с ограниченным временем жизни[190]. Выделяют абсолютную и относительную темпоральные модели. Абсолютная темпоральная консистентность подразумевает выполнение условий аппроксимации строгой модели и должна действовать на текущий момент времени. Относительная темпоральная консистентность подразумевает необходимость выполнения условий аппроксимации строгой модели в пределах заданного интервала времени. Такие условия важны для критических систем управления, в особенности реального времени (разд. 1.1).

6.2.2. Слабая консистентность

Модель слабой консистентности[191] представляет собой компромисс по отношению к строгой модели. Такая модель консистентности не гарантирует, что запросы к реплицируемым узлам вернут актуальные значения. Перед тем, как будет возвращено актуальное значение, должно быть выполнено несколько условий (компромиссов).

Временной интервал между внесением изменений в данные на одном узле и окончанием их репликации на другие узлы называется окном обновления (update window). Временной интервал между началом репликации и моментом, когда каждый узел гарантированно получит актуальное значение, называется окном неконсистентности (inconsistency window).

[189] Temporal consistency.
[190] TTL-based consistency.
[191] Weak consistency.

Основные принципы модели:

- отсутствие гарантий актуальности данных: чтение может вернуть устаревшее значение, даже если на каком-то узле уже произошла запись;
- отсутствие глобального порядка операций: разные узлы могут видеть изменения в разном порядке;
- высокая доступность и низкая задержка: поскольку все узлы функционируют в абсолютно асинхронном режиме, то есть не ожидают репликации, все операции выполняются быстрее;
- согласованность в конечном счёте: если новые записи перестают поступать, все узлы рано или поздно придут к единому константному состоянию.

Такая модель консистентности позволяет обеспечить высокую производительность, эффективное масштабирование (разд. 9.3) и устойчивость к сетевым разделениям. Однако у модели есть и недостатки:

- допускается чтение устаревших данных (stale reads), так как реплики могут расходиться;
- допускаются конфликты репликации, которые требуют разрешения (разд. 10.2.11), — если два узла одновременно изменяют данные, система должна уметь их согласовывать.

Важно отметить, что в отличие от строгой (ACID) данная модель полностью соответствует принципам BASE-систем (разд. 6.7.1).

Например, применительно к распределённым операциям записи модель слабой консистентности может быть применена для реализации strict update. Для реализации hard update с подтверждением больше подойдёт аппроксимация строгой модели.

Слабая модель консистентности, как и строгая, является абстрактной и служит основой для создания множества реальных моделей, основанных на допустимых компромиссах в зависимости от целевой задачи.

6.2.3. Конечная консистентность

Модель конечной консистентности[192] (консистентность в конечном счёте) представляет собой простейшую модель, которая основана на естественном принципе. Этот принцип заключается в том, что если новые операции записи прекращаются, то со временем все узлы придут к консистентному состоянию.

[192] Eventual consistency, #06-03.

При этом отсутствуют гарантии того, когда именно это произойдёт. В рамках короткого интервала времени разные узлы могут иметь расхождения реплик.

Такая модель консистентности весьма популярна. Она применяется в системах, где доступность и низкие задержки важнее быстрой репликации.

Основные принципы модели:

- сходимость (convergence): все реплики в конечном счёте должны стать консистентными;
- отсутствие гарантий времени (синхронности) репликации: задержки могут быть от миллисекунд до минут или даже часов;
- в любой момент времени распределённая система находится в возможно консистентном состоянии;
- проблемы слабых моделей (чтение устаревших данных и конфликты).

Для каждой распределённой системы можно оценить временной интервал, за который система гарантированно придёт в консистентное состояние. Такие гарантии составляют основу некоторых количественных моделей консистентности, например дельта (разд. 6.4.2) и вероятностной (разд. 6.4.3).

В качестве примера можно привести следующий. Если за заданный временной интервал данные не подверглись изменению, следует считать, что РСУ находится в консистентном состоянии. Любые запросы (подписки) к любому узлу будут возвращать актуальные значения данных.

На схеме (рис. 6–03) корневые узлы первоначально имеют консистентное значение X = 1. Узел r1 записывает значение X = 2, узлы r2, r3 реплицируются с r1.

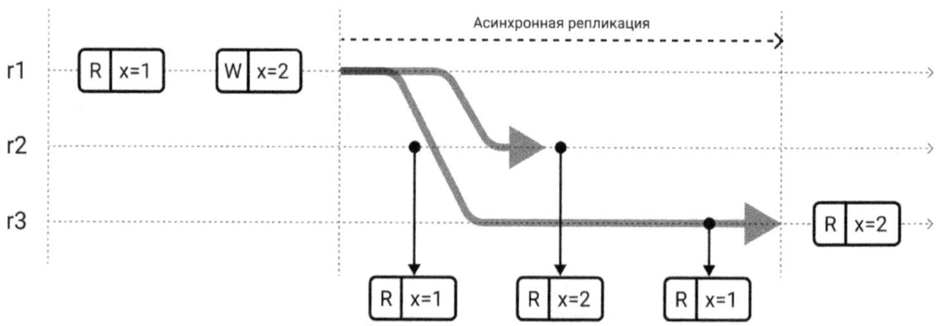

Рис. 6–03. Конечная консистентность

Как видно из примера, если запросить данные в период репликации (окна обновления), то будут получены устаревшие данные. Если все узлы расположены в одном интерконнекте (разд. 10.2.1), то время репликации для них должно быть одинаковым.

Следует рассмотреть вариант, когда корневые узлы расположены в разных ЦОД. Два корневых узла (r1, r2) находятся в ЦОД 1, а третий (r3) — в ЦОД 2 на существенном удалении (метрорасстоянии) (рис. 6–04). В данном случае (синхронная) репликация узлов r1 и r2 будет осуществляться быстрее, чем (асинхронная) репликация узла r3.

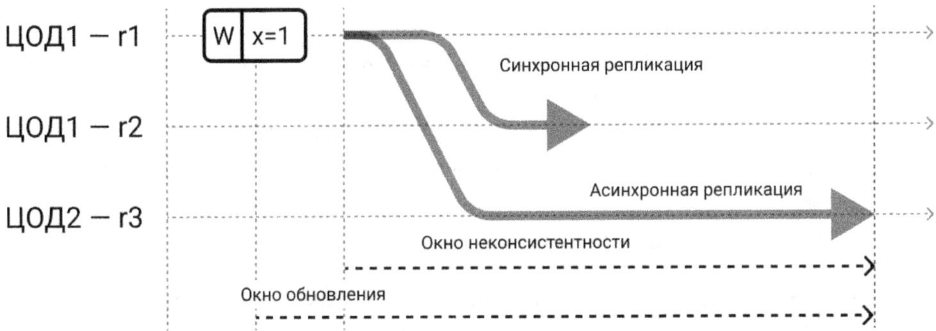

Рис. 6–04. Окно неконсистентности

В этом случае существенно увеличиваются размеры окна обновления и окна неконсистентности. В терминах конечной модели в конечном счёте все узлы придут в консистентное состояние. Типичным примером, в котором допустима и применяется такая модель консистентности, является репликация узлов DNS-серверов.

6.2.4. Линейная консистентность

Модель линейной (линеаризуемой) консистентности[193] является самой строгой моделью, которую возможно реализовать на практике. В отличие от абстрактной строгой модели линейная модель допускает относительно небольшие задержки. Данная модель основана на утверждении, что в реальной жизни вероятность одновременной генерации двух и более событий предельно мала. То есть в распределённой системе из двух и более узлов не могут произойти два и более события в один момент времени. В любом случае время формирования таких событий будет отличаться, причём будет отличаться на значение, которое можно зафиксировать (например, миллисекунду, микросекунду или даже наносекунду).

[193] Linearizable consistency.

Это утверждение определяет свойства линеаризуемости[194] операций в распределённых системах, даже высококогерентных параллельных. Линеаризуемость является свойством распределённой системы, при котором результат любой параллельной операции можно представить как последовательность. Для внешнего наблюдателя последовательность операций должна выглядеть так, как если бы они выполнялись мгновенно в момент времени между их началом и завершением, сохраняя реальный порядок.

Основные принципы модели:

- атомарность операций: каждая операция выглядит так, как будто она была выполнена мгновенно;
- порядок реального времени: если операция A завершилась до того, как операция B началась, то в глобальном порядке A должна идти перед B;
- клиенты всегда видят актуальные данные, без аномалий, чтение устаревших данных исключено.

Таким образом, в распределённой системе все формирующиеся на узлах операции можно выстроить в последовательность (очередь).

Особенности реализации модели:

- требуется синхронизация времени;
- задержки должны быть минимальными, а джиттер незаметным;
- допустима только синхронная репликация (разд. 4.4);
- блокировки недопустимы, так как нарушают режим РВ (разд. 4.8).

Данная модель подразумевает, что процесс репликации узлов настолько эффективен, что успевает завершиться перед каждой новой операцией. Таким образом, последовательность данных на каждом из узлов будет идентичной. Пример (рис. 6–05) подразумевает, что хосты c1 и c2 осуществляют запись в корневые узлы r1 и r2 и они синхронизируются.

Таким образом, репликация каждой операции осуществляется атомарно (q1 – q4), поэтому линейную консистентность называют атомарной[195]. Допустимые задержки (t1 – t8) не должны приводить к нарушению атомарности.

Линейная модель наиболее близка к требованиям ACID (разд. 4.9), где согласованность и целостность данных имеют первостепенное значение. Модель обеспечивает атомарность, консистентность и изоляцию операций.

[194] Linearizability, #06-04 [w].
[195] Atomic consistency.

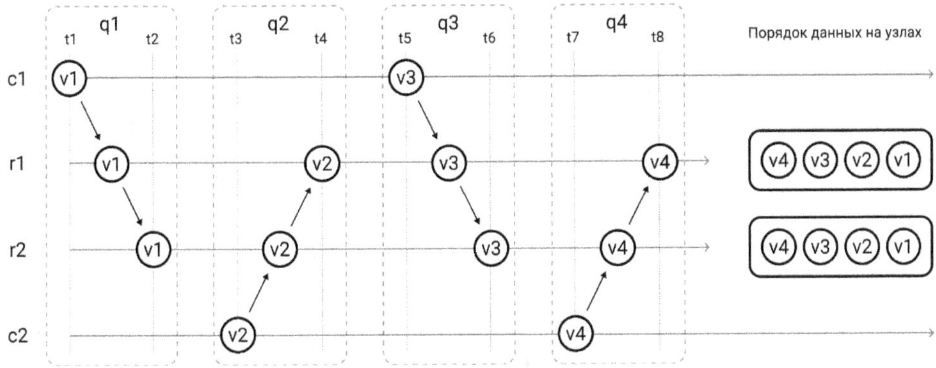

Рис. 6–05. Линейная консистентность

Важно отметить, что в контексте ACID важной задачей является управление распределёнными параллельными конкурентными транзакциями. Для ACID-транзакций существует ряд специальных моделей консистентности, называемых транзакционными. Такие модели определяют, как параллельные транзакции видят изменения друг друга, обеспечивая баланс между согласованностью и производительностью.

Подобные модели находятся в фокусе свойства сериализуемости[196]. Отличие сериализации от линеаризации заключается в том, что если линеаризация отвечает за согласованность одной (атомарной) операции, то сериализация отвечает за группу операций (транзакции), которая в свою очередь считается атомарной. В контексте ACID строгой моделью консистентности считается модель строгой сериализуемости[197], которая сочетает в себе оба свойства сериализуемости и линеаризуемости (рис. 6–06).

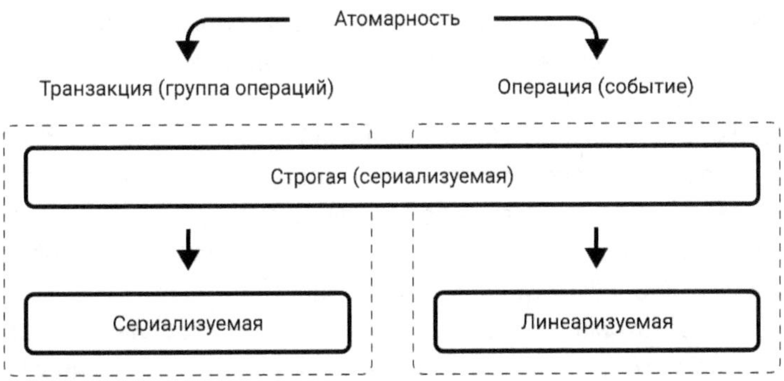

Рис. 6–06. Модели консистентности разной атомарности

[196] Serializability.
[197] Strict Serializability.

Модель сериализуемой консистентности гарантирует, что результат выполнения транзакций будет эквивалентен последовательному выполнению. Любые параллельные транзакции не влияют на наблюдаемое состояние. В отличие от строгой модели она не гарантирует соответствие реальному времени. Данная модель предназначена для предотвращения ряда аномалий:

- грязное чтение (dirty reads) — ситуация, когда одна транзакция читает данные, изменённые другой транзакцией, но ещё не зафиксированные;
- неповторяющееся чтение (non-repeatable reads) — ситуация, когда при повторном чтении в рамках одной транзакции ранее прочитанные данные оказываются изменёнными;
- фантомное чтение (phantom reads) — ситуация, когда при повторном чтении в рамках одной транзакции одинаковые запросы дают разный результат.

Данная модель используется как стандарт для всех распределённых систем, функционирующих по принципам ACID. Процесс сериализации транзакций заключается в построении графа зависимостей между операциями. Если граф не зацикливается, сериализация возможна.

Модель сериализуемой консистентности имеет ряд ослабленных версий. Такие модели консистентности называют уровнями изоляции транзакций[198]. Существующие следующие модели такого рода:

- Повторное чтение (Repeatable Read) — гарантирует, что в рамках одной транзакции повторные чтения вернут одинаковые данные. Допускает фантомное чтение, то есть появление новых данных в диапазонных запросах.
- Чтение зафиксированных данных (Read Committed) — исключает возможность чтения грязных данных, допускает неповторяющиеся и фантомные чтения.
- Стабильность курсора (Cursor Stability) — представляет собой ослабленную версию Read Committed и гарантирует неизменность данных, с которыми осуществляется взаимодействие в рамках транзакции.
- Чтение незафиксированных данных (Read Uncommitted) — представляет собой самый слабый уровень изоляции.
- Монотонное атомарное чтение (Monotonic Atomic View) — гарантирует, что в рамках транзакции часть запрашиваемых данных не будет изменена, то есть все прочитанные данные будут либо старыми, или новыми.

---

[198] Isolation level, #06-05.

- Изоляция снимков (Snapshot Isolation) — каждая транзакция работает со своим снимком данных. Конкурирующая модификация одних и тех же данных в двух снимках вызовет конфликт, который потребует разрешения. Для разрешения конфликтов могут применяться мультиверсионная модель консистентности (разд. 6.6.1) или структуры данных, защищённые от конфликтов репликации (разд. 10.2.11).

Модель сериализуемой консистентности и её уровни изоляции требуют высоких накладных расходов. Реализация такой модели сопряжена с большим объёмом сложных блокировок и, следовательно, заметных задержек. Например, для обеспечения гарантий применяются двухфазная фиксация (разд. 10.3.2), оптимистические или пессимистические блокировки (разд. 4.8). Все уровни изоляции подробно рассмотрены в профильной литературе про СУБД, работающие по принципам ACID.

Модель линейной консистентности применяется в системах, в которых нужны гарантии сохранения порядка формирования сообщений. Такую модель можно реализовать в аппаратных системах жёсткого реального времени, например в автоматике АЭС, авионики, и прочих критических системах. Для реализации такой модели требуется эффективная шина или интерконнект (разд. 10.2.1).

Линейная модель консистентности реализуется такими алгоритмами, как Viewstamped Replication (разд. 10.3.4), Raft (разд. 10.3.6). В большинстве задач, решаемых распределёнными системами, допустимы и успешно применяются более слабые модели консистентности. Следующей по уровню ослабления моделью является последовательная модель консистентности.

6.2.5. Последовательная консистентность

Модель последовательной консистентности[199] подразумевает, что все узлы распределённой системы видят операции в едином порядке. Этот порядок соответствует порядку операций каждого отдельного узла. При этом в противоположность линейной модели требования к реальному времени не предъявляются (рис. 6–07).

Основные принципы модели:

- локальный порядок операций: узловые операции выполняются строго в том порядке, в котором они сформированы;
- глобальный порядок операций: все узлы наблюдают одну и ту же последовательность операций;

[199] Sequential consistency, #06-06 [w].

- отсутствие временных ограничений: требования соответствия последовательности операций реальному масштабу времени отсутствуют.

Особенности реализации модели:

- не требуется синхронизация времени;
- допускаются задержки, допустим заметный джиттер;
- допустима асинхронная репликация (разд. 4.4);
- допустимы блокировки (разд. 4.8).

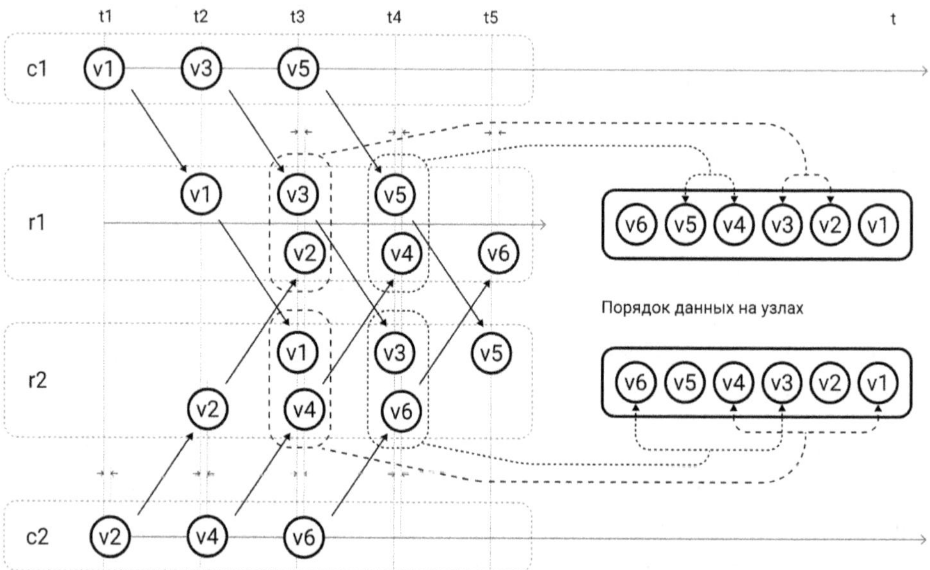

Рис. 6–07. Последовательная консистентность

В качестве примера можно привести нарушение последовательной консистентности. Предположим, что запись в узловые очереди осуществляется в порядке, соответствующем реальному времени. Естественные задержки приведут к тому, что последовательная консистентность будет нарушена. При этом можно заметить сохранение локальной консистентности последовательности для каждого из узлов (рис. 6–08). Такая ситуация характерна для сессионных моделей консистентности, в которых внимание уделяется консистентности данных сессий клиентов. Некоторое нарушение порядка допустимо в ряде реализаций ослабленных моделей линейной консистентности в целях повышения производительности. Например, при наличии приоритизации данных последовательность элементов с низким приоритетом может не отслеживаться. Такое условие может выполняться при недостатке ресурсов.

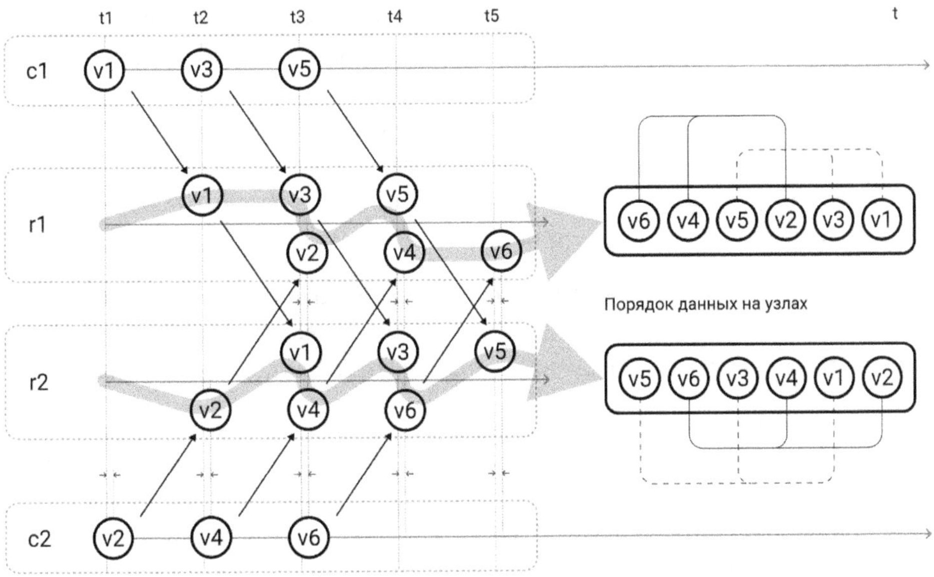

Рис. 6–08. Последовательная консистентность нарушена

Чтобы предотвратить конфликты (разд. 10.2.11) или потери данных, в процессе репликации могут быть применены принципы блокировки (разд. 4.8) или оптимистичного согласования (разд. 10.3). Если синхронизация не завершилась в течение допустимого времени ожидания, процесс может быть повторён.

Модель обычно реализуется как часть брокера очередей (разд. 4.7.3). Таких брокеров может быть множество, каждый под свою задачу, они могут вносить свой вклад в величину задержек.

Таким образом, общий поток сообщений может быть весьма хаотичным, но этот хаос должен одинаково восприниматься всеми узлами. Для управления порядком данных последовательной модели используются различные способы:

- блокировки;
- логические часы (Лампорта, векторные);
- протоколы упорядочивания сообщений.

Часы Лампорта[200] представляют собой механизм упорядочивания событий в распределённой системе с учётом причинно-следственных связей, где отсутствует глобальное синхронное время. Они позволяют отличить события, которые случились раньше.

---

[200] Lamport clock, #06-07 [w].

Каждый узел имеет собственный логический счётчик времени. При каждом событии (операции записи) счётчик инкрементируется. При отправке сообщения к нему прикрепляется значение счётчика (метка Лампорта[201]). При получении событий счётчик получателя обновляется посредством выбора максимума из локального или полученного значения и инкрементируется. Недостатком данного подхода является то, что некоторые события могут иметь одинаковые значения счётчика.

Векторные часы[202] представляют собой развитие концепции часов Лампорта. Такие часы — это массив целых чисел, в котором каждый элемент соответствует счётчику конкретного узла. Они работают следующим образом:

- локальное событие сопровождается инкрементом локального счётчика;
- при отправке сообщение сопровождается актуальным для узла вектором;
- при получении сообщения узел обновляет свой вектор, взяв максимум от локального и полученного векторов для каждого элемента, и инкрементирует своё значение в векторе.

Сравнение векторов позволяет оценить причинно-следственную связь:

- всем узлам первоначально присвоен вектор {0, 0, 0} (рис. 6–09);
- узел r1 записывает x = 1 с вектором {1, 0, 0};
- узел r2 читает x = 1, записывает y = 2 с вектором {1, 1, 0};
- узел r3 получает событие y = 2 с вектором {1, 1, 0}.

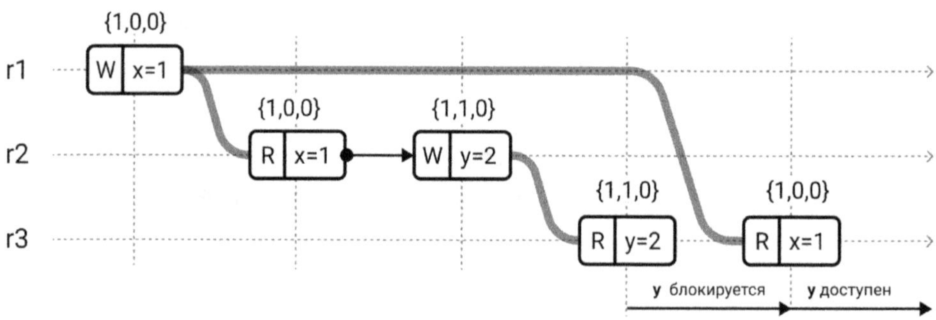

Рис. 6–09. Последовательная консистентность

[201] Lamport timestamp, #06-08.
[202] Vector clock, #06-09.

В связи с тем, что ожидается причинно-следственная связь, с помощью векторных часов осуществляется проверка на узле r3:

- {1, 0, 0} (r1) < {1, 1, 0} (r2) означает, что операция y = 2 зависит от x = 1;
- узел r3 проверяет, что его текущий вектор {0, 0, 0} < {1, 0, 0} перед применением y = 2;
- если r3 не синхронизировал x = 1, он должен дождаться синхронизации и перед этим установить блокировку y на узле;
- как только синхронизация завершится, узел r3 должен разблокировать y для других операций;
- если x = 1 синхронизировался ранее, блокировка y не требуется;
- узел r3 может не дождаться синхронизации x = 1.

Существует подход, обеспечивающий синхронизацию всех векторов. Такой подход называют матричными часами. Матричные часы представляют собой двумерную матрицу, в которой строки соответствуют локальным представлениям каждого узла о состоянии системы, а столбцы отражают восприятие каждого узла относительно остальных узлов. Матрица показывает, сколько событий каждый узел произвёл относительно восприятия других. Суть в том, что синхронизацию таких матриц можно осуществлять с максимальным приоритетом. Синхронизация матриц не является ресурсоёмкой операцией, она также защищена от конфликтов.

Векторные и матричные часы не всегда удобно использовать. Увеличение размера векторов в какой-то момент приводит к неудобствам. Для этого в качестве эволюции векторных часов предлагаются точечные векторы (DVV[203]). Операции каждой реплики снабжаются специальной точечной меткой (dotted entry). Эта метка всегда отражает последнюю локальную операцию. Вектор содержит только последнюю активную метку каждой реплики и контекст зависимости.

DVV состоит из двух компонентов: базового вектора V[i] — последней известной версии для реплики i и пары — идентификатора и локального счётчика реплики. Например:

- имеется вектор V = {A:3, B:2}, dot = (A, 4) — это значит, что реплика A выполнила 4 локальных операции, но другие реплики видят её операции только до версии 3, а реплика B известна до версии 2;
- локальное обновление реплики A за счёт одной операции приведёт к увеличению счётчика dot = (A, 5);
- далее пересчитывается вектор V = {A:5, ...}.

[203] Dotted Version Vectors, #06-10 [pdf].

Для разрешения конфликтов применяется сравнение векторов. При репликации векторы объединяются по принципу доминирования элементов. Такое доминирование означает, что на реплике более свежие данные. Если доминирование отсутствует, следует считать, что возникает конфликт. Например, представленная ниже ситуация свидетельствует о параллельных изменениях и, следовательно, о конфликте репликации:

- операция 1: V = {A:5}, dot = (A, 5);
- операция 2: V = {B:5}, dot = (B, 5).

Данный подход обеспечивает DVV существенное преимущество над векторными часами и позволяет обслуживать довольно большой объём реплик. При использовании DVV накладные расходы растут пропорционально числу реплик. Зависимости и конфликты идентифицируются точно.

Для разрешения конфликтов модель можно дополнить правилами разрешения конфликтов репликации (разд. 10.2.11). В этом случае к модели консистентности добавляется один из принципов разрешения конфликтов репликации, например Last-Write-Wins[204].

Возможность отслеживать причинно-следственные связи позволяет выделить ещё одну важную модель консистентности — модель причинной консистентности.

6.2.6. Причинная консистентность

Модель причинной консистентности[205] гарантирует, что причинно-связанные операции будут доступны всем узлам в одинаковом порядке. Несвязанные конкурентные операции могут быть доступны в любом порядке. В этом случае целевая система будет причинно-консистентной. Данная модель представляет собой форму ослабления последовательной модели.

Модель причинной консистентности применяется в реактивной архитектуре (разд. 10.2.4) в тех случаях, когда необходимо отслеживать зависимость (причинность) событий в распределённой системе. Эта модель консистентности широко применяется в социальных сетях. Например, сохранение причинно-следственных связей обеспечивает гарантии, что все комментарии к постам не будут перемещаться между постами, а ответы на комментарий не смешаются с другими ответами. Гибкость параллельных операций заключается в том, что лайки разных пользователей могут отображаться в любом порядке.

---

[204] Sequential consistency + last-write-wins.
[205] Causal consistency, #06-11 [w].

Для определения причинности данных в распределённых системах применяются специальные протоколы распространения данных с зависимостями. Протоколы такого рода для каждой операции явно содержат метаданные о зависимостях от предыдущих операций. Реплика не применяет операцию, пока не получит все зависимости операции. В качестве примера подобного протокола можно привести протокол COPS[206]. Возможна реализация такого подхода с применением шаблонов «Event Sourcing» (разд. 10.2.4) и CQRS (разд. 10.2.9).

В простейших реализациях каждой операции явно присваивается идентификатор причинной операции (события). В некоторых случаях может иметь место хранение информации о части или всей последовательности операций. Если операция стала причиной каскада событий, требуется хранение части графа или полной его структуры, к которой должны иметь доступ все реплики.

В качестве простого примера можно привести РСУ, управляющую промышленным оборудованием. Например, двигатель не может включиться сам по себе, ему требуется явная команда. Если система видит активность двигателя, но не видит команды управления, это повод разобраться, по какой причине возникла активность двигателя. Диагностическое, тревожное или аварийное сообщение обязательно сопровождается информацией об источнике события, связанной цепочке или каскаде.

В промышленных РСУ причинно-следственная связь формирования операций может быть сложнее, чем зависимость от одного сообщения, даже если это каскад. Может возникать зависимость от совокупности параллельных операций (состояний). В этом случае модель причинной консистентности может быть усложнена до требуемой детализации.

Причинная консистентность не требует синхронизации времени для установления последовательности формирования сообщений. В реальных системах необходимо учитывать точное время как формирования операции, так и причинных событий.

Существуют различные практики уточнения причинной консистентности[207]. Одной из них является причинно-временная консистентность.

---

[206] Cluster of Ordered Partitions for Scalability, #06-12.
[207] Casual+ Consistency.

6.2.7. Консистентность временно́й шкалы

Модель консистентности временно́й шкалы (таймлайн)[208] представляет собой модель согласованности, которая гарантирует, что все узлы распределённой системы увидят изменения данных в одном и том же порядке, соответствующем их временной последовательности. Реализация модели требует синхронизации времени. Каждая операция должна быть помечена меткой точного времени.

Физические часы могут быть недостаточно точными, поэтому в данной модели допускается использование гибридных логических часов[209]. Такие логические часы дополняют метками точного времени, например метками Лампорта, векторными или матричными часами или DVV. В этом случае при рассинхронизации времени последовательность операций не будет нарушена.

Модель временно́й шкалы является усиленным вариантом последовательной модели (рис. 6–10). Модель обеспечивает возможность однозначно судить о последовательности операций.

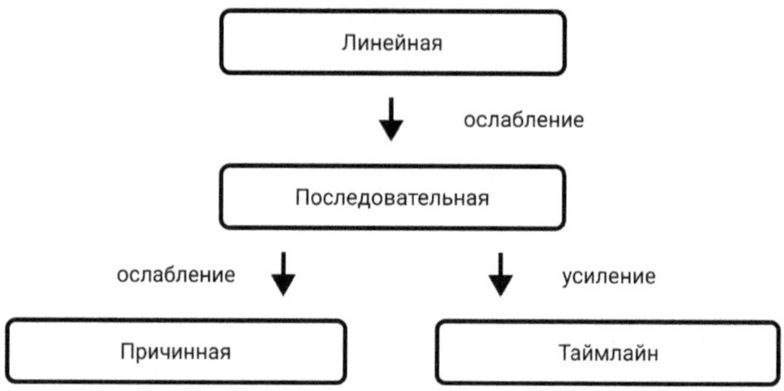

Рис. 6–10. Иерархия линейных моделей

Для данной модели консистентности важен порядок распространения операций. В самом строгом случае все операции должны распространяться последовательно, с минимальной задержкой. Тогда применение операций распределёнными узлами не потребует блокировок. Такую разновидность модели называют строгой консистентностью по временной шкале. В данном случае должны выполняться условия абсолютной темпоральной консистентности.

Эта модель эффективно работает для распределённых систем, в которых репликация операции осуществляется со значительным джиттером.

[208] Timeline consistency.
[209] Hybrid Logical Clocks.

Например, если реализация брокера допускает приоритизацию распространения данных (разд. 4.7.4), последовательность передачи операций может быть нарушена. В первую очередь будут реплицироваться данные с высоким приоритетом, затем данные с низким.

Например, эта модель применяется для репликации реперных точек сигналов технологических процессов, когда в первую очередь необходима информация об экстремальных точках (рис. 6–11). Такая репликация может осуществляться в синхронном режиме.

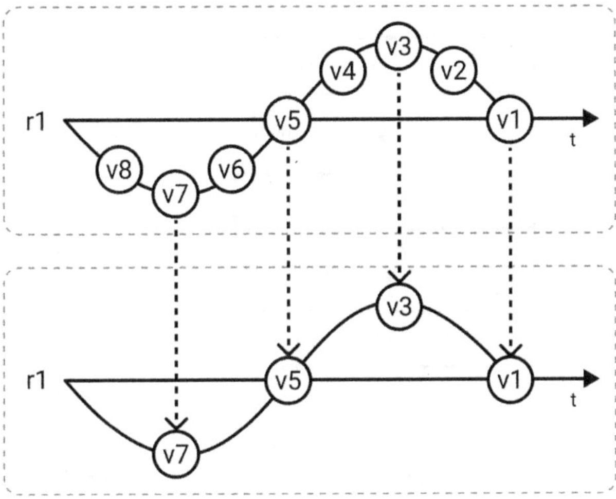

Рис. 6–11. Слабая консистентность по временной шкале

Эту модель называют слабой консистентностью по временной шкале. Причины ослабления модели могут быть самыми разнообразными, но, как правило, оно обусловлено физическими факторами, такими как:

- нестабильное соединение;
- недостаточная пропускная способность каналов связи;
- перегрузки и всплески;
- деградация.

Допускается, что в конечном счёте недостающая часть данных будет реплицирована позже в асинхронном режиме. В этом случае такую модель называют конечной консистентностью по временной шкале.

В некоторых случаях операции могут иметь причинность. Тогда для применения операций может потребоваться ожидание репликации причинных событий. В этом случае могут потребоваться блокировки (разд. 4.8).

Модель такого рода называют причинной консистентностью по временной шкале. Эта модель требует детального рассмотрения (рис. 6–12).

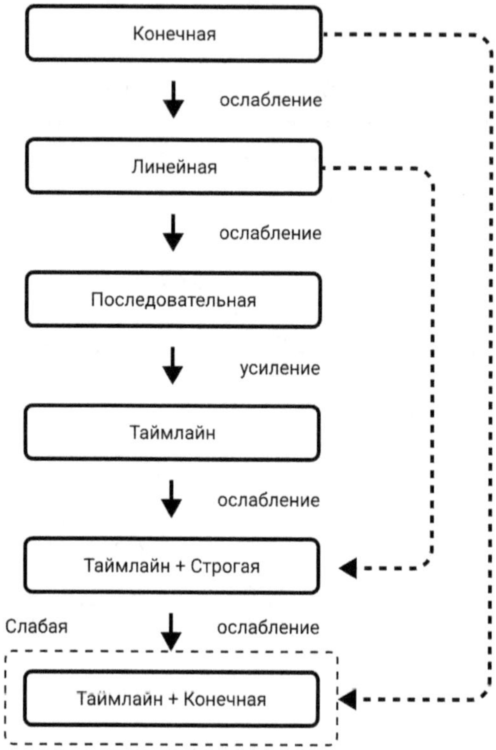

Рис. 6–12. Наследование свойств таймлайн-модели

Важно отметить, что общая модель консистентности временно́й шкалы допускает наличие более чем одной метки точного времени. Каждая операция может включать в себя несколько таких меток, каждая из которых будет фиксировать события, которые происходят с операцией. В этом случае принимать решение о согласованности можно, опираясь на нужную метку или анализируя совокупность меток. Например:

- время создания;
- время попадания на брокер с центральным узлом (разд. 4.3.1);
- время начала и окончания репликации (разд. 4.4);
- время установки и снятия блокировки (разд. 4.8);
- время кеширования (разд. 5.2).

6.2.8. Причинная консистентность временно́й шкалы

Причинная консистентность временной шкалы[210] представляет собой гибридную модель согласованности, которая учитывает как причинно-следственные связи между операциями, так и привязку к точному времени. Она гарантирует, что данные распределённой системы останутся согласованными как с точки зрения причинно-следственной зависимости, так и относительно шкалы времени. Данная модель консистентности важна для большинства распределённых систем. Она активно применяется как в сфере промышленной автоматизации, так и в финансовом секторе.

Реплики могут включать в себя векторные или матричные часы. Кроме меток точного времени операции могут включать в себя DVV. Такая комбинация меток обеспечивает высокие гарантии точности быстрой идентификации зависимости операций наравне с точной привязкой ко времени.

Прежде всего такая модель защищает от сбоев синхронизации времени. В случае недоступности часов или рассинхронизации времени на репликах причинные зависимости помогут выстроить корректный порядок операций.

В некоторых критических АСУ ТП (разд. 11.3) операции могут оснащаться ссылками на предыдущие. Такие операции могут считаться зависимыми. Подобная необходимость может быть обусловлена алгоритмической реализацией. Таким образом, с точки зрения накладных расходов бывает экономичнее получить цепочку изменений данных. В некоторых случаях такая методика позволяет оценить утрату данных при синхронизации реплик. В данном случае причинность может работать не хуже меток точного времени для точного позиционирования данных. Дополнительные гарантии полезны для критических РСУ.

Причинная таймлайн-модель консистентности гарантирует согласованность причинных операций по временной шкале. Все остальные операции в конечном счёте будут реплицированы. Такая модель обеспечивает более строгую согласованность, чем причинная или временная консистентность по отдельности.

В некоторых случаях причинность необходима не сразу, а со значительной задержкой. Например, в АСУ ТП узел должен знать, что в системе была команда управления, но сам не участвует в её исполнении. В таком случае может не применяться блокировка. Причинные события могут быть

[210] Causal timeline consistency.

реплицированы в асинхронном режиме. В конечном счёте причинность в реплике будет восстановлена. При этом такая реплика будет причинно-консистентной по временной шкале. Такие консистентные данные необходимы, например, для последующей аналитики, требующей исследования причинности.

Причинная таймлайн-модель важна в задачах управления сложными РСУ. В случае каких-либо нарушений условий протекания технологического процесса или выхода его параметров за допустимые уставки зачастую требуется выяснить причины отклонений. Например, оператор технологического процесса может столкнуться с предупредительными или аварийными сообщениями. Решения о стратегии дальнейшего управления могут быть приняты только на основании понимания первоначальных причин.

Данная модель консистентности тесно связана с реактивной архитектурой (разд. 10.2.4) и обслуживанием синхронизации в задачах управления данными временных рядов (разд. 11.1.5).

6.2.9. Конвейерная консистентность

Конвейерная консистентность[211] гарантирует, что все операции записи, выполняемые на одном узле, будут видны всем остальным узлам в порядке их выполнения. Но операции записи, выполняемые на разных узлах, могут быть видны узлу в произвольном порядке. Такая консистентность при некоторых допущениях может составить основу сильной консистентности в конечном счёте (разд. 6.2.12).

Рассмотрим пример, в котором конвейер (разд. 10.1.5) состоит из трёх узлов (рис. 6–13). Каждый узел формирует последовательные операции. Реализация осуществляется блоками, содержащими по две операции. Узлы синхронизируются. Синхронизация происходит в два цикла: сначала синхронизируются блоки A, B, C, далее блоки D, E, F.

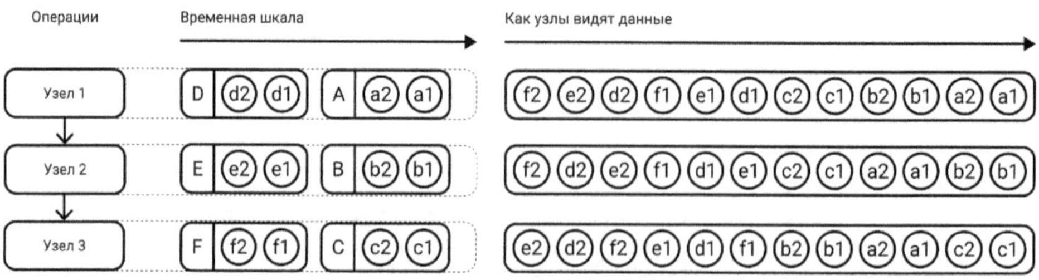

Рис. 6–13. Конвейерная консистентность

211 Pipelined consistency.

В первом цикле синхронизации сообщения в очередях (сериях) реплицируются таким образом, что их последовательность не разрывается. Во втором цикле операции каждого узла не теряют последовательность, но чередуются с сообщениями других узлов. При этом сохраняется глобальный порядок узловых операций.

6.2.10. Консистентность по префиксу

Консистентность по префиксу[212] представляет собой модель, которая гарантирует, что каждый узел в распределённой системе увидит историю операций в виде последовательного префикса. Это означает, что узел никогда не увидит неполную («разорванную») картину данных. Это также значит, что узел увидит все предыдущие изменения или не увидит ничего. В этом случае система будет считаться консистентной до завершения процесса синхронизации.

Префикс представляет собой начальную часть некой глобальной последовательности операций. Например, если последовательность операций записи выглядит как o1, o2, o3, o4, o5, то не полностью синхронизированные узлы должны увидеть префикс (рис. 6–14). Пропуск и перестановка операций считаются недопустимыми (рис. 6–15).

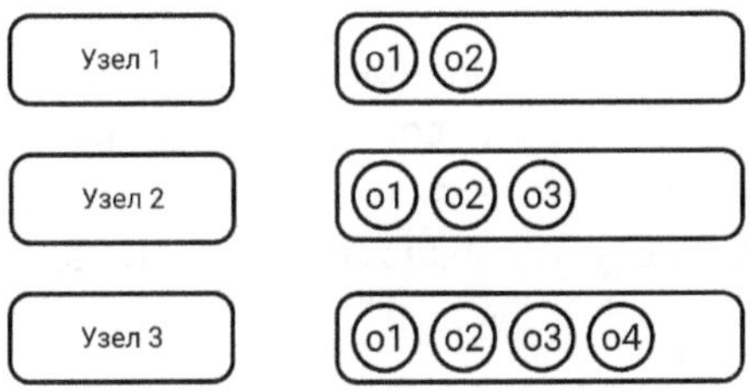

Рис. 6–14. Правильный префикс

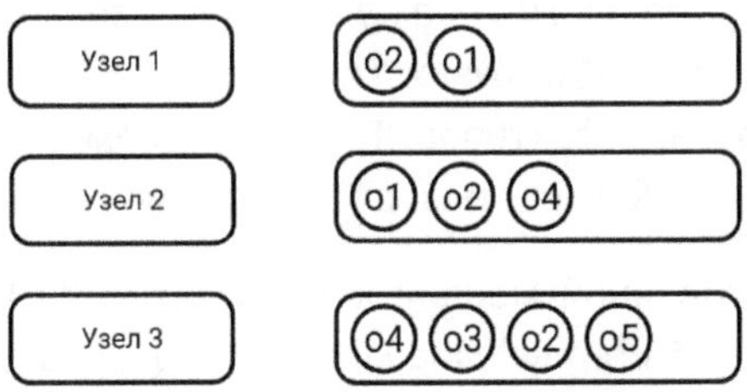

Рис. 6–15. Неправильный префикс

Такая модель обеспечивает гарантии порядка операций даже в случае неполной синхронизации. В процессе репликации узел может получить не все

---

[212] Consistent prefix.

данные (префикс), но те, что он успеет получить, будут считаться консистентными.

Узел, получающий данные из системы, всегда увидит данные в порядке, согласованном с последовательностью операций. Однако клиент может получить только часть последовательности (префикс), если система ещё не успела синхронизироваться. Таким образом, клиент никогда не увидит w1, w3 без w2, так как это нарушает порядок операций.

Модель применяется в задачах асинхронной репликации с допустимыми высокими задержками, подразумевая, что данные могут устареть, но обязательно будут доставлены.

Данная модель используется прежде всего в системах управления очередями, таких как Kafka, RabbitMQ, ActiveMQ. Блокчейн представляет собой типичный консистентный префикс. Системы управления версионированием, такие как Git, работают по принципу консистентного префикса. Ваш локальный репозиторий всегда содержит последовательную историю (префикс). При синхронизации с удалённым репозиторием этот префикс может быть расширен или даже перестроен, но результатом снова будет последовательный префикс.

В некоторых СУБД применяются такие уровни согласованности для чтения, что узел может увидеть состояние, которое является префиксом полной истории изменений. То есть он может не увидеть самое последнее изменение, но увидит всё, что было до него. Такая модель реализована в СУБД Cassandra.

6.2.11. Динамическая консистентность

Распределённая система может находиться в разных условиях нагрузки. Условия, такие как профиль нагрузки, могут динамически изменяться в зависимости от разнообразных факторов. Таким образом, для каждого состояния целевой системы может применяться оптимальная модель консистентности.

Вместо фиксированной модели консистентности (например, линейной или причинной) может быть выбрана модель, подходящая для состояния или ситуации. Такой подход называют динамической или адаптивной консистентностью[213]. Например, можно динамически выбирать размер кворума, необходимого для подтверждения разных типов операций или источников (разд. 10.3.1).

[213] Tunable consistency.

Например, в кластере доступны три реплики. Тогда возможны следующие варианты при разных количествах операций чтения/записи:

- R = 1, W = 1: высокая доступность, слабая согласованность — следовательно, реализуется причинная консистентность;
- R = 2, W = 2: сильная согласованность, может страдать доступность;
- R = 1, W = 3: запись требует подтверждения от всех, но чтение возможно только с одного узла (реплики).

Таким образом, динамическое управление моделями консистентности широко применяется в задачах балансировки нагрузки (разд. 8.1). Например, при высоких нагрузках можно понижать уровень согласованности. Очевидно, что снижение уровня согласованности является одним из ключевых методов осуществления управляемой деградации (разд. 7.3.3). Такая модель консистентности может быть использована при управлении балансом между согласованностью и величиной задержки[214].

В задачах репликации данных в системах хранения разные модели консистентности отвечают за синхронную или асинхронную модель репликации (разд. 11.2). Такой подход широко применяется в СУБД, таких как Cassandra, DynamoDB, Riak, ScyllaDB.

6.2.12. Усиленные конечные консистентности

В некоторых случаях можно найти компромисс между строгими и слабыми моделями консистентности. Таким решением являются усиленные модели конечной консистентности, например сильная модель конечной консистентности (SEC[215]). Данная модель гарантирует, что все узлы в конечном счёте будут в одинаковом состоянии, если новые операции перестанут поступать. Это значит, что эффективное применение блокировок может способствовать реализации такой модели. Модель не гарантирует соблюдение порядка операций.

Применение таких моделей консистентности предъявляет особые требования к стилю работы с данными. Стиль подразумевает автоматическое разрешение конфликтов при репликации. Для разрешения конфликтов применяется специальный тип структурирования данных, защищённых от конфликтов репликации (разд. 10.2.11). Данный подход называют моделью бесконфликтной консистентности[216].

---

[214] Latency / consistency.
[215] Strong eventual consistency.
[216] Conflict-free consistency.

Важно отметить, что такие модели успешно функционируют в реализациях распределённых систем без координации с центральным узлом, то есть в leaderless-архитектурах (разд. 4.3), и подходят для обслуживания репликации узлов, координирующихся хореографически (разд. 10.2.7).

6.3. Модели консистентности с блокировками

Модели слабой консистентности позволили существенно повысить производительность распределённых систем. Тем не менее в ВНС со слабой моделью консистентности возникают проблемы производительности. Алгоритмической реализации моделей консистентности может не хватать ресурсов для обслуживания целевой РСУ. Большие объёмы изменения данных могут привести к тому, что производительности целевой системы не хватит для обслуживания логики моделей и синхронизации данных, что приведёт к деградации (разд. 7.3).

Каждый цикл синхронизации можно декомпозировать на совокупность дискретных операций, в которых присутствуют фаза подготовки сообщения с блоком данных, фаза размещения блока в очереди синхронизации и фаза передачи данных по сети (разд. 4.4.1). Один цикл синхронизации может состоять из передачи сразу нескольких изменений, размещаемых в очереди синхронизации, так как передавать изменения по одному совсем неэффективно. Объём передаваемых за один цикл изменений может определять балансировщик нагрузки (разд. 8.1).

В данном случае серьёзной проблемой является неопределённость объёма изменений данных, то есть неопределённость скорости нарастания размера синхронизационной очереди. При слишком высокой скорости нарастания изменений система может физически утратить способность обработать весь объём данных, и тогда она начнёт деградировать (разд. 7.3.5). Все операции в рамках цикла синхронизации могут осуществляться в поточном или конвейерном режиме (разд. 10.1.5). Это подразумевает заранее оптимизированный баланс целевой системы и малую вероятность отклонения балансных характеристик от заложенных в проекте, что не всегда достижимо.

Чтобы повысить управляемость синхронизации целевой системой, вводят блокировки (разд. 4.8). Каждый цикл синхронизации сопровождается блокировкой синхронизируемых очередей, а завершение цикла — снятием этой блокировки. Блокировка препятствует осуществлению записи новых сообщений в очередь синхронизации. Новые изменения могут размещаться в специальной очереди ожидания (буфере) до завершения цикла синхронизации, либо они будут безвозвратно утрачены, что может стать проблемой.

Работа с блокировками требует особой аккуратности. Консистентность установки и снятия блокировок — это отдельная задача, так как она является распределённой операцией, которая выполняется с совокупностью участвующих в синхронизации узлов распределённой системы. Данный процесс приводит к некоторым задержкам, которые могут повлиять на актуальность накопившихся в буфере данных. В таком случае можно гарантировать соответствие балансовых характеристик синхронизации, так как в очередь синхронизации из буфера теоретически попадают только необходимые данные. Управление таким буфером, правила извлечения из него полезных данных возлагаются на проектную логику целевой РСУ (разд. 4.7.1).

Таким образом, модель слабой консистентности ещё больше упрощается, так как в момент синхронизации объём сообщений очереди и размер блоков остаются статическими и предсказуемыми. Для СРВ такой подход скорее неприемлем в связи с тем, что теряется естественная поточность синхронизации новых изменений. Но всё же такой подход может быть использован. Правильная организация циклов, разумное управление объёмом синхронизируемых очередей и блоков данных могут подойти даже для обслуживания СРВ.

В сложных системах принято вводить различные специальные ограничения (условия) в модели консистентности. Такие ограничения необходимы для повышения эффективности и упрощения управления процессом синхронизации. Это могут быть фиксация размера очередей, блоков с данными, установка правил блокировок, установка величины предельной задержки цикла синхронизации. Такие модели консистентности с условиями принято называть «ленивыми» моделями.

Выделяют две модели слабой консистентности с блокировками: консистентность по выходу и консистентность по входу. Эти модели иногда называют моделями ослабления слабой консистентности. Они чаще всего применяются с дополнительными специальными условиями.

Выделяют модели консистентности с блокировками:

- консистентность по выходу (release consistency);
- ленивая консистентность по выходу (lazy release consistency);
- консистентность по входу (entry consistency);
- ленивая консистентность по входу (lazy entry consistency);
- ленивая консистентность по времени (lazy timeline consistency).

6.3.1. Консистентность по выходу

Модель консистентности по выходу[217] основана на блокировке доступа к синхронизируемым данным в моменты синхронизации в целях непредоставления неконсистентных данных.

Когда требуется синхронизация, осуществляется блокировка на запись только тех данных, которые изменились. Данные блокируются на всех узлах до завершения синхронизации. До завершения синхронизации все изменения ставятся в очередь (буферизируются). После завершения синхронизации (на выходе) блокировка снимается, после чего система считается согласованной.

Таким образом, синхронизация представляет собой циклический процесс. В данном случае необходимо аккуратно настраивать частоту циклов синхронизации, чтобы успевать обрабатывать все изменения без ухудшения характеристик ВНС. В моменты, когда не происходит выход из цикла синхронизации, система функционирует в окне неконсистентности.

Такой подход позволяет сократить обмен данными между узлами, ведь если данные не востребованы ни одним узлом, синхронизировать их не нужно. Таким образом, инициатором блокировок могут быть клиентские запросы.

Существует более упрощённая модель консистентности по выходу. Ленивая консистентность по выходу[218] не требует синхронизации всех узлов РСУ, а позволяет осуществить синхронизацию выбранных узлов, устанавливая и снимая блокировки только на них (разд. 10.3.1). Следовательно, на остальных узлах данные остаются несинхронизированными, и система считается согласованной.

Такая модель имеет вполне конкретное применение. Если известно, что на неучаствующих узлах не идёт работа с синхронизируемыми данными, их и не нужно синхронизировать. Но если вдруг на таких узлах начнут осуществляться обращения к данным, такие данные будут неконсистентными.

В случае применения ленивой консистентности по выходу обычная консистентность по входу называется активной консистентностью по выходу[219].

---

[217] Release consistency, #06-13 [w].
[218] Lazy release consistency (LRC).
[219] Eager release consistency.

6.3.2. Консистентность по входу

Модель консистентности по входу[220], также как и модель консистентности по выходу, основана на блокировке доступа к синхронизируемым данным в моменты синхронизации в целях непредоставления неконсистентных данных.

Отличиt заключается в том, что для каждого цикла синхронизации участвующие в нём данные специально отмечаются или создаётся список переменных для синхронизации.

Перед каждым циклом синхронизации осуществляется блокировка на запись только тех данных, которые помечены или содержатся в списке. Таким образом, перед началом синхронизации (на входе) заранее известен точный перечень синхронизируемых переменных.

Как и в случае с ленивой консистентностью по выходу, можно выделить ленивую консистентность по входу[221], которая допускает синхронизацию только части узлов РСУ за один цикл. Относительно ленивой консистентности по входу обычная консистентность по входу называется активной консистентностью по входу[222].

6.3.3. Ленивая консистентность по времени

В ВНС изменения могут быть весьма динамичными. Соответственно, каждый цикл синхронизации может обслуживать очереди (разд. 4.7.2) непредсказуемой длины. В таком случае с целью обеспечить гарантии производительности применяются фиксированные очереди для синхронизации данных временных рядов.

Для получения фиксированного массива изменений данные временных рядов могут подвергаться специализированной обработке, называемой ресемплированием[223] (передискретизацией, разд. 11.1.6).

Такая упрощённая модель временной консистентности называется ленивой консистентностью по времени[224]. Реализация модели может потребовать применения блокировок. Данная модель консистентности эффективно применяется в задачах АСУ ТП, РСУ и СРВ (разд. 11.3).

---

220 Entry consistency.
221 Lazy entry consistency.
222 Eager release consistency.
223 Resampling, #06-14 [w].
224 Lazy timeline consistency.

6.4. Количественные модели консистентности

Модели количественной[225] консистентности представляют собой подмножество моделей слабой консистентности. Они гарантируют консистентность узлов с учётом количественных ограничений.

Ограничением может быть, например, степень отклонения или расхождения реплик между узлами. В отличие от традиционных моделей согласованности (например, строгой или причинной), количественная согласованность вводит метрики для измерения отличия между узловыми репликами, чтобы контролировать их расхождение. Если такие метрики превышают предельно допустимое значение, это говорит о необходимости синхронизации.

Этот класс моделей позволяет эффективно балансировать (разд. 8.1) распределённую систему. Модели позволяют справиться с перегрузками. Обеспечение таких возможностей основано на динамическом ослаблении ограничений, что приводит к снижению требований к синхронизации и, следовательно, снижает потребность системы в ресурсах. Такие модели высокоадаптивны за счёт возможности динамически изменять (упрощать, усложнять) условия.

Выделяют ряд количественных моделей:

- консистентность «ограниченная устарелость» (bounded staleness);
- дельта-консистентность (delta consistency);
- вероятностная консистентность (probabilistic consistency);
- вероятностная линейная консистентность (probabilistic linearizability);
- K-консистентность (K-consistency);
- консистентность «окно устарелости» (staleness window);
- консистентность «монотонная устарелость» (monotonic staleness);
- консистентность с перекосом (skew consistency);
- консистентность «ограниченное расхождение» (limited divergence);
- консистентность с отсечением (consistent cutoff);
- консистентность векторного поля.

---

[225] Quantitative consistency.

6.4.1. Консистентность «ограниченная устарелость»

Консистентность «ограниченная устарелость»[226] — это модель, которая позволяет системе быть «немного» неконсистентной в пределах заранее определённых ограничений.

В качестве примера можно привести следующие ограничения:

- данные должны быть с приоритетом выше заданного;
- данные не должны быть старше определённого TTL;
- данные не должны быть старше определённого числа запросов;
- данные не должны задерживаться после превышения предельного количества циклов синхронизации;
- разница между временными метками зависимых данных не должна превышать предельные значения.

Такая модель является одной из наиболее практичных моделей консистентности. Она позволяет построить масштабируемую и высокопроизводительную систему с предсказуемым поведением.

6.4.2. Дельта-консистентность

Дельта-консистентность[227] представляет собой модель консистентности, в которой данные становятся согласованными через определённый промежуток времени (дельту). Такая модель консистентности является разновидностью конечной консистентности с более конкретным ограничением времени достижения консистентного состояния.

Модель консистентности гарантирует, что через определённое время все узлы распределённой системы достигнут согласованного состояния. Данная модель может быть правилом качества оказания услуг (разд. 7.1).

Реализация такой модели вполне может отвечать требованиям ВНС, обслуживаемым реактивной архитектурой (разд. 10.2.4), в том случае, если все события успевают быть обработанными за заданное число циклов синхронизации в планируемых режимах эксплуатации (разд. 1.1).

Репликация дельта-состояний может осуществляться через защищённые от конфликтов репликации структуры данных (разд. 10.2.10), учитывающие дельта-состояние[228].

---

[226] Bounded staleness.
[227] Delta consistency, Δ-staleness, #06-15 [w].
[228] δ-CRDT, #06-16.

6.4.3. Вероятностная консистентность

Вероятностная[229] консистентность представляет собой модель, которая гарантирует заданную вероятность того, что данные узлов распределённой системы будут согласованы.

В качестве примера можно привести следующие условия:

- вероятность, что данные между всеми узлами идентичны, выше 99%;
- вероятность, что негарантированная доставка сообщений обеспечила синхронизацию всех узлов, выше 90% (разд. 3.3);
- вероятность, что в сети появился новый узел, выше 50%;
- вероятность того, что в системе увеличился приоритет операций у 10% переменных, достигла 90%.

Данная модель применяется в системах, в которых допустимо управление риском неконсистентности для повышения производительности.

6.4.4. Вероятностная линейная консистентность

Вероятностная линейная консистентность[230] представляет собой модель, которая гарантирует строгое упорядочивание операций не абсолютное, а с заданной вероятностью. Она является ослабленной моделью строгой линейной консистентности, которая позволяет реализовать более производительные архитектуры без полного отказа от порядка выполнения операций. Такая модель особенно полезна в ВНС с критичными ограничениями по задержке.

Модель задаётся через допустимый уровень ошибки ε и формулируется следующим образом: система является ε-линеаризуемой, если с вероятностью не ниже $1 - \varepsilon$ все операции выглядят как атомарно выполняющиеся в едином согласованном порядке. Если $\varepsilon = 0$, модель сводится к классической линейной консистентности (разд. 6.2.4). При ненулевом ε допускается, что некоторая часть операций может быть обработана вне общего порядка, но контролируемым и измеримым образом.

В качестве примера можно привести следующие условия:

- 99.999% операций выполняются в строгом порядке ($\varepsilon = 0.00001$);
- менее 0.001% запросов могут вернуть устаревшее значение;
- в 95% случаев задержка синхронизации не превышает 10 мс.

---

[229] Probabilistic consistency.

[230] Probabilistic Linearizability.

Такая модель может быть реализована следующими способами:

- использование ограниченных по времени кворумов[231] (разд. 10.3.1), если не требуется ждать всех подтверждений операций при достижении порога доверия;
- балансировка на основе анализа метрик отклонения[232], представляющих собой разновидность метрик QoS (разд. 7.1), таких как задержка, рассогласование, уровень вероятности достижения целевых значений;
- применение векторных и матричных часов только в критичных частях системы (разд. 6.2.6);
- анализ перцентилей задержек (p95, p99, p999) для оценки «почти строгой» консистентности (разд. 7.1.4).

Данная модель консистентности обеспечивает гарантии того, что большинство операций будут линеаризуемыми, то есть будут подчинены строгому порядку исполнения с заданной вероятностью $P \geq 1 - \varepsilon$. Такая модель применяется в критических системах, например в СРВ. В случае допущения некоторых отклонений, то есть некоторых ослаблений модели, такая модель называется квазиконсистентностью[233]. Квазимодель ориентирована на допущение умеренной неконсистентности ради производительности.

6.4.5. K-консистентность

K-консистентность[234] представляет собой модель, которая гарантирует согласованность узлов, но не более чем на K операций. Число K определяет, сколько операций может пройти между циклами репликации узлов.

В качестве примера можно привести следующие условия:

- если клиент осуществил K запросов на запись;
- если K клиентов сделали запросы к неконсистентному кешу;
- если узел внёс K изменений;
- если при синхронизации нескольких групп узлов одна группа узлов осуществила K циклов синхронизации.

Модель применяется в системах, где данные быстро устаревают, но должны быть консистентными при изменении определённого числа состояний. Например, такая модель применяется в задачах управления распределённым кешем с высокой устойчивостью к старению данных (разд. 5.5.1).

---

[231] Time-bounded quorum.
[232] Divergence metrics.
[233] Quasi-Consistency.
[234] K-consistency, k-staleness.

6.4.6. Консистентность «окно устарелости»

Консистентность «окно устарелости»[235] представляет собой модель, которая гарантирует, что данные на разных узлах будут согласованы в определённые моменты времени. Во все остальные моменты узлы могут быть неконсистентными. Очевидно, что это определение модели, которая явно основана на типовом окне неконсистентности базовой модели слабой консистентности.

Это важная модель консистентности для СРВ. Например, окно неконсистентности может составлять 1 секунду, что соответствует системам с достаточно серьёзными требованиями.

6.4.7. Консистентность «монотонная устарелость»

Консистентность «монотонная устарелость»[236] представляет собой модель, которая гарантирует, что с течением времени степень неконсистентности узлов будет монотонно уменьшаться с заданными метриками. Как правило, такая модель реализуется как модель ограниченной устарелости с динамически изменяемыми предельными метриками.

Например, при аварийном переключении или в иной ситуации данные узлов могут устареть с задержкой на 10 секунд. С каждым циклом синхронизации задержка должна сокращаться.

Такая модель применяется в системах, где допустима постепенная синхронизация до полной согласованности. Модель является ключевым инструментом ликвидации последствий перегрузок и деградаций. Например, система может принять решения об управляемой деградации (разд. 7.3.5). В этом случае часть данных будет не синхронизирована. Сбалансировав систему, потребуется привести её в консистентное состояние. Возвращаться к условиям синхронизации, при которых возникла перегрузка, может быть крайне опасно, поэтому должен быть сценарий мягкого восстановления нагрузки и идентификации причин перегрузки. В таких случаях рекомендуется применять монотонное восстановление нагрузки на основе данной модели.

Данная модель является важнейшей практикой вывода распределённых систем из нагрузок. Она предназначена для эффективной компенсации продолжительных всплесков нагрузки, например в задачах кеширования (разд. 5.2.5), а также компенсации длительных перегрузок при отсутствии вариантов ввода резервных мощностей (разд. 4.2.6).

[235] Staleness window.
[236] Monotonic staleness.

6.4.8. Консистентность с перекосом

Консистентность с перекосом[237] представляет собой модель, которая гарантирует согласованность узлов, если при синхронизации между узлами будут сохраняться некоторые различия («перекосы»). Такая модель допускает перекос между узлами по заданным метрикам, например:

- по объёму данных;
- по времени обработки запросов;
- по числу допустимых подключений клиентов.

Данная модель применяется для эффективной балансировки нагрузки при синхронизации узлов, сильно отличающихся по конфигурации и нагрузке (разд. 3.3).

6.4.9. Консистентность «ограниченное расхождение»

Консистентность «ограниченное расхождение»[238] представляет собой модель, которая гарантирует согласованность узлов даже при некотором расхождении реплик в пределах заданного значения. Такая модель является частным случаем консистентности с перекосом, который может сочетать в себе несколько условий, присущих модели К-консистентности.

В качестве примера можно привести следующие условия допустимости отличия данных между узлами:

- разница до 10 изменений на узел;
- разница до 50 изменений на группу узлов;
- разница до 100 изменений на систему.

Данная модель применяется в системах, где некоторое расхождение реплик не является критичным, например в некогерентных распределённых кешах (разд. 5.3).

6.4.10. Консистентность с отсечением

Консистентность с отсечением[239] представляет собой модель, которая гарантирует согласованность узлов, не учитывая синхронизацию устаревших данных. Если по какой-то причине данные не успели синхронизироваться и при этом они считаются устаревшими, такая модель позволяет их вообще не синхронизировать.

---

[237] Skew consistency.
[238] Limited (quantitative) divergence.
[239] Consistent cutoff.

Таким образом, система будет считаться консистентной. В данном случае определяется допустимая глубина рассогласования данных, после достижения которой данные считаются устаревшими или недоступными.

В качестве примера можно привести следующие условия, при которых данные считаются старыми:

- все данные старше 10 секунд;
- все данные, не синхронизированные за 10 циклов.

Эта модель часто используется для работы с данными временных рядов в АСУ ТП. Например, если от прецизионного датчика приходят 100 показаний в секунду, можно не успеть синхронизировать их все, а только 10 значений в секунду. Если у системы не хватает ресурсов синхронизировать все промежуточные значения и причём это не влияет на технологический процесс, такие данные можно считать устаревшими и недоступными.

6.4.11. Консистентность векторного поля

Консистентность векторного поля (VFC[240]) представляет собой адаптивную модель консистентности, в которой учитываются пространственные и временные отношения между объектами. Модель разработана для обслуживания репликации больших объёмов данных в реальном масштабе времени.

Традиционные модели (последовательной или причинной консистентности) трактуют все данные реплики одинаково. VFC дифференцирует уровень консистентности для каждого объекта на основе его приоритета для пользователя. Приоритет вычисляется через функцию, аналогичную физическому векторному полю. Например, приоритет объекта может рассчитываться как обратно пропорциональный квадрату расстояния до объекта или иным образом.

Пространство разделяется на несколько зон, попадание в которые определяет приоритет объекта. В первую очередь реплицируются те объекты, которые ближе (рис. 6–16, 6–17).

Эта модель консистентности разработана прежде всего для многопользовательских игр. Как вы могли заметить, те динамические объекты, которые к вам ближе, обрабатываются быстрее. А если ещё и статические объекты подгружаются из сети, вы можете заметить, что текстуры выглядят лучше на тех объектах, которые ближе. С увеличением расстояния качество прорисовки объектов снижается.

---

[240] Vector-Field Consistency, #06-17 [pdf], #06-18 [pdf].

Такая модель консистентности поддерживается не только игровыми движками, но и глубоко интегрирована в видеокарты. В большинстве игр можно настроить детализацию текстур в зависимости от расстояния. И делается это не только для того, чтобы управлять нагрузкой видеокарты, если она не справляется. Эта настройка напрямую затрагивает процесс синхронизации объектов, что непосредственно влияет на нагрузку игрового движка, который должен справляться с большим количеством пользователей.

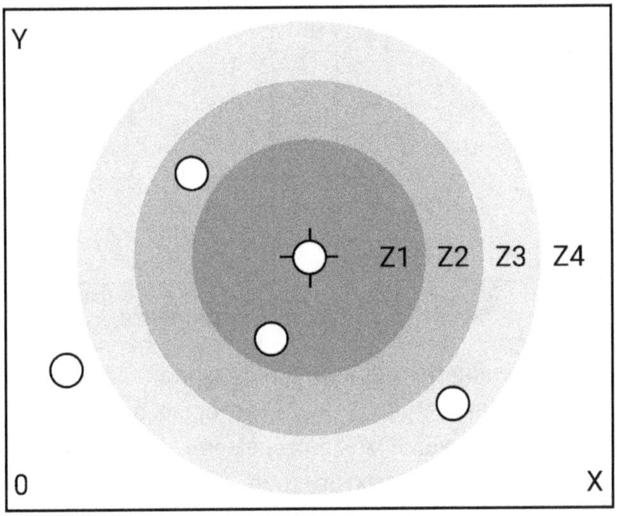

Рис. 6–16. Концепция VFC

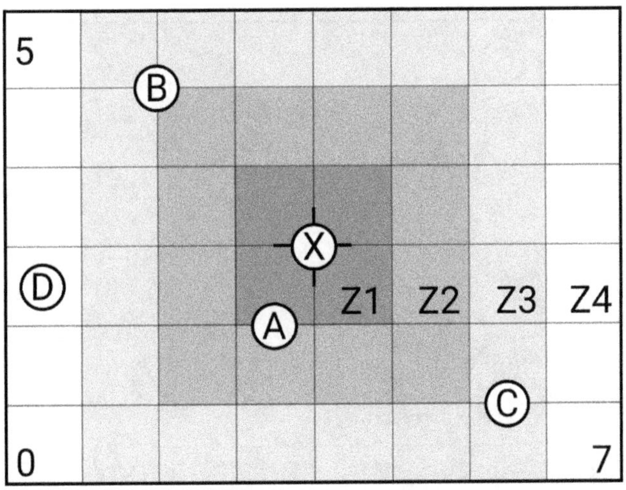

Рис. 6–17. Упрощение VFC

Для каждого пользователя строится виртуальное поле. Центром такого поля является сам пользователь (рис. 6–18). Близкие объекты синхронизируются с высокой точностью, а дальние — с низкой или вообще не синхронизируются. Чем дальше объект, тем большая задержка допустима. Такая модель гарантирует низкую задержку для критически важных объектов (например, для противника, с которым вы сражаетесь).

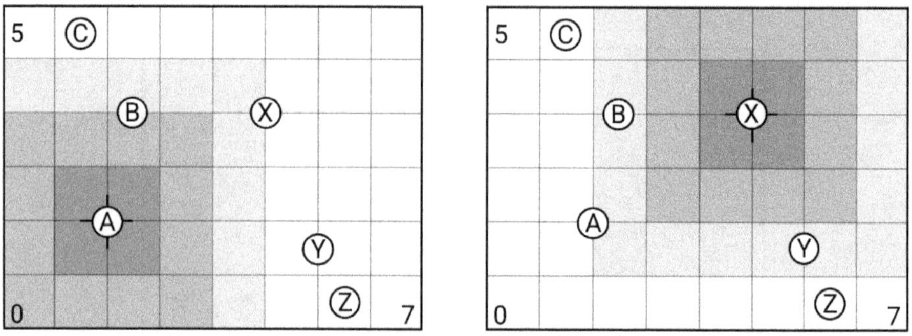

Рис. 6–18. VFC для мультиплеера

Для точной оценки размера и конфигурации общего поля, перечня субъектов (A, X) и объектов (B, C, Y, Z), которые распределённой системе предстоит обработать в текущий момент времени, осуществляется логическое сложение полей для всех субъектов (рис. 6–19). Из примера видно, что объекты C и Z не принимают участия в вычислениях, так как находятся за пределами видимости всех субъектов.

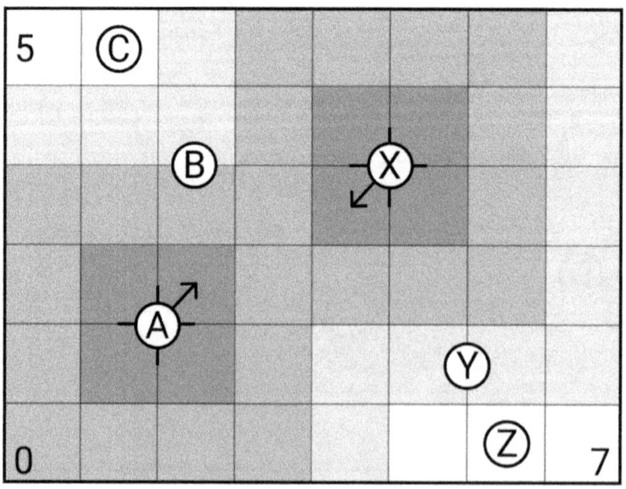

Рис. 6–19. Общее поле обслуживания

Некоторые движки умеют предсказывать вероятность будущих конфигураций полей посредством оценки динамики перемещения объектов и особенностей поведения субъектов. Такие прогнозы позволяют существенно повысить качество вычислений и, следовательно, гарантии согласованности.

Применение VFC снижает объём сетевого трафика и нагрузку на процессор, так как система не тратит ресурсы на синхронизацию невидимых или неважных объектов. Оно позволяет обслуживать огромное количество объектов и пользователей в одном виртуальном пространстве.

Если объекты перемещаются достаточно быстро, могут возникать различные проблемы. Возможна временная несогласованность, которая проявляется как спонтанное появление объектов. Некоторые реплики могут вообще не синхронизироваться в связи с неактуальностью.

Данная модель применима в широком классе задач, таких как совместная работа в САПР, трёхмерных редакторах. Концепция обмена данными между автомобилями на дороге V2X[241] учитывает VFC, ведь для безопасности необходимо прежде всего обрабатывать те объекты, которые ближе. Следует учитывать развитие роботизации, автономных подвижных объектов, таких как беспилотные автомобили, беспилотные летательные аппараты, которые, очевидно, будут обмениваться данными в режиме РВ. В таком случае выбор VFC будет верным решением для управления репликацией данных узлов. Очевидно, что VFC находит применение в специальных целях, и развитие таких технологий требуется для обеспечения слаженной координации роёв роботов и беспилотников.

6.5. Сессионные модели консистентности

Выделяют сессионные модели консистентности (клиентоцентрические). Они предназначены для обслуживания клиентских данных в рамках отдельных сессий и актуальны для систем с ярко выраженной изоляцией и мультитенантностью клиентских данных. Для таких данных важнее то, как они представляются клиентам, их последовательность, зависимость, чем их внутреннее представление в обслуживающей данные распределённой системе.

Среди сессионных моделей можно отметить следующие:

- консистентность «читай то, что записал» (read your writes);
- консистентность «запись следует за чтением» (writes follow reads);
- сессионная консистентность (session consistency);

[241] Vehicle-to-Everything, #06-19.

- консистентность монотонного чтения (monotonic read consistency);
- консистентность монотонной записи (monotonic write consistency).

6.5.1. Консистентность «читай то, что записал»

Модель «читай то, что записал» (RYW[242]) гарантирует, что клиент, выполнивший запись данных, всегда сможет прочитать свои изменения при последующих запросах. Эта модель используется в распределённых системах для обеспечения согласованности восприятия данных на уровне отдельного клиента. Если клиент сразу же после записи отправляет запрос на чтение, система гарантирует, что он увидит эту запись, даже если другие клиенты пока видят устаревшие данные.

Модель может быть реализована путём привязки запросов клиента к конкретному узлу или использования многоверсионности. Привязка к узлу осуществляется путём направления запроса на тот же узел, где выполнялась запись, чтобы гарантировать доступ к актуальным данным.

Использование многоверсионности подразумевает, что при чтении данные сравниваются с меткой времени последней записи клиента. Если запись клиента ещё не синхронизирована со всеми узлами, чтение перенаправляется на узел с актуальными данными. Модель может применяться вместе с принципами MVCC, если появятся конфликтующие версии.

Модель применима на уровне конкретной сессии и не гарантирует согласованность данных между клиентами. Такая модель представляет собой упрощение модели сессионной консистентности.

Можно привести следующий пример: пользователь, который пишет сообщения в чат, всегда будет их видеть в нужном порядке, даже если система ещё не синхронизировалась и другие клиенты не видят эти сообщения.

6.5.2. Консистентность «запись следует за чтением»

Модель консистентности «запись следует за чтением» (WFR)[243] гарантирует, что любые записи, выполненные клиентом после чтения данных, будут видны этому клиенту в будущем. После того как клиент прочитал значение данных, все его последующие записи на основе этого значения будут согласованы и видны ему при дальнейших чтениях. Данная модель работает в режиме изоляции клиента — другие клиенты не обязаны видеть изменения сразу

[242] Read Your Writes.
[243] Write Follows Read.

после записи. Запись клиента должна учитывать контекст прочитанных данных. Например, если клиент прочитал значение переменной, запись нового значения этой переменной будет базироваться на прочитанной версии.

Эта модель полезна в системах с высокой частотой репликации данных, где важно, чтобы клиент видел свои изменения даже при задержке синхронизации между узлами.

6.5.3. Сессионная консистентность

Модель сессионной консистентности[244] расширяет модель «читай то, что записал», распространяя её гарантии на всю сессию клиента. Она обеспечивает предсказуемое поведение операций чтения и записи в рамках сессии клиента. Все действия, выполняемые клиентом в течение одной сессии, гарантированно согласованы, что делает эту модель полезной для систем, где пользователь ожидает непрерывного и логически последовательного взаимодействия с данными.

Все операции чтения и записи клиента внутри одной сессии согласованы между собой. Клиент видит результаты своих записей, даже если они ещё не синхронизированы с другими узлами системы. Каждая сессия клиента изолирована от других сессий. Между клиентами могут наблюдаться расхождения в данных до тех пор, пока изменения не будут реплицированы. В случае кратковременного разрыва соединения сессия может быть восстановлена, и согласованность данных клиента будет сохранена. Такая модель обеспечивает гарантии только для одного клиента и действует в пределах текущей сессии.

Данная модель обеспечивает:

- гарантированную согласованность операций внутри сессии, которая делает поведение системы предсказуемым;
- за счёт ограничения гарантий одной сессией система может более эффективно использовать ресурсы, снижая нагрузку на синхронизацию всей системы;
- клиент взаимодействует с системой через сессию, не заботясь о внутренних механизмах консистентности.

Соответственно, вне текущей сессии клиенты могут видеть устаревшие данные. Если сессия завершается или прерывается, пользователь может столкнуться с временной несогласованностью данных. Реализация модели требует отслеживания состояния сессий.

---

[244] Session consistency.

Сессия является понятным и широко используемым инструментом. Она может быть «приклеена» к конкретному узлу и обслуживать значительный пул клиентов. Такая сессия называется липкой[245]. Например, при управлении АЭС РСУ разделена на несколько независимых подсистем, каждая из которых отвечает за управление своей частью оборудования. Например, оператор реакторного отделения и оператор турбинного отделения управляют каждый своим пулом оборудования. Эти пулы зачастую не влияют друг на друга в ходе технологического процесса. РСУ, очевидно, синхронизирует состояние всех систем, но операторам разных отделений в рамках разных сессий это работать не мешает. Такая логика может упростить требования к синхронизации РСУ при существенных перегрузках.

6.5.4. Консистентность монотонного чтения

Модель монотонного чтения[246] гарантирует, что, если клиент прочитал некоторое состояние данных, все последующие чтения вернут это же состояние или более актуальное. Клиент никогда не увидит старую версию данных после того, как прочитал новую. Такая модель упрощает взаимодействие с распределёнными системами, обеспечивая естественную последовательность данных. При этом ей требуются сложные механизмы синхронизации в системах с высокой задержкой.

6.5.5. Консистентность монотонной записи

Модель монотонной записи[247] гарантирует, что операции записи от одного клиента будут применяться в том порядке, в котором они выполнялись. Она применяется в многосессионных системах, где порядок операций записи критически важен, например в системах управления версиями или банковских приложениях. Такая модель не гарантирует монотонность чтения, если используется с другими клиентами.

6.6. Конкурентные модели консистентности

В современных распределённых системах часто возникают конфликты репликации, связанные с параллельной записью (разд. 9.2.1). Модели с блокировками позволяют решить данную проблему, но ценой такого решения являются высокие задержки и связанные с этим неудобства. Особенно заметны задержки в системах коллективной работы и высокопроизводительных параллельных вычислений.

[245] Sticky sessions.
[246] Monotonic read consistency.
[247] Monotonic write consistency.

Существует масса способов разрешения конфликтов репликации. Весьма распространённым является применение специальных структур данных, защищённых от конфликтов репликации (разд. 10.2.11). Такой подход повышает эффективность как в синхронных, так и в реактивных реализациях (разд. 10.2.4), снижает задержки, но при этом предъявляет высокие требования к ресурсам.

Для оценки консистентности распределённых систем, работающих в режиме конкурентности, предусмотрен ряд специализированных моделей. Среди них следует отметить следующие:

- многоверсионная консистентность;
- консистентность в монотонных системах;
- консистентность транзакционной сходимости;
- консистентность акторов.

6.6.1. Многоверсионная консистентность

Многоверсионная консистентность (MVCC[248]) — универсальная модель. Как только появляется конфликт записи, MVCC сохраняет несколько версий данных. В этом случае исключается необходимость применения блокировок. К каждой версии данных можно применить принципы изоляции доступа и при необходимости мультитенантность.

Данный принцип широко используется в СУБД (в том числе ACID) для управления конфликтами репликаций и прочих операций (разд. 10.2.11).

Любую систему, даже самую сложную, пытаются спроектировать таким образом, чтобы минимизировать число конфликтов. Возможность обслуживания целевой системы с помощью модели многоверсионной консистентности обусловлена возможностью изоляции операций в рамках отдельных сессий.

Таким образом, выделяют несколько сессионных моделей консистентности, то есть моделей для обслуживания сессий (разд. 6.5). Эти модели предназначены для обслуживания систем, в которых предполагается отсутствие конфликтов записи, а все потенциальные конфликты сводятся к управлению порядком операций. В качестве примера такой системы можно привести мессенджер или социальную сеть. В системах такого рода важно, чтобы выполнялись клиентоцентрические свойства консистентности.

[248] Multiversion Concurrency Control, #06-20 [w].

Например, при изменении одного экземпляра данных каждый клиент может видеть именно его изменения, а распределённая система должна обеспечивать сохранение всех изменений. Сессионные модели часто встречаются в системах с более строгими моделями для обслуживания подключений клиентов распределённой системы. Модель может быть заменена в зависимости от доступности РСУ, качества соединения.

6.6.2. Консистентность в монотонных системах

Некоторые системы проектируют по принципу логической монотонности. Под этим подразумевается, что в распределённой системе не будет операций удаления (разд. 4.5).

Консистентность в монотонных распределённых системах (CALM[249]) представляет собой модель с гарантиями согласованности, не зависящими от порядка доставки сообщений. Данная модель основана на наблюдении, что монотонные операции могут быть асинхронно реплицированы с гарантиями в условиях модели конечной консистентности (разд. 6.2.3). Основные идеи этой модели заключаются в нескольких условиях.

Монотонными считаются операции, которые добавляют новые значения, не отменяя предыдущие. Например, добавление записей в базу данных и подсчёт уникальных значений являются монотонными операциями.

Немонотонными считаются операции, которые могут потребовать удаления или перезаписи предыдущих значений. Например, это поиск минимального значения или удаление записей. Такие операции требуют синхронизации между узлами для обеспечения консистентности.

Теорема CALM гласит, что монотонные операции могут быть выполнены в распределённой системе асинхронно, оставаясь консистентными. По сути, подразумевается, что при условии асинхронной репликации без блокировок монотонные операции всегда достигнут состояния конечной консистентности.

Это означает, что распределённые системы, спроектированные по этому принципу, не требуют сложных алгоритмов синхронизации, блокировок и координации. Для немонотонных операций (например, проверки уникальности ключа) необходима координация, что снижает доступность или увеличивает задержки.

---

[249] Consistency and Logical Monotonicity.

В качестве примера монотонной операции можно привести добавление сообщения в ленту социальной сети. Даже если сообщения приходят в разном порядке на разные узлы, итоговый результат (все сообщения в ленте) будет одинаковым. В качестве примера немонотонной операции можно привести проверку уникальности имени пользователя перед регистрацией. Если два узла одновременно проверяют одно и то же имя, в отсутствие координации может возникнуть конфликт.

Системы, спроектированные с учётом применения защищённых от конфликтов репликации структур данных (разд. 10.2.11), подчиняются принципу монотонности и теореме CALM.

6.6.3. Консистентность транзакционной сходимости

Консистентность транзакционной сходимости (TCC[250]) представляет собой модель согласованности распределённых систем, обеспечивающую гарантии сходимости операций в условиях модели конечной консистентности (разд. 6.2.3).

Основные концепции транзакционной консистентности и сходимости заключаются в следующем:

- все операции в рамках транзакции выглядят атомарными;
- после выполнения транзакции система гарантирует, что данные будут находиться в консистентном состоянии;
- независимо от асинхронного характера репликации все узлы будут согласованы в соответствии с моделью конечной консистентности;
- это достигается путём обеспечения отсутствия конфликтов и гарантии разрешения потенциальных расхождений.

Данная модель подчиняется следующим принципам:

- локальная изолированность[251]: клиенты могут выполнять транзакции локально, без необходимости глобальной синхронизации, что сводит к минимуму связанные с синхронизацией задержки;
- механизмы разрешения конфликтов, стратегия разрешения конфликтов обеспечиваются с помощью логики прикладного уровня или путём применения структур, защищённых от конфликтов репликации данных (разд. 10.2.11);

[250] Transactional Consistency and Convergence.
[251] Local isolated updates.

- финальная сходимость[252]: после завершения синхронизации между узлами все данные приходят к единому консистентному состоянию;
- идентификация транзакций: каждая транзакция имеет уникальный идентификатор, который помогает упростить обнаружение конфликтов и управление состояниями.

Данная модель позволяет представить набор атомарных операций как ACID-транзакцию (разд. 4.9) без наложения соответствующих ограничений. Модель обеспечивает транзакционные гарантии, что существенно упрощает проектирование целевых систем.

6.6.4. Консистентность акторов

Консистентность акторов (ACM[253]) представляет собой концепцию обеспечения согласованности узлов, взаимодействие которых основано на модели акторов. Модель акторов представляет собой архитектурный подход к реализации параллельных и распределённых вычислений (разд. 9.2.1), в которой акторы (узлы) взаимодействуют посредством асинхронных сообщений (разд. 10.2.4).

Акторы являются единицами обработки в системе, которые могут:

- выполнять вычисления;
- хранить состояние;
- отправлять сообщения другим акторам;
- создавать новых акторов.

Каждый актор работает независимо и обрабатывает только одно сообщение за раз, обеспечивая безопасность данных. Сообщения между акторами передаются асинхронно. Глобальное время отсутствует, как и синхронизация между акторами. Локальное состояние каждого актора является изолированным и может быть изменено только самим актором.

Основные парадигмы модели акторов:

- локальная согласованность: каждый актор гарантирует корректное управление своим собственным состоянием, последовательность обработки сообщений внутри актора строго упорядочена;
- сообщения между акторами обрабатываются в соответствии с моделью причинной консистентности (разд. 6.2.6);

[252] Eventual convergence.
[253] Actor Model Consistency.

- все акторы видят все изменения по модели конечной консистентности (разд. 6.2.3);
- изоляция обработки данных: каждый актор обрабатывает свои сообщения независимым образом, что упрощает управление состоянием, но требует механизмов согласования состояния между акторами.

Консистентность на основе модели акторов тесно связана с её асинхронной природой и отсутствием глобального состояния. Модель акторов тесно связана с теоремой CALM и реализуется согласно определённым в ней принципам. Такая модель идеально подходит для ВНС, РСУ, где важны доступность, масштабируемость и устойчивость к сбоям.

6.7. Классификация моделей консистентности

CAP-теорема (разд. 4.6) применима только к строгой консистентности — она не классифицирует современные РСУ, допускающие слабую консистентность. Существуют принципы, более точно описывающие проблематику ограничений РСУ. Среди них выделяют принципы BASE и PACELC.

6.7.1. Принцип классификации BASE

Наиболее известным принципом считают BASE[254]. Его также называют принципом отложенной согласованности, так как ему соответствуют все модели слабой консистентности.

BASE описывает следующие требования к распределённой системе:

- **B**asically **a**vailable — базовая доступность подразумевает, что сбой незначительного числа узлов не приведёт к утрате работоспособности всей РСУ и отказу в обслуживании значимого числа взаимодействий;
- **S**oft-state — неустойчивое состояние означает, что РСУ некоторое время может находиться в состоянии, близком к деградации (разд. 7.3), теряя часть наименее значимых для её работы данных;
- **E**ventually consistent — РСУ находится в возможно-консистентном состоянии (разд. 6.2.3).

Таким образом, принцип BASE является обратным принципу ACID. Подразумевается, что в реальных условиях в РСУ не может быть достигнута строгая консистентность. ACID подразумевает строгую консистентность, но невысокую скорость. BASE, напротив, подразумевает высокую скорость, но слабую консистентность.

[254] BASE, #06-21.

Важно отметить, что для достижения конечной консистентности в системах, построенных по этому принципу, необходимы эффективные механизмы управления конфликтами, такие как CRDT (разд. 10.2.11).

Для примера можно сравнить протоколы транспортного уровня (разд. 4.6.1) применительно к BASE:

- UDP соответствует принципам BASE по умолчанию — контроль строгого порядка должен быть реализован самостоятельно;
- QUIC соответствует принципам BASE, причём обладает высокой гибкостью для адаптации к необходимым условиям — строгий порядок является свойством протокола;
- SCTP быстро возвращается в устойчивое состояние за счёт multi-homing — компромиссное решение для построения BASE-систем;
- TCP не соответствует принципам BASE — предназначен для надёжных сетей и ориентирован на строгий порядок.

6.7.2. Принцип классификации моделей PACELC

Существует уточняющий CAP-теорему принцип — принцип (теорема) PACELC[255]. Он учитывает не только компромисс между доступностью (A) и консистентностью (C) в условиях разделения сети (P), но и компромисс между задержкой (L) и консистентностью (C) в нормальных условиях работы системы (E — Else).

Таким образом, данный принцип выделяет четыре класса моделей консистентности (рис. 6–20):

- PA/EL: при разделении (P) важнее доступность (A), чем консистентность (C). Иначе (E) важнее задержка (L), чем консистентность (C);
- PA/EC: при разделении (P) важнее доступность (A), чем консистентность (C). Иначе (E) важнее консистентность (C), чем задержка (L);
- PC/EL: при разделении (P) важнее консистентность (C), чем доступность. Иначе (E) важнее задержка (L), чем консистентность (C);
- PC/EC: при разделении (P) важнее консистентность (C), чем доступность (A). Иначе (E) важнее консистентность (C), чем задержка (L).

[255] PACELC, #06-22 [w], #06-23, #06-24. ▸

PA/EC	EC	**PC/EC**
PA	PACELC	PC
PA/EL	EL	**PC/EL**

Рис. 6–20. Теорема PACELC

Современные зрелые распределённые системы (например, те же СУБД) могут поддерживать разные модели консистентности и применять их в зависимости от сценария или состояния[256].

Для наглядности можно рассмотреть, как характеристики транспортных протоколов (разд. 4.6.1) соотносятся с архитектурными приоритетами теоремы PACELC:

- TCP — ориентирован на PC/EC: за счёт механизмов обязательного подтверждения доставки и строгого упорядочения протокол является естественным выбором для систем, ставящих в приоритет согласованность как в случае сетевого разделения, так и в нормальном режиме эксплуатации;
- UDP — ориентирован на PA/EL: отсутствие гарантий доставки и ожидания подтверждений обеспечивает максимальную скорость и доступность, а также минимальную задержку в нормальном режиме;
- SCTP — ориентирован на PC/EL: обеспечивает надёжную доставку, но благодаря механизму многопоточности минимизирует задержки, возникающие из-за блокировок начала очереди, что особенно важно в нормальном режиме;
- QUIC — ориентирован на PA/EL: объединяет скорость UDP с современными механизмами восстановления данных, его архитектура нацелена на обеспечение максимальной доступности и сверхнизких задержек (0-RTT), что делает его оптимальным для ВНС с низким временем отклика.

6.7.3. Теорема PAC Брюэра

Теорема PAC[257] Брюэра представляет собой расширение и уточнение известной теоремы CAP (разд. 4.6), предложенное Эриком Брюэром[258]. PAC-теорема

[256] Конфигурации PACELC, #06-25.
[257] Partition-Availability-Consistency.
[258] Eric Brewer.

была разработана для подробного рассмотрения компромиссов между разделением, доступностью и консистентностью в распределённых системах.

В условиях сетевого разделения (P) система должна выбирать между согласованностью (C) и доступностью (A). Это значит, что нельзя одновременно обеспечить полную согласованность и доступность, если узлы не могут взаимодействовать из-за разделения. Принцип PAC-теоремы формализует компромиссы, которые системы должны учитывать:

- если требуется консистентность, система должна ограничить доступность во время разделения;
- если требуется доступность, система может допустить временную неконсистентность данных.

Различия между PAC и CAP заключаются в следующем:

- CAP делает акцент на том, что в условиях сетевого разделения система может быть либо доступной, либо консистентной;
- PAC уточняет, что компромисс между консистентностью и доступностью всегда подразумевает наличие сетевого разделения, делая более явным влияние разделения на архитектуру системы.

PAC-теорема подчёркивает необходимость проектирования систем с учётом неизбежности сетевых разделений. Выбор между согласованностью и доступностью должен зависеть от требований целевой системы. Фактически PAC-теорема допускает компромисс между консистентностью и доступностью.

Для примера можно сравнить протоколы транспортного уровня (разд. 4.6.1) применительно к PAC при условии, что ключевым фактором является устойчивость к сбоям:

- TCP: высокая консистентность в ущерб устойчивости к сбоям и доступности, при разделении не работает;
- UDP: устойчивость к сбоям и высокая доступность в ущерб консистентности — подходит для систем с конечной консистентностью (разд. 6.2.3);
- SCTP: устойчивость к сбоям и высокая доступность за счёт multi-homing, PC или PA — в зависимости от условий;
- QUIC: устойчивость к сбоям поверх UDP, высокая доступность, консистентность обеспечивается по умолчанию, балансируются все три условия PAC[259] — лучшее решение для PAC-систем.

[259] PAC-aware.

6.8. Применение моделей консистентности

Подробно рассмотрев каждую модель консистентности, можно сделать некоторые общие выводы и сравнить модели, а также привести примеры использования каждой из них.

В вышедшей в 1978 г. статье «Time, Clocks, and the Ordering of Events in a Distributed System»[260] Лесли Лампорт ввёл модель частичного порядка событий и логические часы. Именно из неё следуют модель строгой консистентности, а также основа последовательной модели консистентности.

Модель строгой консистентности гарантирует, что все операции чтения возвращают последнюю записанную версию данных, независимо от распределённости системы и задержек. Модель обеспечивает простоту реализации и полную согласованность данных. Реализация строгой консистентности требует высоких накладных расходов. Данная модель соответствует классу PC/EC и полностью соответствует принципу ACID. В таких системах консистентность важнее доступности в любых режимах. Следовательно, такая модель подходит для систем, где требуется точная согласованность данных, а доступность и задержки вторичны.

Модель слабой консистентности не гарантирует, что узловые операции чтения будут видеть последние изменения. Её основное преимущество заключается в высокой производительности и доступности целевой системы. Однако возможна ситуация, когда узлы могут видеть устаревшие данные, что может создать ряд проблем. Данная модель соответствует классу PA/EL. В таких системах доступность и скорость важнее консистентности данных. Эта модель является базовой для уточнения условий доступности и оптимизации задержек. Задача производных моделей консистентности состоит в усилении слабой модели.

В опубликованной в 2009 г. статье «Eventually Consistent. Communications of the ACM»[261] Вернер Вогелс закрепил устоявшееся в инженерной среде понятие конечной консистентности.

Модель конечной консистентности предполагает, что данные на всех узлах станут согласованными через неопределённый промежуток времени. Этот принцип обеспечивает хороший баланс производительности, доступности и масштабируемости. Основным недостатком является неопределённое время достижения согласованности. Данная модель, как и модель слабой

[260] Lamport L. (1978), #06-26 [pdf].
[261] Vogels W. (2009), #06-27 [pdf].

консистентности, соответствует классу PA/EL, а также полностью соответствует принципу BASE. В таких системах доступность и скорость важнее консистентности данных. При разработке таких систем основная задача заключается в снижении (оптимизации) задержек. Такая модель применяется в распределённых СУБД, таких как Cassandra, MongoDB, распределённых системах хранения данных, таких как Ceph, GlusterFS.

В статье 1979 г. «How to Make a Multiprocessor Computer That Correctly Executes Multiprocess Programs»[262] Лесли Лампорт впервые сформулировал модель последовательной консистентности. Модель гарантирует, что узловые операции будут выполнены в глобальном порядке для всех узлов, но этот порядок может не соответствовать РВ.

Модель соответствует классу PC/EC. В таких системах консистентность важнее доступности, но высокие задержки для гарантии сохранения порядка операций не допускаются. Допускаются умеренные задержки. Преимуществом подобных систем является умеренная сложность реализации по сравнению с системами на основе линейной модели, а недостатком является нарушение интуитивного восприятия последовательности операций. Соответственно, такая модель представляет собой упрощение линейной модели.

В статье 1990 г. «Linearizability: A Correctness Condition for Concurrent Objects»[263] Морис Херлихи впервые сформулировал линейную модель консистентности. Модель гарантирует, что узловые операции будут выполнены в глобальном порядке для всех узлов, соответствующем РВ. Такой порядок интуитивно понятен. Модель соответствует классу PC/EC. В таких системах консистентность важнее доступности, допускаются высокие задержки для гарантии сохранения порядка операций.

Такие системы достаточно сложны в реализации и требовательны к инфраструктуре. Иногда системы такого рода сравнивают с ACID-системами, но они не являются транзакционными и могут быть реализованы без блокировок. Данная модель используется в распределённых СУБД, системах обслуживания очередей, таких как Kafka, ActiveMQ, RabbitMQ, в которых формулируются критические требования к консистентности.

В статье 1990 г. «Memory Consistency and Event Ordering in Scalable Shared-Memory Multiprocessors»[264] введено понятие консистентности по выходу.

---

[262] Lamport L. (1979), #06-28 [pdf].
[263] Herlihy M. (1990), #06-29 [pdf].
[264] Gharachorloo K. (1990), #06-30 [pdf].

В статье 1993 г. «The Midway Distributed Shared Memory System»[265] введено понятие консистентности по входу. В статье 1992 г. «Lazy Release Consistency for Software Distributed Shared Memory»[266] введено понятие ленивой консистентности по выходу, в 1994 г. она была реализована авторами.

Модели консистентности по выходу и входу позволяют точно устанавливать блокировки (разд. 4.8) для репликации только изменившихся данных. Такие модели чаще соответствуют классу PA/EL. Они заведомо жертвуют строгой согласованностью ради производительности и масштабируемости.

Ленивые реализации указанных моделей применяются при асинхронной репликации, когда допустимы повышенные задержки репликации части узлов. Активные реализации моделей применяются в более строгих случаях, когда задержки репликации всех узлов должны быть одинаково минимальными. Модели консистентности по выходу и входу, включая их ленивые имплементации, составляют основу реализации РРП (разд. 4.10) и распределённых когерентных кешей (разд. 5.1).

В статье 1994 г. «Session Guarantees for Weakly Consistent Replicated Data»[267] введены понятия консистентности по времени сессионных моделей RYW, WFR, монотонного чтения/записи.

Модель консистентности по времени гарантирует, что узловые операции будут выполнены в последовательности, соответствующей времени их появления. Таким образом, все операции будут упорядочены по времени в системах, где есть в этом необходимость. В таких системах требуется синхронизация времени. Данная модель является гибридной PC/EL и PA/EL. Она применяется в системах, в которых важны консистентность и доступность, а также требуются гарантии низких задержек. При разработке таких систем необходимо снизить время, на протяжении которого система работает в режиме разделения, что повышает требования к инфраструктуре, требует резервирования. Данная модель применяется в системах промышленной автоматизации, системах управления транспортом и прочих критических системах. Неопределённость длины очередей синхронизации временных рядов в критических системах допускает применение ленивых моделей консистентности по времени с фиксацией длин очередей и ресемплированием данных. Модель консистентности по времени может быть усилена причинной консистентностью. Причинно-временная консистентность крайне сложна в реализации и требует серьёзных вычислительных ресурсов.

265 Bershad B. (1993), #06-31 [pdf].
266 Keleher P. (1992), #06-32 [pdf].
267 Terry D. (1994), #06-33 [pdf].

В статье 1995 г. «Causal Memory: Definitions, Implementation, and Programming. Distributed Computing»[268] приведено формальное определение причинной консистентности.

Модель причинной консистентности гарантирует, что узловые операции будут выполнены в порядке, соответствующем их причинно-следственным связям. Независимые операции могут выполняться в произвольном порядке. Это снижает затраты на синхронизацию и повышает производительность. Реализация требует отслеживания связей операций. Данная модель является гибридной PC/EC и PC/EL. Она применяется в таких системах, где консистентность важнее доступности, но нужно соблюсти баланс между задержкой и консистентностью, гарантировав причинно-следственную связь. Модель применяется в промышленных РСУ, где важна причинность событий, а также в том числе в социальных сетях и мессенджерах, где важен порядок постов, комментариев и реакций.

В статье 2002 г. «Design and Evaluation of a Continuous Consistency Model for Replicated Services»[269] приведены определения моделей дельта-консистентности, консистентности отсечением, а также ограниченного расхождения.

Модель дельта-консистентности является частным случаем конечной консистентности (PA/EL), где гарантировано достижение согласованности в течение фиксированного времени (дельты). Её основное преимущество заключается в предсказуемости (задержки) времени достижения согласованности. В таких системах синхронизация данных в строгих временных рамках требует дополнительных затрат, например выделения высокопроизводительного интерконнекта (разд. 10.2.1). Данная модель применяется в ВНС, кластерах высокой нагрузки (разд. 9.1.1), low-latency и ultra low-latency системах, в которых жёстко заданы допустимые пределы задержек обмена данными, например циклов синхронизации узлов распределённой системы. Гарантированная задержка является основной для систем с контрактами SLA (разд. 7.2.5).

Модель линейной дельта-консистентности объединяет гарантии глобального порядка операций с предсказуемым временем достижения согласованности. Она сочетает в себе строгую упорядоченность операций с гарантированной, но высокой задержкой. Модель подходит для ВНС, в которых важны планирование ресурсов и обеспечение гарантий качества обслуживания. При необходимости дельта-консистентность может дополнять требования последовательной модели.

---

[268] Ahmad M. (1995), #06-34 [pdf].
[269] Yu H. (2002), #06-35 [pdf].

В статье 2011 г. «Conflict-Free Replicated Data Types»[270] приведены понятие CRDT и модель строгой конечной консистентности. Определены понятие дельта-состояний и способы их бесконфликтной репликации (разд. 10.2.11).

В статье 2012 г. «Probabilistically Bounded Staleness for Practical Partial Quorums»[271] Пётр Балис привел определения моделей ограниченной устарелости, вероятностной, K-уровневой и монотонной устарелости. Детализация и точное управление условиями, допускающими или приводящими к расхождению реплик, позволяют строить адаптивные интегральные модели согласованности.

Модели консистентности с блокировками позволяют снизить требования к производительности распределённой системы. Они основаны на дискретных циклах синхронизации. Перед началом каждого цикла синхронизации участвующие в нём данные блокируются на запись и разблокируются в конце. Каждый цикл может осуществлять синхронизацию только части данных между частью узлов РСУ. Такой подход снижает нагрузку на систему и существенно упрощает алгоритмическую реализацию синхронизации.

Модель конвейерной консистентности применяется для обслуживания распределённой конвейерной обработки данных (разд. 10.1.5). Конвейерная архитектура требует высокой доступности и низких задержек (разд. 9.1.1). Узлы конвейера должны синхронизировать последовательность своих операций. На всех других узлах операции могут чередоваться с операциями других узлов, при этом сохраняя порядок. Уступки перед консистентностью не должны приводить к повышению задержек. Этот принцип позволяет минимизировать задержки операций отдельных узлов. Системы, построенные на основе такой модели, требовательны к ресурсам, что соответствует выполняемым ими классам задач. Конвейер обычно бывает построен на основе производительного кластера. Обычно время конвейерных операций в кластере пытаются рассчитать, что может наложить требования дельта-консистентности.

В статье 2013 г. «Scalable Atomic Visibility with RAMP Transactions»[272] Пётр Балис ввёл понятие атомарной видимости при мультипартиционных операциях. Представлено обоснование методов репликации, позволяющих считать систему консистентной до завершения процесса синхронизации.

---

[270] Shapiro M. (2011), #06-36 [pdf].
[271] Bailis P. (2012), #06-37 [pdf].
[272] Bailis P. (2013), #06-38 [pdf].

Модель сильной конечной консистентности обеспечивает гарантии, что данные в конечном итоге станут строго согласованными, если в периоды репликации осуществлять блокировки (разд. 4.8). Основным недостатком являются высокие требования к инфраструктуре. Такая модель применяется в системах с мягкими временными ограничениями, где долгосрочная консистентность важнее кратковременных задержек.

Для упрощения моделей, ориентированных на данные, вводятся количественные классы моделей консистентности, суть которых заключается в количественном ограничении условий их применения.

Для обслуживания клиентов распределённой системы вводятся специальные сессионные модели, упрощающие требования к общей принятой модели консистентности. Возможность применения сессионных моделей упрощает логику синхронизации и снижает вероятность конфликтов.

6.8.1. Интегральная модель консистентности

При восстановлении распределённой системы после разделения потребуется синхронизация. Она вызовет повышенные нагрузки. В этом случае число блокировок будет увеличиваться, следовательно, будет увеличиваться и общая задержка.

В любой РСУ для данных можно задать разные приоритеты. Одни данные важнее, другие имеют меньшую ценность. Со временем некоторые данные с абсолютным приоритетом могут терять ценность — это могут быть параметры диагностики критического технологического процесса. В таком случае свежие диагностические данные всегда ценнее. Если речь идёт о команде управления, её ценность существенно выше. Задача блокировок заключается в том, чтобы обеспечить синхронизацию прежде всего наиболее ценных данных.

Задача архитектора заключается в снижении плотности блокировок (числа блокировок в единицу времени). Если число блокировок будет монотонным или резко увеличится, это может стать причиной необходимости управляемой деградации (разд. 7.3.5). Таким образом, правильно заданная ценность данных определяет правила применения условий модели консистентности.

Любая модель консистентности редко применяется самостоятельно. Перечисленные модели являются составляющими интегральной модели консистентности. В разных условиях такие составляющие могут быть выстроены в линейной последовательности.

Например, в АСУ ТП команды управления приоритетнее параметров диагностики. Следовательно, может быть построен квадрант ценности (рис. 6–21).

Для синхронизации команд управления могут быть применены следующие условия:

- консистентность по входу;
- консистентность по временной шкале.

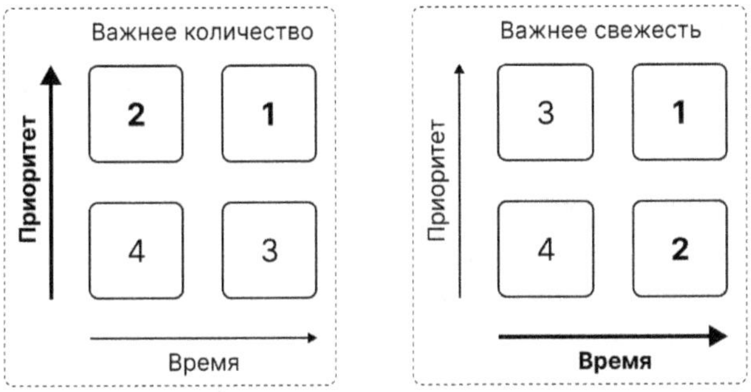

Рис. 6–21. Квадрант ценности данных

В этом случае все синхронизируемые сообщения, содержащие команды управления, будут заданы статически для каждого синхронизационного цикла.

Для синхронизации параметров диагностики могут быть применены следующие условия:

- консистентность по выходу;
- консистентность по временной шкале;
- консистентность «ограниченная устарелость».

В этом случае все синхронизируемые сообщения, содержащие диагностические переменные, будут передаваться в синхронизационную очередь в полном объёме, пока будет хватать ресурсов.

В таком случае преимущественно осуществляется синхронизация разных классов данных по разным каналам. Допустимо применение виртуализации каналов, но с обеспечением гарантий качества сервиса (разд. 7.1).

Каждая модель консистентности отвечает за определённое состояние целевой распределённой системы или отдельных компонентов. Состояние РСУ может влиять на качество репликации (разд. 4.4). Для того, чтобы репликация продолжалась даже в условиях повышенных нагрузок (разд. 7.3.6) или близких к деградации, нужно предусмотреть несколько уровней ослабления или детализации моделей консистентности. Обычно следует выделить несколько таких уровней и разработать эффективные механизмы перехода между ними. Такие механизмы смены уровня консистентности обычно реализуются на базе балансировщиков нагрузки (разд. 8.1).

Обычно в качестве отправной точки выбирается строгая консистентность. В случае невозможности положиться на принципы ACID (разд. 4.9), очевидно, выбирается BASE.

Целевая слабая модель консистентности выбирается исходя из следующих принципов:

- минимизации задержек;
- минимизации потери данных (RPO);
- минимизации времени восстановления (RTO);
- преимущества синхронной репликации;
- преимущества моделей, ориентированных на данные;
- преимущества моделей без блокировок.

Для ослабления моделей, ориентированных на данные, выбирают между количественными моделями и моделями с блокировками, реже они сочетаются. Применение моделей с блокировками позволяет разделить данные по значимости и в первую очередь реплицировать значимые. Применение количественных моделей задаёт правила, как считать целевую систему консистентной в условиях неполной репликации всех данных. Модели с блокировками и количественные модели допускают репликацию менее значимых данных в более позднее время, например в периоды снижения нагрузки. Если данные не удаётся реплицировать, в некоторых случаях допускается их утрата (разд. 11.3). Если репликация затрагивает данные в рамках одной сессии, требования к ней могут снижаться. В таком случае принято выбирать сессионные модели консистентности. Если допустимы значимые задержки, принято полагаться на конечную модель консистентности.

Таким образом, РСУ может включать в себя ряд моделей консистентности и стратегий их переключения. Такая совокупность моделей для РСУ образует интегральную модель консистентности.

В качестве примера стоит привести интегральную модель консистентности Azure Cosmos DB[273]. Cosmos интересна следующими свойствами:

- глобальная распределённая СУБД для геокластеров;
- мультимодальная, поддерживает разные структуры данных (ключ-значение, вертикальные, документные и графовые);
- поддержка пяти уровней консистентности;
- гарантии низких задержек;
- адаптеры к внешним СУБД (SQL, MongoDB, Apache Cassandra и др.);
- доступна из облака Azure с гарантиями SLA.

Данная платформа достойна внимания, так как является хорошим примером реализации и описания различных уровней консистентности для каждого класса операций и состояний в соответствии с принципами PACELC.

CosmosDB поддерживает пять уровней консистентности (рис. 6–22). Пользователь может задать необходимый уровень консистентности, который будет применён ко всем БД и контейнерам в облаке, что, очевидно, скажется на конечной стоимости. Динамическое изменение уровней консистентности не подразумевается. Такой подход является весьма прогрессивным для систем общего назначения, учитывая замечание авторов о том, что большинство коммерческих распределённых NoSQL СУБД, представленных сегодня на рынке, обеспечивают только сильную и конечную согласованность.

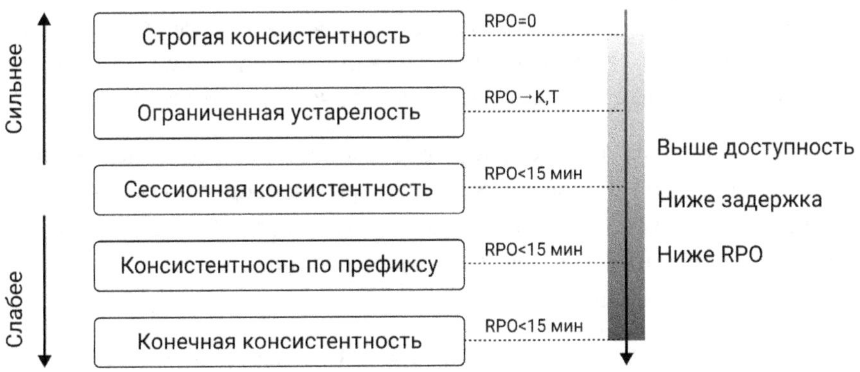

Рис. 6–22. Уровни консистентности Azure Cosmos DB

Для коммерческой СУБД общего назначения недопустима потеря данных, поэтому многоуровневое ослабление модели консистентности фокусируется вокруг эффективности репликации глобальных узлов и степени локальности динамического кворума (разд. 10.3.1).

[273] Уровни консистентности CosmosDB, #06-39.

В случае невыполнимости условий строгой консистентности осуществляется переключение на модель ограниченной устарелости. В качестве ограничений вводятся следующие условия:

- количество версий (К) элемента (изменений);
- задержка (Т), допустимая перед чтением после записи.

Явное указание количества версий, репликация которых первична, даёт пользователю гибкие возможности тонкой настройки того, насколько ему важно получать свежие данные. Система будет считаться консистентной. Репликация данных старше К будет осуществляться в фоновом режиме. О принудительной потере данных речь не идёт.

Явное указание величины задержки перед чтением допустимо в связи с предположением, что востребованность реплицируемых данных имеет некоторую региональную локализацию (приоритет). Таким образом, критерий ослабления учитывает задержки метрорасстояния и пропускную способность каналов. Система будет считаться консистентной, даже если потребители из других регионов получат доступ к изменениям с существенным отставанием от источника. И эта величина может быть явно задана параметром Т.

Таким образом, условия ограниченной устарелости приближаются к сессионной модели консистентности. Источник обслуживается локальными узлами, следовательно, он имеет преимущества за счёт этой локализации. Не важно, что увидят другие потребители, важно, что будет видеть источник. В большинстве случаев такого рода все потребители могут быть сконцентрированы локально для выполнения задачи. Например, большинство социально значимых сервисов имеют географическую локализацию.

Консистентность по префиксу обеспечивает согласованность порядка операций для каждой сессии в масштабе всей распределённой СУБД. Таким образом, репликация удалённых узлов потребует больших накладных расходов. В конечном счёте все узлы будут реплицированы и консистентны согласно соответствующей модели.

Важно отметить, что изменение уровня согласованности значительно влияет на RPO: чем строже уровень согласованности, тем ниже RPO (разд. 7.2.2).

6.8.2. Сопряжение интегральных моделей консистентности

Масштабные распределённые системы обычно состоят из множества сопрягаемых подсистем и сервисов. В большинстве случаев такие системы основаны на платформах общего назначения.

Нередко возникает необходимость точного управления потоками данных с учётом тонко настраиваемой интегральной модели консистентности. В таких случаях разработчики стараются сохранить за собой контроль над всеми слоями сопряжений. Все деликатные операции выносятся в контролируемые уровни (разд. 10.1.4) и слои (разд. 10.1.6). СУБД общего назначения используются как хранилища.

Некоторые современные платформы общего назначения обладают весьма развитыми встроенными сервисами репликации и развитыми ППИ, допускающими детальную конфигурацию зрелых интегральных моделей консистентности. Среди таких платформ можно выделить Azure Cosmos DB, Cassandra[274] и MongoDB[275]. Кроме возможности воспользоваться данным ППИ в рамках целевой разработки такие системы умеют «договариваться» между собой. Например, Cosmos DB умеет обращаться к ППИ MongoDB и Cassandra и детально управлять встроенными интегральными моделями консистентности.

Такое сопряжение интегральных моделей позволяет гармонизировать уровни консистентности. Таким образом, в схожих состояниях обмен данными в целевой распределённой системе будет осуществляться единообразно или согласно целевым условиям.

[274] Консистентность CosmosDB vs Cassandra, #06-40.
[275] Консистентность CosmosDB vs MongoDB, #06-41.

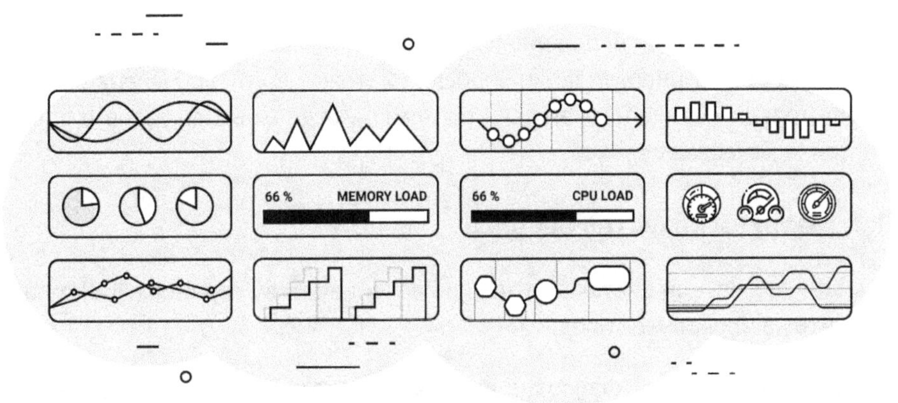

Глава 7. Отказоустойчивость и высокая доступность

7.1. Диагностика и качество сервиса (QoS)

Обеспечение качества сервиса (обслуживания) QoS[276] является важнейшей задачей любой ВНС, в особенности СРВ. Существует множество разных определений QoS, например, «принцип предоставления различным классам трафика различных приоритетов в обслуживании», или «вероятность того, что сеть связи соответствует заданному соглашению об уровне (качества) обслуживания» (разд. 7.2.5), или «обозначение вероятности прохождения пакета между двумя точками сети».

РСУ обычно взаимодействуют не с трафиком низкого уровня, а с протоколами высокого уровня, включая транспортный, сеансовый и прикладной уровни модели OSI[277]. В этом случае перечисленные выше определения можно свести к следующему: QoS — принцип предоставления различным классам сообщений заданных условий обслуживания. Такими условиями могут быть приоритет, задержки, пропускная способность и др. Для присвоения сообщению определённого класса необходимо задать приоритет данных (переменных, блоков), которые будут упакованы в соответствующее сообщение. Очевидно, что с точки зрения архитектуры возможно групповое присвоение

[276] Quality of Service, #07-01 [w].
[277] Open Systems Interconnection model, #07-02 [w].

приоритетов переменным, то есть имеется возможность задать общие, групповые правила (политику) приоритизации переменных.

Главной задачей QoS является обеспечение надёжной и предсказуемой передачи данных для определённых классов трафика даже при высокой нагрузке на сеть. Приоритизация сообщений может быть применена в планировании (разд. 8.1) общей нагрузки системы и отдельных её узлов с опорой на метрики качества сервиса.

7.1.1. Метрики качества сервиса

Все метрики целевой системы, относящиеся к качеству сервиса (QoS), можно разделить на несколько типов:

- диагностические (diagnostic metrics) — используются для определения диагностических параметров компонентов системы;
- задающие (set metrics) — задают параметры компонентов системы;
- композитные (aggregated metrics) — сложные метрики, описывающие поведенческую модель отдельных компонентов системы и всей системы в целом, которые могут быть использованы для адаптивной динамической подстройки системы.

В качестве примера задающих метрик можно привести приоритет сообщений (разд. 4.7.4). Такие метрики позволяют приоритизировать обработку данных в распределённой системе.

7.1.2. Метрики диагностические

Большинство систем функционируют с весьма предсказуемыми характеристиками. Тестирование целевой системы в разнообразных режимах нагрузки позволяет оценить нормальные и предельные расчётные метрики. Реальная эксплуатация уточняет такие метрики эксплуатационными метриками. Как правило, в зрелых системах заранее известно большое количество метрик производительности компонентов РСУ для каждого из режимов и состояний.

Среди таких метрик можно выделить следующие:

- метрики производительности оборудования (разд. 2.3);
- метрики производительности интерконнекта (разд. 10.2.1);
- метрики производительности узлов, сервисов и их компонентов;
- метрики производительности очередей (разд. 4.7.2);
- метрики производительности кеша (разд. 5.5);
- метрики, связанные с блокировками;

- метрики репликации, синхронизации и эффективности разных моделей консистентности;
- метрики отказоустойчивости (MTTD, MTTR, MTBF, разд. 7.2.1).

Метрики производительности узлов могут включать в себя следующее:

- загрузку процессоров;
- загрузку памяти;
- загрузку сетевых адаптеров;
- загрузку подсистем ввода/вывода;
- параметры питания и охлаждения.

Метрики производительности узлов могут учитывать детальные параметры, связанные с задержками и блокировками, такие как:

- задержки, дедлайны, джиттеры (разд. 1.1);
- пороговые задержки, перцентили (разд. 7.1.4);
- количество нарушений дедлайнов (deadline miss rate);
- доступность (uptime);
- степень загруженности (saturation);
- количество одновременно выполняемых запросов (concurrency, разд. 9.2.1);
- общее и среднее время простоя, связанное с блокировками;
- частота взаимных блокировок (deadlock rate);
- частота конфликтов за блокировки (lock contention);
- время ожидания операций ввода/вывода (I/O wait time).

Такие детальные метрики могут включать в себя метрики производительности отдельных очередей:

- пропускную способность очереди (разд. 4.7.2);
- время доставки сообщений;
- общее и среднее число отказов доставки сообщений;
- число повторных отправок.

Также могут быть учтены метрики избыточности:

- метрики избыточности данных (разд. 4.2.3);
- метрики дедупликации данных;
- метрики кеширования (разд. 5.2.5).

Для диагностики качества репликации и синхронизации отдельных узлов и системы в целом могут быть заданы метрики консистентности:

- задержки репликации (replication lag);
- частота конфликтов репликации (разд. 4.4.2);
- время консистентного состояния;
- время неконсистентного состояния (разд. 6.2.2);
- среднее время неконсистентного состояния;
- процент операций, завершённых с нужным кворумом (разд. 10.3.1).

7.1.3. Метрики задержки

Время отклика (задержка) является важнейшим параметром ВНС. Измерение отклика позволяет оценить реальное быстродействие системы, её компонентов, реализованных алгоритмов и сценариев. При желании можно провести измерение откликов всех компонентов, вычислительных сегментов — при этом необходимо обеспечить хранение соответствующих метрик.

В диагностических измерениях необходим баланс. Если ввести большое количество диагностических метрик, их обслуживание системой создаст дополнительную нагрузку, которая может оказаться нежелательной. Поэтому необходим разумный подход к проектированию средств диагностики. Встречаются критически важные системы, в которых лишь малая часть данных является полезной (например, 10%). Все остальные данные относятся к диагностическим. Целевая система не сможет функционировать без тщательной диагностики, поэтому рассчитана на обслуживание такого объёма данных.

Измерение времени отклика является критически важной задачей. Можно выполнить измерения напрямую или ввести косвенные метрики, которые будут отражать поведение отдельного компонента или всей системы в целом. В диагностике РСУ применяются специальные диагностические сигналы, которые позволяют оценить задержку системы или её компонента при определённых условиях.

Наиболее простой пример измерения отклика узла — это запрос ping, возвращающий время отклика узла. Отклик может зависеть от массы параметров, например от загруженности вычислительных ядер или сетевой подсистемы. Эффективнее всего использовать более сложные метрики. Обычно генерируется специальный сигнал в виде лесенки, пилы, синусоиды или иной показательной специальной функции. Такой сигнал пропускается через наиболее показательный для диагностики маршрут обмена данными и задействованные в нём узлы. По изменениям параметров прохождения сигнала можно судить об изменениях задержек маршрута. Чтобы точно определить изменения величины задержек (для набора статистики), при вводе системы в эксплуатацию измеряют эталонные параметры задержек в разных условиях нагрузки. В режиме эксплуатации осуществляется сверка с эталонной статистикой.

Совокупность диагностических метрик поддаётся эффективной статистической обработке. Как правило, анализ корреляции изменений диагностических метрик различных компонентов системы позволяет точно определить источник возникших или потенциальных проблем.

Зачастую в информационных системах принято ориентироваться не только на метрику прохождения запроса в одну сторону, то есть на задержку. Важно понимать общее время выполнения запроса с доставкой ответа, если таковой подразумевается. Такая характеристика называется «время пути туда и обратно» (RTT[278]). В обычных запрос-ответных схемах время обратного пути не сильно отличается от задержки запроса с поправкой на время его обработки на узле. Но в распределённых системах всё намного сложнее.

В РСУ ответ на запрос может отправляться на один узел, а ответ может прийти с другого узла. В этом случае необходимо ещё учесть время на взаимодействие (синхронизацию, разд. 4.4.1) этих узлов. Типичным примером является CQRS (разд. 10.2.9).

Важно понимать, что именно считать ответом. Например, в некоторых случаях ответом на запрос в РСУ могут стать несколько периодических сообщений, содержащие данные о состоянии выполнения запроса. В этом случае может быть введена характеристика более сложная, чем RTT, учитывающая общее время выполнения всего запроса.

В промышленных системах (разд. 11.3) запрос (команда) может вызвать каскад сложнейших событий (разд. 10.2.4), приводящий к масштабным изменениям состояния производственных подсистем, обслуживаемого РСУ. Например, таким запросом может быть команда на маневрирование мощностью реакторной установки. Процесс выполнения команды может быть весьма длительным и продолжаться до выхода на устойчивое состояние всей системы. В этом случае время выполнения запроса можно приравнять ко времени выполнения технологического процесса. Такие метрики измеряются на производствах для большинства технологических операций. За отклонениями от них тщательно следят.

[278] Round-trip time.

7.1.4. Метрики задержки пороговые

Чтобы оценить работу распределённой системы, важно оценить применяемые модели консистентности (разд. 6.1). Для определения того, что модель работает заданным образом, требуется долгосрочная статистика во всём диапазоне режимов работы распределённой системы, включая высокие, пиковые нагрузки и даже штормы. В серьёзных системах оценку модели рекомендуется проводить в период, равный наработке на отказ (разд. 7.2).

Для оценки метрик используется принцип пороговых значений, ниже которых оказывается заданный процент наблюдаемых значений. Такие пороговые значения принято называть перцентилями[279], так как они измеряются в процентном соотношении. Перцентили обозначаются как pX, где X% всех изменений ниже или равны пороговому значению.

В качестве примеров можно привести следующие:

- p50 (медиана): половина всех запросов завершилась быстрее заданного предела;
- p95: 95% запросов завершились быстрее;
- p99: 99% запросов быстрее, следовательно, только 1% был медленнее;
- p999: считается критической границей в большинстве систем, при которой требуется особое внимание к оставшимся 0.1% задержек.

С помощью перцентилей можно оценить качество работы различных моделей консистентности:

- для строгих и линейных моделей (разд. 6.2.4) можно оценить максимальные задержки p99, p999;
- для причинных моделей можно оценить время достижения консистентного состояния (разд. 6.2.6);
- для моделей ограниченной устарелости можно оценить максимальную задержку установления консистентности (разд. 6.4.1);
- для дельта-моделей можно оценить, что p99, p999 < Δ — это позволяет определить гарантированное окно задержки установления консистентности (разд. 6.4.2);
- для вероятностных моделей можно оценить процент операций с упорядоченной доставкой (разд. 6.4.4).

[279] Percentile.

При оценке моделей консистентности наиболее разумно оценивать перцентили задержек. В СРВ, где важны SLA, оценка средней задержки может ввести в заблуждение и не показать реальную картину.

Недостаточно оценить среднюю задержку в реальных системах, потому что распределение задержек почти всегда неравномерное. Например, 95% запросов обслуживаются за 10 мс, но 5% обслуживаются по 2 секунды. Таким образом, средняя задержка будет рассчитываться по следующей формуле: (0.95 × 10 мс) + (0.05 × 2000 мс) = ~110 мс. Заблуждение заключается в том, что в этом случае средняя задержка будет оценена как 110 мс, а реальность в том, что каждый двадцатый запрос выполняется с неприемлемо большой задержкой.

Только p99 и выше позволяют оценить стабильность системы при пиковых нагрузках, а также позволяют узнать, не проседает ли консистентность в хвостах[280] распределения (рис. 7–01).

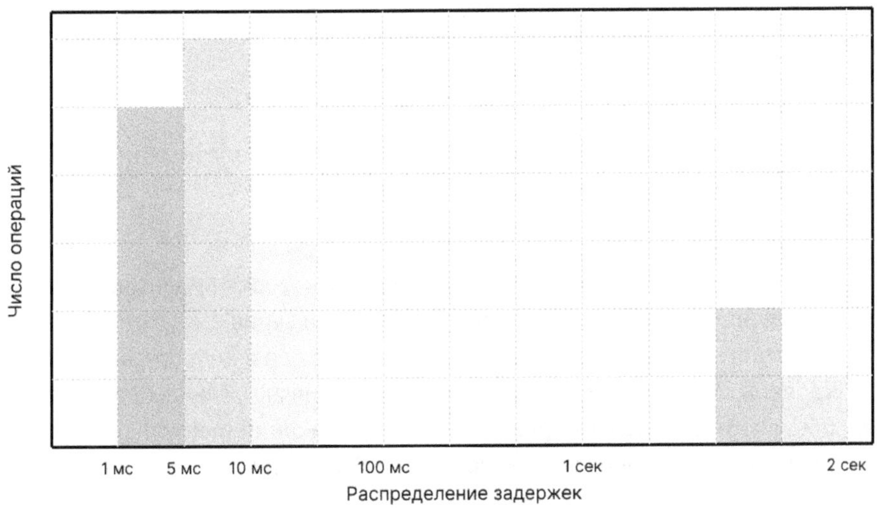

Рис. 7–01. Увеличение задержек в хвостах

Такие метрики оценки позволяют выявить факторы, отрицательно влияющие на функционирование распределённой системы, в целях повышения отказоустойчивости и надёжности.

[280] Tail latencies.

7.1.5. Композитные метрики

Композитные метрики представляют собой сложные вычислительные метрики, необходимые для диагностики целевого состояния распределённой системы в целях управления этим состоянием. Например, метрика задержки сообщения является типичной композитной метрикой, так как представляет собой сумму задержек всей цепочки узлов. Задержка прохождения (ретрансляции) сообщения L от узла r1 до m2 — это сумма задержек доставки по сети между узлами L1, L3, L5 и задержек обработки L2, L4 (рис. 7–02).

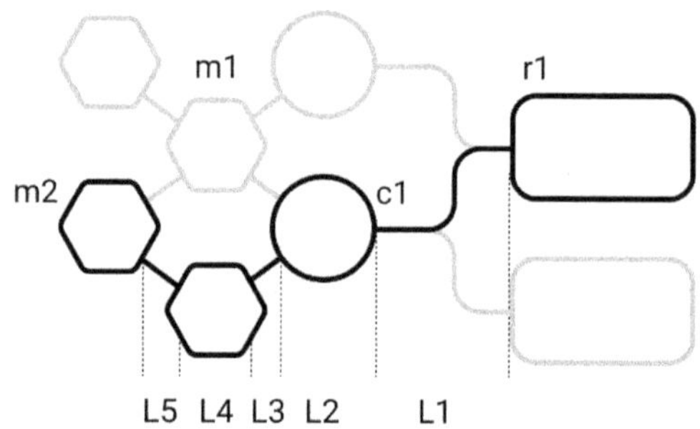

Рис. 7–02. Задержка ретрансляции

В распределённых системах существует масса полезных композитных метрик. Среди них можно отметить следующие:

- общий RTT;
- сходимость репликации (convergence time), которая представляет собой время приведения всех реплик к новому состоянию;
- стоимость консистентной операции (cost per consistent operation);
- уровень согласованности, вероятность чтения актуальных данных;
- общий объём трафика, требуемый для репликации (network overhead);
- пропускная способность, число операций в единицу времени для РСУ;
- RTO, RPO.

Композитные метрики могут быть рассчитаны относительно всей системы в целом во всех её состояниях, то есть относительно интегральной модели консистентности (разд. 6.8.1). А ещё они могут быть определены для каждого состояния в отдельности, в том числе для каждой реализации используемой модели согласованности.

Композитные метрики — это мощный инструмент для принятия архитектурных решений. Они позволяют количественно оценить компромисс между консистентностью, производительностью и стоимостью, который лежит в основе любой распределённой системы. Без них выбор модели консистентности становится лотереей, а с ними — инженерным расчётом.

7.2. Отказоустойчивость и надёжность

Какой бы ни была архитектура РСУ, важнейшей задачей архитектуры является обеспечение высокой доступности и надёжности целевой системы.

Высокая доступность[281] — способность системы оставаться доступной в заданном временном интервале, даже при сбоях отдельных компонентов. При этом необходимо понимать, что высокая доступность не означает полное отсутствие простоев, а лишь стремление к минимизации простоев на приемлемом для заказчика уровне, например путём быстрого перезапуска сервисов, контейнеров, системных виртуальных машин.

Надёжность[282] — это способность системы выполнять свои функции в заданном временном интервале. Это композитный параметр: надёжность любой системы определяется надёжностью её отдельных компонентов. Архитектура, сочетающая в себе высокую доступность и надёжность, называется архитектурой высокой надёжности[283].

В этой главе целесообразно рассмотреть несколько терминов теории надёжности, из которых можно вывести совокупность диагностических параметров, присущих РСУ, СРВ.

Надёжность напрямую связана с показателем безотказности, а именно безотказной работы системы, то есть такой системы, в которой отсутствуют отказы. Отказ — один из основных терминов теории надёжности, обозначающий событие, при котором система или её компонент целиком или частично перестаёт выполнять свои функции. Отказ является случайным событием, он может быть единичным. Множественные отказы часто бывают напрямую связаны с единичным отказом, их рассматривают именно как единичный отказ. Например, если заявлено, что система должна обработать 1000 сообщений в секунду (MPS[284]), но по каким-то причинам это не выполняется, и при этом система стабильно показывает, что справляется только с 999 MPS, такая ситуация однозначно является отказом.

---

[281] High Availability (HA), #07-03 [w].
[282] Reliability.
[283] High-Reliability Architecture, #07-04 [pdf].
[284] Message Per Second.

Отказоустойчивость[285] — это способность системы сохранять работоспособность после единичного отказа или множественных отказов одного или нескольких компонентов системы. Отказоустойчивость определяет количество единичных отказов компонентов системы, после которых сохраняется работоспособность всей системы в целом. Базовый уровень отказоустойчивости предполагает защиту от отказа одного любого элемента. Таким образом, основным способом повышения отказоустойчивости является избыточность (разд. 4.2.3).

С точки зрения теории надёжности избыточность — это функциональность, которая не является необходимой для безотказной работы системы.

Термин «отказ» применим только к аппаратному обеспечению. К ПО он неприменим, так как в ПО не может возникнуть отказ. ПО может плохо работать из-за ошибок разработчика или внешнего воздействия, в особенности вредоносного. Таким образом, отказ, связанный именно с аппаратной частью, может иметь место в ПАК, АПК, ПТК. Например, всем известный «отказ в обслуживании» (DoS) возникает не из-за плохого ПО, но прежде всего из-за недостатка ресурсов аппаратного обеспечения.

В правильно спроектированные ВРСУ, СРВ закладывают характеристики для диагностики всех возможных признаков отказа. Если система введена в действие (эксплуатацию), считается, что вероятность наступления события отказа минимизирована на этапе проектирования и отладки системы.

Вероятность отказа — это показатель надёжности, характеризующий вероятность того, что в пределах заданного времени работы система откажет хотя бы один раз. Такое время называют временем наработки между отказами (OTBF[286]). Вероятность отказа всей системы сразу, естественно, зависит от вероятностей отказа всех элементов системы — даже самого маленького винтика. Далее вспоминаем курс теории вероятностей и математической статистики.

Важным параметром системы является вероятность безотказной работы — это вероятность того, что в пределах заданной наработки или в заданном временном интервале отказ системы (компонента) не случится.

---

[285] Fault-Tolerance, #07-05 [w].

[286] Operating Time Between Failures, #07-06 [w].

Средняя наработка на отказ (MTBF[287]) представляет собой параметр, характеризующий надёжность восстанавливаемой системы или компонента. Средняя продолжительность работы системы между отказами, то есть MTBF, демонстрирует среднюю наработку, которая приходится на один отказ. MTBF измеряют в часах. Часто применяется термин «наработка на отказ».

Хорошие системы принято проектировать так, чтобы значение MTBF превышало время между запланированными ремонтами или срок эксплуатации оборудования.

Самый неприятный тип отказа в системах — это постепенный отказ. Он характеризуется медленным (постепенным) ухудшением параметров компонентов, приводящим к деградации всей системы (разд. 7.3).

7.2.1. Отказоустойчивая архитектура

Отказоустойчивость обеспечивается прежде всего избыточностью компонентов системы. Для продуктивного использования свойств избыточности необходимо быстро и эффективно диагностировать отказы — в особенности постепенные.

Отказ одного или нескольких компонентов системы не должен приводить к отказу в обслуживании клиентов. Система должна сохранять способность обслуживать клиентов всё время, пока остаётся работоспособной хотя бы минимальная часть её компонентов. В случае с РСУ необходимо соблюдать кворум узлов (разд. 10.3.1).

Какой бы ни была избыточность, за эффективное переключение, задействование избыточных аппаратных компонентов в итоге отвечает ПО. ПО может управлять переключением и задействованием избыточных ядер процессора, процессоров целиком, сетевых карт и ресурсов вычислительных узлов в целом.

Для серьёзного оборудования и каждого его компонента производитель определяет значения наработки на отказ, однако это не позволяет избежать необходимости диагностировать состояние каждого компонента системы в режиме эксплуатации. Нужно непрерывно проверять, не происходит ли постепенный отказ какого-нибудь компонента системы.

---

[287] Mean Time Between Failures, #07-07 [w].

7.2.2. Время и точка восстановления

Любая техническая система может отказать полностью. Необходимо учитывать время, необходимое для восстановления системы. Важнейшими показателями, с которых фактически должно начаться проектирование, являются целевая допустимая потеря данных (RPO[288]) и целевое время восстановления системы (RTO[289]). Оба показателя измеряются в часах (секундах или миллисекундах). Показатель RPO задаёт максимальное допустимое время потери данных, RTO — максимальное допустимое время простоя сервиса, а не конкретного компонента. Например, для интернет-магазина это время, через которое должны пойти новые продажи, а не время перезагрузки СУБД.

Показатели RPO (A — B), RTO (C — D) должны быть заданы на этапе проектирования системы как требования (рис. 7–03) на основании баланса стоимости защиты и стоимости простоя. Очень важно в ходе этого процесса оценить реальный экономический эффект простоя или потери данных, выраженный в деньгах. Важно отметить, что процесс восстановления может начаться не сразу, а с некоторой задержкой реакции (B — C).

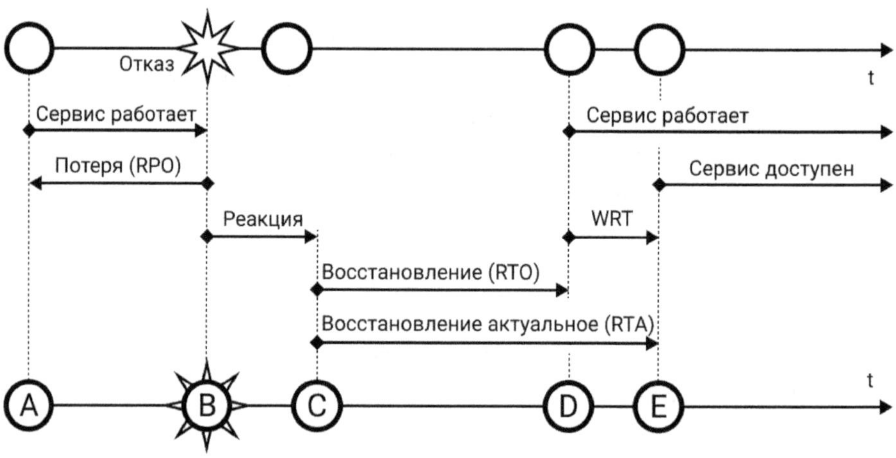

Рис. 7–03. RPO, RTO, RTA

В большинстве систем восстановления работы сервиса может быть недостаточно, ему может потребоваться некоторое время на инициализацию, например на кеширование (разд. 5.2) и прочие операции. Такое время (D — E) называется задержкой[290] восстановления доступности (WRT[291]). Суммарное время восстановления доступности сервиса (RTO + WRT) обозначается как

288 Recovery Point Objective.
289 Recovery Time Objective, #07-08 [w].
290 RTO delay.
291 Work Recovery Time, #07-09.

MTD[292] или RTA[293] (C — E). В период времени восстановления сервис должен стать доступным.

В критических системах важно выполнять резервирование данных в режиме реального времени. Эти данные могут потребоваться для восстановления после полного сбоя.

Проектирование любой системы требует оценки показателей допустимой потери данных и целевого времени восстановления. При этом RPO и RTO в идеале должны иметь ассоциированные стоимости[294] потери данных и простоя в единицу времени.

RTA может подразумевать постепенный процесс восстановления работы сервиса (рис. 7–04). Например, в процессе RTO может быть доступна ограниченная функциональность сервиса (C_1 — D). Далее, в процессе достижения RTA может быть доступна базовая функциональность (D — E). По его завершении достигается доступность полной функциональности. Таким образом, RTO и RTA могут быть декомпозированы и измерены для всех компонентов сервиса. Следовательно, доступность сервиса может иметь разную полноту функциональности, что следует учитывать заранее.

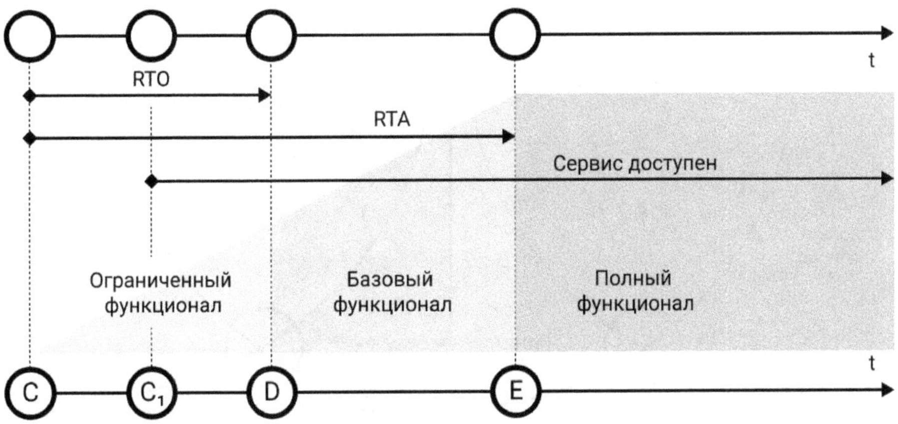

Рис. 7–04. RTO, RTA

В зависимости от конкретной ситуации возможны два варианта оценки RPO/RTO. В ряде случаев архитектурно можно обеспечить возможность нулевого простоя с нулевой потерей данных (рис. 7–05), а в некоторых достичь нулевой потери просто не представляется возможным либо это

[292] Maximum Tolerable Downtime.
[293] Recovery Time Actual.
[294] Стоимость RPO и RTO, #07-10.

лишено практического смысла. Например, требование нулевой потери данных для геокластера (разд. 9.2.2) Москва — Новосибирск технически реализуемо, но из-за задержек в канале для синхронной репликации производительность снизится до абсолютно неприемлемой (рис. 7–06).

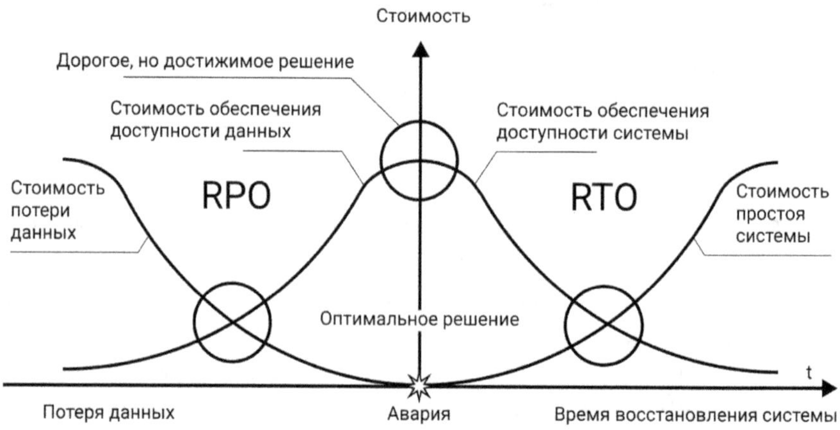

Рис. 7–05. Экономика RTO, RPO

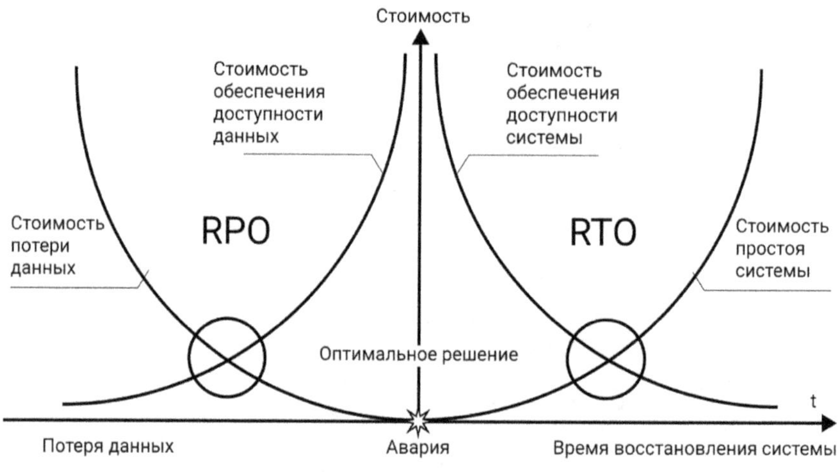

Рис. 7–06. Экономика RTO, RPO

В случае с RPO для предотвращения потери данных могут применяться самые различные технологии:

- синхронная репликация данных (RPO = 0) в задачах СХД (разд. 11.2), АСУ ТП (разд. 11.3);
- почти синхронная репликация данных (RPO — секунды, минуты);

- полусинхронная репликация (RPO — секунды, минуты, часы);
- асинхронная репликация данных (RPO — минуты, часы);
- резервное копирование (RPO — часы, сутки);
- резервное копирование с гарантированной консистентностью данных;
- снимки томов по расписанию (RPO — секунды, минуты) в задачах СХД;
- журналирование дисковых операций (RPO → 0) для предотвращения логического сбоя или случайного удаления данных.

Для оценки поведения целевой системы (или подсистемы) вводится понятие среднего времени, которое ей требуется, чтобы полностью восстановиться после сбоя (MTTR[295]).

MTTR включает в себя следующие показатели:

- время на обнаружение проблемы (detection time);
- время на диагностику (troubleshooting);
- время на ремонт/перезапуск/замену (repair or recovery);
- время на верификацию (что всё снова работает).

Важно отметить, что для идентификации проблемы вводится понятие среднего времени идентификации инцидента (MTTD[296]).

MTTD позволяет выполнить:

- оценку надёжности целевой системы;
- планирование SLA (разд. 7.2.5);
- оптимизацию процессов DevOps[297] и SRE[298], направленных на оптимизацию MTTD, MTTR и MTBF;
- планирование бюджета на отказоустойчивость и инструменты диагностики.

Важно отметить связь между MTTD, MTTR и MTBF:

- MTTD — то, как быстро заметили проблему (в идеале это должно занимать секунды);
- MTTR — то, как быстро восстановили систему после того, как заметили (в идеале это должно занимать секунды, минуты, реже часы);
- MTBF — то, как долго система работала без сбоев между инцидентами (в идеале это должно занимать месяцы, годы, а в некоторых случаях

[295] Mean Time to Recovery.
[296] Mean Time To Detect, #07-11.
[297] Development operations, #07-12 [w].
[298] Site Reliability Engineering, #07-13 [w].

десятилетия — например, марсоход при поломке восстановить будет некому).

Очевидно, что в задачах обеспечения отказоустойчивости целевыми показателями являются снижение MTTD, MTTR и увеличение MTBF. В качестве примеров MTTD, MTTR можно привести следующие:

- идентификацию отказа узла — время, необходимое для его восстановления даже в случае ввода резерва;
- идентификацию отказа СУБД — время, необходимое для восстановления СУБД;
- идентификацию отказа микросервиса — время, необходимое для восстановления микросервиса.

Следует отметить, что при оценке RPO/RTO важно оценить MTPOD[299] — максимальное время простоя, которое не повлечёт за собой неприемлемые последствия.

7.2.3. Катастрофоустойчивость

Если отказоустойчивость представляет собой способность системы сохранять работоспособность после единичного или множественных отказов, то катастрофоустойчивость[300] — это способность к восстановлению и продолжению функционирования после катастрофы, то есть устойчивость к воздействию природных катаклизмов и террористических актов, а точнее к влиянию человека, человеческого фактора.

Например, события на Чернобыльской АЭС говорят о том, что объект не был катастрофоустойчивым. Сейчас АЭС строят так, что в них допускаются падение на энергоблок крупного авиалайнера, 9-балльные землетрясения. Даже в таких ситуациях не произойдёт повреждение систем, важных для расхолаживания реактора, в особенности противоаварийной защиты[301] (ПАЗ) АСУ ТП (разд. 11.3).

Обеспечение катастрофоустойчивости РСУ АСУ ТП — непростая задача, однако она крайне важна для критической информационной инфраструктуры (КИИ), особенно для значимых объектов КИИ (ЗОКИИ). Например, задача обеспечения катастрофоустойчивости ЦОД реализуется путём географического распределения, что невозможно сделать, например, с объектом генерации. Очевидно, что катастрофоустойчивость ещё меньше связана с ПО,

---

[299] Maximum Tolerable Period of Disruption.
[300] Disaster Tolerance, #07-14.
[301] Safety Instrumented Systems (SIS), #07-15 [w].

чем отказоустойчивость. Однако современные РСУ в некоторых особо эффективных конструкциях могут решить и эту задачу (разд. 9.2.2).

Время восстановления системы управления после катастрофы[302] не должно превышать временной интервал, по истечении которого начнётся катастрофа на физическом объекте управления. Для обеспечения гарантированного восстановления сервиса должен быть разработан план аварийного восстановления (DRP[303]), который необходимо регулярно актуализировать. Нужно регулярно проводить учения персонала по отработке этого плана (DRT[304]). Учения можно проводить как на макетах (тренажёрах, цифровых двойниках), так и на реальных объектах. Например, на некоторых предприятиях внутренний распорядок предусматривает регулярное «боевое» переключение между различными группами узлов ЦОД.

Управление процессом аварийного восстановления может входить в состав систем управления как отдельное решение (DRS[305]). Такие решения могут обеспечить доступность критичных систем в случае крупных распределённых аварий. Один из способов обеспечения катастрофоустойчивости составляют предупреждение и предотвращение аварий.

В рамках концепции недопущения катастроф[306] могут быть реализованы схемы защиты от медленно наступающих катастроф, таких как постепенное затопление или медленно распространяющийся пожар. Если в ходе проектирования системы были реализованы схемы резервирования (например, географически разнесённого) работы групп (кластеров) узлов, то активная нагрузка может быть перенесена между группами в режиме РВ без прерывания обслуживания. Каждая отраслевая система может содержать ряд метрик обнаружения событий, связанных с предупреждением катастроф, и методов их предотвращения.

[302] Disaster Recovery, #07-16.
[303] Disaster Recovery Plan, #07-17.
[304] Disaster Response Training.
[305] Disaster Recovery Solution, #07-18.
[306] Disaster Avoidance, #07-19 [pdf].

7.2.4. Архитектура высокой доступности

Архитектура высокой доступности (HAA[307]) представляет собой подход к проектированию системы, обеспечивающий бесперебойную работу и доступность в течение максимально возможного времени даже при возникновении отказов компонентов или иных проблем. Иными словами, это подход, позволяющий достичь высоких показателей доступности и качества сервиса.

Доступность сервиса[308] — это безразмерный числовой показатель отношения времени доступности (функционирования) сервиса к общему (запланированному) времени работы. Чаще всего доступность измеряют в девятках, то есть две девятки — это 99%, а три — 99,9%.

Отказоустойчивость представляет собой частный случай высокой доступности при согласованной матрице рисков и заданной доступности, равной 100%. В общем случае под высокой доступностью сервиса подразумевают его способность пережить единичный отказ (SPoF[309]) одного или нескольких компонентов и за минимальное время восстановить рабочее состояние. Например, в РСУ КИИ доступность не должна быть ниже шести девяток — 99,9999%, что не превышает 32 секунд недоступности в год. Только представьте, что может произойти за эти 30 секунд на опасном химическом производстве. Таким образом, есть системы с существенно более высокими требованиями к доступности, реализация которых — совсем не тривиальная задача.

Доступность сервиса неразрывно связана с вероятностью отказа системы (разд. 7.2). Для повышения доступности целевой системы необходимо снижать вероятность отказа её отдельных компонентов за счёт их резервирования (разд. 4.2.3) и повышения надёжности.

Следовательно, архитектура высокой доступности подразумевает решение следующих задач:

- управление избыточностью, обеспечение резервирования компонентов системы для избежания полной недоступности при их отказе;
- устранение единичных точек отказа, сценарии аварийного переключения для восстановления;
- мониторинг и обнаружение отказов, своевременная идентификация;
- автоматическое аварийное переключение, применение сценариев восстановления;

[307] High Availability Architecture, #07-20 [w].
[308] Uptime, #07-21 [w].
[309] Single Point of Failure.

- регулярное тестирование, проверка готовности к отказам и восстановлению через стресс-тесты и симуляцию отказов.

Архитектура высокой доступности обеспечивает:

- минимизацию простоев и рисков потери данных;
- высокую производительность за счёт отказоустойчивых систем;
- удовлетворение требований доступности сервисов.

7.2.5. Требования к доступности сервиса (SLA)

Соглашение об уровне сервиса (SLA[310]) — одно из наиболее спорных понятий в современных системах. Как следует из ранних изданий методики управления ИТ-инфраструктурой (ITIL[311]), соглашение состояло из набора целевых показателей сервиса (SLI[312]) и штрафных санкций за неисполнение. Однако в ITIL v4 ключевым моментом является отсутствие в шаблоне SLA каких-либо штрафных санкций за невыполнение показателей, а само SLA становится «меморандумом о намерениях» без указания ответственности провайдера сервисных услуг. Существует мнение, что ITIL 4 смещает фокус на совместное создание ценности, но не отменяет формальный характер SLA, который по-прежнему предполагает штрафы или иную форму ответственности (компенсации) в зависимости от договоренностей сторон.

Тем не менее SLA чрезвычайно актуально для серьёзных ВНС и РСУ, которые обычно имеют собственную серверную инфраструктуру, собственный ЦОД или даже обладают распределёнными ресурсами нескольких ЦОД. В таком случае SLA превращается в целевые технические требования, которые должны быть реализованы и могут быть проверены в целевой системе.

Обычно, когда подразумевают SLA, имеют в виду доступность серверной инфраструктуры для оказания сервисных услуг. Важно отметить, что SLA относится к любым РСУ и к каждому отдельному их компоненту. Конечно, при оценке SLA не следует принимать в расчёт нерезервированные компоненты, например какие-либо датчики. Однако совокупность каналов связи с крупноузловым оборудованием необходимо учитывать.

При работе с серьёзными РСУ в соглашении об уровне сервиса необходимо указать все значимые величины задержек, связанные как с сетевой частью РСУ, так и с вычислительными компонентами. Например, в АСУ ТП удобно считать два показателя: SLA серверной инфраструктуры и SLA всей

[310] Service Level Agreement, #07-22 [w].
[311] IT Infrastructure Library, #07-23 [w].
[312] Service Level Indicators, #07-24.

остальной инфраструктуры, являющейся клиентской по отношению к серверной. Для РСУ в составе АСУ ТП весьма показательно, насколько система является распределённой в действительности и насколько она должна быть доступной.

Интегральные и предельные показатели SLA могут быть рассчитаны на основании расчёта надёжности отдельных компонентов и всей системы в целом.

7.3. Деградация

Деградация (регрессия) представляет собой процесс ухудшения характеристик системы или отдельных её компонентов с течением времени — постепенное ухудшение, снижение качества, разрушение аппаратных компонентов в связи с воздействием окружающей среды.

Простым примером деградации является ухудшение характеристик физических датчиков, применяемых в АСУ ТП. Материалы, из которых изготовлены такие датчики, со временем деградируют, что выражается в изменении характеристик выходного сигнала. С подобной деградацией давно научились эффективно бороться, поэтому немедленной необходимости замены таких датчиков нет. О материалах, из которых изготовлен датчик, известно многое. Известно, как вследствие деградации со временем будет меняться («плыть») выходной сигнал. Существуют специальные настроечные формулы (таблицы), которые называют тарировочными. Они позволяют оценить процесс деградации и учесть его при обработке выходных сигналов. Тарировка — это компенсация погрешности измерительной системы от входа измеряемой физической величины до выхода измеренного значения этой величины. Со временем, в процессе деградации, погрешность датчиков увеличивается. Обычно на обслуживающем датчик контроллере задаются функции перерасчёта переменных и передачи их по назначению. Бывает так, что перерасчёт осуществляется на более высоком уровне, например уже в ПО РСУ или SCADA. В качестве примера можно привести дорогостоящие датчики измерения температуры (термопары[313]), в состав которых входят драгоценные металлы. Такие датчики, находясь в активной зоне ядерного реактора, разрушаются под действием радиации, высокой температуры и химических веществ. Вместо того, чтобы заменить датчики вследствие деградации, их ещё можно некоторое время эксплуатировать, так как необходимость их замены требует дополнительной работы.

[313] Термопара, #07-25 [w].

В распределённых системах множество элементов подвержены деградации, среди них:

- элементы электроснабжения (кабели, контакты, распределительные устройства);
- элементы жидкостного охлаждения из-за абразивной полировки хладагентом (патрубки, соединения, насосы);
- датчики и связанное с ними кабельное хозяйство.

Деградации подвержено сложное оборудование, такое как программно-логические контроллеры, коммутаторы, маршрутизаторы, шлюзы, серверы. Вендоры приводят соответствующие параметры надёжности, долговечности, которые учитываются при проектировании.

Деградация может иметь место в самых разнообразных случаях эксплуатации такого оборудования. Проблемой является некачественное нанесение термопасты на поверхность контакта процессора с радиатором, что вызывает деградацию охлаждения. Засорение вентиляторов, нарушение циркуляции хладагента вызывают деградацию в охлаждении, что может повлечь за собой отказ дорогостоящего оборудования. Деградация качества топлива или масла в резервных дизель-генераторах приведёт к невозможности их запуска в самый ответственный момент.

Перечисленные моменты учитывают при страховании рисков, связанных с отказами вследствие таких видов деградации. Подобные отказы могут привести к неприятностям, как связанным с серьёзными финансовыми последствиями, так и иным, в случае катастроф.

В серьёзных дорогостоящих распределённых системах, которые проектируют на десятилетия, заранее закладывают инструменты заблаговременного выявления признаков деградации. Создаются сценарии, инструменты и регламенты управления такой деградацией. Проводятся обучение персонала и периодические плановые и внеплановые проверки готовности к реагированию.

Важно разделять, что считать отказом, а что деградацией. Например, для РСУ с 10 узлами утрата одного узла считается системным отказом. Для системы с 10 000 узлов (разд. 10.2.3) утрата нескольких единиц узлов может быть расценена как деградация.

7.3.1. Неустойчивое состояние

Как ни странно, деградация является таким же устойчивым состоянием, как режим нормальной эксплуатации. Перед тем как перейти из одного устойчивого состояния в другое, система находится в неустойчивом состоянии. Такое состояние называется близким к деградации[314]. Неустойчивое, близкое к деградации состояние может возникать в двух случаях: при отказе или недоступности части компонентов распределённой системы или при незапланированных излишних нагрузках.

С незапланированными нагрузками всё несколько сложнее. Как правило, зрелая РСУ готова к масштабированию (разд. 9.3). Такие РСУ могут работать в инфраструктуре гиперскейлера и быть готовы к автоматическому масштабированию, связанному с монотонным ростом нагрузки или её уменьшением. Однако рост нагрузки может быть совсем не монотонным. Такой немонотонный рост нагрузки называется всплесками — спонтанными и резкими увеличениями нагрузки. Всплески могут иметь разную природу. Одним из источников таких всплесков может быть внешнее целенаправленное деструктивное воздействие. Защита от всплесков должна быть обеспечена средствами защиты РСУ (разд. 12.4). Такие всплески могут быть вызваны каскадными эффектами, связанными с неэффективной внутренней логикой обработки данных внутри системы. Всплески, которые можно наблюдать при применении реактивной архитектуры, называются реактивными всплесками (разд. 10.2.4). Такие всплески также могут возникать при резком росте обращений к несущим нагрузку узлам. Описанное явление может иметь место, например, при обращении на новостные сайты вследствие значимых событий.

Если всплески на новостных сайтах могут вызвать временное неустойчивое состояние, которое не повлечёт за собой существенных последствий, то реактивные всплески могут быть значительными как по нагрузке, так и по её длительности. Реактивные всплески крайне пагубны для систем промышленной автоматизации, так как они ведут к быстрой деградации и отказам. Таким системам крайне опасно находиться в неустойчивом состоянии.

Задача зрелой РСУ заключается в том, чтобы как можно быстрее идентифицировать состояние, близкое к деградации, и начать его компенсировать, не допуская перегрузок. РСУ может некоторое время находиться в таком состоянии, и оно должно быть задано соответствующей метрикой. Достижение предельного значения такой метрики может свидетельствовать

[314] Near-degraded.

о переходе системы в состояние неуправляемой деградации. До или после начала процесса управляемой деградации должны включаться механизмы компенсации неустойчивого состояния или уже неуправляемой деградации. Такие механизмы компенсации называются управляемой деградацией[315]. В зависимости от возникновения отказов выделяют элегантную и изящную деградацию как разновидности управляемой деградации.

7.3.2. Элегантная и изящная деградация

Если процесс деградации не приводит к отказу компонентов или отказу в обслуживании всей системы в целом, такая деградация называется элегантной[316]. Если процесс деградации приводит к отказу компонентов системы, но не приводит к отказу в обслуживании всей системы в целом, такую деградацию называют изящной[317]. Элегантная деградация позволяет продолжать эксплуатировать целевую систему даже в случае ухудшения некоторых её характеристик. Ожидается, что в конечном счёте такую деградацию удастся компенсировать и выйти в нормальный режим эксплуатации.

Однако если управляемая деградация становится изящной, возникает необходимость компенсировать отказы, если есть резервные компоненты. Такой режим работы целевой системы обозначается как мягкий отказ[318]. Если не удаётся компенсировать данный процесс, он может привести к отказу значимых компонентов и всей системы в целом. Задача управления деградацией заключается в том, чтобы не допустить перехода от элегантной к изящной деградации, то есть не допустить отказа компонентов.

7.3.3. Управляемая деградация

Управляемая деградация представляет собой совокупность мер по компенсации состояния деградации и близкого к нему состояния. Такие меры позволяют обеспечить эксплуатацию технически регрессирующего оборудования до его замены или ввода резерва. Основой подобных мер прежде всего является эффективная диагностика, которая позволяет идентифицировать начальные проявления неустойчивого, близкого к деградации состояния заблаговременно. Эффективные методы диагностики позволяют точно определить причины деградации и принять необходимые меры для компенсации или замедления данного процесса.

---

[315] Controlled degradation.
[316] Elegant degradation, #07-26 [w].
[317] Graceful degradation, #07-27.
[318] Soft failure mode.

Существует ряд сценариев управления деградацией, возникающей в связи с перегрузками. Среди них можно выделить следующие:

- ввод тёплого, холодного или аварийного резерва (разд. 4.2.1);
- ослабление модели консистентности (разд. 6.1);
- балансировка нагрузки (разд. 8.1);
- отключение или игнорирование части компонентов;
- преднамеренное разделение подсистем;
- преднамеренное снижение пропускной способности сетей.

В РСУ для компенсации реактивных всплесков стратегии управляемой деградации лежат в фокусе адаптивных моделей консистентности. Для компенсации состояния, близкого к деградации, и сдвига состояния в сторону нормальной эксплуатации или устойчивой управляемой деградации применяются адаптивные модели консистентности.

Общая адаптивная модель РСУ может включать в себя совокупность стратегий репликации, часть которых будет применяться в зависимости от состояния целевой системы. Например, для выхода из коротких всплесков, как правило, достаточно переключиться на модель монотонной устарелости (разд. 6.4.7). Если реактивная нагрузка не уменьшается, как правило, переходят на менее строгую адаптивную модель ограниченной устарелости (разд. 6.4.1). В этом случае требования к репликации упрощаются до тех пор, пока не стабилизируется реактивная нагрузка. После стабилизации требования могут уточняться до максимального усложнения. В случае стабилизации нагрузки модель консистентности может быть заменена на более строгую для обеспечения более эффективных характеристик целевой системы.

Для отключения части функционала его, как правило, выносят в специальные конструкции, такие как «прицеп», «перегородка», заранее допуская, что такие функции придётся «отцеплять», «перекрывать» в экстренном режиме (разд. 10.2.13).

В особых случаях кроме сложных алгоритмов управления инженерными системами дополнительно могут быть реализованы альтернативные, упрощённые. Например, в АСУ ТП критических объектов обязательно наличие ПАЗ. В критических ситуациях, при деградации систем нормальной эксплуатации, ПАЗ перехватывает управление. В таких случаях уже не идёт речь о сохранении контроля над всеми подсистемами, стоит задача не допустить катастрофы. Для подобных переключений может использоваться «переключатель» (разд. 10.2.12).

В особых случаях управляемая деградация может быть использована в целях преднамеренного израсходования ресурса оборудования. Это допустимо при приближении срока плановой замены оборудования, например оборудования дискретного производства, когда допустима эксплуатация «на износ» в целях временного повышения объёма выпуска продукции.

Управляемая деградация не должна быть заметна клиентским сервисам РСУ и пользователям до тех пор, пока регресс в работе системы не приведёт к полному отказу в обслуживании системы. Признаки деградации любого вида можно идентифицировать, опираясь на детальную диагностику (разд. 7.1.2). Полезно не только тщательно отслеживать диагностические метрики, но также следить за динамикой изменений. Для этого могут использоваться простые статистические аппроксимационные алгоритмы или современные методы превентивной аналитики, основанные на машинном обучении.

7.3.4. Деградация отклика

Случается, что по каким-то причинам система, узел или компонент начинает работать медленнее («тормозит»). Такая ситуация может быть идентифицирована как деградация отклика.

В качестве примера (рис. 7–07) приведён график диагностики тестовых изохорных сигналов (heartbeat). На рисунке видно, что узел 3 стал медленнее, чем положено, обрабатывать сообщения. Узел 4 и вовсе стал терять часть сообщений, что может свидетельствовать о потере важных, не диагностических данных, требуемых в процессе эксплуатации РСУ.

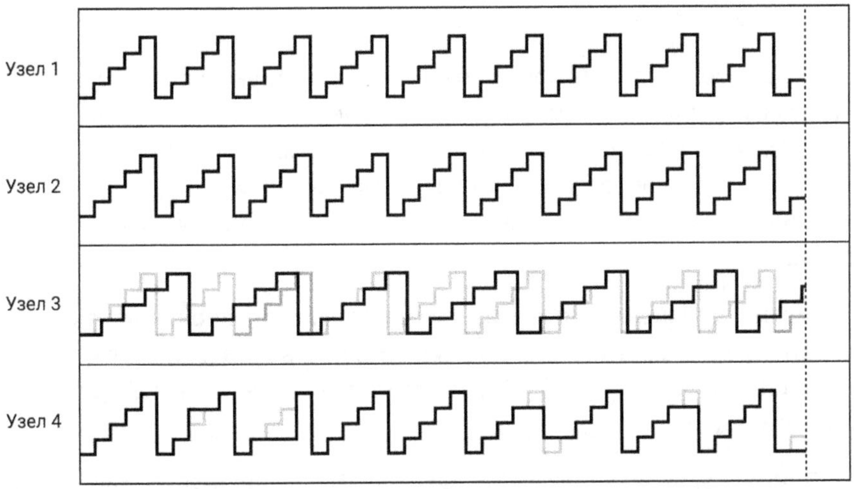

Рис. 7–07. Деградация отклика

7.3.5. Деградация очередей

Значимым видом деградации в РСУ является перегрузка очередей сообщений (разд. 4.7.2). Такая проблема может проявиться, если объём входящих сообщений больше, чем узловые аппаратные ресурсы в состоянии обработать за единицу времени. В таких случаях эффективно применяется алгоритм управляемой деградации очередей. Указанный алгоритм предполагает игнорирование сообщений с метриками приоритета наименьшей значимости. Обычно подобные алгоритмы реализуются в планировщиках нагрузки.

Возможно применение более сложных конструкций — например, при деградации очередей сообщений. Можно активировать выполнение алгоритма разрежения (фильтрации, разд. 11.1.6) данных на узлах источников.

Для контроля эффективности очередей вводят специальные метрики, например замеры производительности CPU, расчёт средней задержки обработки сообщений. Отклонения этих метрик позволяют судить о причинах деградации очереди сообщений. Когда метрики возвращаются к приемлемым для системы значениям, исчезает необходимость в управляемой деградации очереди.

7.3.6. Деградация при повышенных нагрузках

Повышенные нагрузки возникают вследствие запланированной активности, вызванной как внешними, так и внутренними источниками. Такая активность может возникнуть в связи с целенаправленными деструктивными воздействиями, которые должны быть учтены в модели угроз (разд. 12.1) и нивелированы соответствующими инструментами.

Подобные нагрузки могут возникать естественным путём. Короткие и длительные всплески профиля нагрузки целевой системы и отдельных компонентов могут вызвать стабильный рост нагрузки. Если такой рост нагрузки не удаётся компенсировать средствами балансировки (разд. 8.1) и масштабирования (разд. 9.3), возникнет необходимость включения элегантной деградации.

В ряде случаев профиль такой незапланированной нагрузки может нарастать очень быстро. Этот эффект может вызвать информационный шторм (штормовой эффект). Тогда придётся от элегантной деградации перейти к изящной.

В РСУ, таких как АСУ ТП (разд. 11.3), возникают ситуации, когда компоненты системы самостоятельно начинают генерировать большой объём данных, кажущихся системе полезными, — например, диагностических. При этом происходит общая перегрузка системы. Часто такие явления объясняются неэффективным проектированием компонентов системы, описанием логики обработки данных или ошибками при разработке программного кода.

В таких критических системах особое внимание при проектировании нужно уделять инструментам идентификации, компенсации и подавления причин и источников спонтанных, продолжительных и штормовых нагрузок.

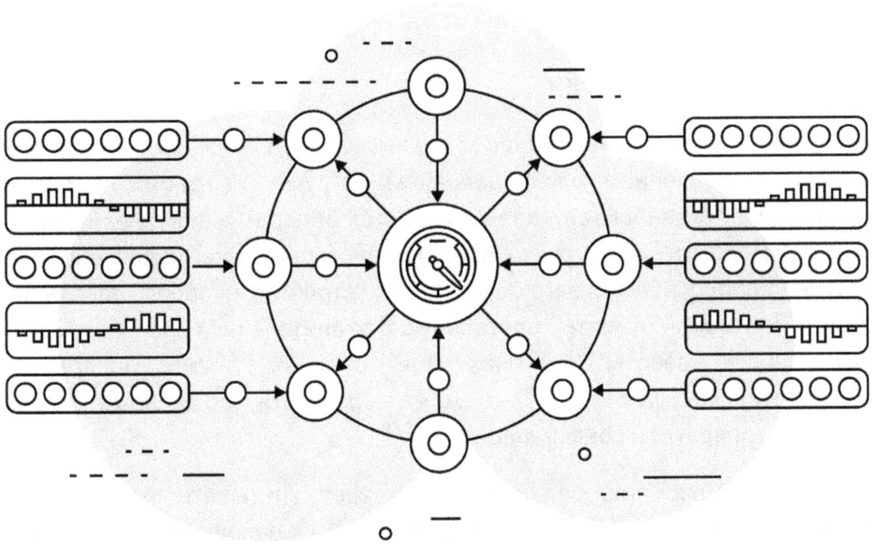

Глава 8. Балансировка нагрузки

Балансировка нагрузки[319] (планирование нагрузки) РСУ — одна из сложнейших задач современных инфраструктур. Балансировка нагрузки — это метод распределения заданий между несколькими распределёнными узлами. Целями балансировки являются:

- оптимизация использования ресурсов, сокращение времени отклика;
- горизонтальное масштабирование (разд. 9.3.2) узлов РСУ (динамическое добавление/удаление устройств);
- предотвращение перегрузки узлов;
- обеспечение отказоустойчивости (резервирования).

Архитектура схем и алгоритмов балансировки нагрузки весьма разнообразна, она зависит от целевой архитектуры системы. Например, архитектура балансировки нагрузки на узлы mesh-сети сложнее, чем архитектура балансировки нагрузки на узлы сети типа «звезда». В высоконагруженных РСУ узлы, обеспечивающие основную нагрузку, обслуживают сети с топологией «звезда», «двойная звезда» (разд. 4.1.1). В предлагаемой архитектуре РСУ таковыми являются корневые узлы.

[319] Load balancing, #08-01 [w].

Управление нагрузкой корневых узлов должны обеспечивать специальные балансировщики нагрузки, которые распределяют обработку данных между этими узлами в соответствии с заданным алгоритмом.

8.1. Задача балансировки

Задача балансировки неразрывно связана с оптимизацией. Она также связана с управлением распределением нагрузки на ресурсы вычислительных узлов. В данном случае учитываются аппаратные особенности узла, такие как мощность и загрузка ядер процессоров, интегральная загрузка, пропускная способность и загрузка сетевых устройств, скорость работы и загрузка оперативной памяти, постоянных накопителей. Может быть учтена эффективность работы ПО на узле с конкретными аппаратными характеристиками, так как оно может работать по-разному в зависимости от аппаратной конфигурации.

Оптимизация при балансировке может учитывать распределение активных соединений между узлами (разд. 10.2.1), например, в зависимости от удалённости узлов, качества соединения. Балансировка может учитывать политику безопасности объектов и субъектов (разд. 12.4).

Различают следующие уровни балансировки относительно сетевой модели OSI: сетевой (L3), транспортный (L4) и прикладной (L7). При проектировании программных РСУ, ВНС особое внимание уделяют прикладному уровню, хотя некоторые решения балансировки могут быть вынесены за пределы функциональности целевой программной системы и развёрнуты на сетевом и транспортном уровне, используя соответствующие преимущества.

Балансировка на сетевом уровне осуществляется на основе IP-адресов источника и назначения. Этот уровень балансировки прост и эффективен с точки зрения производительности, но он не позволяет учитывать особенности протоколов более высоких уровней или содержимое трафика.

Балансировка на транспортном уровне использует информацию, опираясь на структуру транспортных протоколов (разд. 4.6.1), что даёт возможность более гибко распределять соединения между узлами или экземплярами сервисов. При этом сохраняются высокая скорость обработки трафика и минимальная задержка.

Балансировка на прикладном уровне предоставляет максимальные возможности анализа и маршрутизации трафика. Решения на этом уровне могут учитывать содержимое прикладных протоколов и их ППИ. Балансировщики прикладного уровня позволяют не только распределять нагрузку, но и выполнять функции маршрутизации, предварительной обработки и кеширования (разд. 5.2) данных, а в некоторых случаях даже аутентификации. Однако высокая гибкость прикладной балансировки сопровождается увеличением сложности систем и повышением требований к производительности узлов балансировки.

Задачи балансировки нагрузки тесно связаны с задачами распределённой обработки очередей. Такое управление может быть осуществлено на основе обратных связей. РСУ должны обеспечивать распределённую обработку очередей сообщений с помощью специальных брокеров сообщений (очередей, разд. 4.7.3). Целевые алгоритмы (сценарии) балансировки реализуются в соответствующих брокерах, являясь их неотъемлемой частью. В свою очередь, брокеры могут координироваться заданным способом (разд. 4.3.1).

8.2. Типы балансировщиков

Исходя из возможных конструкций брокеров сообщений (разд. 4.7.3), можно выделить несколько типов брокеров-балансировщиков. Относительно точки встраивания брокера выделяют следующие типы балансировщиков:

- встроенный в выделенный узел (ретрансляционный);
- встроенный в клиентский узел (хост);
- встроенный в корневой узел;
- распределённый (децентрализованный);
- распределённой репликации корневых узлов;
- многоуровневый (иерархический).

Важно отметить, что балансировщики могут функционировать с резервированием и без. Резервируемые балансировщики, в свою очередь, могут работать с координацией и без (разд. 4.3.1). Как правило, балансировщики, встраиваемые в узлы клиентов, не координируются. А те, что встраиваются в корневые узлы, как правило, обладают всеми доступными данными для координации, так как находятся в одной сети или в близких сетях.

Децентрализованные балансировщики всегда координируются. Логика целевой системы определяет детализацию координации таких сложных балансировщиков. Сила координации может меняться в зависимости от текущего и целевого состояний распределённой системы.

8.2.1. Балансировщик на выделенном узле

Балансировщик, встроенный в выделенный (прокси) узел, является самым простым инструментом оптимизации нагрузки корневых узлов (рис. 8–01). Такой балансировщик основан на соответствующем брокере (разд. 4.7.5).

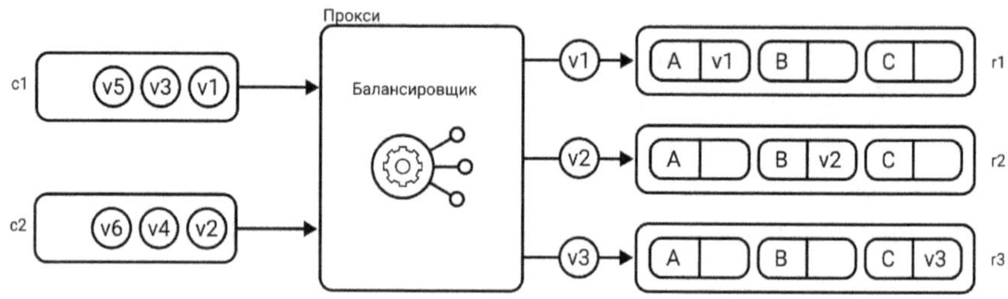

Рис. 8–01. Балансировщик на выделенном узле с одним лидером

Такой прокси, как правило, находится в сети балансируемых узлов и называется обратным (реверсивным[320]).

Проблемой таких единичных single-leader брокеров, которые представляют собой лишь посредники соединений, является то, что отказ брокера становится узким местом любой системы (разд. 4.3.1). В зависимости от целевой конфигурации таких промежуточных узлов может быть несколько (multi-leader) (рис. 8–02).

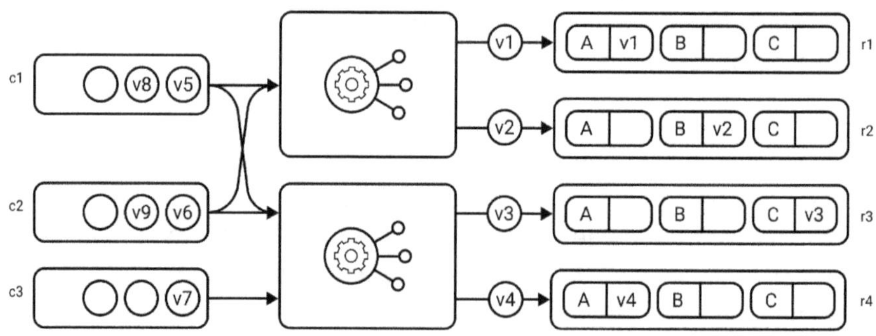

Рис. 8–02. Балансировщик на выделенных узлах с множеством лидеров

В подобной ситуации клиент может поддерживать одновременно несколько подключений к таким брокерам. В случае отказа одного из брокеров клиент переключается на другой доступный или на вновь выбранный брокер. Для того, чтобы было технически возможно реализовать такое

[320] Reverse proxy, #08-02 [w], #08-03.

переключение на уровне клиента, на самом клиенте должны присутствовать элементарные функции проверки доступности брокера. Без проверки такого рода сообщения, доставляемые без подтверждения, могут быть потеряны.

Подобные брокеры могут быть развёрнуты на пограничных (edge) узлах (разд. 9.3.5), сконцентрировав на себе нагрузку, связанную с балансировкой. Таким образом, нагрузка на корневые узлы будет снижаться. Задача балансировки может быть не только выделена в отдельную экосистему, но и изолирована от основной части системы, став дополнительным защитным барьером для всей экосистемы (разд. 12.4). Такие выделенные балансировщики используются в кластерах высокой доступности и гиперскейлерах (разд. 9.1).

Альтернативой выделенных балансировщиков являются встроенные балансировщики в корневые, несущие основную нагрузку узлы. В таком случае они должны обладать функционалом эффективной ретрансляции запросов. При этом данный процесс не должен сильно увеличивать общую нагрузку.

8.2.2. Балансировщик, встроенный в узел клиента (хост)

Балансировщик может быть встроен в клиентский узел (рис. 8–03). Такой балансировщик основан на соответствующем встроенном в клиентский узел брокере (разд. 4.7.6).

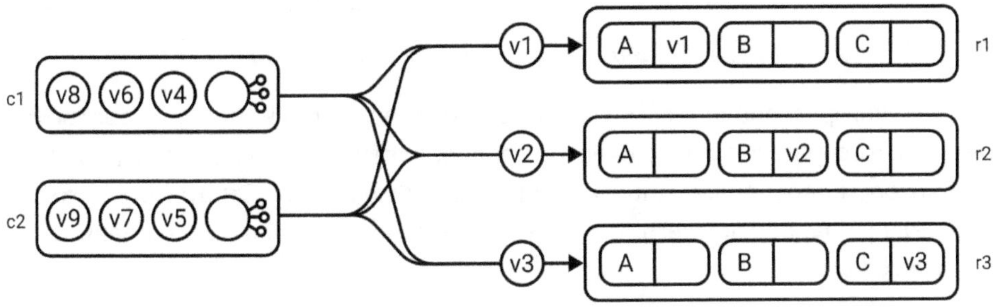

Рис. 8–03. Балансировщик на узле клиента (хосте)

Для реализации логики балансировщика на клиентском узле он должен обладать функционалом получения информации о состоянии корневых узлов. Подобная ситуация не всегда возможна в связи с тем, что некоторые РСУ создают не с нуля, а в рамках модернизации отдельных подсистем, поэтому часто бывает нужно подключать компоненты, не обладающие соответствующим функционалом. Для таких случаев разумным решением является перенос брокера на корневые узлы (разд. 8.2.4).

Например, именно по такому принципу строятся смарт-клиенты для современных СХД (разд. 11.2), систем виртуализации и прочих сложных вычислительных сервисов. Обладая детальной информацией о состоянии корневых узлов, смарт-клиент в состоянии самостоятельно координировать запросы, таким образом снижая нагрузку на корневые узлы.

С таким методом балансировки, как правило, связаны сессионные модели консистентности (разд. 6.5).

8.2.3. Балансировщик, встроенный в корневой узел

Балансировщик может быть встроен в корневой узел (рис. 8–04). Такой балансировщик основан на соответствующем встроенном в корневой узел брокере (разд. 4.7.7). Он, как правило, обладает подробной информацией о состоянии остальных корневых узлов и осуществляет ретрансляцию запросов на другие корневые узлы согласно целевой логике.

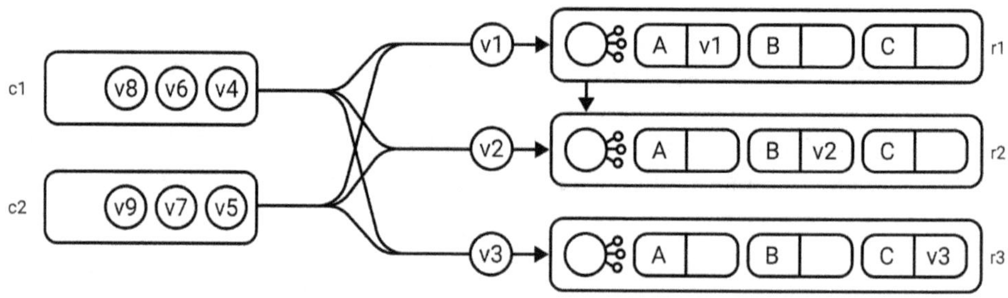

Рис. 8–04. Балансировщик на корневых узлах

Такая ретрансляция может быть основана на принципе «воровства»[321] задач. Это стратегия динамического распределения нагрузки между узлами, при которой свободные узлы «крадут» задачи у занятых. Стратегия подходит для задач с непредсказуемым временем выполнения и большого количества коротких задач.

8.2.4. Балансировщик распределённый (децентрализованный)

Сложную РСУ необходимо эффективно балансировать. Балансировки на уровне клиентов не всегда достаточно для эффективной балансировки всей РСУ. Клиентский узел может осуществить сложный запрос, который потребует координированной работы нескольких корневых узлов. Таким образом, в одной РСУ могут быть одновременно использованы несколько балансировщиков: например, брокеры, встроенные в клиентские и серверные узлы.

[321] Work-Stealing Scheduling.

В подобной конструкции брокеры могут взаимодействовать одновременно, каждый из них берёт на себя часть функций распределённого управления нагрузкой всей системы. Естественно, такие конструкции являются достаточно сложными в реализации и в отладке, но при этом максимально гибкими и эффективными (рис. 8–05).

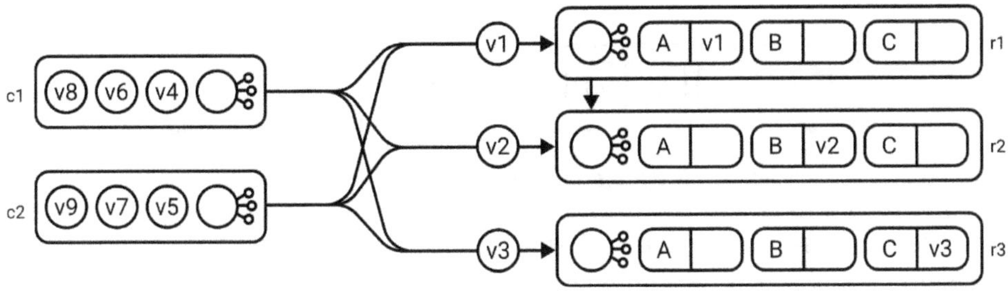

Рис. 8–05. Балансировщик распределённый

Такая конструкция является максимально эффективной и надёжной для масштабных РСУ, в которых требуются динамическая оптимизация, многопараметрическая балансировка.

8.2.5. Балансировщик репликации корневых узлов

Репликация или синхронизация большого числа распределённых узлов вызывает значимую нагрузку и требует эффективных механизмов балансировки.

Реализация репликации или синхронизации осуществляется в тесном сопряжении процессов балансировки. Можно сколько угодно рассуждать, какой процесс важнее — качественная репликация или балансировка. Если узел испытывает недостаток ресурсов, он начнёт деградировать (разд. 7.3). Такой узел будет бесполезен для целевой системы. Следовательно, в распределённых системах главенство отдаётся балансировщику. Именно он определяет приемлемую и допустимую модель консистентности (разд. 6.1) узлов. Такой балансировщик умеет эффективно менять модель консистентности для разных групп узлов в зависимости от их состояния, в особенности нагрузки.

Балансировщик основан на соответствующем распределённом брокере корневых узлов (разд. 4.7.9). Брокер такого рода рекомендуется обслуживать отдельным, выделенным и изолированным от клиентов (хостов) серверным интерконнектом (разд. 10.2.1) (рис. 8–06).

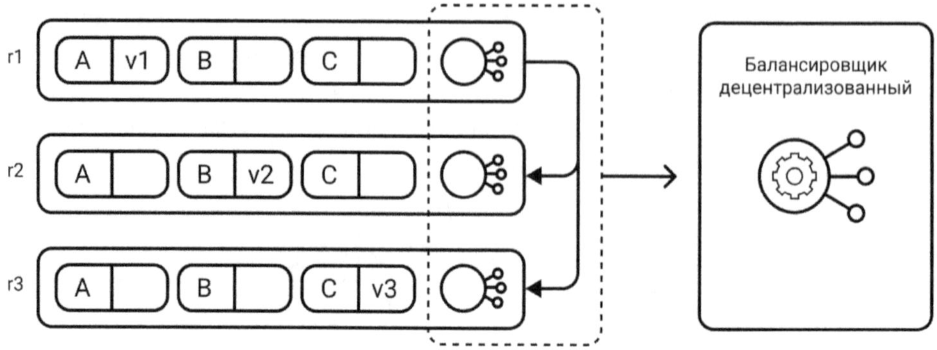

Рис. 8–06. Брокер репликации корневых узлов

В модульных системах с аппаратным интерконнектом такого рода координатор может быть встроен в шасси (бэкплейн). Например, именно так проектируются некоторые модульные контроллеры АСУ ТП (разд. 11.3).

8.2.6. Балансировщик многоуровневый (иерархический)

В масштабных распределённых системах требуется многоуровневая, многопараметрическая, эффективная и точная балансировка. Рассмотрим типичную РСУ, обслуживающую клиентов, обладающую сложной логикой взаимодействия корневых узлов, требующих, в свою очередь, эффективной синхронизации. Такая РСУ должна аккуратно балансироваться с учётом текущего и прогнозируемого состояния. В таких случаях распределённый балансировщик может быть весьма сложным (рис. 8–07).

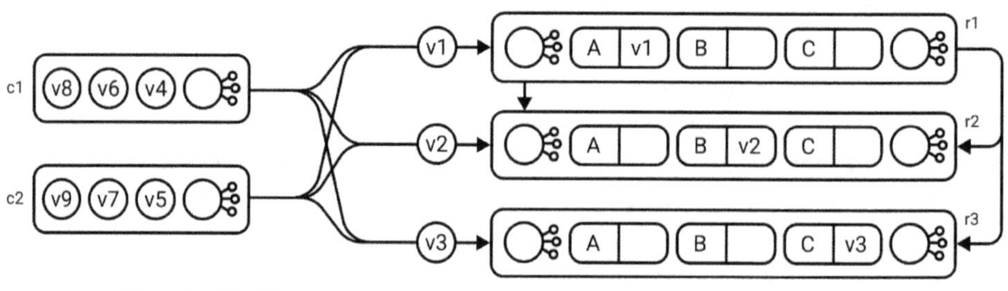

Рис. 8–07. Многоуровневый распределённый балансировщик

Наиболее сложные балансировщики встречаются в гиперскейлерах (разд. 9.3.4). В подобных системах применяется L3, L4, L7 балансировка. На сетевом (L3) и транспортном (L4) уровнях осуществляется балансировка трафика, как правило, на уровне маршрутизации. На прикладном, программном уровне (L7) балансировка может осуществляться на любом из задействованных уровней реализации ПО и инфраструктуры. Балансировка может учитывать состояние физических серверов, СХД (разд. 11.2) и всех слоёв виртуализации, виртуальных машин, контейнеров, SDN. Чем сложнее устроен интерконнект в таких системах, тем сложнее в реализации балансировщик. Самые сложные балансировщики встречаются в системах с многосвязными и полносвязными интерконнектами (разд. 10.2.3), особенно в системах, обслуживающих гиперскейлеры.

Логика (алгоритм) балансировки[322] задаётся на этапе технического проектирования целевой системы. Существует множество стратегий планирования нагрузки. Для алгоритмов балансировки важным принципом является наличие или отсутствие обратной связи. Наличие обратной связи при управлении нагрузкой позволяет учесть состояние балансируемых узлов. Балансировщики нагрузки с обратной связью[323] могут функционировать в синхронном или асинхронном режиме, включая все промежуточные варианты.

Выделяют статические и динамические алгоритмы балансировки. Среди статических алгоритмов можно отметить следующие:

- циклические;
- минимум соединений;
- на основе фиксированных весов;
- на основе хешей.

Динамические алгоритмы могут менять логику балансировки в зависимости от текущего и целевого состояния распределённой системы. Динамические балансировщики, ориентированные на текущее состояние, называются адаптивными. Динамические балансировщики могут оперировать прогнозными моделями и на их основе планировать нагрузку. Такие балансировщики называют предиктивными. Прогнозные модели могут быть основаны как на статистических алгоритмах, так и на современных алгоритмах машинного обучения[324].

Алгоритмы предиктивной балансировки могут основываться на знании профилей нагрузки. Например, такие алгоритмы используются для балансирования распределённых кешей (разд. 5.2). Для обеспечения когерентности такого распределённого кеша балансировка узлов должна осуществляться в синхронном режиме.

[322] Top 6 Load Balancing Algorithms, #08-04. ▸
[323] Feedback-based Load Balancer.
[324] ML-based Load Balancer, #08-05 [pdf], #08-06 [pdf].

8.2.7. Балансировка без обратной связи

Наиболее простым решением для выполнения балансировки без обратной связи является использование фиксированных весов или метрик приоритета в сообщениях. При балансировке нагрузки важно получать информацию о состоянии балансируемых узлов, однако это не всегда возможно. Для таких случаев разработано множество полезных алгоритмов — например, циклическое распределение.

8.2.8. Циклическое распределение

Базовым алгоритмом планирования является алгоритм циклического обхода round robin[325] (RR). Циклический алгоритм подразумевает последовательное перенаправление (распределение, маршрутизацию) сообщений (задач), начиная с первого и заканчивая последним. По достижении последнего балансирующего узла из списка обход узлов начинается сначала. Обычный алгоритм round robin предполагает, что все узлы имеют примерно одинаковые свойства производительности.

Термин round robin является отсылкой к XVII веку. Это заимствование из французского — «документ с кольцевой подписью», коллективное письмо, которое подписывают по кругу, чтобы было невозможно определить инициатора. Такие письма с коллективной ответственностью, которую можно считать своего рода круговой порукой, использовали во всём мире. Подобным образом балансировщик нагрузки обеспечивает некую форму коллективной ответственности узлов: отказал один узел — нагрузку разделяют все.

8.2.9. Циклическое распределение взвешенное

Для узлов с разной производительностью существует модификация базового циклического алгоритма RR (WRR[326]), которая учитывает поправку на разницу технических характеристик и производительности узлов. В этом случае каждому узлу присваивается весовой коэффициент, который отражает его производительность. Узлы с разной производительностью обрабатывают число запросов, пропорциональное их производительности.

[325] Round-robin algorithm, #08-07 [w].
[326] Weighted RR.

8.2.10. Разновидности циклических алгоритмов

Существует множество специальных усовершенствованных RR-алгоритмов циклического планирования. Например, алгоритм RRSS[327] позволяет точно описать фиксированный список узлов, участвующих в балансировке конкретной очереди сообщений. Алгоритм RRAT[328] позволяет точно указать задержку, необходимую для обработки сообщения (задания) назначенным узлом. Алгоритм RRWP[329] позволяет учесть приоритеты обработки очередей и отдельных сообщений при распределении по вычислительным узлам. Существует бесчисленное множество алгоритмов планирования распределения сообщений и задач — информацию о них читатель может найти самостоятельно.

8.2.11. Минимум соединений

Алгоритмы round robin не учитывают количество активных подключений к узлу. Рассмотрим случай, когда есть два корневых узла. К первому узлу подключено меньше клиентов, чем ко второму, при этом оказывается, что первый узел нагружен сильнее. Например, это может быть связано с тем, что клиенты первого узла дольше поддерживают соединение. В таких случаях для балансировки узлов с учётом количества активных клиентских соединений применяется алгоритм «минимум соединений» (LC[330]). Каждое следующее сообщение передаётся узлу с наименьшим количеством активных соединений.

Как и в случае с RR и WRR, существует усовершенствованный вариант алгоритма LC, который предназначен для использования в РСУ, состоящих из узлов с разными техническими характеристиками и, следовательно, с разной производительностью. Это алгоритм «минимум соединений взвешенный» (WLC[331]) — при распределении нагрузки он учитывает количество активных соединений с поправкой на соответствующий узловой весовой коэффициент.

Алгоритмы LC и WLC эффективны для РСУ, в которых длительность соединений клиентов с узлом может вызывать излишние непрогнозируемые нагрузки — например, нагрузки, связанные с обслуживанием накопленного кеша с нефиксированным буфером. В СРВ все эффекты такого рода обычно нивелируются статической архитектурой, поэтому в них подобные алгоритмы будут неэффективны.

---

[327] RR with SubSet.
[328] RR with Arrival Time.
[329] RR with Priority.
[330] Least Connections.
[331] Weighted LC.

Существуют и другие варианты алгоритма LC, которые стоит упомянуть, например алгоритм распределения, основанный на размещении и минимуме соединений (LBS[332]). Он предназначен специально для кеширующих (прокси) узлов или для корневых узлов, которые, в отличие от остальных корневых узлов, содержат избыточные данные. Его суть заключается в следующем: наибольшее количество запросов передаётся корневым узлам с наименьшим количеством активных соединений. За каждым из корневых узлов закрепляют группу клиентских сетевых адресов (IP). Запросы с этих сетевых адресов направляются на закреплённый (назначенный по умолчанию) корневой узел, если он не загружен полностью. В противном случае запрос будет перенаправлен на другой корневой узел, при этом он должен быть загружен менее чем на заданное предельное значение. Список перенаправления приоритизирован.

В алгоритме «распределение, основанное на размещении и минимуме соединений с репликацией» (LBSR[333]) каждый сетевой адрес или группу сетевых адресов закрепляют не за отдельным корневым узлом, а за целой группой корневых узлов. Сообщение передаётся наименее загруженному корневому узлу из группы. Если же все корневые узлы из закреплённой группы перегружены, будет зарезервирован новый корневой узел. Он будет добавлен к группе, обслуживающей сетевой адрес, с которого было отправлено сообщение. Из этой группы будет исключён наиболее загруженный корневой узел. Такой алгоритм позволяет избежать избыточности, если это необходимо.

8.2.12. Балансировка с приоритетом

Балансировщик нагрузки может учитывать метрики приоритета. В этом случае очереди или сообщения в очередях должны быть обработаны в соответствии с заданным приоритетом в пределах заданного временного окна. Сначала должны быть обработаны более значимые данные, потом менее значимые. Балансировщик может учитывать загруженность узлов.

Возможны различные схемы работы с композитными метриками приоритета и обратной связи на основе данных динамики нагрузки узлов. Например, схема балансировки узлов с учётом приоритизации сообщений и уровня загрузки узлов может быть реализована с применением циклического алгоритма RR с приоритизацией и обратной связью (комбинация RRWF и RRWP) (рис. 8–08).

[332] Locality-Based LC Scheduling.
[333] Locality-Based LC Scheduling with Replication Scheduling.

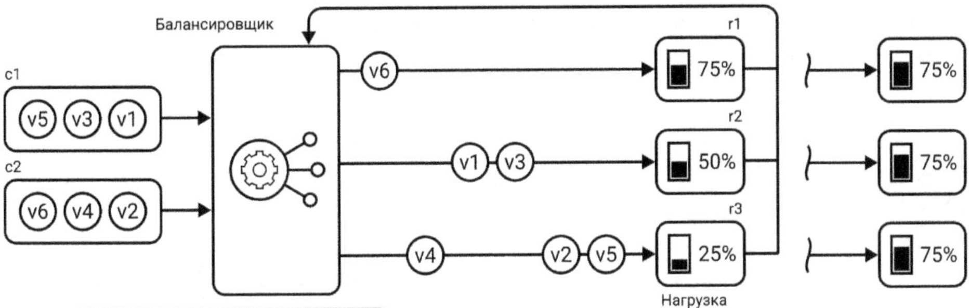

V	v6	v5	v4	v3	v2	v1
P	1	4	1	2	3	1

Рис. 8–08. Распределение с приоритизацией

В данном примере для простоты будем считать, что обработка одной переменной занимает 25% нагрузки узла. Значение переменной v5 направляется на обработку в наименее загруженный узел r3 в порядке наивысшего приоритета P4. Загрузка узла r3 становится равной 50%. Рассмотренный узел r3 имеет такую же нагрузку, как узел r2, поэтому не следует осуществлять ретрансляцию на r2 для снижения потерь скорости. Следовательно, значение переменной v2 направляется на обработку на узел r3 в порядке приоритета P3. Загрузка узла r3 становится равной 75%. Очевидно, что для обработки следующего значения необходимо выбрать наименее загруженный узел, например, с помощью циклического алгоритма (разд. 8.2.14). Следовательно, обработка значения v3 с приоритетом P2 маршрутизируется на узел r2. Обработка переменных v1, v4, v6 осуществляется аналогичным образом.

8.2.13. Балансировка с обратной связью

В ВНС абсолютные параметры нагрузки корневых узлов могут меняться весьма динамично. Для эффективной балансировки необходимо непрерывно отслеживать изменения заданных параметров и учитывать их в алгоритме балансировки (рис. 8–09). В таких случаях применение взвешенных алгоритмов WRR, WLC и их модификаций не имеет никакого смысла, поскольку алгоритм может получить точную информацию обо всех требуемых параметрах.

Рассмотрим пример: корневые узлы r1, r2, r3, r4 находятся в поле интерконнекта синхронизации; узел r4 назначается выделенным балансирующим узлом в клиентской сети; переменные L1, L2, L3 отражают загрузку узлов r1, r2, r3 соответственно; клиенты c1, c2, c3 обеспечивают нагрузку (рис. 8–10). За счёт синхронизации узел r4 получает необходимые данные о загрузке узлов r1, r2, r3. Он должен учитывать их в применяемом алгоритме в качестве обратной связи.

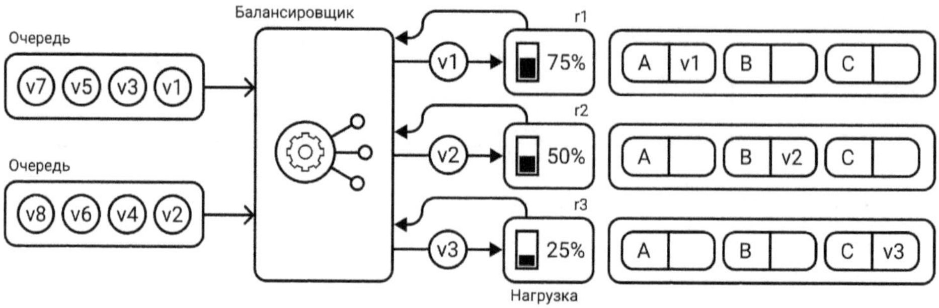

Рис. 8–09. Балансировщик с обратной связью

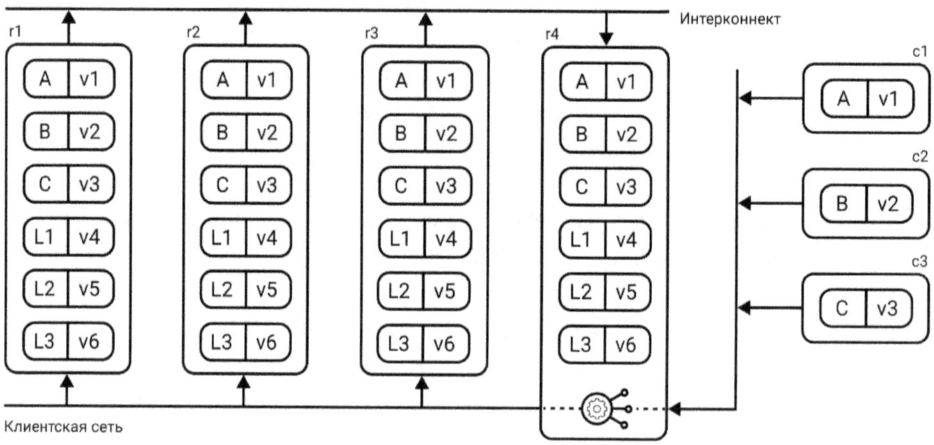

Рис. 8–10. Схема балансировки

Среди методов балансировки с обратной связью можно выделить следующие.

- Least Response Time — наименьшее время отклика. Запрос отправляется на узел с наименьшей задержкой и наименьшим числом активных соединений. Такой метод наиболее эффективен для минимизации времени отклика.
- Resource-Based — на основе оценки ресурсов. Решение принимается на основе информации о доступных ресурсах узла (CPU, RAM).

8.2.14. Циклическое распределение с обратной связью

Циклический алгоритм RR может быть применён с учётом обратной связи RRWF[334]. Обратная связь формируется на основе изменения метрик балансируемых узлов. В качестве обратной связи можно рассматривать изменения параметра абсолютной нагрузки узла. RRWF нагружает наименее нагруженные узлы до тех пор, пока какой-нибудь другой узел не окажется наименее нагруженным, после чего перенаправляет нагрузку на него (рис. 8–11).

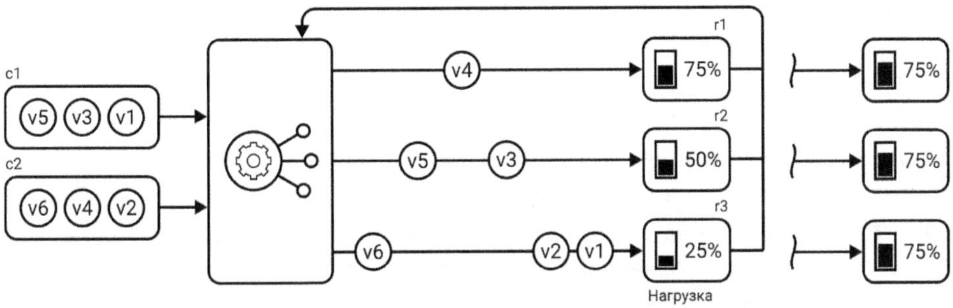

Рис. 8–11. Циклическое распределение

8.2.15. Циклическое распределение взвешенное с ОС[335]

Существенное повышение эффективности обычного WRR может обеспечить обратная связь от балансируемых узлов с различными техническими характеристиками и производительностью WRRWF[336]. В качестве весового коэффициента могут быть использованы метрики, отражающие доступные ресурсы для обработки нагрузки. Весовой коэффициент может быть рассчитан на основании композитных метрик, таких как доступная мощность, пропускная способность сети, её загрузка и др.

[334] RR with Feedback.
[335] С обратной связью.
[336] Weighted RRWF.

8.3. Теория массового обслуживания

Распределённая обработка очередей и их балансировка (распределение) подкреплены мощным математическим аппаратом.

В 1909 г. датский математик Агнер Эрланг[337] разработал теорию массового обслуживания (теорию очередей[338]). Занимаясь оптимизацией обслуживания телефонных соединений, Эрланг выявил и сформулировал закономерности, основанные на законах теории вероятности. Теория позволяла определить вероятность отказа в обслуживании абонента в случаях, когда все линии были заняты и абонент не мог совершить звонок. Благодаря техническому прогрессу появились функции постановки абонентов в очередь ожидания обслуживания. Была рассчитана вероятность того, что поступивший вызов не будет обслужен немедленно, а поставлен в очередь. Время ожидания в очереди не должно было превышать среднее время обслуживания (вызова). За это время должен был освободиться один из каналов, на который переключали вызов, в противном случае вызов сбрасывался. Вероятность отказа означала, что вызов из очереди мог не дождаться свободного канала. Исходя из этого операторы планировали оснащение телефонных станций оборудованием для поддержания высокой доступности сервиса — например, позволяющим гарантировать обслуживание 99% вызовов. Теория Эрланга давала возможность оценить количество оборудования, необходимое для выполнения таких гарантий[339].

В 1961 г. была сформулирована теорема Литтла[340], которая применима к устойчивой (стабильной) системе любой сложности. Теорема определяет среднее время отклика (задержку, время прохождения запроса через систему) как отношение среднего числа поступающих в систему запросов к скорости их поступления в систему. Например, эту теорему использовали для оценки пропускной способности трафика в автоматических телефонных станциях.

[337] Agner Krarup Erlang.
[338] Queueing theory, #08-08 [w].
[339] Гарантии в теории Эрланга, #08-09.
[340] Little's law, #08-10 [w].

На основе теории массового обслуживания создан целый ряд систем массового обслуживания и инструментов их разработки. В 1986 г. компания Ericsson выпустила специализированный язык программирования для разработки телекоммуникационных систем массового обслуживания, который назвали в честь Эрланга. Erlang[341] обеспечивает возможность разработки распределённых вычислительных систем. Работая «из коробки», язык включает в себя средства управления легковесными параллельными процессами, обменивающимися асинхронными сообщениями. Он позволяет создавать отказоустойчивые ВНС, РСУ, кластерные параллельные СРВ. За счёт легковесности процессов язык может обслуживать миллионы подключений на узел, а в режиме кластера — сотни миллионов подключений. Erlang не стал «модным» и широко распространённым языком из-за того, что не обеспечивал высокую эффективность на разном железе.

В 1990-е гг., в период развития и становления отрасли, стандартом де-факто стал язык Си, который лёг в основу всех известных ядер современных операционных систем, так как обеспечивал поддержку максимального аппаратного разнообразия. Erlang проиграл битву за железо и не стал флагманским языком разработки в крупных распространённых проектах. Очевидно, что заложенные в этом языке концепции намного опередили своё время, поэтому Erlang до сих пор применяется в специализированных системах.

Важно отметить, что Erlang и Go[342] разделяют идеи конкурентного программирования, хотя Go основан на модели Communicating Sequential Processes[343], в отличие от модели акторов, принятой в Erlang. На Go следует обратить внимание при разработке ВНС, РСУ в случаях отсутствия необходимости работать с железом напрямую.

[341] Erlang (ERicsson LANGuage), #08-11 [w].
[342] Go, #08-12 [w].
[343] CSP, #08-13.

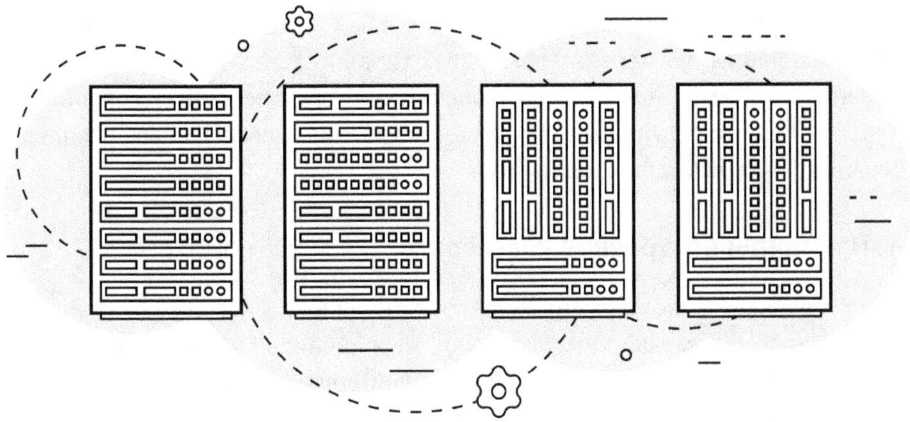

Глава 9. Кластеризация и масштабирование

Современные вычислительные задачи требуют высокой производительности, отказоустойчивости и доступности. Для их решения недостаточно просто объединить в сеть группу распределённых узлов. Ответом на эти вызовы стало появление кластерных систем. Такие системы представляют собой высокоинтегрированные комплексы, объединяющие множество вычислительных узлов в единый, мощный и надёжный аппаратный ресурс. Кластер — не просто группа компьютеров, объединённых сетью в строго организованную систему с жёсткими требованиями к аппаратной однородности корневых узлов и наличию высокоскоростного выделенного интерконнекта (разд. 10.2.3). Ключевым принципом работы кластера является обеспечение кворума — минимального количества активных узлов, необходимого для выполнения целевых задач и сохранения работоспособности системы в целом (разд. 10.3.1). В зависимости от решаемых задач и предъявляемых требований кластеры эволюционировали в несколько специализированных направлений:

- отказоустойчивые системы высокой доступности (HAC);
- высокопроизводительные вычислительные кластеры (HPC);
- системы балансировки нагрузки (LBC);
- географически распределённые GRID-вычисления.

Каждый тип кластера использует уникальные архитектурные подходы и паттерны — от модульной избыточности и мажоритарной логики в HAC до распределённых конвейеров и GPU-ускорителей в HPC. Данный раздел посвящён детальному анализу архитектурных особенностей, принципов работы и области применения различных типов кластерных систем, а также связанных с ними моделей вычислений и стратегий масштабирования, которые являются фундаментом для построения современных распределённых систем масштаба предприятия.

9.1. Принципы построения кластеров

Вычислительным кластером называется объединение нескольких вычислительных узлов с помощью высокоскоростных каналов связи, с точки зрения пользователя представляющее собой единый аппаратный ресурс. Кластеризация подразумевает ряд жёстких ограничений, применяемых к аппаратной составляющей задействованных узлов. Все узлы должны иметь идентичную аппаратную конфигурацию (разд. 3.3). Кластер всегда предполагает наличие выделенного интерконнекта (разд. 10.2.1), соединяющего кластерные (корневые) узлы (разд. 4.2.1).

Распределённую систему можно считать кластером, пока обеспечивается кворум (разд. 10.3.1) кластера, то есть пока такая система содержит достаточное число активных узлов, позволяющих кластеру выполнить поставленную задачу.

Выделяют несколько разновидностей кластеров на основании доступности и типов выполняемых ими задач.

9.1.1. Кластеры высокой доступности

Кластеры высокой доступности (HAC[344]), или отказоустойчивые кластеры, — это распределённые системы с высокой избыточностью узлов, гарантирующие предоставление сервиса в случае отказа нескольких узлов. Такие кластеры предназначены для реализации сервисов согласно архитектуре высокой доступности (разд. 7.2.4). В зависимости от требуемой надёжности оказания сервиса такие кластеры делят на три типа: мультимастер, мультимастер с резервированием и мультимастер с модульной избыточностью (разд. 4.2.1).

---

[344] High-Availability Clusters, #09-01 [w].

Кластеры с модульной избыточностью широко применяются в АСУ ТП (разд. 11.3). Они используются в системах высокой критичности, когда недопустимы отказы (разд. 7.2) и деградация отдельных модулей. В подобных кластерах модули узлов могут отвечать за выполнение одной и той же задачи в режиме мажоритарной логики. В таком режиме функционирования допускается отказ отдельных модулей, а также узла в целом. Консистентность системы такого рода может определяться кворумом отдельных модулей (разд. 10.3.1). Строгая консистентность узлов может не требоваться. Подразумевается, что в таких условиях конфигурация узлов и модулей должна быть идентичной. В данном случае алгоритмы целевой системы должны определять дальнейшее логическое поведение.

Например, алгоритмы мажоритарной логики могут быть основаны на тройной избыточности («тройной модульной избыточности», TMR[345]). Алгоритм TMR сравнивает результаты обработки всех модулей и выбирает два из трёх (⅔) с идентичными результатами вычислений. Такая конструкция допускает последовательный отказ или деградацию одного или даже двух модулей. Существуют и производные TMR, например три из четырёх (¾), 2TMR (2 × ⅔, рис. 9–01).

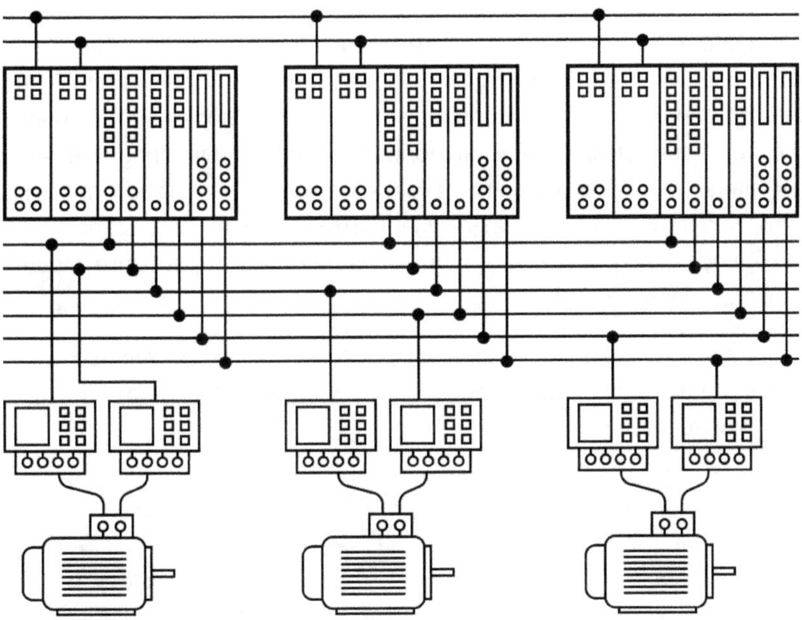

Рис. 9–01. 2TMR

[345] Triple Modular Redundancy, #09-02 [w].

В примере приведены три модульных контроллера. Контроллеры объединены в кластер с помощью резервированного интерконнекта (разд. 10.2.1). Каждый контроллер содержит по паре резервируемых модулей целевого типа. Модули объединены в одном шасси. Часть модулей управляет резервируемым интерконнектом. Остальные модули отвечают за управление исполнительными механизмами технологического процесса с попарно резервируемыми локальными системами управления. TMR является разновидностью кворума (разд. 10.3.1).

9.1.2. Вычислительные кластеры

Отдельной разновидностью кластеров являются сверхпроизводительные кластеры (HPC[346]). Их отличительные особенности — сверхэффективная аппаратная инфраструктура, быстрый ввод-вывод, низкая задержка всех аппаратных компонентов, высокопроизводительные CPU, GPU, разнообразные специализированные сопроцессоры, высокоскоростные сетевые интерконнекты (разд. 10.2.1).

Такая архитектура предназначена прежде всего для научных вычислений и применения в СРВ. Кроме того, в последние годы всё большее распространение получили GPU-кластеры, специально оптимизированные для задач машинного обучения, обучения нейронных сетей, обработки больших массивов данных и других интенсивных параллельных вычислений. Использование графических процессоров в кластерах позволяет существенно ускорить обучение моделей и выполнять в разумные сроки вычисления, которые ранее были невозможны. Именно этот вид кластеров представляет собой то, что принято называть суперкомпьютерами. Они являются предметом гордости разработчиков и занимают места в рейтинге мощнейших суперкомпьютеров ТОП-500[347].

Для построения высокопроизводительных вычислительных кластеров применяется распределённая конвейерная архитектура (разд. 10.1.5), многослойная архитектура (разд. 10.1.6).

[346] High Performance Computing Clusters, #09-03 [w].
[347] TOP-500, #09-04 [w].

9.1.3. Кластеры распределённой нагрузки

Выделяют разновидность кластеров балансировки нагрузки[348]. Такие РСУ обладают всеми преимуществами классического кластера. Типичная архитектура такого кластера представляет собой совокупность доступных для клиентов серверов (frontend), которые обрабатывают входящие запросы и, в свою очередь, ретранслируют запросы на серверы, несущие реальную нагрузку (backend). Как правило, такими backend являются корневые узлы (node pool). Балансировщик на frontend принимает решение, на какой узел backend ретранслировать задачу, основываясь на известных подходах (разд. 8.2).

Такая архитектура составляет основу горизонтального масштабирования распределённых систем (разд. 3.3.2).

9.1.4. Системы распределённых вычислений GRID

Решения, позволяющие использовать обычную РСУ с низкой связностью узлов с различной аппаратной конфигурацией под управлением разнообразных ОС, которые применяются для организации решения задач, присущих классическому HPC, принято называть GRID-вычислениями[349]. Такие вычисления могут быть эффективно реализованы в любых типах сетей, прежде всего в сетях типа mesh.

Для построения систем этого типа применяется специальное ПО, обеспечивающее реализацию программно-определяемого кластера. Такое ПО является своего рода оркестратором, но со специальными функциями эмуляции (виртуализации) кластерных вычислений. По сути, GRID представляет собой виртуальный (программно-определяемый) суперкомпьютер.

9.2. Кластерные вычисления

Кластерные вычисления (задачи) очень разнообразны. Виды кластерных вычислений можно ранжировать по длительности задач, синхронности их выполнения и нагрузке узлов, их созависимости с другими задачами. Если созависимость кластерных задач высокая, разумнее организовать их как вычислительный конвейер (разд. 10.1.5).

Важной особенностью вычислительных узлов, предназначенных для такого кластера, является применение высокопроизводительного многосвязного интерконнекта (разд. 10.2.3). Важной задачей подобных кластеров

[348] Load Balancing Clusters, #09-05.
[349] GRID, #09-06 [w].

является высокая эффективность вычислений, включая экономику. Такая эффективность достигается за счёт применения параллельных вычислений.

9.2.1. Параллельные вычисления

Параллельные вычисления[350] — это способ выполнения вычислений, при котором они организованы как набор взаимодействующих вычислительных процессов, работающих параллельно (одновременно). Такие вычисления эффективнее всего организовывать на базе кластерных инфраструктур.

Параллельные вычисления тесно связаны с понятием параллельных алгоритмов, которые могут быть реализованы по частям на множестве различных вычислительных узлов с последующим объединением полученных результатов и получением итогового результата вычислений. Это свойство параллельных алгоритмов обеспечивает возможность существенно сократить время вычислений.

С помощью параллельных алгоритмов могут быть решены задачи распознавания текущего состояния системы и её компонентов, а также предиктивной аналитики и управления.

Выделяют два типа параллельных алгоритмов с точки зрения синхронности вычислений: синхронные и асинхронные. Синхронный параллельный алгоритм требует дождаться результатов вычислений от узла, вычисления на котором идут с самой высокой задержкой, что приводит к простою остальных узлов.

Следует привести простейший пример такого алгоритма. Узлы r1 — r6 непрерывно синхронизируются в поле интерконнекта (рис. 9–02).

Далее выполняют три шага: сначала узлы r1 — r4 обрабатывают входящие изменения значений v1 — v4 переменных A — D от клиентов c1 — c4, затем узлы r5, r6 параллельно осуществляют вычисления, записывая значения результатов v5, v6 в переменные E, F. После этого клиенты c5, c6 получают необходимые им для дальнейшего использования значения.

Асинхронный параллельный алгоритм не требует ожидания какого-либо из участвующих в вычислениях узлов, что обеспечивает максимальную эффективность загрузки узлов.

---

[350] Parallel computing, #09-07 [w].

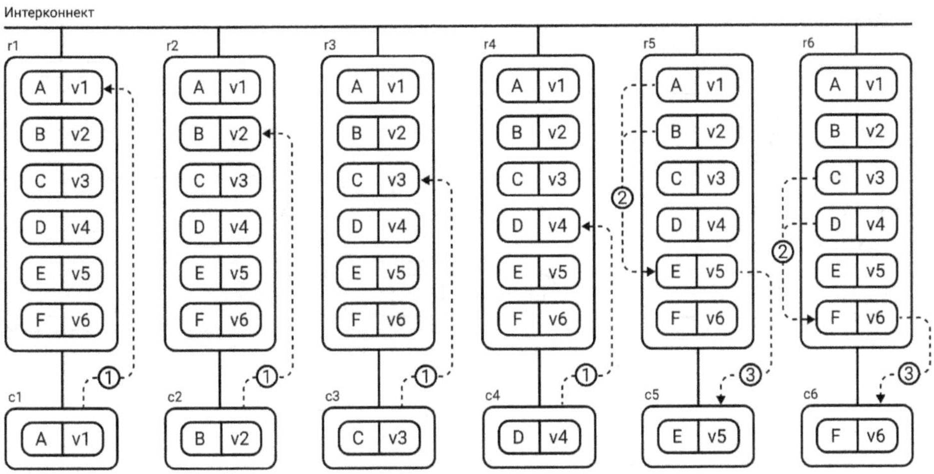

Рис. 9–02. Параллельный алгоритм

Например, такой алгоритм больше всего подходит для задач обработки данных в РСУ. Если какой-либо физический параметр любой физической системы, связанный с изменением состояния технологического процесса, меняется, то остальные связанные с ним физические параметры меняются с аналогичной динамикой. Предположим, что все эти физические параметры задействованы в параллельном асинхронном алгоритме. Если по каким-либо причинам один из этих физических параметров будет слегка устаревшим относительно других параметров, это не повлияет на итоговое качество вычислений.

В качестве примера можно привести такую ситуацию. Насос прокачивает теплоноситель через теплообменник со скоростью Q, при этом температура теплообменника T зависит от Q. РСУ обеспечивает эффективный механизм обработки данных. По какой-то причине в определённый момент времени переменная T2 не успевает синхронизироваться на узле r1, при этом она задействована в асинхронном (разд. 3.1) параллельном алгоритме. Если в ходе технологического процесса данные поступают с высокой частотой, на итоговое качество вычисления алгоритма такие отклонения не повлияют (рис. 9–03).

Таким образом, алгоритмы параллельных вычислений можно разделить по длительности цикла узловых вычислений, которая измеряется временем отклика. Выделяют низкочастотные и высокочастотные параллельные алгоритмы. Алгоритм считают хорошо распараллеленным, если все узлы вычислительного цикла имеют равную задержку (рис. 9–04). Если задержки существенно различаются, параллельный алгоритм неэффективен.

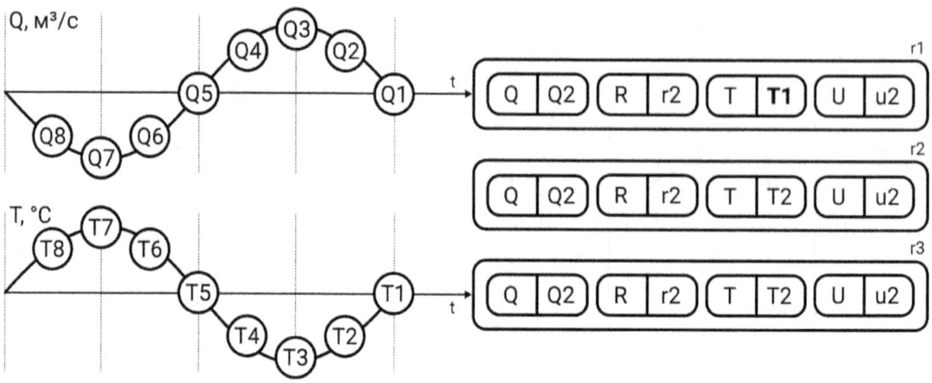

Рис. 9–03. Влияние задержек

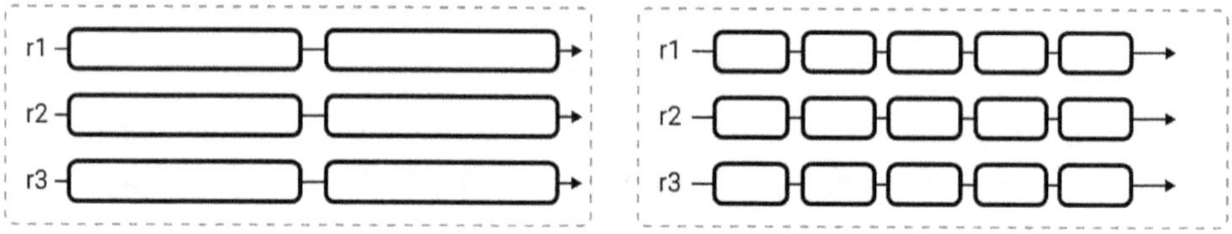

Рис. 9–04. Длительность вычислительных циклов

Важно отметить, что параллельные вычисления могут быть ограничены доступными ресурсами, например ядрами процессора, что может вызвать проблемы конкурентного доступа. В качестве примера для сравнения можно привести задачи W1, выполняемые в отсутствие конкуренции и без параллелизма (рис. 9–05).

Рис. 9–05. Неконкурентные непараллельные задачи

В следующем примере задачи W1, W2 конкурентны, но непараллельны (рис. 9–06).

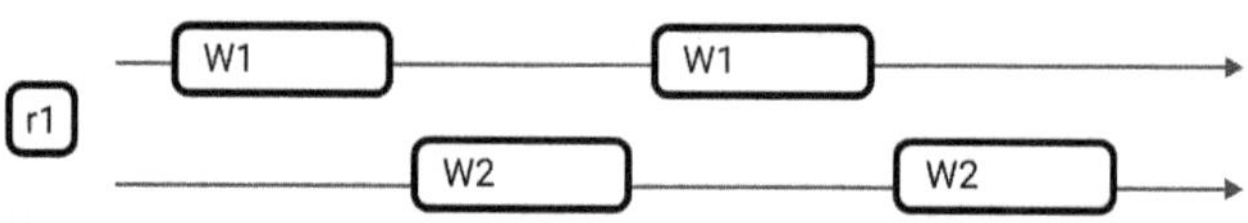

Рис. 9–06. Конкурентные непараллельные задачи

В следующем примере задачи W1, W2 параллельны и неконкурентны (рис. 9–07).

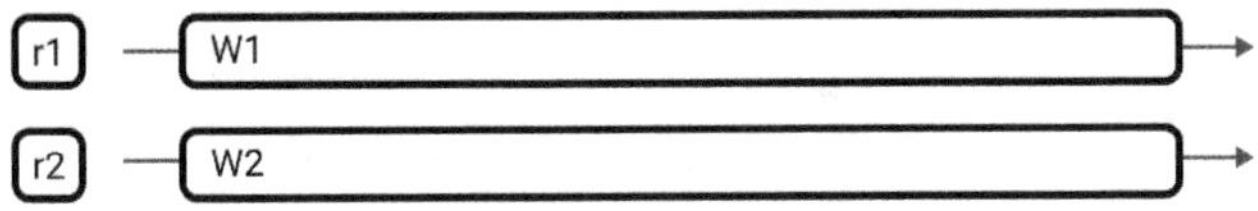

Рис. 9–07. Параллельные неконкурентные задачи

В следующем примере задачи W1, W2 конкурентны относительно первого ядра, задачи W3, W4 конкурентны относительно второго ядра. Задачи W1, W2, W3, W4 процессор выполняет одновременно, но некоторые из них параллельны. Из примера видно, что в одном вычислительном цикле для задачи W3 вычислительные циклы W1, W2 ей параллельны. То же самое происходит в следующем цикле задачи W4 (рис. 9–08).

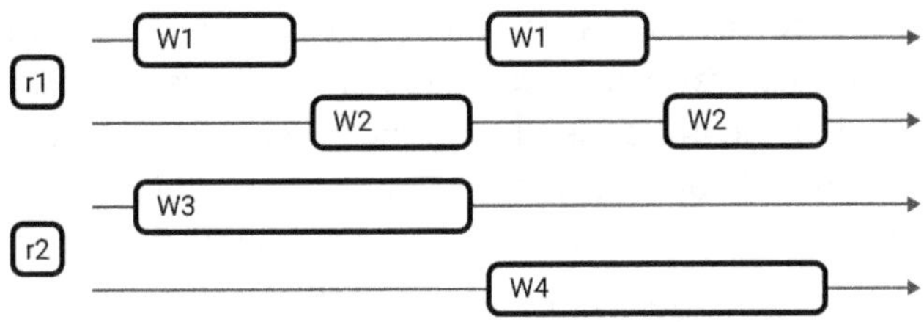

Рис. 9–08. Параллельные и конкурентные задачи

В реальных системах работа со временем может подчиняться сложным закономерностям. В приведённом ниже примере задачи на разных ядрах выполняются в своём темпе параллелизма (рис. 9–09).

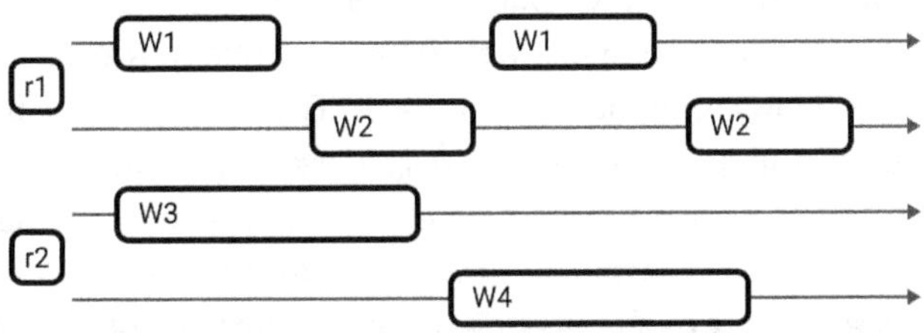

Рис. 9–09. Параллельные и конкурентные задачи

Допустим, задача W2 зависит от результатов выполнения задачи W3. Предположим, что сложность вычислений задачи W3 возросла, следовательно, увеличилось время задержки. Так схема параллельных вычислений может стать неэффективной (рис. 9–10), поэтому такие моменты необходимо тщательно отслеживать и диагностировать. Возможно, это признак какой-либо деградации (разд. 7.3).

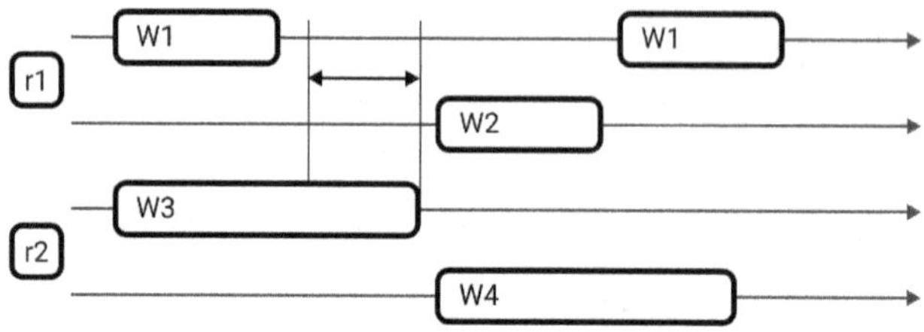

Рис. 9–10. Параллельные и конкурентные задачи

Алгоритмы параллельных вычислений делят по типам взаимодействия. Они могут взаимодействовать посредством сообщений или через разделяемую память. Обычно параллельные алгоритмы, взаимодействующие через обмен сообщениями, работают в синхронном режиме, так как вычислительный цикл зависит от факта получения сообщения. А вот параллельные алгоритмы, взаимодействующие через разделяемую память, могут быть как синхронными, так и асинхронными. Вычислительные циклы таких параллельных алгоритмов могут синхронизироваться. Синхронизация циклов асинхронных параллельных алгоритмов, взаимодействующих в разделяемой памяти, может осуществляться при использовании соответствующего функционала планировщика нагрузки.

Существует множество стандартных решений для реализации параллелизма процессов. Самыми известными из них являются MPI[351] — стандарт передачи сообщений для распределённых вычислений, и OpenMP[352] — стандарт параллелизма для систем с общей памятью, которые имеют массу разнообразных и специальных вариантов реализации. Предложенный в книге вариант реализации параллелизма несколько отличается от этих стандартов тем, что для синхронизации используется РРП (разд. 4.10). Принципиально разделены задачи синхронизации данных между узлами и использования данных в алгоритмах самих параллельных вычислений. MPI чаще предполагает создание систем со строгой или оптимистичной консистентностью; OpenMP, работая в рамках разделяемой памяти одного узла, данной проблематики не касается (разд. 6.1). Для реализации чаще применяют РРП. Типичным примером архитектурного шаблона реализации такой системы является архитектурный шаблон In-Memory Data Grid (разд. 10.5.2). Вариант на основе РРП позволяет собрать вычислитель в режиме слабой консистентности.

---

[351] Message Passing Interface, #09-08 [w].
[352] Open Multi-Processing, #09-09 [w].

9.2.2. Катастрофоустойчивые кластеры

Катастрофоустойчивый кластер[353] представляет собой распределённую архитектуру, которая способна выдерживать выход из строя целых дата-центров или географических регионов без потери данных и с минимальными перебоями в работе. Такие кластеры строятся на основе принципов географического распределения, резервирования (разд. 4.2.6) компонентов и репликации (разд. 4.4) данных между площадками.

Задача таких кластеров заключается в обеспечении высокой доступности (разд. 7.2.4) и непрерывности обслуживания даже в условиях серьёзных аварий или природных катастроф (разд. 7.2.3).

Ключевыми характеристиками катастрофоустойчивых кластеров являются географическое разделение и изоляция узлов, наличие механизмов автоматического или ручного переключения трафика (failover), а также синхронная или асинхронная репликация данных. Метрики RPO/RTO определяют, сколько данных может быть потеряно и сколько времени допустимо потратить на восстановление системы в случае катастрофы (разд. 7.2.2).

Такие кластеры могут быть построены по принципам active-passive, active-active (разд. 4.2.1) и quorum-based (разд. 10.3.1), каждый из которых имеет свои преимущества и компромиссы между доступностью и согласованностью.

Кластеры такого рода широко применяются в критических системах, государственных платформах, облачных провайдерах и глобальных сервисах с высокими требованиями к SLA (разд. 7.2.5). Типичным примером катастрофоустойчивого кластера является геокластер СХД (разд. 11.2).

Правильное проектирование катастрофоустойчивой архитектуры требует продуманной стратегии репликации, распределённого консенсуса, тестирования сценариев отказа и постоянной диагностики.

9.3. Масштабирование

Серьёзная РСУ представляет собой большой и дорогостоящий инфраструктурный объект, который проектируется на десятилетия. Не исключено, что со временем система будет модернизирована, появятся новые дополнительные устройства, контроллеры и прочее оборудование. Это значит, что нагрузка на эксплуатируемую систему будет выше.

[353] Disaster-Tolerant Cluster.

Необходимо заранее подготовиться к возможному масштабированию системы. Обычно масштабирование бывает необходимо в следующих случаях:

- увеличивается общий объём данных;
- увеличивается количество источников и разнообразие данных;
- усложняется логика обработки данных.

Во всех случаях масштабирование осуществляют путём добавления в систему новых узлов. Может случиться так, что каждый акт масштабирования, нацеленный на пропорциональное увеличение нагрузки, потребует непропорционально больших ресурсов. Подобная ситуация является прямым основанием для критики целевой архитектуры и признания её неэффективной. Хуже всего, если это обнаружится на этапе первого масштабирования.

9.3.1. Проблемы масштабирования

Проблемы масштабирования обычно проявляются из-за неэффективной проработки целевой архитектуры.

Выделяют аппаратное, а именно вертикальное (scaling up[354]) и горизонтальное масштабирование (scaling out[355]). Вертикальное масштабирование подразумевает увеличение мощности и прочих ресурсов единичных узлов, а горизонтальное — увеличение их числа.

Вертикальное масштабирование, например в виде увеличения оперативной памяти без добавления дополнительного процессорного модуля, может привести к тому, что ПО не справится с обработкой большого объёма памяти, в связи с чем может увеличиться значение задержки узла.

При горизонтальном масштабировании ПО может потерять эффективность. Если ПО рассчитано на предельное число распределённых узлов, то после превышения предельного числа узлов ПО может тратить больше времени на обеспечение взаимодействия между узлами в ущерб обслуживанию клиентов. Для масштабирования обслуживания клиентов потребуется непропорционально большее число узлов. Такие ситуации становятся причиной нелинейности масштабирования[356].

---

[354] Scale-up.
[355] Scale-out.
[356] Vertical vs horizontal scaling, #09-10. ▸

9.3.2. Горизонтальное масштабирование

Горизонтальное масштабирование подразумевает, что вычислительная мощность распределённой системы наращивается за счёт увеличения числа входящих в неё узлов. Такая система называется scale-out системой.

Правильно спроектированная система должна обеспечивать возможность горизонтального масштабирования. Перед вводом целевой системы в эксплуатацию должно быть известно, как её нагружают клиентские и внутрисистемные взаимодействия (операции). Для этого существуют соответствующие метрики (разд. 7.1), которые измеряют в ходе нагрузочного тестирования[357].

Предположим, что система спроектирована правильно — так, что она канонически поддерживает горизонтальное масштабирование. В определённый момент времени начинается деградация (разд. 7.3) — почему-то для выполнения расчётного, спрогнозированного числа операций не хватает ресурсов. Если система спроектирована грамотно, клиенты будут частично перераспределены по менее нагруженным, более свободным узлам. Однако возникает вопрос: что происходит? В таких случаях необходимо следить за тем, как развивается функциональность системы.

9.3.3. Функциональное масштабирование

Все системы со временем развиваются. Необходимо учитывать, что при добавлении функционала система станет более требовательной к ресурсам. Бывают и более сложные конструкции, которые позволяют пользователям системы самим генерировать дополнительную незапланированную нагрузку. Например, пользователи могут описывать некоторые внутрисистемные сценарии, которые вносят существенный вклад в рост нагрузки. При проектировании целевых систем необходимо учитывать эту возможность и закладывать её в архитектуру, не забывая включить соответствующие метрики.

При функциональном масштабировании необходимо учитывать возможность возникновения функциональной регрессии. Например, регрессия может возникать, когда клиенты или внутрисистемные сервисы продолжают использовать устаревшие прикладные программные интерфейсы (ППИ), что вызывает ошибки и проблемы, для решения которых требуются дополнительные ресурсы. Ещё одним характерным примером функционального масштабирования является возможность задать логические алгоритмы

[357] Нагрузочное тестирование, #09-11 [w].

на внутреннем языке системы, что может вызывать повышенную потребность в аппаратных ресурсах.

Очевидно, что от таких событий спасает регрессионное тестирование[358], которое представляет собой самый сложный тип тестирования систем, так как разработка и тестирование происходят на стенде, а данные пользователей, их сценарии с устаревшими ППИ находятся на боевой системе.

Например, для отладки ПО КИИ, такой как АСУ ТП АЭС, требуются модели (цифровые двойники) всех энергоблоков, на которых функционирует целевая система. А их получение — это очень сложная организационная задача, потому что всегда нужно делать выбор: обеспечить техническую поддержку нескольких версий и сложных конфигураций или распространить единую версию на все объекты. Например, если это SCADA[359] общего назначения, пользователями которой являются десятки тысяч клиентов, функциональное регрессионно-стойкое масштабирование является не менее сложной задачей. Упростить задачу можно, спроектировав систему так, чтобы её можно было разбить на минимальные взаимодействующие друг с другом части — например, микросервисы.

9.3.4. Гипермасштабирование

Эволюция вычислительных систем не останавливается. Современные облачные технологии достигли высокого уровня зрелости. Драйверами развития облачных технологий, включающих в себя технологии граничных и туманных вычислений, являются интернет вещей (IoT), развитие новых поколений связи 5G, 6G.

Вызовы современного мира лежат в плоскости решения задач сопряжения многочисленных взаимосвязанных систем и гармонизации их влияния друг на друга. Такой процесс называется гиперавтоматизацией. Что касается примеров гиперавтоматизации, в кругах российских автоматизаторов нередко можно услышать термин «цифровой госплан» — это технология, которая объединит множество государственных и системных предприятий в единую среду планирования и управления экономикой. Для решения задач гиперавтоматизации требуются соответствующие технологии, которые в зависимости от потребностей будут осуществлять эффективное масштабирование программных и аппаратных ресурсов автоматически, то есть без вмешательства человека.

[358] Регрессионное тестирование, #09-12 [w].
[359] Supervisory Control And Data Acquisition, #09-13 [w].

Таковыми являются технологии гипермасштабирования (гиперскейлинг[360]). Как правило, гипермасштабирование применяется в специально созданных под эту задачу ЦОД. Такие конструкции принято называть гиперскейлерами.

Гиперскейлер представляет собой гармонизированную инфраструктуру, в составе которой есть серверы, СХД, коммутаторы, маршрутизаторы, балансировщики нагрузки, сервисы виртуализации, ППИ-шлюзы. Гиперскейлер осуществляет обслуживание всех сервисов и данных, находящихся в его периметре. Он управляет инфраструктурой, поддерживает эффективное резервирование и бесшовное масштабирование с низкими задержками для взаимодействия сервисов друг с другом (рис. 9–11). Для решения специальных задач отдельные элементы гиперскейлера могут размещаться на внешних узлах, кластерах за пределами ЦОД.

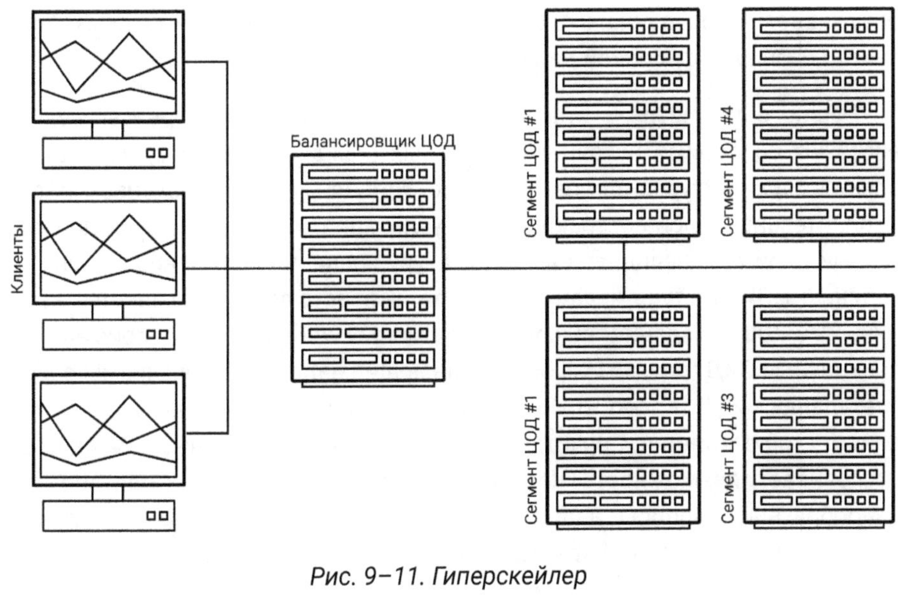

Рис. 9–11. Гиперскейлер

В отличие от кластеров высокой доступности (разд. 9.1.1), в которых каждый узел является участником единого вычислительного процесса, гиперскейлер управляет множеством сервисов, каждый из которых может решать свою задачу. Гиперскейлеры могут включать в себя кластеры высокой доступности для решения соответствующих задач. Гиперскейлеру не всегда требуется полносвязный интерконнект, достаточно многосвязного. От полноты и связности интерконнекта зависят целевые возможности инфраструк-

---

[360] Hyperscale computing, #09-14 [w].

туры. Отличие гиперскейлера от кластера высокой доступности заключается в том, что гиперскейлер обеспечивает взаимодействие отдельных сервисов между собой в хореографическом режиме (разд. 10.2.7). Гиперскейлер обслуживает сложную динамическую виртуальную ячеистую топологию взаимодействия сервисов друг с другом (service mesh). Гиперскейлеры преимущественно обслуживают сервисы и микросервисы, находящиеся под контейнерной виртуализацией, и обеспечивают виртуализацию каналов связи между узлами с помощью SDN. Средства управления такими сервисами, оркестраторы в гиперскейлере, называются сервисными фабриками[361].

Данные, привязанные к отдельным сервисам гиперскейлера, называются data mesh[362]. Зачастую необходимо, чтобы данные взаимодействующих сервисов в гиперскейлере были доступны в виде единообразного прикладного программного интерфейса, протокола или единого формата данных (разд. 3.2). В такой ситуации принято говорить, что гиперскейлер обслуживает озеро данных[363]. Средства управления данными гиперскейлера принято называть фабрикой данных[364].

Если data mesh — это архитектура, при которой сервисы взаимодействуют со своими источниками данных (каждый со своим), то data lake является архитектурой более высокого уровня, которая включает в себя дополнительный слой абстракции (виртуализации, изоляции). Такой дополнительный слой обеспечивает инфраструктуру хранения метаданных (разд. 3.1) и единый ППИ доступа к данным. Такая инфраструктура называется хабом данных[365]. Для создания высокоэффективных хабов данных применяются специальные СХД (разд. 11.2), обеспечивающие надёжные механизмы работы с метаданными. Для того чтобы разобраться, какие данные доступны в хабе данных, применяется архитектура каталогизации данных[366], которая обеспечивает возможность классификации данных и навигации по ним. Разнообразные сервисы аналитики и визуализации структур озёр данных основаны именно на такой архитектуре.

[361] Service fabric.
[362] Data mesh, #09-15.
[363] Data lake, #09-16.
[364] Data fabric, #09-17.
[365] Data hub, #09-18.
[366] Data catalog, #09-19.

9.3.5. Граничные и туманные вычисления

Граничные вычисления[367] — это концепция выполнения вычислений на обладающих избыточной мощностью граничных узлах, наиболее близких к потребителю. Граничные вычисления обеспечивают снижение вычислительной нагрузки на ЦОД. В связи с тем, что граничные узлы обычно расположены ближе к потребителю, величина их задержки существенно снижена. На них можно провести промежуточные вычисления, которые должны быть выполнены в выделенном сегменте сети. Например, в РСУ АСУ ТП на граничных узлах сопряжения принято осуществлять разнообразные проверки и преобразование данных (протоколов) для снижения нагрузки на целевую систему.

Туманные вычисления[368] — это концепция, близкая к граничным вычислениям. Отличие заключается в том, что вычисления осуществляются не на граничных, а на дополнительных узлах, которые расположены между потребителем и ЦОД. Как правило, граничные узлы присутствуют в системе как разнообразные шлюзы, они могут нести полезную нагрузку. Туманные узлы должны быть заранее спланированы в проекте целевой системы. Они могут быть нагружены в зависимости от ситуации и целевой задачи — например, именно туманные узлы могут нести нагрузку, обеспечивая вычисления, связанные с обслуживанием моделей цифровых двойников и предиктивной аналитики.

Важной задачей является управление заданиями и нагрузкой граничных и тем более туманных узлов. Описанные в книге подходы к созданию РСУ подходят для решения этой задачи.

9.3.6. Жизненный цикл целевой системы

Все перечисленные выше вопросы чрезвычайно важны — от них зависят общее число возникающих проблем и стоимость их устранения. Если что-либо не учтено, не запланировано, именно оно впоследствии станет источником проблем. Очевидно, что запланировать абсолютно всё не представляется возможным. Не следует забывать об информационной безопасности: важно иметь возможность своевременно обновлять прошивки компонентов оборудования при выявлении в них соответствующих уязвимостей (разд. 12.2). Важно учитывать, что отказоустойчивость необходимо планировать на всех этапах жизненного цикла целевой системы, включая этапы проектирования

[367] Edge compute.
[368] Fog compute.

и разработки. На этапах эксплуатации это находится в зоне ответственности службы эксплуатации и технической поддержки.

Существует множество методик оценки эффективности работы ИТ-системы и отдельных её компонентов на всех этапах её жизненного цикла. Например, методика ITIL в разделе описания процесса управления доступностью приводит следующие метрики:

- доступность (availability);
- производительность (performance);
- надёжность (reliability);
- сопровождаемость (maintainability);
- обслуживаемость (serviceability);
- безопасность (security).

SLA регламентирует отношения между системой и внешним потребителем. Существуют подходы к оценке внутреннего межкомпонентного взаимодействия системы, которые позволяют установить общую ответственность всех участников процессов разработки и эксплуатации за доступность сервиса. Например, методика SRE[369] формализует подход к формированию таких метрик и оценке их изменений на всех этапах жизненного цикла. Обычно требования к качеству сервиса, установленные внутренним SRE-стандартом, выше, чем в SLA. При проектировании и разработке целевой системы необходимо заранее учесть необходимость включения соответствующих диагностических инструментов в её состав.

---

[369] SRE: SLA & SLO, #09-20.

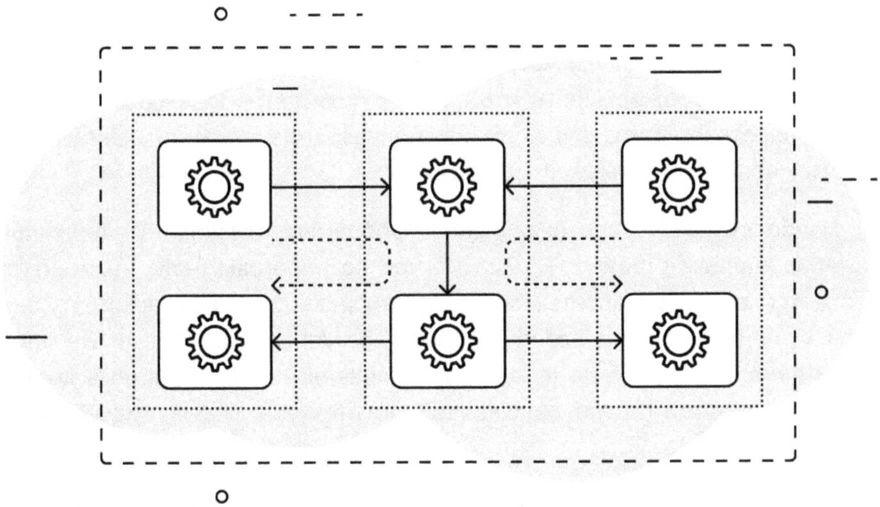

Глава 10. Архитектурные шаблоны РСУ

Архитектура платформы и реализация задач целевой системы определяют возможности эффективной эксплуатации, диагностики, обслуживания, адаптации к новым условиям, модернизации и тестирования.

Важно определить задачи системы и приоритизировать их, определить, что важнее — надёжность или скорость обработки, целостность данных или их доступность, как будет осуществляться взаимодействие с клиентами, что собой представляют клиенты системы. Например, клиентами IoT-платформы будет большое число небольших устройств, каждое из которых обеспечивает достаточно скромную нагрузку на систему. В качестве противоположного примера можно привести СХД: чем выше её уровень, тем, как правило, серьёзнее клиенты (разд. 11.2). В роли клиентов выступает ограниченное число серверов (например, серверы ВНС).

Для решения конкретных классов задач в мировой практике накопилась масса отработанных, проверенных подходов к созданию архитектуры РСУ. Такие подходы принято называть архитектурными паттернами[370] или шаблонами. Использование подобных шаблонов позволяет создать целевую архитектуру системы с прогнозируемыми свойствами.

[370] Software architectural pattern, #10-01.

Важно понимать, что архитектурные шаблоны — это прежде всего практика, зачастую чужая. Простые архитектурные шаблоны могут быть сгенерированы средствами интегрированной среды разработки. Шаблоны посложнее могут быть представлены в виде отдельных готовых библиотек. Наиболее сложные шаблоны могут иметь вид фреймворков или даже готовых решений. Но не стоит забывать, что каждый архитектор и разработчик несёт ответственность за свои решения, а использование чужих решений может привести к непредсказуемым последствиям.

Наиболее часто возникающие проблемы связаны с линейным масштабированием (разд. 9.3.2). Искусство программной архитектуры заключается в умении архитектора сочетать разнообразные архитектурные практики для получения целевого решения доступными ресурсами. Не менее важным является то, что на всех этапах жизненного цикла система должна вести себя соответственно заложенной архитектуре — без существенных отклонений.

Важно отметить, что можно разработать архитектуру, реализация которой будет невозможна или невыгодна. Например, могут отсутствовать разработчики, способные реализовать заданную архитектуру, или разработчики просто не смогут договориться между собой. При разработке архитектуры важно учитывать командный фактор.

Можно привести примеры, когда группа архитекторов намеренно проектировала сложную и ресурсоёмкую архитектуру, чтобы сохранить старую архитектуру, команды и финансовые потоки. В таких ситуациях владельцы продуктов через некоторое время обнаруживали, что они отстали от рынка и не способны конкурировать с новыми решениями. Как правило, подобные вещи происходят со зрелыми продуктами, которым не один десяток лет. Например, так было с реляционными СУБД. Это происходит со многими продуктами, которые все мы видим ежедневно и сейчас.

Для того чтобы не скатиться в такую ситуацию, рекомендуется разрабатывать гибкую архитектуру. Гибкость архитектуры позволяет многое: замену слоя сопряжения отдельных компонентов и сервисов, их резервирование и балансировку. Важно отметить, что гибкая архитектура нужна далеко не всегда, как, например, в АСУ спутника или марсохода, выпускаемых в единственном экземпляре.

Назначение архитектурных шаблонов весьма разнообразно. Например, структура хранения данных и доступа к ним, иерархическая или графовая, — это готовый архитектурный шаблон. Микросервисная архитектура (разд.

10.2.6) представляет собой типичный архитектурный шаблон распределения и управления сервисами на разных узлах системы.

Важно отметить, что шаблоны не существуют сами по себе. Шаблоны или шаблонное поведение наблюдаются применительно к конкретным обрабатываемым данным. С разных точек зрения одна и та же архитектура может быть описана как отличающиеся наборы шаблонов.

С точки зрения управления памятью и структурирования данных шаблоны делят на три типа:

- порождающие;
- структурные;
- поведенческие.

Порождающие шаблоны предназначены для создания экземпляров объектов или групп связанных объектов. Такие шаблоны решают задачу управления памятью. Структурные (композиционные) шаблоны предназначены для того, чтобы задавать правила формирования и взаимодействия объектов. Поведенческие шаблоны управляют правилами взаимодействия объектов, то есть тем, как объекты будут обмениваться данными. С точки зрения области применения можно выделить следующие типы шаблонов:

- базовые архитектурные;
- потоковой и конвейерной обработки;
- распределённых систем;
- параллельной обработки;
- выполнения задач и команд.

Рассмотрение таких шаблонов необходимо начать с базовых.

10.1. Базовые шаблоны

Базовые архитектурные шаблоны представляют собой общеизвестные практики[371], которые успешно применяются в распределённых системах. Такие практики являются основой для построения гибких масштабируемых архитектур.

В предыдущих разделах уже были описаны некоторые распространённые архитектурные шаблоны:

- раздел 3.3.1: шаблон «общие данные»;
- раздел 3.3.7: шаблон «шардинг»;
- раздел 4.2.1: шаблон «ведущий — ведомый»[372];
- раздел 4.2.3: шаблон «избыточность»;
- раздел 4.3: шаблон «единая точка входа»[373];
- раздел 4.3.1: шаблон «выбор лидера»[374];
- раздел 4.3.2: шаблон «рассеивание — сбор»;
- раздел 4.7.2: шаблон «очередь сообщений»;
- раздел 4.7.3: шаблоны «брокер очередей», «брокер сообщений»;
- раздел 4.7.4: шаблон «поточная очередь»;
- раздел 4.9: шаблон «разделяемая база данных»[375];
- раздел 5.2.3: шаблон «кеш на стороне»[376];
- раздел 7.3.3: шаблон «прицеп»[377];
- раздел 8.2.1: шаблон «амбассадор»[378], реализует прокси;
- раздел 9.3.4: шаблоны «фабрика данных»[379], «фабрика сервисов», «каталог данных».

Многие архитектурные шаблоны представляют собой сочетание нескольких более простых шаблонов. Ниже будут рассмотрены те шаблоны, которые представляют интерес с точки зрения проектирования РСУ.

371 Top 5 most used architecture patterns, #10-02. ▸
372 Leader-follower, master-slave, active-passive, #10-03.
373 Front controller.
374 Leader election, #10-04.
375 Shared database, #10-05.
376 Cache-aside, #10-06.
377 Sidecar, #10-07.
378 Ambassador, #10-08.
379 Data fabric, #10-09.

10.1.1. Каналы и фильтры

Базовым шаблоном для распределённых систем является шаблон «Каналы и фильтры»[380], задающий конвейерную [381] архитектуру. Основными элементами этого шаблона являются стандартная очередь сообщений (разд. 4.7.2) и фильтр. Под фильтром подразумевают алгоритмический блок, осуществляющий обработку входящей очереди сообщений. Фильтр может быть источником новой очереди сообщений, являющихся результатом процесса обработки.

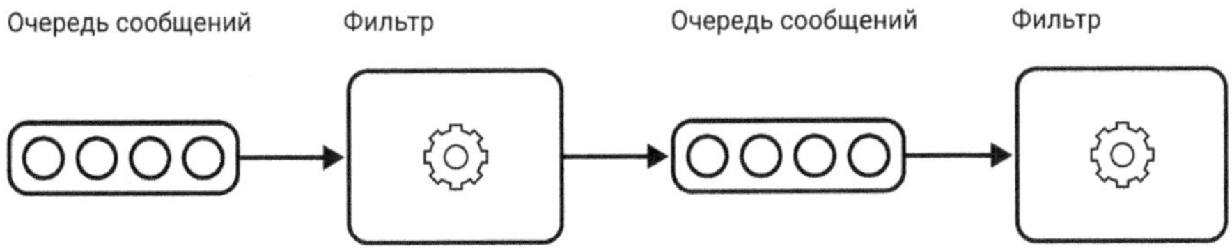

Рис. 10–01. Архитектурный шаблон «каналы и фильтры»

Минимальный элемент данного шаблона называется конвейером очереди (сообщений). Он включает в себя одну очередь и один фильтр (рис. 10–01). Более сложный элемент шаблона называется брокером очереди (сообщений). Применительно к этому шаблону брокер обеспечивает преобразование сообщений согласно заданному в фильтре алгоритму (рис. 10–02).

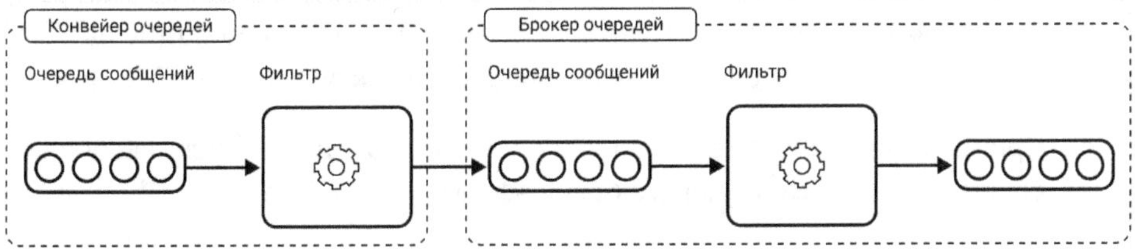

Рис. 10–02. Конвейер и брокер

Конвейерную архитектуру задаёт шаблон «каналы и фильтры», который может включать в себя шаблоны «конвейер» и «брокер очередей». Важно отметить, что обычно в архитектурных схемах очередь сообщений не указывают, но всегда подразумевают, что она есть, и обозначают стрелками (рис. 10–03).

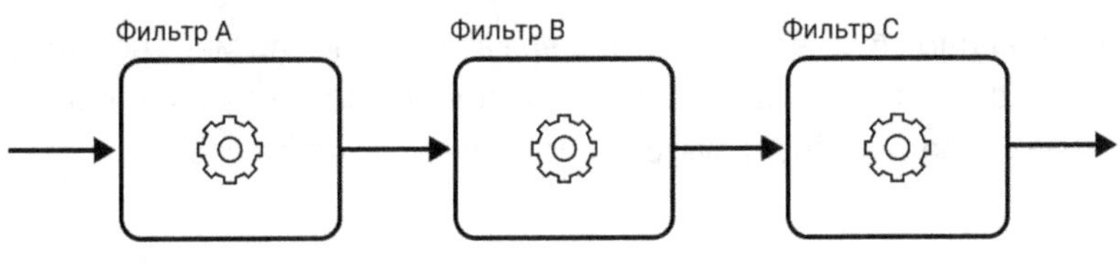

Рис. 10–03. Конвейерная архитектура

[380] Pipes & filters, #10-10.
[381] Pipeline, #10-11.

10.1.2. Издатель — подписчик

Этот шаблон необходимо упомянуть как важный для построения РСУ. Шаблон «издатель — подписчик»[382] обеспечивает механику подписки потребителя на изменения разнообразных источников. Множество потребителей подписываются на события, публикуемые множеством источников. Все взаимодействия осуществляются через единую шину событий (рис. 10–04).

Рис. 10–04. Издатель — подписчик

Использовать этот шаблон в ВНС следует с осторожностью. Механизм подписки, безусловно, крайне удобен, но если в определённый момент времени все издатели начнут генерировать трафик, может возникнуть эффект шторма, поэтому придётся применить управляемую деградацию (разд. 7.3). Данный шаблон является основой реактивной архитектуры (разд. 10.2.4).

При наличии в системе организованной РРП (разд. 4.10) использование шины событий становится намного более эффективным (разд. 10.2.1).

10.1.3. Брокер очередей

В предыдущих разделах уже не раз упоминался брокер очередей[383] (брокер сообщений, или просто брокер, разд. 4.7.3). Безусловно, брокер необходимо рассматривать как архитектурный шаблон. Основной функцией брокера очередей как шаблона является маршрутизация сообщений.

Естественно, брокер может содержать некую логику, но эта логика может быть декомпозирована в другие шаблоны. Как правило, для построения брокера очередей используется конвейерная архитектура.

[382] Publisher-subscriber, #10-12.
[383] Queue broker, message broker, #10-13.

Брокеры могут быть классифицированы по разнообразным признакам:

- с точки зрения способа коммуникации брокер может быть p2p, мультивещательным, широковещательным (разд. 4.7.8);
- с точки зрения инициации передачи данных брокер может подчиняться реактивной архитектуре (разд. 10.2.4) или работать в режиме РВ (по таймеру);
- с точки зрения доступности подписки брокер может обслуживать архитектуру издатель — подписчик (разд. 10.1.2);
- с точки зрения шаблона «ведущий — ведомый» выделяют брокер-лидер, брокер-мультилидер и брокер без лидера (разд. 4.3.1). Таким образом, брокер может обслуживать взаимодействие узлов на основе принципов оркестрации или хореографии (разд. 10.2.7);
- с точки зрения наличия признаков приоритета сообщений брокер может быть приоритизированным (брокер с приоритетом, разд. 4.7.3);
- с точки зрения наличия обратной связи брокер может не обслуживать (разд. 8.2.7) или обслуживать (разд. 4.7.4, 8.2.13) обратные связи. Логика брокера может опираться на синхронизированные переменные в кеше (разд. 5.2), отражающие состояние узлов РСУ. В режиме динамических изменений эти переменные могут меняться. Такие изменения будут источником обратной связи;
- с точки зрения участия брокера в процессе балансирования системы брокеры могут быть классифицированы как маршрутизирующие (обычные) и балансирующие (брокер-балансировщик, разд. 8.2);
- с точки зрения кеширования брокеры делятся на кеширующие и некэширующие;
- с точки зрения узлового размещения брокера в РСУ выделяют встраиваемый в узел брокер (брокер встраиваемый) и брокер, размещаемый на отдельном выделенном узле (брокер-прокси);
- с точки зрения масштабирования РСУ как отдельные шаблоны можно выделить брокер распределённый, брокер синхронизации (разд. 4.7.9).

Брокеры могут включать в себя самые разнообразные комбинации функций в зависимости от целевой задачи (рис. 10–05).

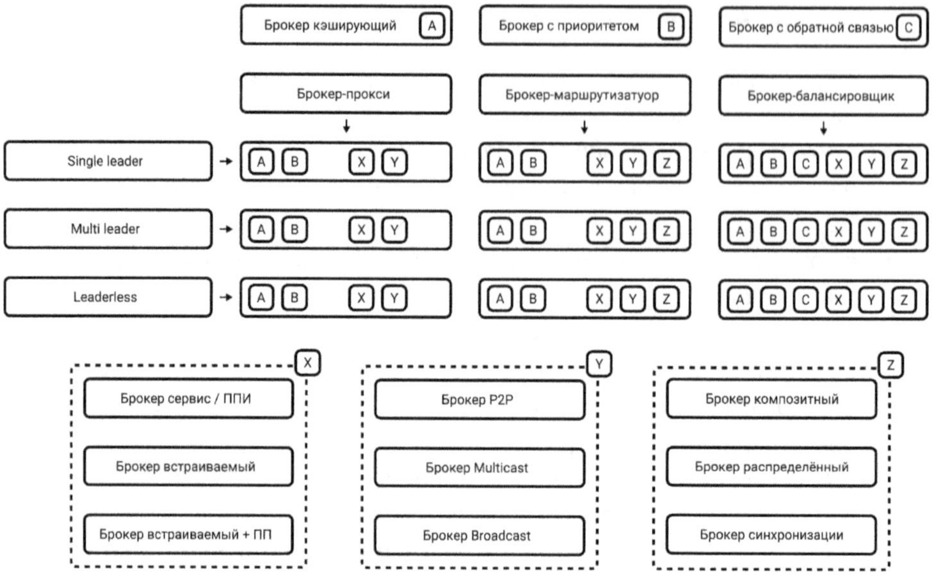

Рис. 10–05. Вариативность функций брокеров

10.1.4. Многоуровневая архитектура, клиент — сервер

Архитектурный шаблон «клиент — сервер»[384] широко известен и не требует подробного описания. Важно отметить роль этого шаблона в построении распределённых систем.

Прежде всего, «клиент — сервер» является разновидностью шаблона более высокого ранга «многоуровневая архитектура»[385].

В зависимости от количества уровней выделяют:

- одноуровневую (локальные приложения);
- двухуровневую (клиент — сервер, сервер — сервер);
- трёхуровневую[386] (трёхзвенную, рис. 10–06);
- N-уровневую архитектуру.

«Клиент — сервер» необходимо рассматривать как более сложный вариант pipeline-архитектуры. Как минимум, клиент с сервером обмениваются данными в одном направлении, но чаще обмен происходит в обоих направлениях. При этом, как правило, сервер отвечает на запрос клиента, образуя классический архитектурный конвейер (рис. 10–07).

---

[384] Client-server, #10-14.
[385] Tiered architecture, #10-15 [w].
[386] Three-tier architecture, #10-16 [w].

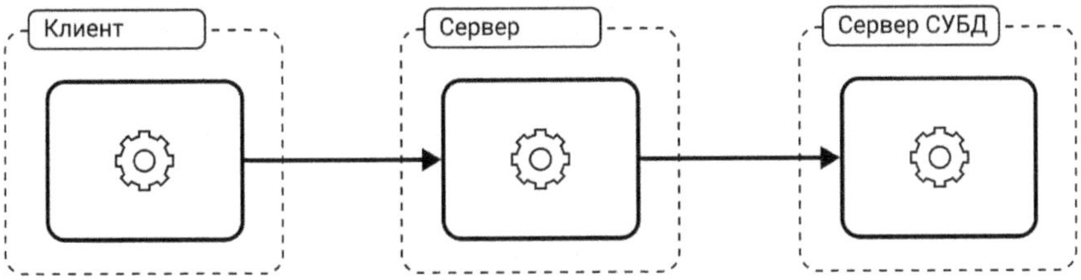

Рис. 10–06. Трёхуровневая архитектура

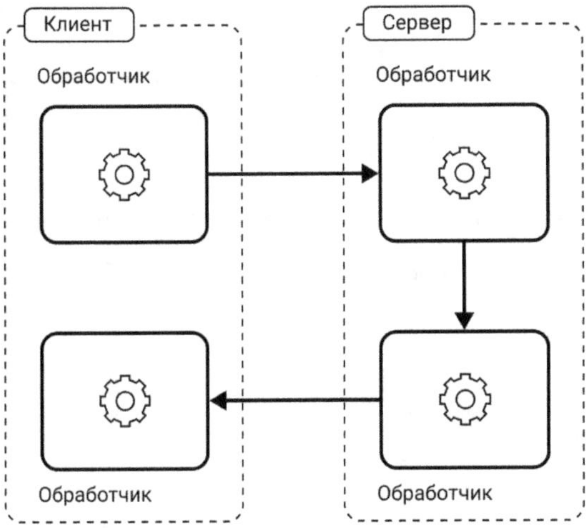

Рис. 10–07. Клиент — сервер, конвейер

Данный архитектурный шаблон подразумевает наличие множества клиентов у одного сервера. Если сервер не многопоточный, то в интервале времени обработки взаимодействия будет действовать один pipeline. Многопоточная реализация позволит одновременно обеспечить необходимое количество обработчиков (рис. 10–08).

Важным моментом является место клиент-серверного шаблона в РСУ. В любой схеме взаимодействия сервисов РСУ можно найти множество сегментов, в которых сервисы взаимодействуют в формате «клиент — сервер». В связи с этим данный архитектурный шаблон можно считать составной частью любой РСУ (рис. 10–09).

«Клиент — сервер» является основой для создания самых разнообразных топологий узлового взаимодействия, таких как сети типа «кольцо», «звезда» (разд. 4.1.1).

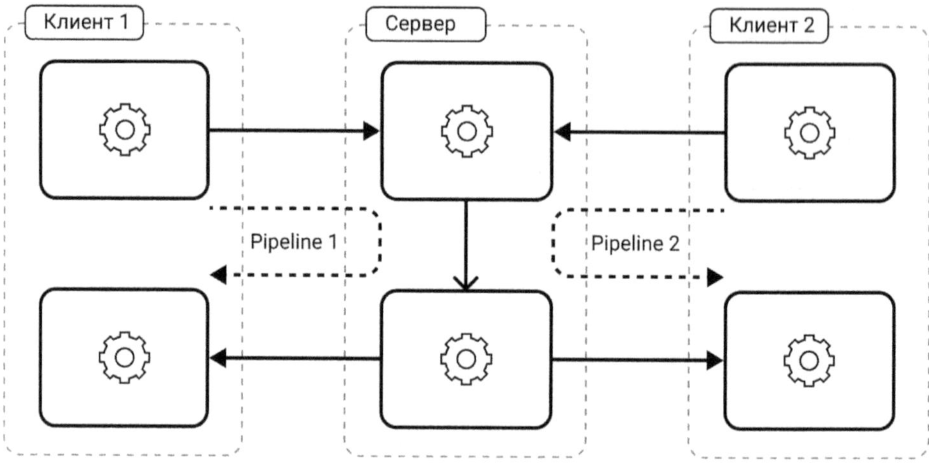

Рис. 10–08. Клиент — сервер, pipeline-приоритет

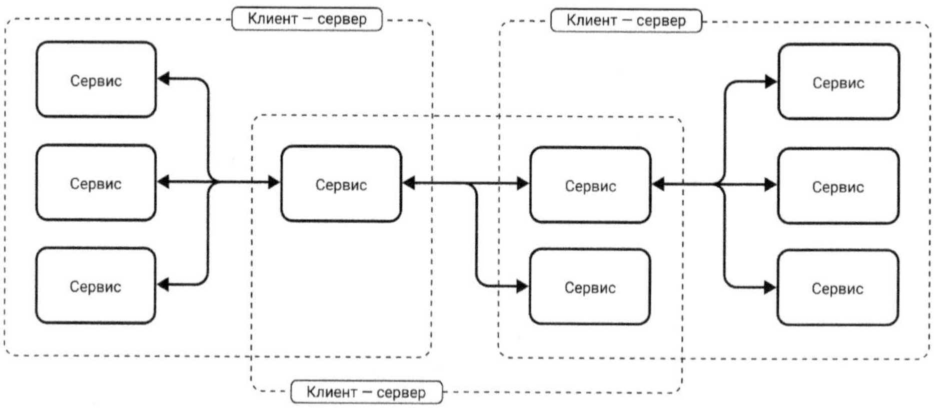

Рис. 10–09. Место клиент-серверной архитектуры в РСУ

Существует симметричная модификация шаблона «клиент — сервер», известная как «одноранговый шаблон» или «одноранговая сеть». В ней каждый узел одновременно является и клиентом, и сервером по отношению к другому узлу. Каждый узел имеет право инициировать запрос к другому узлу и получить ответ. Такую конструкцию обозначают как «равный к равному», P2P[387]. Этот шаблон составляет основу для создания слабосвязных топологий, например, таких как ячеистая топология (mesh) и хаотичная самоорганизующаяся топология.

[387] Peer to peer, #10-17 [w].

10.1.5. Распределённая конвейерная архитектура

Существует способ повысить эффективность обычной конвейерной архитектуры, обеспечив непрерывность использования (задействования) участвующих распределённых в системе узлов.

Рассмотрим схему, при которой узлы A1, A2, A3 взаимодействуют в однопоточном режиме (рис. 10–10). Узел A1 отправляет сообщение узлу A2, от обработчика A1q к A2q. В этот момент узел A3 отправляет сообщение узлу A2. Затем возможны варианты. При плохой архитектуре узел A3 будет ждать до тех пор, пока узлы A1 и A2 не завершат цикл обмена сообщениями, пока узел A2 не отправит ответное сообщение узлу A1, от A2a к A1a. Таким образом, сначала узел A2 обслужит pipeline 1 (A1q → A2q → A2a → A1a) и только потом pipeline 2 (A3q → A2q → A2a → A3a).

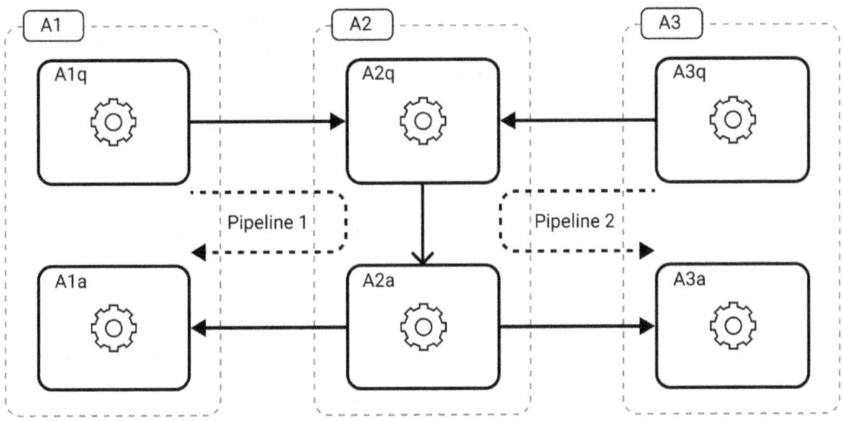

Рис. 10–10. Взаимодействие узлов

Рассмотренную схему можно существенно ускорить, позволив A2q сразу после обработки сообщения от A1q, не дожидаясь завершения обработки всей цепочки сообщений от узла A1, приступить к обработке сообщений от узла A3. Таким образом, узел A2 в данный момент времени будет обрабатывать сообщения сразу с двух узлов, A1 и A3, сократив общее время обработки. В этом случае необходимо, чтобы сообщения содержали метаданные, а именно метку принадлежности источнику и потребителю. Важно отметить, что обработка метаданных займёт дополнительное время. Такая архитектура известна как суперконвейерная, а шаблон называется «суперконвейер»[388]. Подобная архитектура позволяет существенно повысить эффективность обработки данных в распределённой системе.

[388] Super pipeline, hyper pipeline, #10-18 [w].

Этот архитектурный шаблон состоит из нескольких экземпляров конвейеров, «обёрнутых» клиент-серверными шаблонами. В данном случае в качестве клиента конвейера рассматривают восемь узлов (N1, N2, ..., N8).

В цепочке конвейера задаются пять операций. В каждый момент времени (t1, t2, ..., t8) начинается обработка соответствующей операции с данными соответствующего узла конвейера. Таким образом, в определённом временном интервале одновременно для пяти узлов выполняется конвейерная операция, при которой суперконвейер полностью загружен (рис. 10–11).

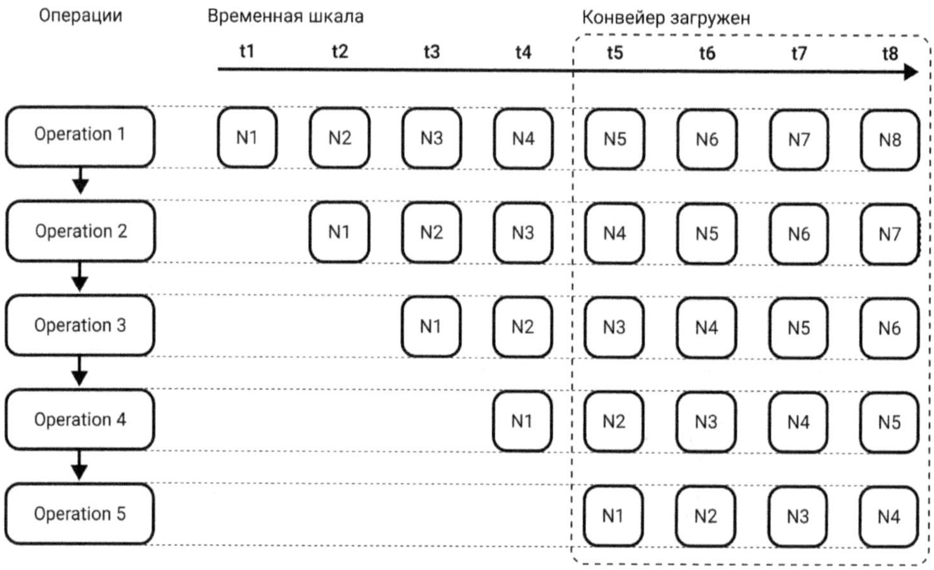

Рис. 10–11. Суперконвейер

Важно отметить, что современные процессоры имеют множество ядер, и такой конвейер может быть существенно оптимизирован по скорости, если обработчик операций распределить по разным ядрам, не говоря о возможности распределить операции между разными процессорами в одном сервере, создав локальный конвейерный вычислительный кластер (разд. 9.1.2).

Современные технологии построения распределённых систем позволяют создать распределённый конвейер на разных сетевых узлах. Такая конвейерная архитектура применяется для построения высокопроизводительных вычислительных кластеров.

Синхронизация узлов распределённого конвейера основана на конвейерной модели консистентности (разд. 6.2.9). Такой конвейер может быть построен на основе шаблона «многослойная архитектура» (разд. 10.1.6).

10.1.6. Многослойная архитектура

Распространённой практикой является разделение архитектуры на разные слои. Архитектурно любую систему можно разделить на слои. Слой может быть как прикладным, так и пользовательским. Обычно один из таких слоёв выделяется как слой сопряжения составляющих подсистем (рис. 10–12).

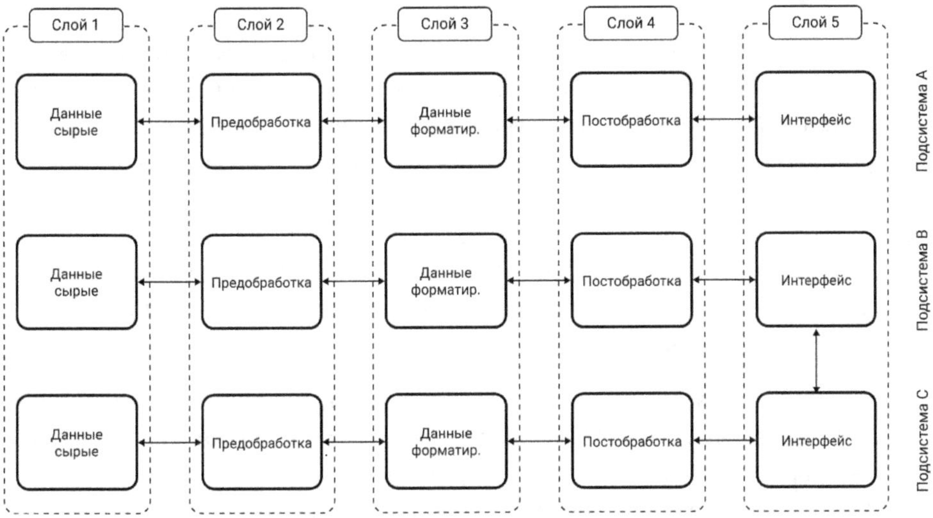

Рис. 10–12. Архитектурные слои и уровни

В отличие от многоуровневой архитектуры данный шаблон предназначен для более сложного архитектурного структурирования. Многослойная (слоистая) архитектура[389] позволяет выделить схожие по смыслу и реализации слои разных подсистем и компонентов целевой системы. Всегда можно выделить архитектурные слои — как минимум слои данных, логики, сервиса, интерфейса.

В слоистой архитектуре наиболее часто выделяют следующие слои:

- слой доступа к данным (data link layer): отвечает за доступ к данным — в данном слое не содержится никакой информации о логике работы целевого сервиса (приложения);
- слой логики (logic layer): отвечает за обработку проектной логики сервиса, иногда называется доменным слоем (domain layer, разд. 10.4.1);
- слой сервиса (приложения, application layer): координирует выполнение проектной логики на уровне сервиса, управляет внутренними и внешними (запросами) очередями данных;

[389] Layered architecture, #10-19 [w].

- слой представления (presentation layer): отвечает за взаимодействие с пользователем, реализацию пользовательского интерфейса или ППИ.

Многослойная архитектура позволяет осуществить послойное структурирование с последующей гармонизацией взаимодействия составляющих подсистем. Гармонизация (оптимизация) взаимодействия подсистем обеспечивает создание ППИ для их сопряжения.

ППИ многослойной архитектуры может по-разному осуществлять сопряжение подсистем. Может быть выделен единый слой взаимодействия, например слой данных. В этом случае все подсистемы обращаются к одному слою, отвечающему за предоставление доступа к данным. Такой подход применяется при использовании разнообразных СУБД и для создания сервисов на основе доступа к ППИ. Для сопряжения может быть выделен слой пользовательского интерфейса, в который пробрасывают все функции каждой из подсистем. В этом случае взаимодействие подсистем полностью обеспечивает пользователь.

В ряде случаев подсистемы могут взаимодействовать в нескольких слоях одновременно. Выделяются слои сильного сопряжения, в которых сконцентрирована большая часть функционала ППИ, и слои слабого сопряжения. В ВНС принято гармонизировать ППИ многослойной архитектуры таким образом, чтобы снизить задержки. В РСУ принято гармонизировать ППИ многослойной архитектуры так, чтобы были выполнены заданные проектные требования относительно CAP (разд. 4.6) и PACELC (разд. 6.7.2).

Такая гармонизация ППИ, как правило, обеспечивает возможность выделения ядра многослойной архитектуры. Подобная практика сама по себе является шаблонной.

Важно отметить, что архитекторы и разработчики часто путают многослойную архитектуру с многоуровневой (разд. 10.1.4).

10.1.7. Выделенное ядро

Распространённой практикой является объединение наиболее часто используемых функций вокруг одного или нескольких слоёв сопряжения в единое функциональное ядро[390] системы или несколько ядер. Например, в промышленных РСУ принято выделять технологические и бизнес-ядра, потому что объединять их в одно нет никакого смысла, но обеспечить сопряжение необходимо.

---

[390] Dedicated core, #10-20.

Ядро, как правило, обеспечивает весь функционал, связанный с сопряжением подсистем РСУ (рис. 10–13). Ядро может состоять из укрупнённых модулей, интегрирующих послойную функциональность (рис. 10–14).

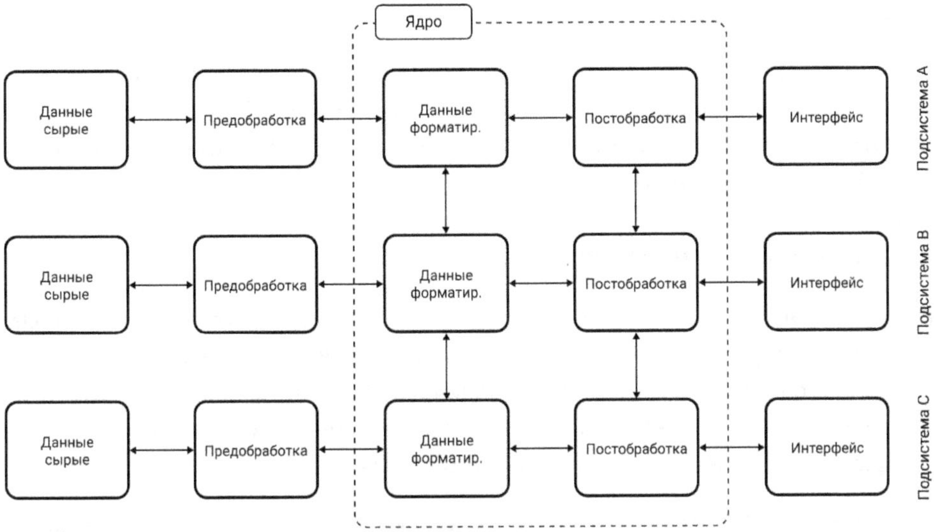

Рис. 10–13. Выделение ядра

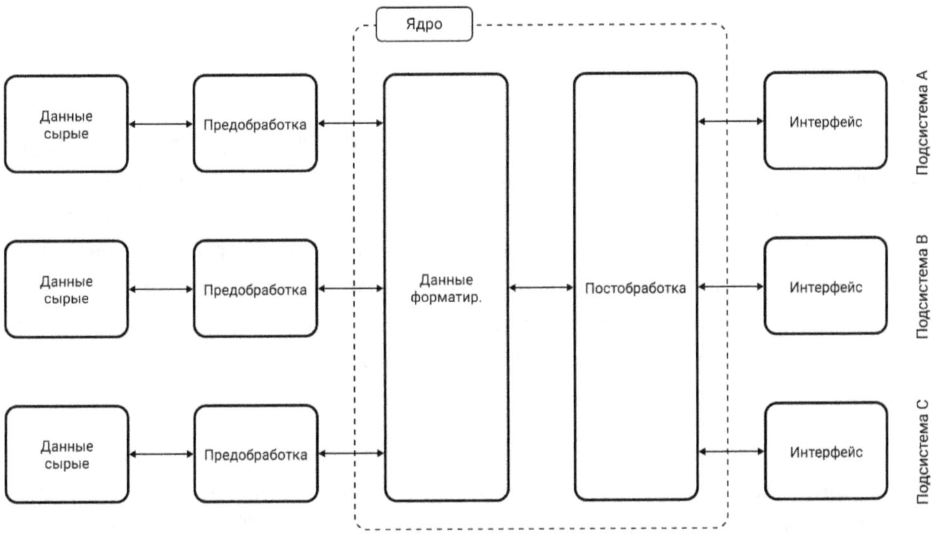

Рис. 10–14. Выделенное ядро

Такой подход применим при необходимости выделить предметные функции и упаковать в единое ядро целевой системы (разд. 10.4.1).

Ядро может быть как монолитным, так и модульным. Модульное ядро может быть создано на основе микросервисов.

Ядро может быть распределённым. Именно такой подход в основном используется для создания РСУ (разд. 10.2.8).

В случае необходимости изоляции ядра и унификации архитектуры сопряжений подсистем и интерфейсов в современной практике принято использовать концентрические архитектуры, например луковичную (разд. 10.4.2) или гексагональную (разд. 10.4.3).

10.2. Продвинутые шаблоны

В предыдущем разделе приведены распространённые архитектурные шаблоны, которые применяются для построения любых систем. Эти шаблоны являются составными частями, «кирпичиками» для создания специализированных шаблонов РСУ. Шаблоны, рассмотренные в данном разделе[391], предназначены специально для проектирования РСУ.

Например, способы построения шаблона «реплицированные сервисы с распределением нагрузки» (RLBS[392]) отражены в значительной части материала этой книги.

10.2.1. Интерконнект

Интерконнект представляет собой коммуникационную сеть, обеспечивающую взаимодействие узлов сети или кластера. Такая сеть состоит из совокупности каналов связи. По этим каналам осуществляется обмен данными между узлами (разд. 4.5.1). Существует масса разнообразных типов физических каналов связи, таких как кабельные проводные, оптические, беспроводные радиоканалы, инфракрасные. Каждый тип имеет свои преимущества и ограничения. В современных системах нередко можно встретить комбинации разнообразных типов каналов связи.

Современные сети эффективно осуществляют сегментирование трафика. Одной из современных технологий сегментирования трафика является использование программно-определяемых сетей (SDN[393]). Технология SDN обеспечивает виртуализацию работы с физическими сетевыми каналами. Современные технологии SDN весьма развиты, они поддерживаются массой оборудования.

[391] Top 7 most-used distributed system patterns, #10-21. ▸
[392] Replicated Load-Balanced Services, #10-22.
[393] Software Defined Network, #10-23.

Интерконнект может быть построен как на физических, так и на виртуальных сетях. Нередко встречаются проекты, содержащие как физические, так и виртуальные интерконнекты. Архитектура интерконнекта определяется топологией целевой системы.

Интерконнект может быть встроен в оборудование или собран из коммутаторов. С точки зрения функциональности выделяют активный и пассивный интерконнект. Последний обеспечивает только физические каналы связи.

Интерконнект может быть основан на стандартных топологиях, но самой распространённой является «звезда» или «двойная звезда» для резервирования (разд. 4.1.1). Для повышения надёжности и отказоустойчивости интерконнект резервируется (разд. 4.2.6). В качестве примера можно привести резервируемый интерконнект на основе двух независимых сетей (рис. 10–15).

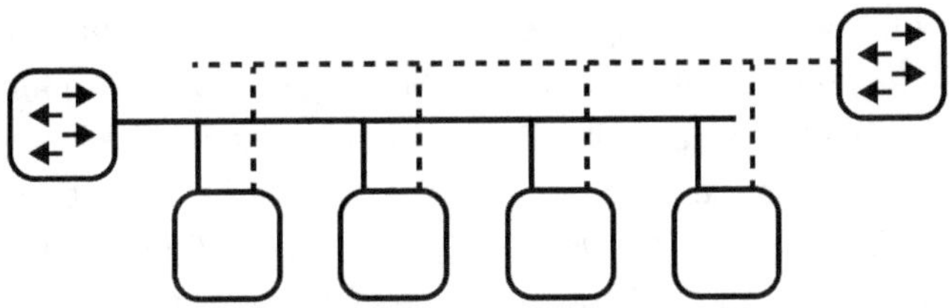

Рис. 10–15. Интерконнект резервированный

Интерконнект может использовать избыточную сеть для обслуживания узлов, тем самым увеличивая общую пропускную способность целевой системы.

Топология интерконнекта всегда подразумевает многосвязность узлов и не ограничивается «звездной» топологией. Существует множество специализированных топологий интерконнектов для разного рода задач, например:

- шина;
- кольцо;
- звезда;
- полносвязный (разд. 10.2.3);
- многосвязный;
- ячеистый;
- иерархический.

Шинный и кольцевой интерконнекты активно применяются в АСУ ТП, транспорте. Интерконнект на основе звезды, как правило, требует коммутатора и применяется в большинстве современных ИТ-систем, включая ЦОД, облака, гиперскейлеры. Полносвязные интерконнекты применяются в решениях Hi-End класса, кластерах высокой доступности (разд. 9.1.1), корпоративных СХД. Такие интерконнекты архитектурно обеспечивают высокий уровень резервирования. Многосвязный интерконнект является упрощением полносвязного, он применяется в вычислительных кластерах и СХД среднего уровня. В свою очередь, интерконнект на основе ячеистой топологии может считаться слабосвязным, он применяется в специфических задачах, например для обслуживания спутниковой связи или ретрансляционных станций.

Интерконнект может быть кабельным или на основе разведённой микросхемы бэкплейна, встраиваемой в шасси.

Для работы с физическим или виртуальным интерконнектом предусмотрены специальные программно-аппаратные решения. Такие решения называются программно-аппаратным интерконнектом. Среди подобных решений можно выделить технологии RDMA. RDMA имеет ряд реализаций, например InfiniBand от Nvidia и iWARP[394] от Intel. Современным универсальным стандартом RDMA, поддерживаемым большинством производителей, включая Nvidia, Intel, Broadcom, Marvell, AMD, является RoCEv2[395]. Важно отметить, что InfiniBand обладает собственной реализацией всех сетевых уровней и обеспечивает наивысший уровень надёжности. RoCEv2, напротив, построен на базе асинхронного UDP/IP, а iWARP — на основе надёжного TCP/IP с гарантией доставки, со всеми соответствующими особенностями (разд. 10.2.4).

Интерконнект используется для организации разнообразных типов взаимодействий (разд. 4.5.1), среди которых выделяют:

- равноправные взаимодействия точка — точка (P2P, разд. 10.1.4);
- многоадресную передачу;
- широковещательную передачу.

Обычно интерконнект обслуживает узлы распределённой системы, участвующие в обработке нагрузки (разд. 4.2.1). Такая нагрузка обусловлена активным взаимодействием узлов и зачастую их синхронизацией (разд. 4.4).

Интерконнект может обслуживать следующие типы взаимодействий:

- синхронные, в том числе в масштабе РВ;

[394] Internet Wide Area RDMA Protocol.
[395] RDMA over Converged Ethernet, #10-24.

- близкие к синхронным;
- асинхронные события;
- полусинхронные.

Эффективность работы нагруженных интерконнектов требует балансирования, поэтому распределённые системы проектируются вместе с интерконнектом. Брокеры очередей (разд. 4.7.3), балансировщики (разд. 8.2.4), координаторы (разд. 10.2.7) должны проектироваться с учётом преимуществ и недостатков архитектуры доступного, целевого интерконнекта.

Балансирование может потребоваться применительно к физическим и виртуальным каналам связи интерконнекта. Отказ одной из физических сетей может потребовать резкого изменения баланса трафика. Виртуальные каналы могут целенаправленно изменять пропускную способность ради предоставления приоритета конкретному каналу.

Такие каналы могут сегментировать (разд. 3.3.5) отдельные виды трафика распределённой системы:

- канал репликации;
- канал синхронизации;
- канал синхронных данных (обмен данными РВ);
- канал асинхронных данных (обмен событийными данными);
- канал P2P-взаимодействия;
- канал ретрансляции данных между узлами;
- канал RDMA-взаимодействия;
- канал многоадресной передачи;
- канал широковещательной передачи;
- канал координации для изоляции данных конфигурации;
- канал диагностики для изоляции диагностического трафика.

Для каждой топологии интерконнекта возможна своя комбинация каналов и правил их сегментирования. Можно выделить отдельные каналы для решения специфических задач, чтобы обеспечить возможность их балансировки. Существуют системы, для которых процесс репликации наиболее приоритетен, например репликация кешей контроллеров СХД.

Для статической РРП процесс синхронизации данных явно в приоритете, так как её структура меняется не так динамично. Если же структура РРП подвергается частым изменениям, то каналы репликации и синхронизации можно балансировать в зависимости от динамики таких изменений (разд. 4.10).

В системах, для которых важна синхронизация в режиме РВ, например по таймеру, такое взаимодействие может быть выделено в отдельный канал, у которого будет максимальный приоритет. При событийной синхронизации можно поступить аналогичным образом. Если целевая система подразумевает синхронизацию в двух режимах, каналы можно эффективно балансировать в зависимости от того, в каком режиме преимущественно должна работать целевая система.

P2P-взаимодействие может быть сегментировано в отдельные каналы, среди которых часть может обслуживать межузловую ретрансляцию данных. Такая конструкция будет эффективна для построения интерконнекта в ячеистых и слабосвязных топологиях.

Для протоколов прямого доступа к оперативной памяти узлов могут быть выделены отдельные каналы. Такие каналы могут, например, снабжаться требованиями относительно предельной задержки операций.

Многоадресная и широковещательная активность может быть отделена от всех остальных видов взаимодействий, способных создать лишнюю нагрузку.

Диагностика и координация аппаратных и программных средств может быть сегментирована в отдельную виртуальную сеть, чтобы, например, при перегрузке сети не потерять важную диагностическую информацию, необходимую для перебалансировки системы, и успеть её скоординировать.

Таким образом, интерконнект выполняет важнейшую задачу распределённой системы и является её неотъемлемой частью. В некоторых классах систем интерконнект может быть очень сложным, реализовать его по силам единицам компаний в мире. Например, таковы полносвязные кластерные интерконнекты.

10.2.2. Многопутевой ввод-вывод

Многопутевой ввод-вывод (MPIO[396]), или мультипутевой доступ, представляет собой технологию, позволяющую устанавливать несколько физических или логических путей обмена данными между двумя узлами.

Понятие многопутевого доступа встречается во многих технических задачах, где требуется иметь возможность передачи данных по некому разнообразию путей.

[396] Multipath I/O, #10-25 [w].

Например, передача спутникового сигнала GPS/ГЛОНАСС до абонентского устройства осуществляется в режиме многопутевого доступа: он достигает терминала устройства напрямую или отражается от зданий или иных объектов. Измеряя параметры достижения сигналом устройства по нескольким путям, можно определить координату, вектор и динамику движения устройства.

Появление данной технологии обусловлено прежде всего необходимостью резервирования каналов связи между узлами. Предположим, что доступ к узлу зарезервирован и доступен по двум физическим сетям. В нормальном режиме эксплуатации, казалось бы, можно использовать один активный канал связи, а в случае отказа сети переключаться на второй. При этом получается, что задействован только один канал связи, а второй канал простаивает, что весьма неэффективно с любой точки зрения.

Для повышения производительности имеет смысл использовать оба канала связи. Это увеличит общую пропускную способность вдвое. Такой подход применяется в РСУ с узлами, работающими в режиме «мультимастер» (разд. 3.3). Очевидно, что мощности узла должно быть достаточно для обеспечения обработки данной производительности. В данном случае узел r1 получает доступ к переменным узла r2 по двум каналам связи. Значения v1 и v2 запрашиваются по разным каналам связи (рис. 10–16).

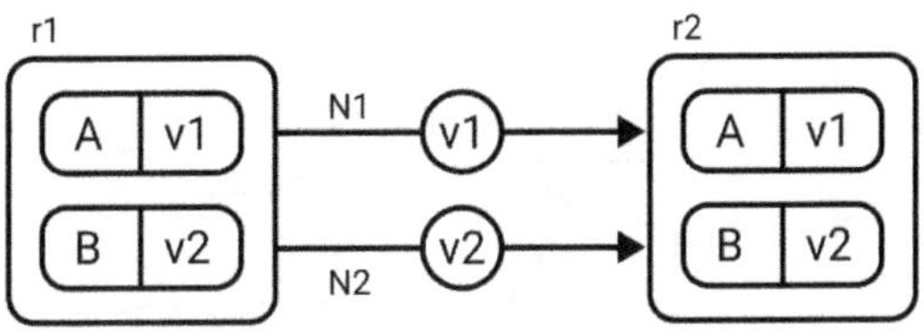

Рис. 10–16. Передача данных по нескольким путям

Такая возможность увеличивает не только общую пропускную способность системы, но и производительность, а также добавляет возможность параллельного доступа к данным (разд. 9.2.1). Подобная возможность требует определённой аккуратности, потому что в случае параллельного доступа к одному ресурсу (переменной) необходимо будет разрешать конфликты доступа. При параллельном чтении всё достаточно просто, но при параллельной записи могут возникнуть известные проблемы (разд. 10.2.11).

Концепция многопутевого доступа допускает использование промежуточных узлов (ретрансляции) для формирования пути. Например, узел r1 получает значение v1 узла r2. А для получения доступа к значению переменной v2 необходимо обратиться к узлу r3 через узел r2, потому что к нему нет прямого канала (рис. 10–17).

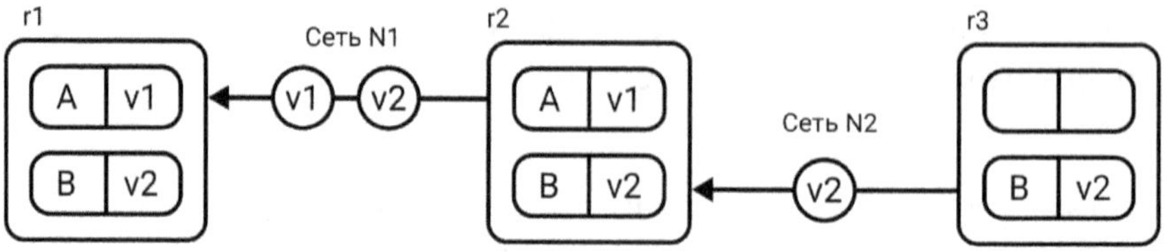

Рис. 10–17. MPIO через прокси

Таким образом, многопутевой доступ может быть источником кеширования данных (разд. 5.2). Многопутевой доступ может быть организован в любой топологии (разд. 4.1.1).

В распределённых системах с резервированием часто используется базовая схема организации многопутевого доступа. Ниже приведена простейшая схема для двух узлов (рис. 10–18).

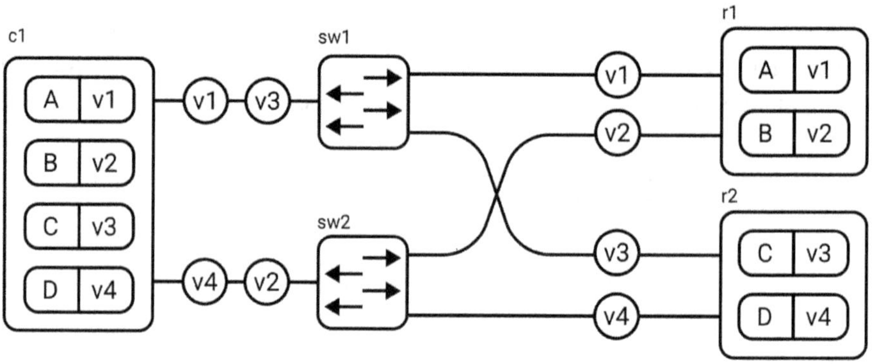

Рис. 10–18. Базовая схема MPIO

Узлы r1, r2 соединены с каждым коммутатором доступа по зарезервированному интерконнекту, клиент c1 подключён по двум сетям к каждому из коммутаторов. Данные между узлами r1, r2 сегментированы (разд. 3.3.5) без избыточности. Каждый из узлов r1, r2, c1 соединён попарно резервируемыми каналами с резервируемыми коммутаторами sw1, sw2. Таким образом, клиентский узел c1 получает данные по нескольким (четырём) путям: r1 — sw1 — c1, r1 — sw2 — c1, r2 — sw1 — c1, r3 — sw2 — c1. Совокупность всех соединений образует клиентский интерконнект.

Следующий пример включает в себя схему синхронизации корневых узлов r1, r2 с полной избыточностью данных (рис. 10–19). Синхронизация осуществляется через выделенный серверный интерконнект.

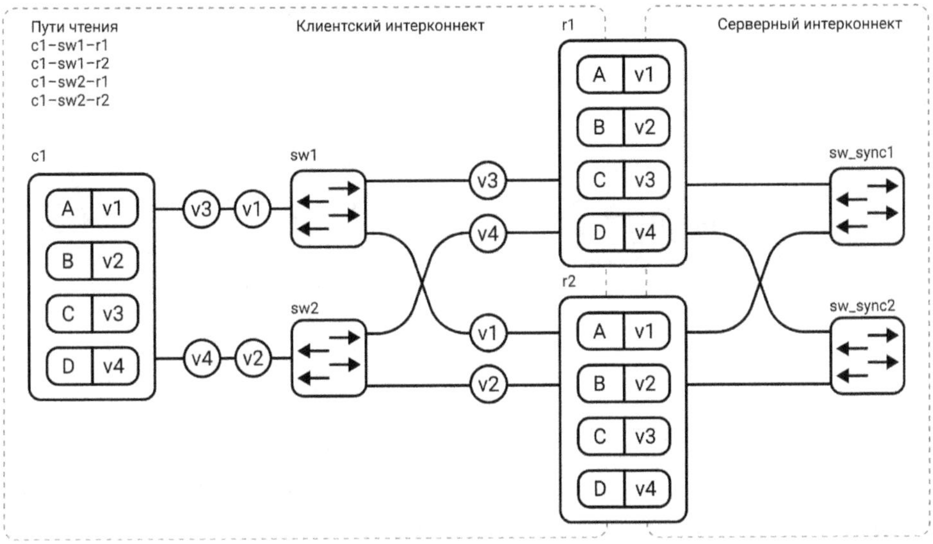

Рис. 10–19. Базовая схема MPIO с синхронизацией

Такая схема MPIO для организации доступа к данным по резервированным каналам исключительно полезна для повышения скорости доступа. В данном примере скорость повышается за счёт организации схемы параллельного доступа к двум корневым узлам. Такая возможность обусловлена синхронизированными консистентными (разд. 6.1) репликами корневых узлов.

Такая же схема может быть применена для разделения операций записи и чтения по разным каналам связи (рис. 10–20). Схема обеспечивает раздельную работу корневых узлов: r1 обслуживает операции чтения, r2 — операции записи. Так строится архитектура шаблона CQRS (разд. 10.2.9).

При сложноорганизованном сегментировании данных среди большого числа корневых узлов граф путей MPIO может быть достаточно сложным. Более того, такой граф может быть самоорганизующимся и перестраиваться в зависимости от состояния распределённой системы. В РСУ АСУ ТП граф путей MPIO рекомендуется сохранять статичным (разд. 11.3). Таким образом, организация многопутевого доступа не только повышает общую производительность и надёжность распределённых систем, но и обеспечивает значимое обоснование экономической выгоды вложений в дорогостоящее резервирование.

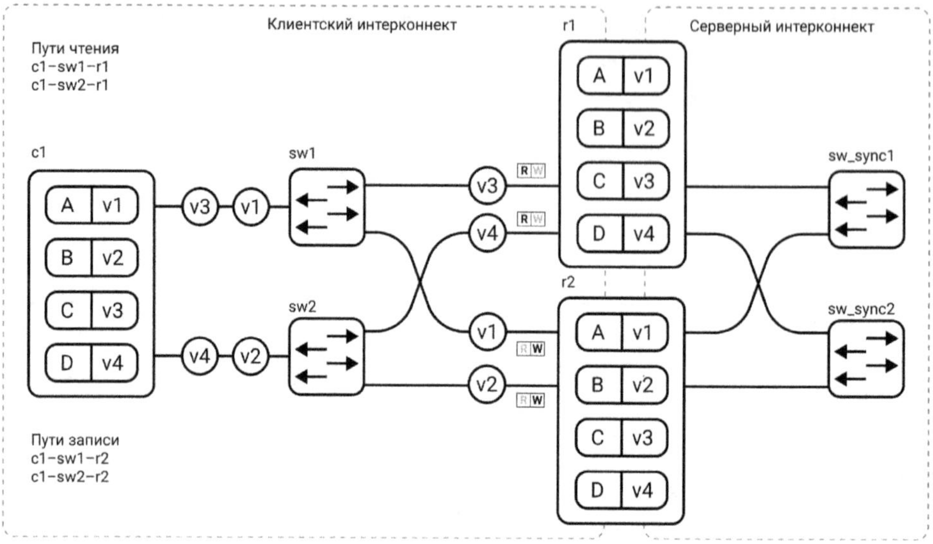

Рис. 10–20. Схема разделения записи и чтения с помощью MPIO

Многопутевой доступ активно применяется в ВНС, СРВ. Приведённая ниже базовая схема является основой для построения СХД (разд. 11.2) с двумя резервируемыми контроллерами, работающими в режиме (рис. 10–21) «мультимастер» (разд. 4.2.1).

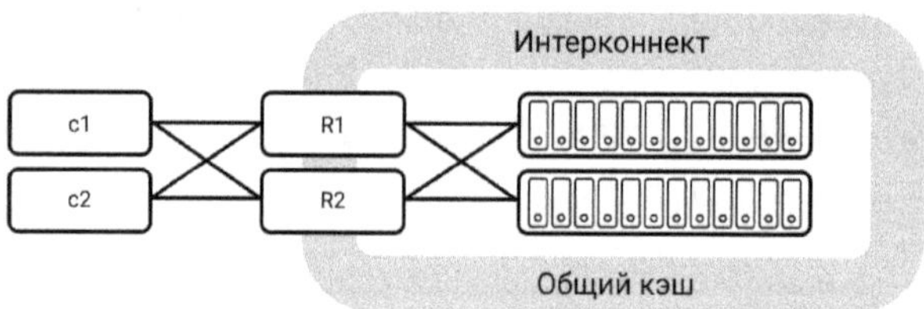

Рис. 10–21. Классическая схема MPIO для СХД с двумя контроллерами

В задачах СХД существует несколько подходов к организации доступа к логическим томам (разд. 11.2.1). Каждый подход подразумевает определённый стиль работы с многопутевым доступом.

Самый простой подход заключается в том, что логический том всегда обслуживает один контроллер. Такая схема называется active-passive. В случае отказа активного контроллера происходит переключение на резервный (пассивный) контроллер. Данный подход используется в самых простых СХД начального уровня.

Более сложный подход заключается в организации асимметричного доступа к томам (ALUA[397]). В режиме ALUA оба контроллера могут работать одновременно в активных режимах, но с разными приоритетами.

Контроллер может принимать запросы к чужому тому, но дальше пересылает запрос по интерконнекту контроллеру-владельцу, что вызывает увеличение задержки доступа. Таким образом, для клиента всё выглядит так, как будто оба контроллера работают в режиме active-active, но с разными задержками. Один из контроллеров находится в оптимизированном[398] состоянии и обслуживает операции с максимальной производительностью. Второй контроллер находится в неоптимизированном[399] состоянии, то есть может обрабатывать запросы, но со сниженной производительностью.

ALUA поддерживает динамическое управление путями и позволяет хосту автоматически выбрать оптимальный путь. Такой подход используется в СХД среднего и продвинутого уровня.

Драйвер MPIO определяет состояния всех путей доступа, что позволяет хосту использовать наиболее подходящий для обслуживания операций путь. ALUA позволяет осуществлять балансировку обслуживания операций, используя доступные пути (разд. 8.1).

Важными задачами ALUA являются поиск оптимального пути и стратегия переключения в случае недоступности путей. Самой простой стратегией является фиксация пути (рис. 10–22). При необходимости поиска нового пути могут применяться различные стратегии:

- выбор недавно использованного пути (MRU, рис. 10–23);
- выбор давно не используемого пути (LRU);
- выбор редко используемого пути (LFU).

MRU применяется для того, чтобы быстро гарантированно выбрать рабочий путь, не провоцируя увеличение задержки при новом поиске пути. LRU и LFU применяются для балансировки системы и бережливого использования её компонентов.

---

397 Asymmetric Logical Unit Access, #10-26.
398 Active-Optimized.
399 Active-NonOptimized.

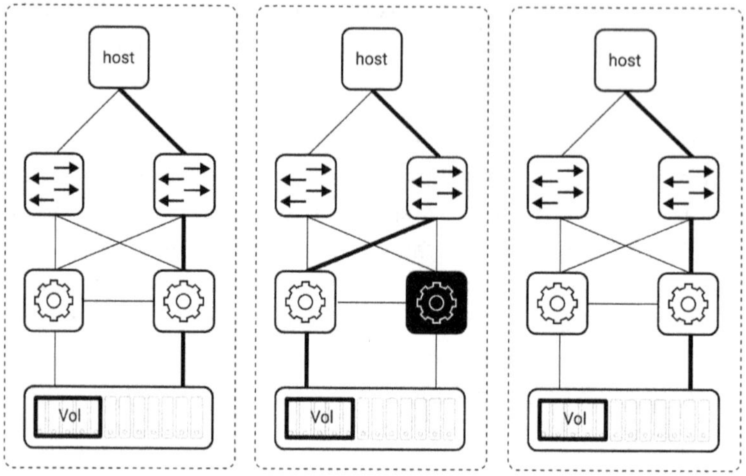

Рис. 10–22. Фиксированный путь

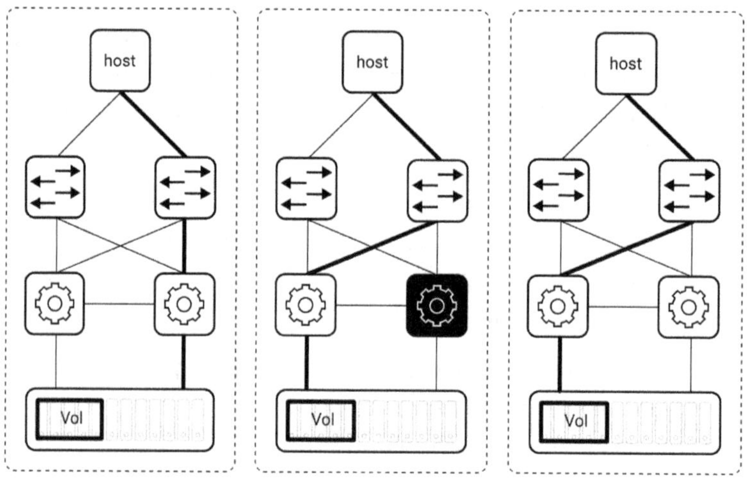

Рис. 10–23. Последний используемый путь

При необходимости поиска нового пути может быть использована стратегия последовательного перебора доступных путей (Round Robin) (рис. 10–24).

В реализациях СХД с ALUA том обслуживается одним контроллером. В процессе поиска пути может оказаться, что том обслуживается другим контроллером. В этом случае для доступа к нему будет выбран другой путь (рис. 10–25).

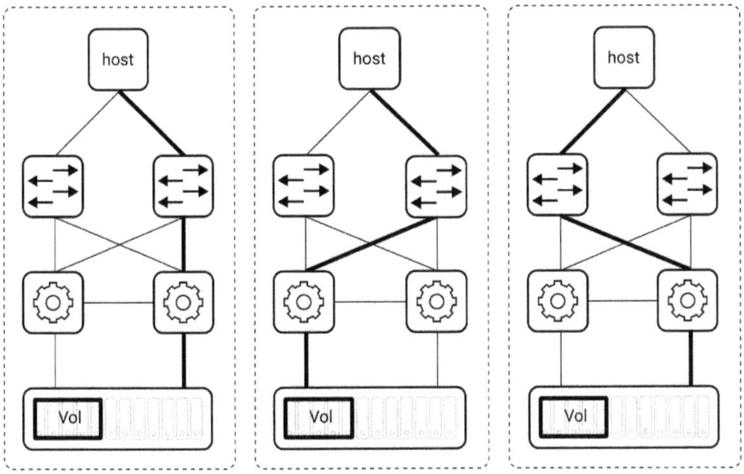

Рис. 10–24. Перебор путей

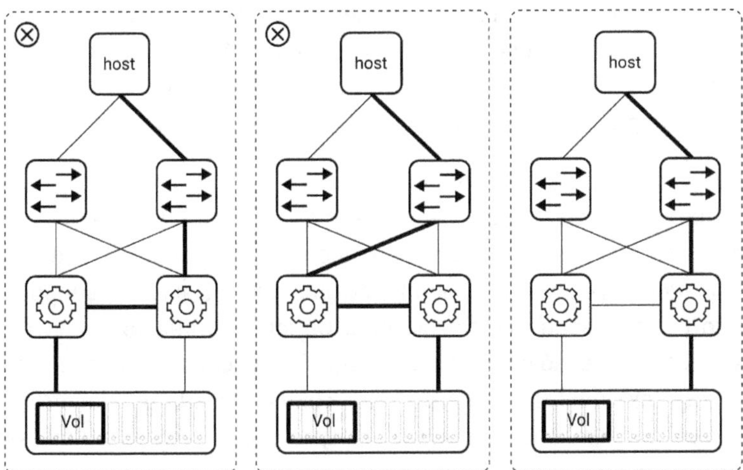

Рис. 10–25. Смена пути

Таким образом, ALUA позволяет нагружать оба контроллера, а контроллерам позволяет работать в режиме «мультимастер». Такой режим (разд. 4.2.1) работы контроллеров называется асимметричным active-active (рис. 10–26). Обычно асимметрия активных контроллеров становится камнем преткновения при выборе решения.

Основные недостатки ALUA — это заметные задержки, возникающие при смене пути, и невозможность организации параллельного доступа к виртуальным томам. Такие задержки могут не отвечать требованиям архитектуры высокой доступности (разд. 7.2.4).

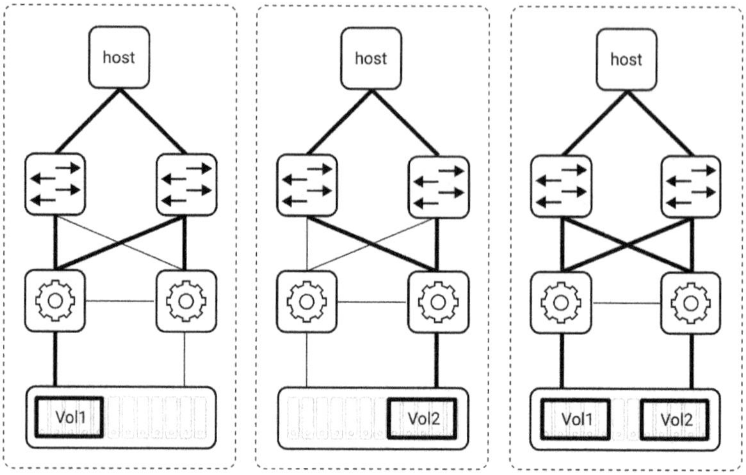

Рис. 10–26. ALUA

Альтернативой ALUA является симметричный режим работы контроллеров (SAA[400]). SAA гарантирует симметричный (равноправный) доступ контроллеров к логическому тому. Данный подход используется в продвинутых СХД корпоративного класса[401].

Реализовать такой режим весьма непросто, поэтому компаний, которым это под силу, единицы. Заявление о работе СХД в режиме SAA сразу обозначает его как продвинутое решение. На самом деле все заявления о симметричности работы контроллеров должны вызывать вопросы о том, как именно реализована эта симметрия. Основу реализации таких решений составляют создание общего кеша (разд. 5.2) и обеспечение его когерентности между активными узлами. Не менее важным является вопрос обслуживания экземпляров кешей операций с физическими накопителями. Для обеспечения надёжности таких систем к физическим накопителям могут иметь доступ более одного контроллера. Возникает вопрос, является ли такой режим доступа конкурентным (разд. 9.2.1) и, следовательно, блокируемым или он реализован без блокировок — тогда возникает вопрос, как именно.

Обеспечение когерентности кешей требует эффективной синхронизации, которая может быть реализована исключительно на основе высокопроизводительного интерконнекта. В случае многоконтроллерных СХД такой интерконнект обычно является многосвязным.

---

400 Symmetric Active-Active, #10-27 [pdf].
401 Hi-End Enterprise Storage.

Во многих распределённых системах многопутевой доступ используется как основа организации эффективного горизонтального масштабирования (разд. 9.3.1). Построение эффективных схем многопутевого доступа в таких системах требует организации многосвязных и полносвязных высокопроизводительных интерконнектов.

10.2.3. Многосвязный интерконнект

Традиционные простые интерконнекты, даже используемые для достаточно серьёзных распределённых систем, ограничиваются несколькими резервируемыми сетями и стандартными коммутаторами. Встречаются системы, в которых предъявляются гораздо более серьёзные требования к интерконнекту. Такие требования встречаются в задачах построения специализированных кластеров, гиперскейлеров и промышленных систем хранения данных. В подобных задачах ключевое требование — это высокая доступность (разд. 9.1.1). Выполнение таких требований обеспечивает высокая связность узлов. Сеть, реализующая такую связность, называется многосвязным интерконнектом[402].

Современные топологии высокопроизводительных интерконнектов весьма разнообразны. Задача исследования топологий заключается в поиске оптимальной связности для решения целевых задач. В исследовательских целях могут быть созданы решения, обеспечивающие минимальную задержку без оглядки на экономику. Но решения для продакшена требуют учитывать экономику, так как в итоге за всё платит потребитель. Таким образом, конкурентоспособные решения учитывают баланс производительности, доступности и стоимости компонентов (разд. 2.1).

Интерконнект масштабной распределённой системы может объединять сотни тысяч узлов в ЦОД, для энергоснабжения которых требуются АЭС с гигаваттными энергоблоками. Не существует простых стандартных решений, которые бы позволили обеспечить эффективную вычислительную мощность таких систем. Сети объединяют вычислительные мощности CPU- и GPU-серверов, СХД и имеют специфические особенности.

В целом выделяют следующие классы топологий:

- прямые топологии (Direct Networks);
- непрямые топологии (Indirect Networks);
- гибридные топологии (Hybrid Networks).

[402] Mesh interconnect.

Прямые топологии подразумевают интерконнект без промежуточного коммутатора. Каноническим прямым интерконнектом является ячеистая топология (разд. 4.1). Такая топология не является полносвязной. Существует масса вариаций ячеистых топологий (рис. 10–27).

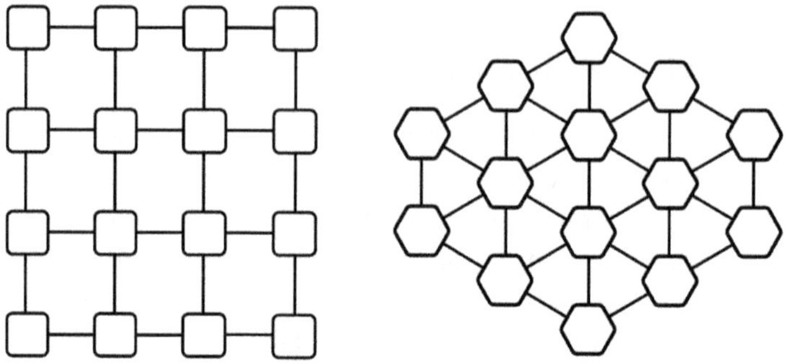

Рис. 10–27. Ячеистая топология 2d

Группировку узлов ячеистой топологии очень удобно представлять в двумерном пространстве, но при достаточно большом числе узлов организацию связей между ними представить весьма сложно. Намного проще представить топологию узлов в многомерном пространстве, где связи между узлами выглядят как будто бы более короткими.

В качестве примера такой связности можно привести трёхмерный куб. Узлы (вершины куба) могут быть объединены в неполносвязный интерконнект. По правилам ячеистой топологии в таком интерконнекте будет минимум 12 соединений (рис. 10–28).

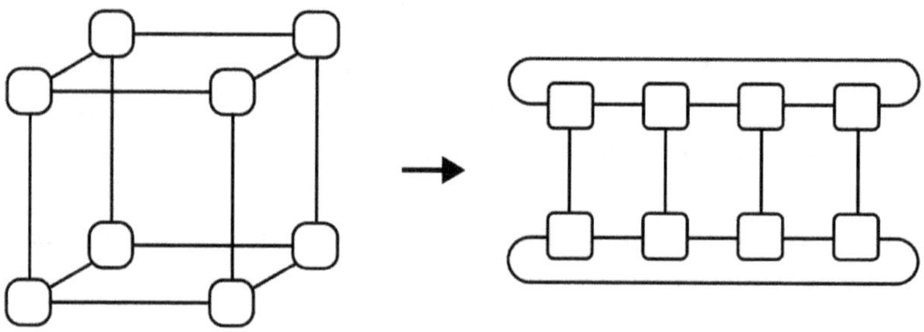

Рис. 10–28. Неполносвязный mesh, развёртка 3d в 2d

Для увеличения связности можно нарушить принцип mesh и соединить все узлы, находящиеся на общих гранях. В описанном случае получится 24 соединения (рис. 10–29).

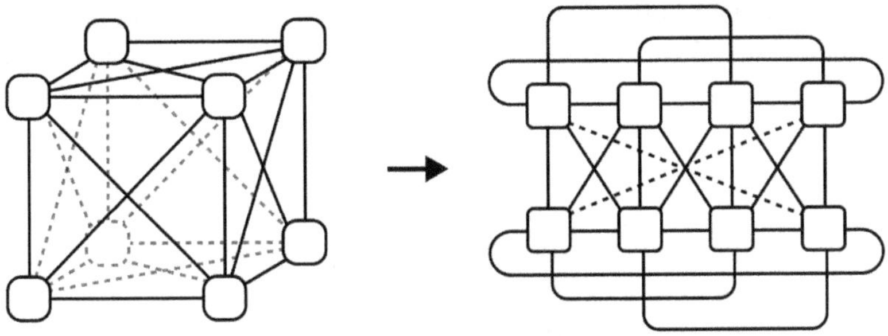

Рис. 10–29. Неполносвязный куб, развёртка 3d в 2d

Если соединить противоположные вершины (узлы), получится полносвязный интерконнект (28 соединений), который очень просто представить. При большем числе узлов можно повышать мерность пространства. Подобные интерконнекты называются гиперкубическими (рис. 10–30). Характерным примером многосвязного многомерного интерконнекта для 16 узлов является топология тессеракт (4d). По правилам mesh в такой системе будет 32 соединения. Например, в персональном суперкомпьютере Intel iPSC[403]/d5, состоявшем из 32 узлов, применялся пентеракт (5d) с 80 соединениями.

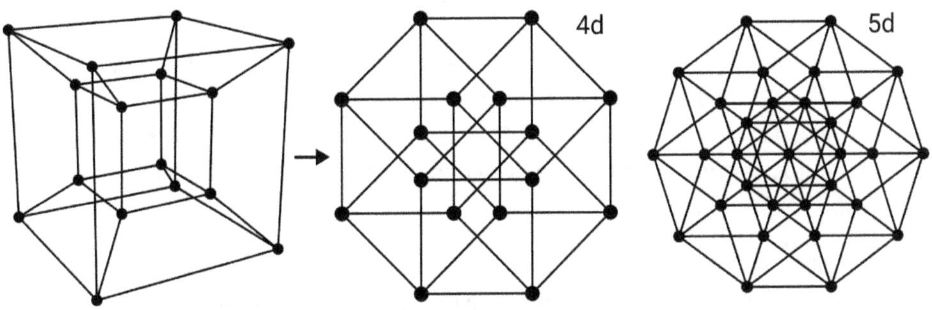

Рис. 10–30. Тессеракт, пентеракт

Рабочей разновидностью прямой топологии является тороидальная. В простейшем виде (без «дырки от бублика») такая топология очень проста в реализации. Она может быть представлена как шар, где узлы соединены «параллелями» и «меридианами» (рис. 10–31). Тороидальная топология имеет повышенную связность за счёт дополнительных соединений по меридианам. Именно такая топология была применена для построения суперкомпьютеров IBM Cray Gemini (Cray XE6), Blue Gene Torus Network[404] (Blue Gene/L, P, Q[405]).

403 Intel Personal SuperComputer, #10-28 [w].
404 Blue Gene Torus Network, #10-29 [pdf].
405 Blue Gene/Q Network, #10-30 [pdf].

Тороидальный интерконнект не имеет ограничений по масштабированию: в проектах IBM планировались конфигурации до 100K узлов. Fujitsu K имеет интерконнект 6d Mesh Torus[406].

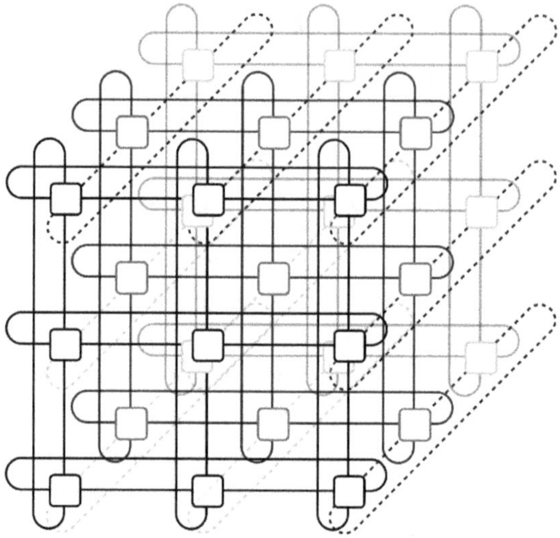

Рис. 10–31. Топология тор

Встречаются топологии на основе неполносвязных и полносвязных графов. Такие графы имеют большую связность, чем ячеистая топология. Среди них можно отметить граф Кауца, который широко применяется в MIPS64-архитектуре, являясь весьма перспективным для построения межузловых интерконнектов.

В общем случае такая прямая топология называется прямым многосвязным интерконнектом. Рассмотрим простейший пример многосвязного интерконнекта, напрямую соединяющего три узла друг с другом (рис. 10–32).

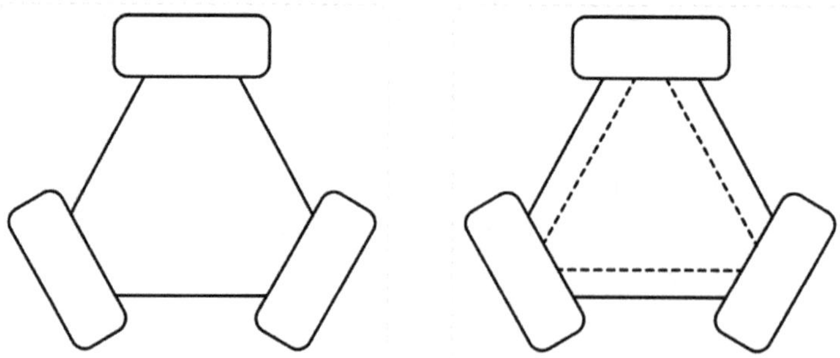

Рис. 10–32. Многосвязная топология трёх узлов

[406] 6d MeshTorus Interconnect, #10-31, #10-32 [pdf].

В полносвязной топологии из трёх узлов каждый узел должен быть попарно соединён с двумя другими узлами. Для этого на каждом узле потребуется по два сетевых порта (например, две сетевые карты или один двухпортовый адаптер). Общее количество физических линий связи (кабелей) в такой топологии составит три, а общее количество задействованных портов на всех узлах — шесть.

В таком случае для трёх узлов с двумя портами производительностью по 400 GbE на каждом суммарная пропускная способность всех портов составит 6 × 400 Гбит/с = 2,4 Тбит/с. Однако каждый физический канал соединяет два порта, поэтому предельная пропускная способность самого интерконнекта (по всем линиям) составит 3 × 400 Гбит/с = 1,2 Тбит/с.

При необходимости увеличить пропускную способность интерконнекта, можно увеличить число портов на узле до четырёх. В таком случае интерконнект будет включать шесть физических линий, что обеспечит суммарную пропускную способность 6 × 400 Гбит/с = 2,4 Тбит/с. Для узлов с восемью портами, интерконнект будет включать 12 физических линий, а пропускная способность — 12 × 400 Гбит/с = 4,8 Тбит/с. Такой производительности интерконнекта вполне достаточно для решения большинства современных вычислительных задач, для которых достаточно трёх узлов.

Обычно многосвязный интерконнект предназначен для обслуживания кластеров, а три узла для кластера — это совсем немного. Рассмотрим пример с четырьмя узлами (рис. 10–33).

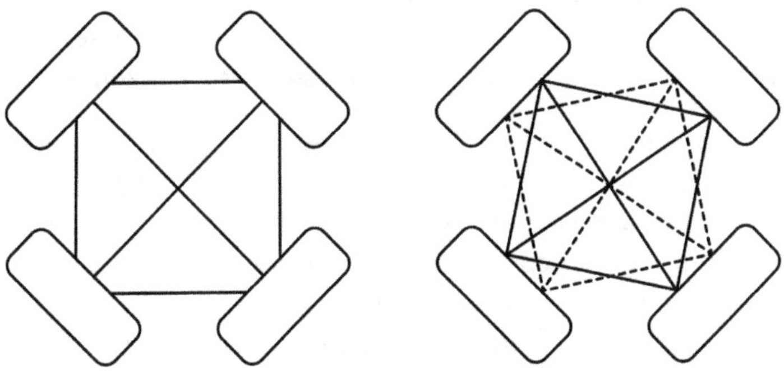

Рис. 10–33. Многосвязная топология четырёх узлов

В полносвязной топологии из четырёх узлов каждый узел должен быть соединён с тремя другими узлами. Для этого на каждом узле потребуется по три сетевых порта. Общее количество физических линий связи составит шесть, а общее количество портов на всех узлах — двенадцать.

Следовательно, при использовании портов производительностью 400 GbE пропускная способность интерконнекта составит 6 × 400 Гбит/с = 2,4 Тбит/с. Увеличивая число портов на узле до шести, а затем до двенадцати, можно последовательно наращивать пропускную способность до 4,8 Тбит/с и 9,6 Тбит/с соответственно, следуя той же логике, что и для трёх узлов.

Топология такого рода применяется в задачах СХД Hi-End класса. Для таких систем четыре контроллера являются минимальной конфигурацией. Рассмотрим пример из восьми узлов (рис. 10–34).

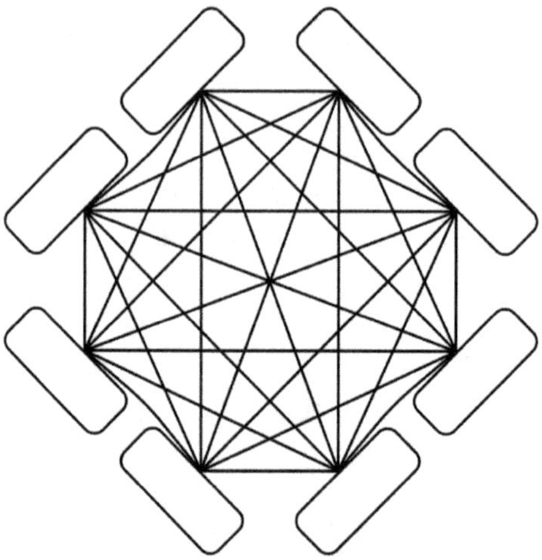

Рис. 10–34. Многосвязная топология с восемью узлами

Среди многосвязных интерконнектов выделяют полносвязные[407]. В таких интерконнектах все узлы соединены со всеми. Приведённый выше пример представляет собой типичный полносвязный интерконнект.

Для вычисления количества соединений в топологии полносвязного интерконнекта между N узлами используется следующая формула: $C = \frac{1}{2} N (N - 1)$, где C — количество связей, а N — количество узлов. Таким образом, полносвязный интерконнект для системы из 8 контроллеров будет состоять из 28 соединений, для 16 потребуется 120, а для 32 — 496. Очевидно, что в системах с большим числом контроллеров построить полносвязный интерконнект чрезвычайно сложно и не всегда необходимо. В таких случаях ищут способы, как упростить полносвязный интерконнект. Подобные интерконнекты иногда называют неполносвязными[408], подразумевая, что хотели полносвязный, но не получилось.

[407] Full mesh interconnect.
[408] Partial mesh interconnect.

В восьмиузловой топологии каждый узел соединён с 7 узлами. Для такого интерконнекта потребуется по 7 сетевых карт на узел. Эта топология будет включать в себя уже 28 узловых соединений. Если взять те же карты по 400 GbE, предельная пропускная способность такого интерконнекта составит 28 × 400 Гбит/с, то есть 11,2 Тбит/с. Вариант с резервированием каналов даст все 22,4 Тбит/с.

Полносвязная топология применяется в СХД энтерпрайз-класса с 8 контроллерами (рис. 10–35) и больше. В качестве примера приведена архитектура СХД HP 3PAR. Как видно из примера, 8 контроллеров объединены в полносвязный интерконнект.

Рис. 10–35. Полносвязный интерконнект из 8 узлов

В таком интерконнекте каждая пара контроллеров обслуживает свой массив накопителей по отдельному специальному интерконнекту. Интерконнект, обслуживающий накопители, попарно объединяет узловые контроллеры с дисковыми полками, часть из которых соединяется последовательно.

Таким образом, получить доступ к общему массиву можно из любой точки подключения, которую, в свою очередь, обслуживает интерконнект, отвечающий за клиентские подключения. Очевидно, что задержки доступа между ближними и дальними контроллерами, обслуживающими свой пул накопителей, будут отличаться.

Для ускорения доступа к данным применяется синхронизация глобального когерентного кеша, обеспечивая симметричность (SAA) функционирования всех контроллеров (рис. 10–36).

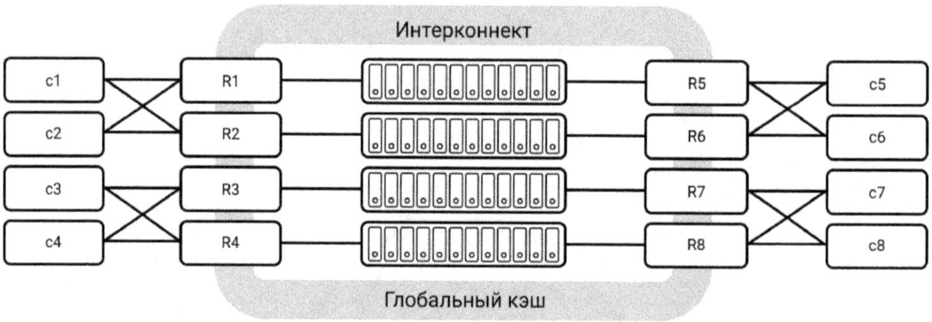

Рис. 10–36. Связность ввода-вывода, клиентский интерконнект

В случае, если данные ещё не закешированы, доступ хостов к ним будет осуществляться по нескольким путям (рис. 10–37).

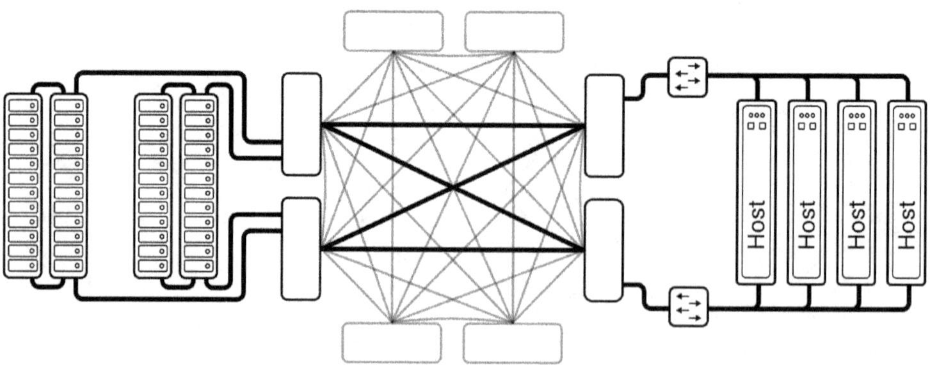

Рис. 10–37. Многопутевой доступ

Непрямые топологии подразумевают наличие слоя или нескольких слоёв коммутаторов. Среди них выделяют симметричные и асимметричные топологии. Одной из самых распространённых топологий является топология Fat Tree (рис. 10–38).

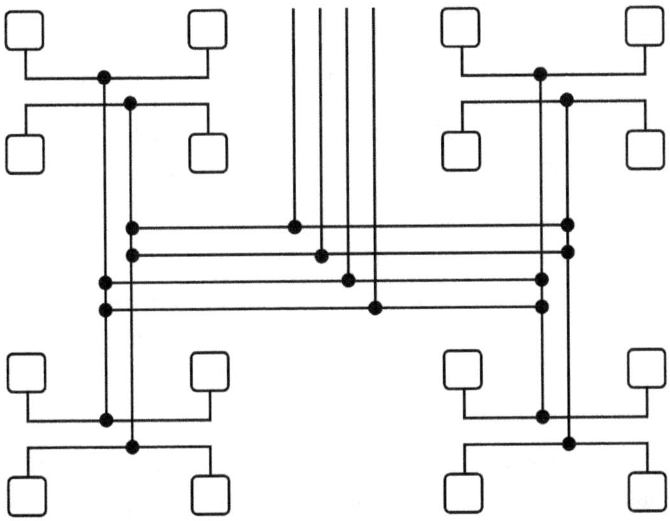

Рис. 10–38. Топология Fat Tree

Среди симметричных топологий следует отметить топологию Butterfly (бабочка). Это высокопроизводительная топология для соединения множества распределённых узлов в больших сетях. Основная цель такой сети — обеспечить короткие пути между любыми узлами с минимальным количеством коммутаторов (рис. 10–39).

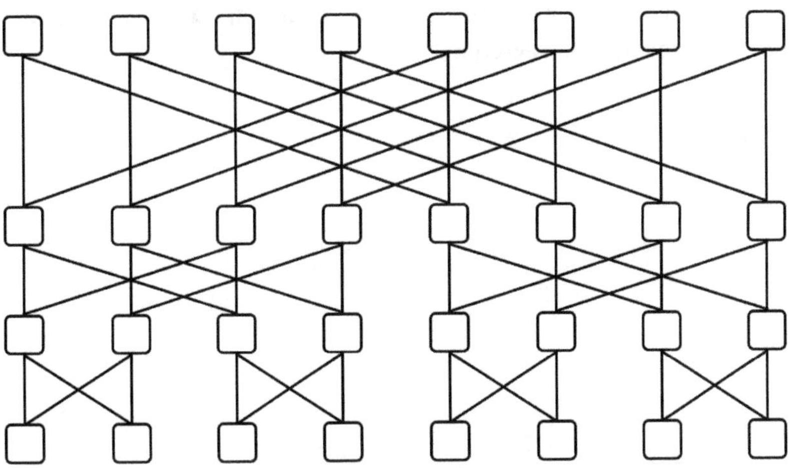

Рис. 10–39. Топология Butterfly

Структурно сеть представляет собой многоуровневую сеть (multistage network). Узлы организованы в несколько последовательных уровней коммутаторов.

Такая сеть лучше масштабируется, чем полносвязный интерконнект. Количество узлов (N) растёт как N × log(N), что эффективнее по сравнению с полносвязной сетью, где число связей соответствует порядку N^2.

Среди симметричных сетей можно отметить топологии омега, дельта, Бенеша, Клоза. Важно отметить, что Fat Tree, как и Butterfly, является частным случаем сети Клоза.

Гибридные интерконнекты объединяют прямые и непрямые, симметричные и асимметричные топологии в сложный интерконнект для достижения связности в больших распределённых системах. Такие решения допускают масштабирование до сотен тысяч узлов и даже больше — при необходимости.

Самыми современными и перспективными являются оптимизированные гибридные топологии. Среди них абсолютным лидером с точки зрения соотношения стоимости и производительности является сеть Dragonfly[409], разработанная в MIT, Google и Cray в 2008. Топология реализована в 2017 г. Mellanox[410] — лидером по производству Hi-End сетевого оборудования для серверов и ЦОД. В настоящее время Dragonfly является основой spine-leaf архитектур построения связности в современных ЦОД.

Данная топология предназначена для объединения множества групп серверов (подов) в единую масштабируемую инфраструктуру гиперскейлера (разд. 9.3.4). Такая методология подразумевает прямое соединение групп узлов вместо сложной коммутации.

---

409 Dragonfly, #10-33, #10-34 [pdf].
410 В настоящее время Nvidia.

Для обеспечения полносвязного интерконнекта для 6 групп серверов потребуется трёхуровневая топология. Узлы (H) соединены с первым уровнем коммутации (рис. 10–40). Для полной связности выделенной группы таких узлов строится полносвязный интерконнект (IC1).

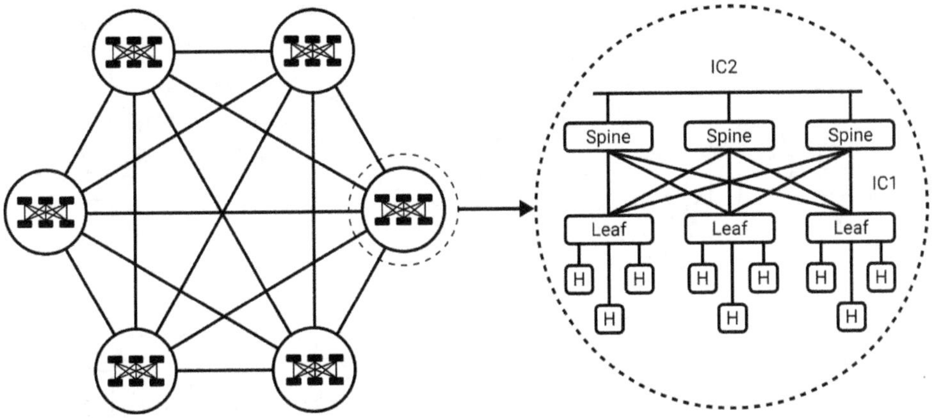

Рис. 10–40. Требуемая связность групп узлов

Для глобальной связности всех узлов в каждой группе полносвязный интерконнект может быть построен на базе коммутаторов, например 800 GbE. Как видно из иллюстрации (рис. 10–41), такой интерконнект весьма сложен и несколько перегружен. Важно отметить, что подобная топология полносвязного трёхуровневого интерконнекта называется топологией Клоза[411]. Стоит обратить внимание на то, что приведённый выше интерконнект СХД с 32 узлами реализуется на основе именно этой топологии.

Dragonfly позволяет отказаться от промежуточных коммутаторов и соединить узлы напрямую (рис. 10–42). В таком случае количество соединений существенно уменьшается, не нарушая связность и производительность сети. Очевидно, что стоимость оборудования интерконнекта сети Dragonfly заметно ниже стоимости оборудования для построения сети Клоза. Это особенно заметно, когда в сети порядка 10 000 узлов: разница может быть больше чем в 1,5 раза, а речь идёт о миллионах долларов. Для сетей, обслуживающих 100 000 узлов, разница может быть больше чем в 3—4 раза, тогда речь уже идёт о десятках миллионов долларов.

[411] Сеть Клоза, #10-35 [w].

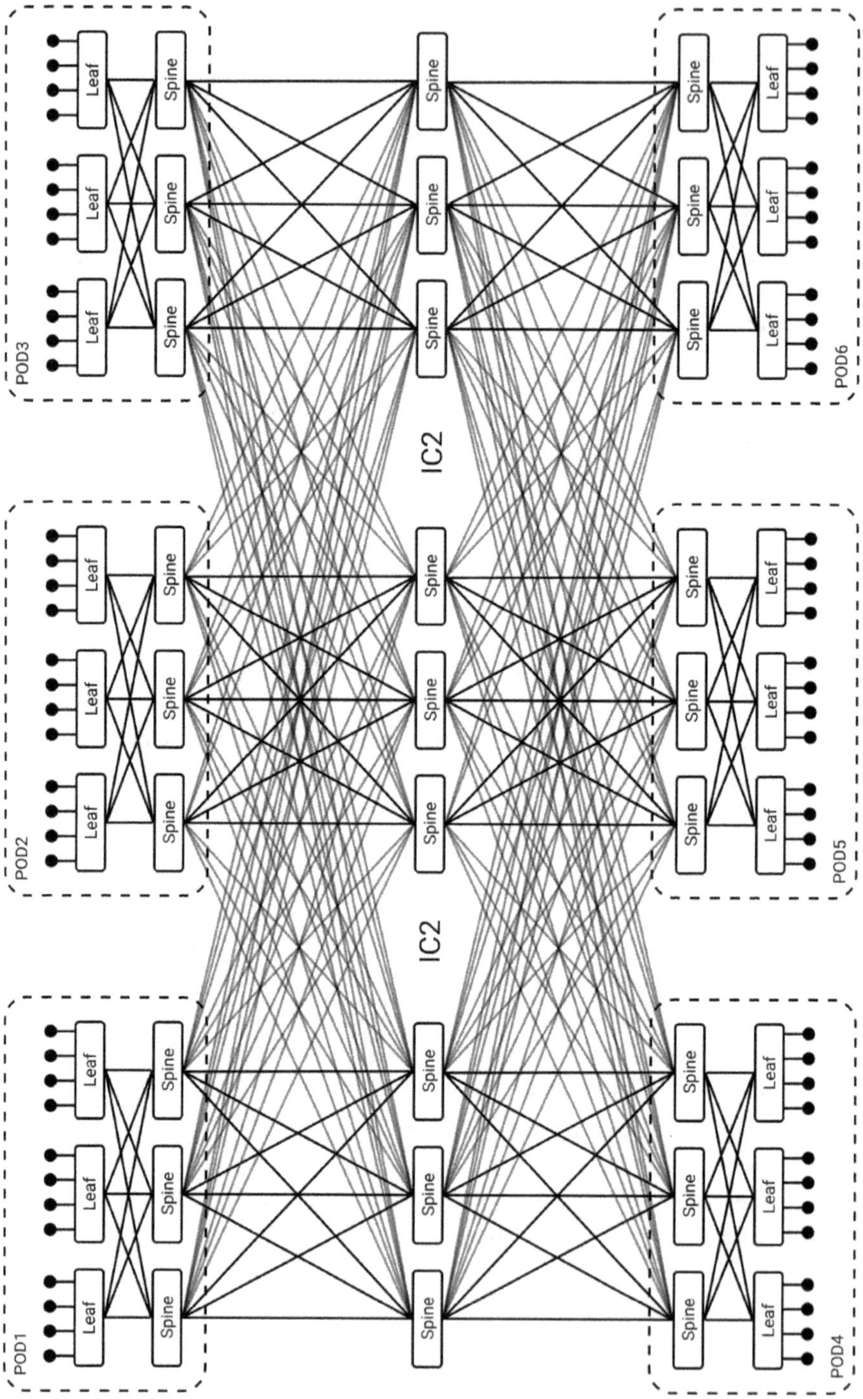

Рис. 10–41. Топология Клоза

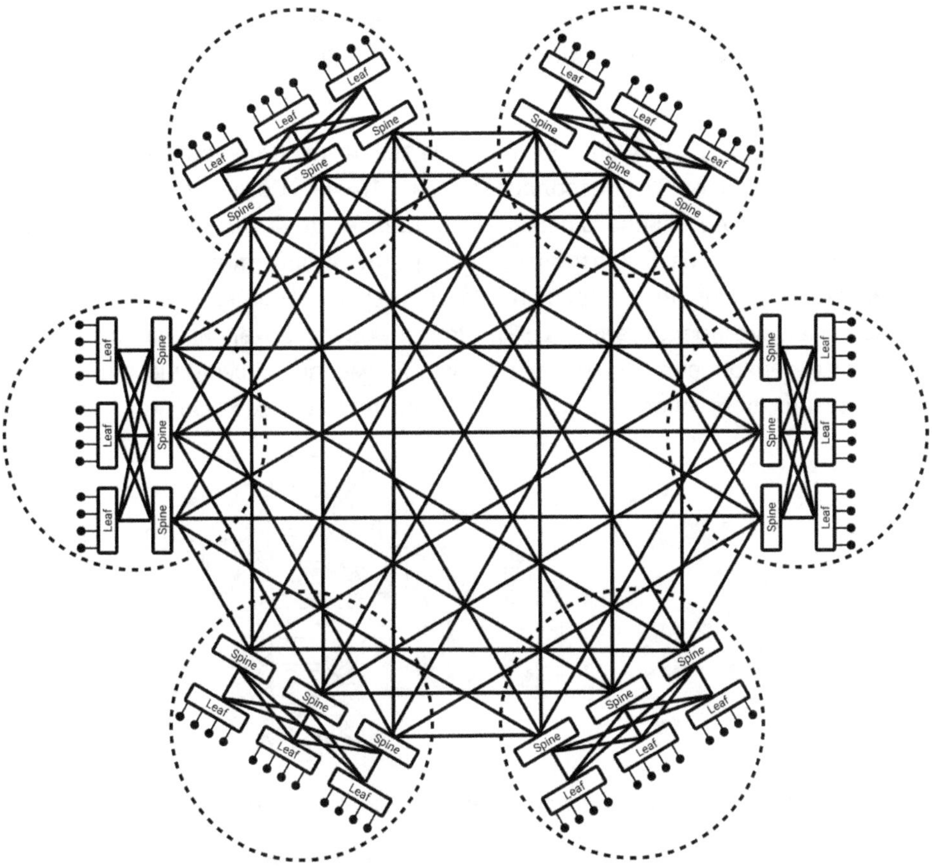

Рис. 10–42. Топология Dragonfly

Многосвязные интерконнекты применяются не только в задачах ЦОД, СХД. Они также широко применяются в задачах РСУ АСУ ТП (разд. 11.3).

Характерным примером гибридного многосвязного интерконнекта является архитектура СХД Huawei Dorado Oceanstor. Такая система допускает связность 32 контроллеров. В Dorado, как и в других Hi-End системах, выделяют три вида интерконнектов:

- SmartMatrix Fabric — контроллерный пассивный интерконнект на бэкплейне (шасси). Шасси объединяет 4 контроллера, образуя engine (движок). Контроллеры синхронизируются через интерфейсы движка по RDMA со скоростью до 100 GbE на канал;
- Backend Interconnect Module (BIM) — интерконнект с накопителями. Каждая полка подключается к двум шасси, поддерживает до 28 I/O модулей на контроллер, до 6400 накопителей на систему;

- Frontend Interconnect Module (FIM) — клиентский интерконнект. Располагается на шасси, поддерживает до 96 100GbE I/O модулей на контроллер, до 768 на систему.

Серии 3000, 5000, 6000, 8000 поддерживают до 16 контроллеров, а серия 18000 поддерживает 32 контроллера[412] (рис. 10–43). Согласно оценке разработчика, производительность решения составляет до 40 млн IOPS[413]. Решение допускает отказ 7 из 8 контроллеров в группе, а при отказе 6 сохраняется возможность кеширования (рис. 10–44). С уверенностью можно сказать, что данное решение представляет собой конструкцию из максимально сложносвязных интерконнектов и может служить примером сложнейшего инженерного решения, доступного на коммерческом рынке систем хранения.

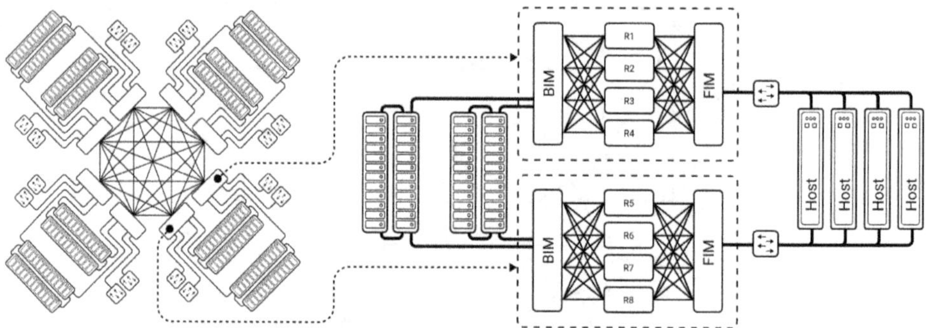

Рис. 10–43. Полносвязный гибридный интерконнект, 16 узлов

Следует отметить сходство интерконнекта Dorado с Dragonfly. Группы, объединённые по 4 узла в интерконнекте Клоза с коммутаторами с каждой стороны, объединяются полносвязным интерконнектом, как поды.

Приведённый пример демонстрирует «монструозное» сочетание разнообразных интерконнектов, но это не предел. Современные задачи машинного обучения требуют серьёзных вычислительных кластеров. Например, компания Nvidia предлагает решения для построения интерконнектов на основе:

- 400-GbE сетевых карт BlueField-3;
- 800-GbE сетевых карт ConnectX-8 InfiniBand SuperNIC;
- 800-GbE коммутаторов Spectrum-4, до 64 портов;
- 400-GbE RDMA Quantum-2 InfiniBand.

[412] Huawei Dorado 18000, #10-36.
[413] Input-Output Per Second.

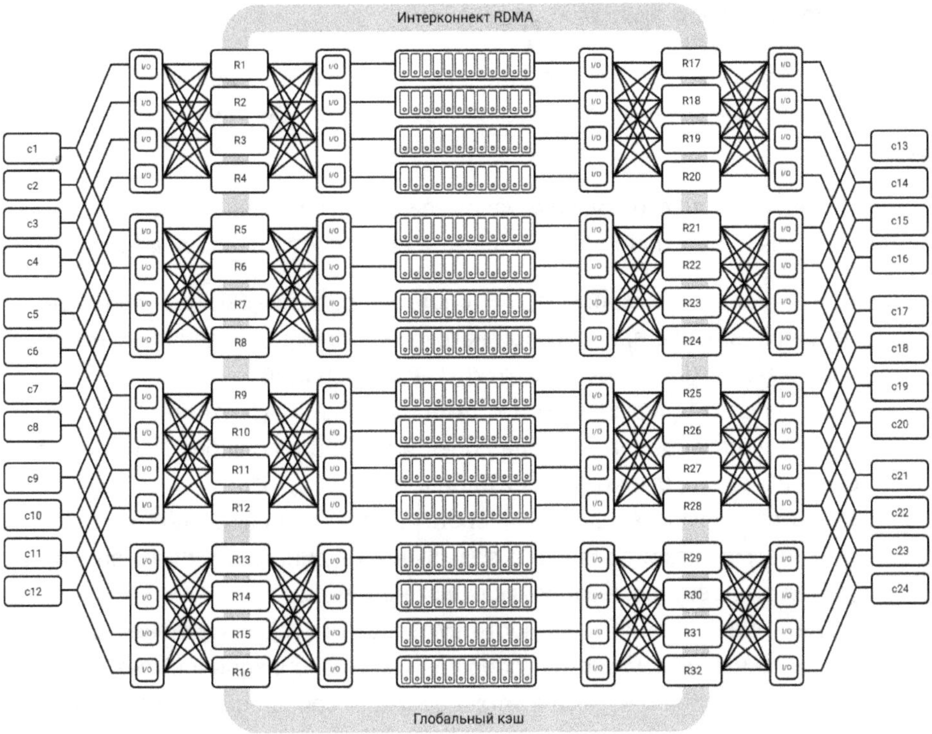

Рис. 10–44. Связность ввода-вывода, клиентский интерконнект

Такие решения позволяют собирать высокопроизводительные интерконнекты практически любого масштаба. В 2024 г. запущен GPU-кластер AIMemphis Supercluster[414] из 100 000 GPU Nvidia H100. В 2025 г. планируется запуск кластера на 131 072 GPU Nvidia B200. Его планируемая производительность — 2,4 зеттафлопс[415].

[414] AIMemphis Supercluster, #10-37.
[415] Nvidia Cluster 2025, #10-38.

10.2.4. Реактивная архитектура

Реактивная архитектура[416] — это подход, который направлен на создание высокопроизводительных, отказоустойчивых, масштабируемых и эластичных систем.

Принципы данного подхода сформулированы в «Манифесте реактивных систем»[417]. Ключевые принципы манифеста включают в себя следующее:

- Отзывчивость (Responsive) — система должна быстро реагировать на запросы даже при высокой нагрузке, а также обеспечивать минимизацию задержек за счёт неблокирующих операций.
- Устойчивость (Resilient) — система должна поддерживать автоматическое восстановление после сбоев и изоляцию ошибок[418], чтобы один сбой не приводил к краху всей системы.
- Масштабируемость (Elastic) — система должна поддерживать горизонтальное масштабирование и возможность динамически увеличивать/уменьшать ресурсы в зависимости от нагрузки.
- Событийная ориентированность (Message-Driven) — компоненты системы должны обмениваться сообщениями в асинхронном режиме, без блокировок, используя для этого брокеры сообщений или реактивные потоки[419].

Следует обратить внимание, что каждый может присоединиться и подписать «Манифест реактивных систем», выразив согласие с его заявлениями.

Важным архитектурным подходом к реализации указанных принципов являются событийные операции[420] (Event Sourcing). Под такими операциями подразумевают управление источниками и потребителями событий, их генерацию и регистрацию. Это подход, при применении которого состояние целевой системы определяется последовательностью событий (сообщений), а не только текущим состоянием данных. Вместо обновления записи в хранилище каждое изменение фиксируется как отдельное событие, которое можно воспроизвести для восстановления состояния. По такому принципу построены персистентные системы (разд. 4.10.1).

[416] Reactive Architecture, #10-39.
[417] Reactive Manifesto, #10-40.
[418] Failure containment.
[419] Reactive Stream.
[420] Event Sourcing, #10-41.

Одним из ключевых способов реализации принципов реактивности является событийно-управляемая архитектура, в которой взаимодействие между компонентами осуществляется через генерацию и обработку событий.

Архитектура, управляемая событиями (СУА, EDA[421]), — это подход, который предполагает, что система генерирует, обнаруживает, потребляет и реагирует на события в реальном времени. СУА обеспечивает слабую связанность, высокую расширяемость и поддержку распределённых сценариев.

Выделяют следующие сущности СУА:

- события (events);
- брокер событий (разд. 4.7.3);
- источник событий (publishers);
- получатели событий (consumers);
- канал (шина) событий.

СУА основана на использовании шаблона издатель — подписчик (разд. 10.1.2). Применение СУА существенно упрощает архитектуру распределённых систем. СУА эффективно поддаётся масштабированию. Например, большинство СУБД содержат СУА-компоненты, такие как обработчики хранимых процедур реляционных СУБД или событийная модель NoSQL СУБД.

При необходимости СУА может поддерживать принципы Event Sourcing, что позволяет обеспечить как строгую (разд. 6.2.1), так и конечную консистентность (разд. 6.2.3) данных целевой системы.

Источником событий являются как внешние факторы, так и внутренние изменения. Брокер событий отвечает за идентификацию события, упаковку события в формат, понятный обработчику событий. Брокер пересылает сообщение по шине событий обработчику. Обработчик событий, в свою очередь, запускает логическую обработку. После завершения обработки возможны два варианта: либо происходят модификация данных и изменение состояния системы, за которыми ничего не следует, либо обработчик формирует команду управления, которая может стать источником нового события или даже каскада событий. Важно помнить, что каскадирование событий может привести к перегрузкам и известным отрицательным последствиям (разд. 10.2.1).

В связке с РРП (разд. 4.10) СУА показывает высокую эффективность. Данные в РРП синхронизируются либо в режиме РВ (синхронном), либо в событийном (асинхронном).

[421] Event-driven architecture, #10-42 [w].

СУА функционирует преимущественно в асинхронном режиме. Синхронизация РРП может менять режим в зависимости от обстоятельств (разд. 11.1.6). Соответственно, такая связка может обеспечить эффективную консистентность РСУ. К СУА могут быть предъявлены требования консистентности по модели дельта-консистентности (разд. 6.4.2).

В логике САР (разд. 4.6) СУА представляет собой типичную слабосвязанную, устойчивую к разделению систему. Это обусловлено тем, что событие как объект абсолютно автономно и не привязано к какой бы то ни было цели.

СУА эффективна для обработки потоков событий (ESP[422]). Обработчик событий СУА может использовать ESP в качестве основного логического элемента. Обычно ESP предназначена для анализа потоков событий и изменений данных, связанных с событиями. Она позволяет обнаруживать взаимосвязи между событиями, определять иерархию, корреляцию, выявлять причинность событий.

СУА удобна для описания сложной логики работы технологических и бизнес-систем. Например, функционально-групповое управление[423] (ФГУ), активно применяемое в РСУ технологическими и производственными процессами для автоматизации оперативного управления, реализуется с помощью СУА.

СУА активно применяется в автоматических и автоматизированных системах управления (разд. 11.3). ESP применяется в промышленных РСУ при анализе зависимых и каскадных событий для выявления первопричины. События, возникающие в таких системах в связи с изменением состояния технологических процессов или действий оператора, называются спорадическими. СУА и ESP применяются в разнообразных системах поддержки принятия решений (СППР), своего рода советчиках оператора, являющихся предвестниками полного автоматического управления. СУА в связке с технологиями искусственного интеллекта и машинного обучения позволит устранить человека как оператора сложных РСУ в ближайшем будущем.

Важно отметить существенный недостаток событийной архитектуры — это непредсказуемость объёма генерации данных по событиям. Событийные асинхронные системы удобны для реализации. Существуют специальные шаблоны подписки на изменения (разд. 10.1.2) и масса наработанных практик.

---

[422] Event Stream Processing, #10-43 [w].
[423] Functional Group Management (FGM).

Допустим, в целевой системе в режиме нормальной эксплуатации обслуживается процесс со следующими частотами дискретизации (рис. 10–45).

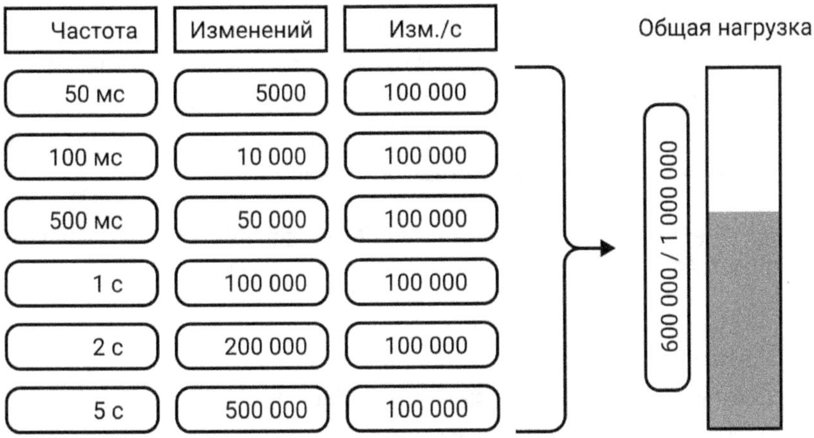

Рис. 10–45. Дискретизация в нормальном режиме

Из примера видно, что в целевой системе есть существенный запас производительности. Система обрабатывает 600к изменений в секунду с предельным запасом 1 млн в секунду. В аварийной ситуации некоторые процессы могут стать более динамичными, и потребуется изменение дискретизации (рис. 10–46).

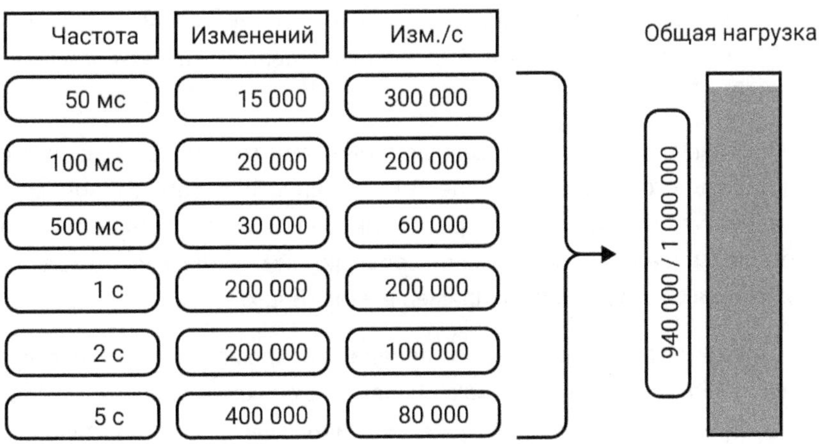

Рис. 10–46. Дискретизация в аварийном режиме

Из примера видно, что изменение дискретизации привело к повышению нагрузки до предельно допустимого уровня. Развитие аварийной ситуации может привести к дальнейшему увеличению потока изменений.

Событийная модель может запустить непредсказуемые каскады событий, обработка которых может вызвать перегрузку целевой системы, что приведёт к деградации. Для управления каскадами событий есть масса методов. Все эти методы предполагают идентификацию первичного события, что не всегда является простой задачей. Далее строят иерархию ветвления каскада событий — это очень сложная операция.

При управлении каскадами обычно отслеживается статистика следующих параметров:

- общее число событий в каскаде;
- общее число веток в каскаде;
- время идентификации первичного события;
- число каскадов в единицу времени;
- среднее число событий в каскаде.

Если не устранить причину возникновения первичного события, каскад событий будет активен. Так происходит, например, в АСУ ТП (разд. 11.3), когда оператор снова и снова сталкивается с необходимостью квитировать одну и ту же тревогу или даже несколько тревог в каскаде.

Меняется время, необходимое для устранения первичного события. Выполняется сбор статистики, выдаются рекомендации по автоматизации логики и повышению эффективности целевой системы. В АСУ ТП при идентификации подобных каскадов все вторичные тревоги стараются «упаковать» в первичную.

Проблема перегрузки лишними событиями может быть решена фиксацией предельного объёма изменений, связанного с событийной моделью. Данные могут подвергнуться ресемплированию, что снизит их объём. В целом, возможен полный отказ от событийной модели в неподходящих для обслуживания СУА режимах, например в аварийных.

Такая ситуация приводит к появлению элементов СРВ и гибридных режимов работы РСУ. В режимах РВ данные синхронизируются с заданной частотой. При этом часть промежуточных данных может быть утрачена.

В критических системах, например в АСУ ТП АЭС, ТЭС, применяется гибридная модель обработки данных. В режиме нормальной эксплуатации может применяться событийная модель для сохранения полноты детализации технологического процесса. В аварийном режиме обычно жертвуют детализацией в пользу сохранения управляемости. Так поступают в системах противоаварийной защиты.

Для координации узлов, участвующих в обслуживании целевых систем, созданных на базе СУА, применяется причинная модель консистентности (разд. 6.2.8).

Важным свойством надёжности СУА является выполнение условий дельта-консистентности (разд. 6.4.2) в каждом цикле синхронизации. О необходимости переключения режимов может свидетельствовать невыполнение этих условий за некоторое предельное число циклов синхронизации, в некоторых случаях даже за один. Индикаторами необходимости переключения в режим РВ могут быть и иные обстоятельства. Если объединить две модели, получится причинная дельта-консистентность как их комбинация.

Важно отметить, что не всегда можно реализовать СУА. В таком случае в качестве альтернативы рекомендуется использовать парадигму непрерывных запросов[424]. Данная парадигма подразумевает, что вместо однократного запроса к статическим данным будет выполнен многократный запрос, при этом будут отслежены изменения. Такая архитектура менее гибкая, она вызывает повышенные нагрузки на инфраструктуру. При этом парадигма непрерывных запросов вполне соответствует концепции реактивной архитектуры.

10.2.5. Сервис-ориентированная архитектура

Сервис-ориентированная архитектура (СОА, SOA[425]) является достаточно старой практикой, известной ещё с 1990-х гг. СОА появилась как ответ на развитие технологий, связанных с появлением мощного оборудования, миграцией приложений в ЦОД, развитием каналов связи и возможностью их применения для организации взаимодействия таких приложений.

Со временем СОА пережила массу изменений. Было апробировано множество актуальных и уже неактуальных технологий. Практика применения СОА обеспечила зрелость принципов масштабирования и взаимодействия массовых распределённых слабосвязанных систем. Благодаря ей появились общепринятые протоколы, которые используются в настоящее время, такие как Representational State Transfer[426].

[424] Continuous Query.
[425] Service-Oriented Architecture, #10-44 [w].
[426] REST, #10-45 [w], #10-46. ▸

СОА сильно повлияла на развитие современных сетевых сервисов и стиль управления ими. Концепция СОА обеспечила выделение такого класса обслуживающего ПО, как сервисы, и сформировала общепринятые требования к ним.

Появление разнообразных сервисных шин привело к стандартизации сопряжения сервисов. Например, следует выделить класс решений сервисных шин предприятий (ESB[427]).

Задача сервисной архитектуры заключается в том, чтобы «развалить» тяжёлое и сложное монолитное ПО на множество более простых конструкций и обеспечить взаимодействие между ними. Такие конструкции принято называть сервисами. Сервис, как любое ПО, может быть разработан на распространённых языках программирования, скомпилирован и запущен как приложение целевой ОС или разработан как сценарий (скрипт) в соответствующей инфраструктуре. Таким образом, создание сложного ПО существенно упрощается в связи с возможностью эффективно распределить разработку отдельных сервисов между разными командами, которые могут работать в разных стилях. Разработчикам нужно лишь соблюдать правила ППИ сервисной шины.

Важно отметить, что практика создания сервисных шин и интерфейсов взаимодействия с сервисами представляет собой отдельный архитектурный шаблон. Как правило, сервисные шины были нагромождением разнообразных технологий, утяжеляющих общую целевую конструкцию, не всегда с эффективными механизмами сопряжения и высоким порогом входа в уже сложившиеся конструкции. Многие разработчики бизнес-шин намеренно разрабатывали проприетарные конструкции ради конкурентной борьбы на рынке. Именно по этой причине многие архитектурные практики остались проприетарными. Указанные обстоятельства привели к тому, что рынок потребовал существенного упрощения работы СОА.

Развитие систем на основе открытого исходного кода, драйвером которого стала открытая ОС Linux, привело к существенному снижению массового применения проприетарной сервисной архитектуры и, как следствие, к снижению проприетарной конкуренции продуктов СОА. Развитие технологий виртуализации, облачного развёртывания сервисов на основе массово доступного зрелого открытого ПО привело к принципиальной трансформации отрасли СОА. Конкуренция развернулась вокруг качества оказания услуг внедрения и управления сервисами на основе открытого ПО. Это привело

[427] Enterprise Service Bus, #10-47 [w].

к тотальной стандартизации отрасли, под которую вынуждены подстраиваться даже технологические гиганты.

Одним из ключевых архитектурных стандартов подобного рода стала микросервисная архитектура, а СОА является её неоспоримым прообразом.

10.2.6. Микросервисная архитектура

Микросервисная архитектура (МСА, MSA[428]) — это современный вариант развития СОА (разд. 10.2.5). Основная концепция данной практики состоит в повышении эффективности управления жизненным циклом сервисного ПО, а именно эффективности разработки, тестирования, развёртывания, сопряжения.

Одним из ключевых факторов успешности стратегии МСА является зрелость технологий развёртывания микросервисов в облачных инфраструктурах. При проектировании РСУ на основе МСА необходимо заранее определиться с ППИ взаимодействия, чтобы не подвергать их дальнейшему изменению.

Сопряжение микросервисов может быть осуществлено разными способами. Один из них заключается в организации взаимодействия путём обмена сообщениями (разд. 4.7.2). Существует способ, предполагающий использование РРП (разд. 4.10). Координация работы микросервисов может осуществляться на основе событийно-управляемой архитектуры (разд. 10.2.4), применения оркестраторов и хореографии (разд. 10.2.7).

РСУ, созданную на основе микросервисов, проще эксплуатировать, развёртывая отдельные микросервисы. Развёртывание можно осуществлять в режиме эксплуатации, не отключая от инфраструктуры обновляемый узел. Обновление отдельного микросервиса потенциально вызывает небольшую задержку на время обновления. Если же в системе предусмотрено резервирование (разд. 4.2.1), задержек можно избежать.

Микросервисы могут быть эффективно изолированы друг от друга, поэтому доступность микросервисов относительно других микросервисов и клиентов может быть тонко настроена (рис. 10–47). Изоляция может быть обеспечена путём виртуализации, присущей именно микросервисам. Такая технология виртуализации микросервисов называется контейнеризацией. Она заключается в размещении ПО микросервиса в изолированной среде выполнения с использованием механизмов ядра ОС, обеспечивающих изоляцию

[428] Micro Service Architecture, #10-48, #10-49. ▸

процессов без полной виртуализации. В подобной архитектуре может быть эффективно реализована мультитенантность[429] (мультиарендность), заключающаяся в том, что для каждого клиента создаётся свой экземпляр микросервиса в изолированном контейнере. Таким образом, данные разных клиентов могут быть надёжно изолированы и защищены (разд. 12.4).

Все указанные моменты необходимо учитывать при проектировании и декомпозиции РСУ.

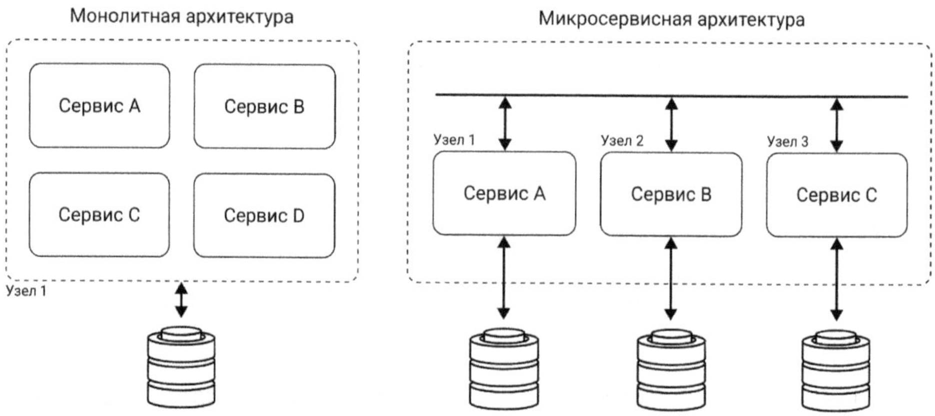

Рис. 10–47. Монолитная vs микросервисная архитектура

10.2.7. Оркестратор и хореография

Оркестратор[430] — это достаточно распространённый архитектурный шаблон. Он координирует запросы клиентов к распределённым сервисам. С точки зрения декомпозиции оркестратор представляет собой составной объект. «Под капотом» у оркестратора есть и брокер очередей (разд. 4.7.3), и балансировщик нагрузки (разд. 8.2). Оркестратор координирует и их работу. Такую координацию называют оркестрацией.

Оркестратор может быть достаточно сложно устроенным. Он может обладать своей собственной СУБД, встроенными сервисами, диагностикой. В целом, существует целый класс продуктов-оркестраторов, предназначенных для сопряжения и координации других продуктов. В задачах гипермасштабирования (разд. 9.3.4) сами оркестраторы могут представлять собой сложноорганизованную распределённую систему, которая может координироваться специальным гипероркестратором.

---

[429] Multitenancy, #10-50 [w].
[430] Orchestrator, #10-51.

Если рассматривать оркестратор как шаблон, его узким местом является централизация (рис. 10–48). Таким образом, координируемые оркестратором сервисы сильно от него зависят.

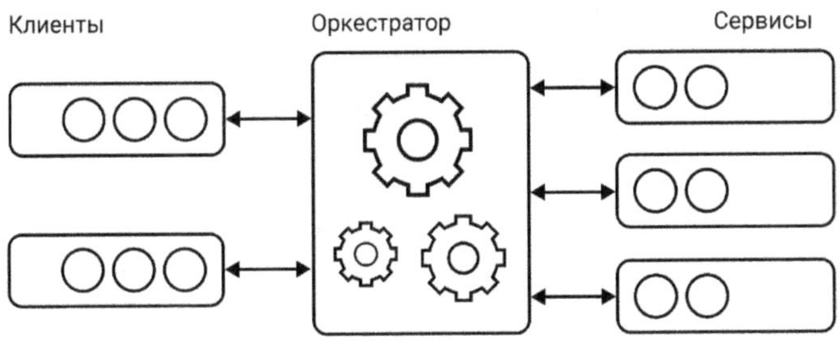

Рис. 10–48. Оркестратор

Оркестратор управляет группами сервисов подобно тому, как дирижёр управляет оркестром, в котором есть группы музыкантов с одинаковыми инструментами. Если из оркестра убрать дирижёра, вероятно, оркестр станет играть хуже. Представьте себе, если дирижёр захочет управлять одновременно большим распределённым «гипероркестром», состоящим из сотен оркестров: это будет достаточно непростой задачей, но только не в случае программной архитектуры.

В случае с танцорами всё совершенно иначе. Постановку танца осуществляет хореограф, но в самом представлении он не участвует. Танцоры справляются самостоятельно и координируются друг с другом согласно заранее определённым правилам. Такой подход применим и к распределённым сервисам. Шаблон «хореография»[431] даёт сервисам возможность не зависеть от централизованного управления, а координироваться самостоятельно. Данный подход позволяет обслуживать запросы при самостоятельной координации сервисов.

Варианты реализации шаблона «хореография» могут быть весьма разнообразными. Самый простой вариант заключается в использовании контейнера, в котором размещаются сообщения. На роль контейнера могут подойти очередь сообщений (разд. 4.7.2), РРП (разд. 4.10), СУБД. Сообщение может содержать информацию об адресатах, о том, какие операции какие сервисы должны выполнить и в каком порядке. Сообщения маршрутизируются в нужный сервис заданным способом: например, через РРП или путём подписки (разд. 10.1.2). Сервис обрабатывает поступившее сообщение, а при успешном выполнении своей операции возвращает сообщение с отметкой

[431] Choreography, #10-52 [w].

о выполнении в свой или другой контейнер, из которого сообщение будет передано следующему сервису. В случае неудачи сообщение может быть помещено в специальный контейнер для неудачно обработанных запросов.

Оркестратор представляет собой типичную single-leader (или multi-leader) архитектуру, а хореография — типичную leaderless-архитектуру (разд. 4.5.5). Leaderless распределённый брокер (разд. 4.7.8), leaderless-балансировщик (разд. 8.2) являются типичными примерами использования шаблона «хореография» (рис. 10–49) на практике.

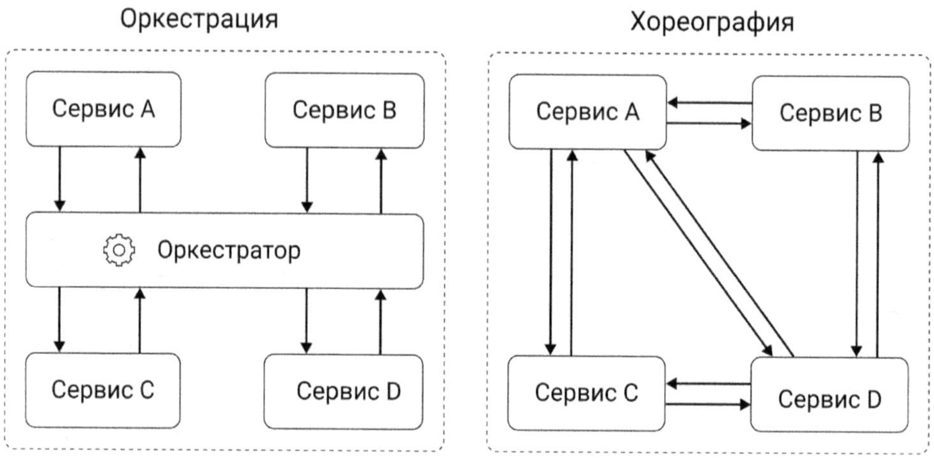

Рис. 10–49. Оркестратор vs хореография

Очевидно, что применение шаблона «хореография» обеспечивает более высокую надёжность систем в связи с отсутствием одной или нескольких вероятных точек отказа в виде оркестраторов. Однако построить такую систему сложнее. Существует специальный раздел программирования — хореографическое программирование, описывающий стили и правила разработки подобных систем[432].

10.2.8. Распределённое ядро

Для реализации принципов распределения логики обработки данных в РСУ может быть применён шаблон «распределённое ядро»[433]. Функциональное распределённое ядро (далее — ядро) обычно собирают из нескольких базовых шаблонов. Прежде всего, подразумевается, что функциональное ядро выделено. Это означает, что применён шаблон «выделенное ядро» (разд. 10.1.7). Ядро размещается на распределённых узлах, а коммуникация может

[432] Choreographic programming, #10-53 [w].
[433] Distributed core.

осуществляться путём использования шаблона «интерконнект» (разд. 10.2.1). Интерконнект может содержать различные интерфейсы (протоколы) обмена данными. Такие ядра, как правило, строятся на базе полносвязных интерконнектов (разд. 10.2.3). Подобная практика применяется в распределённых СХД.

Для распределения ответственности между узлами ядра могут быть использованы шаблоны «оркестратор» и «хореография» (разд. 10.2.7). Естественно, узлы ядра могут кешировать часть данных. В такой ситуации возможно использование шаблона «кеш на стороне» (разд. 5.2). Если узлы ядра являются частью РСУ, команды управления целевой системой могут быть изолированы при условии применения шаблона CQRS (разд. 10.2.9).

10.2.9. Разделение ответственности команд и запросов

Этот шаблон принципиально важен для РСУ, в особенности для тех, которые обеспечивают управление критическими процессами. Шаблон «Разделение ответственности команд и запросов» (CQRS[434]) делает именно то, о чём говорит его название.

Рассмотренная практика предлагает принципиально разнести операции чтения и записи всеми возможными способами. Данный подход подразумевает следование ряду правил:

- запрос не содержит данных;
- запрос должен указывать на блок данных (переменную);
- запрос не возвращает ответ или подтверждение выполнения;
- запрос на запись не возвращает данные;
- запрос на чтение не должен привести к изменению данных.

Если есть возможность разнести запросы на запись и запросы на чтение в разные компоненты (части), это нужно сделать. Если есть возможность, при применении данного шаблона обязательно нужно делать следующее:

- выполнять запросы в разных брокерах (разд. 4.7.3);
- выполнять запросы в разных конвейерах (разд. 10.1.1);
- выполнять запросы в распределённых конвейерах (разд. 10.1.5);
- разнести запросы по разным интерконнектам (разд. 10.2.1);
- разнести запросы по разным ядрам (разд. 10.1.7, 10.2.8);
- разнести запросы по разным узлам (разд. 4.2.1).

[434] Command Query Responsibility Segregation, #10-54.

Как правило, CQRS-архитектура бывает построена на распределённом брокере (разд. 4.7.8). Классический CQRS-брокер строится на основе разделения узлов, отвечающих за запись и чтение (рис. 10–50). Если в распределённой системе реализована синхронизация узлов, потребность в запросах пропадает. Запрос может быть сформулирован как команда, что даёт дополнительные преимущества при разделении ответственности.

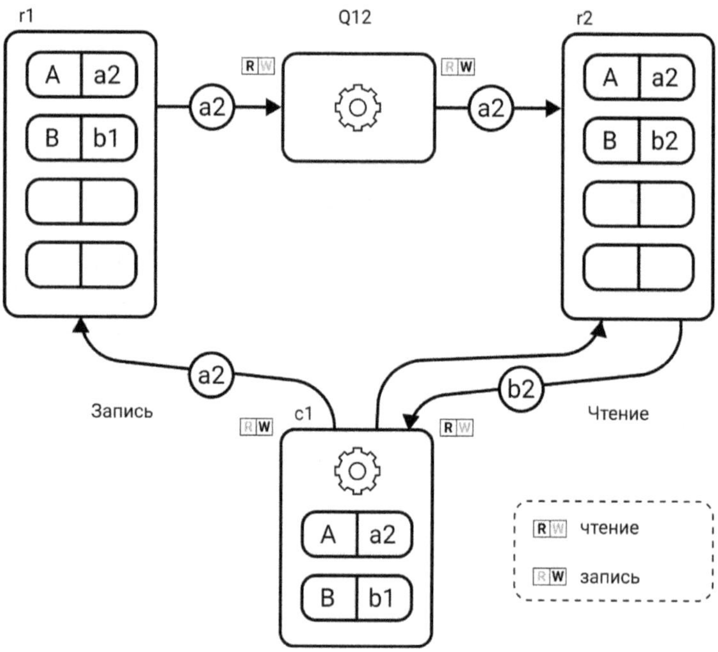

Рис. 10–50. Классический CQRS

В качестве примера можно привести следующий (рис. 10–51). Корневой узел r1 обслуживает клиентов только в режиме записи, а корневой узел r2 обслуживает клиентов только в режиме чтения. Оба корневых узла синхронизируются. Синхронизация корневых узлов происходит по двум раздельным каналам Q12, Q21. Клиентский узел взаимодействует с корневыми узлами по разным каналам для записи и чтения данных. Клиентский узел c1 отправляет команду на запись значения a2 в переменную A. В связи с изменением переменной A осуществляется вычисление, которое приводит к изменению значения переменной B. Узел c1 подписан на изменение переменной B, он получает её значение b2 от узла r2.

Такая конструкция обеспечивает несколько существенных преимуществ. Команда управления в РСУ явно занимает меньший объём, чем сопровождающийся потоком данных в системе. Таким образом, команда управления не потеряется в общем потоке данных. С точки зрения безопасности нарушить целостность данных или их повредить в двух каналах всегда сложнее, чем в одном. В серьёзных РСУ каналы, в которых реализуется CQRS-архитектура, резервируются, обеспечивая высокую надёжность, отказоустойчивость и защищённость от вредоносных воздействий.

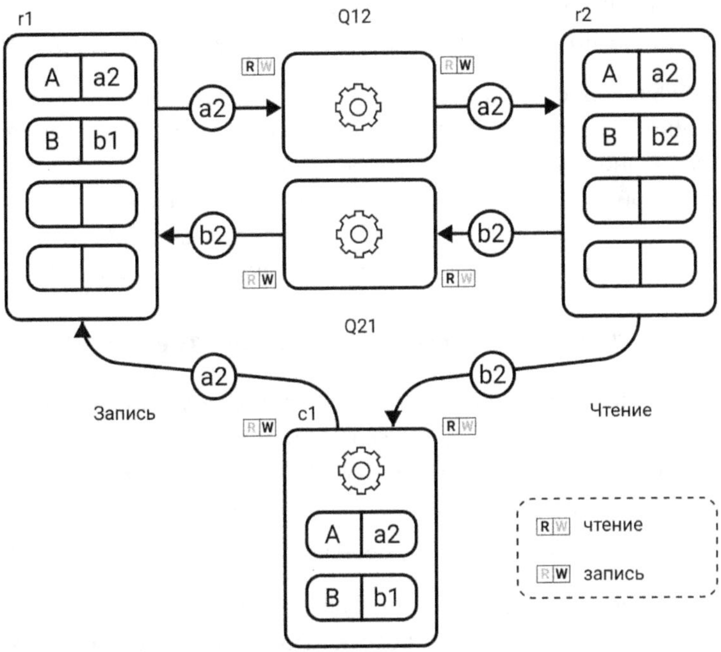

Рис. 10–51. CQRS обмен данными

CQRS может быть построен на базе современных протоколов SCTP, QUIC (разд. 4.5.3).

10.2.10. Структуры транспортировки данных

В сложноорганизованных распределённых системах возникает задача стандартизации методов обмена данными (разд. 3.2). Для этого применяются специальные структуры данных (объекты), предназначенные для передачи данных (DTO[435]).

Подобные структуры используются для уменьшения количества сетевых вызовов, упрощения передачи данных и отделения уровней приложения друг от друга. Такие объекты содержат только данные и не включают в себя никакую логику, кроме методов get и set. Объект отвечает за формат

[435] Data Transfer Object, #10-55.

передачи данных. Передача данных осуществляется методом сериализации и поддерживает разнообразные форматы (JSON, XML, Protocol Buffers).

DTO может осуществлять преобразование данных из внутреннего формата данных в формат, удобный для потребителей. DTO может агрегировать данные из нескольких источников, уменьшая количество сетевых вызовов. Применение таких объектов обеспечивает изоляцию внутренней логики от внешних потребителей, предотвращая утечку деталей реализации.

Подобные объекты используются в многоуровневой (разд. 10.1.4) и многослойной (разд. 10.1.6) архитектурах для межмодульного взаимодействия. В луковичной (разд. 10.4.2), гексагональной (разд. 10.4.3), чистой (разд. 10.4.4), клеточной (разд. 10.4.5) архитектурах такие объекты используются для обмена данными не только между подсистемами и потребителями, но и между слоями, обеспечивая эшелонированную изоляцию логики слоёв.

10.2.11. Структуры, защищённые от конфликтов репликации

В процессе репликации или синхронизации данных в распределённой системе могут возникать различные конфликты, например конфликты записи. При синхронизации больших объёмов структурированных и неструктурированных данных могут возникать множественные конфликты. Такие конфликты возможны при совместной коллаборативной работе с разделяемыми ресурсами.

Для разрешения подобных конфликтов предназначен архитектурный подход, который подразумевает особую форму структурирования данных, чтобы можно было эффективно разрешать возникающие конфликты. Такая форма структурирования называется CRDT[436] — структуры данных, защищённые от конфликтов репликации.

Структуры данных такого рода должны соответствовать свойствам ассоциативности, коммутативности и идемпотентности. Это значит, что порядок группирования, порядок выполнения и повторение операций не повлияют на результат и целевая система достигнет консистентного состояния.

Выделяют два основных типа структур CRDT:

- operation-based CRDT (op-CRDT);
- state-based CRDT (state-CRDT).

В первом случае в процессе обмена данными передаются только изменения. Данный подход широко используется в процессе синхронизации изменений в распределённых системах.

[436] Conflict-Free Replicated Data Type, #10-56.

Во втором случае передаётся вся структура данных целиком, то есть всё её актуальное состояние. Такой подход широко используется для репликации данных и поддержки изменений структуры реплики. В данном случае может потребоваться слияние данных, которое является алгоритмически сложным и ресурсоёмким процессом. Или CRDT должны обладать свойством персистентности (разд. 4.10.1).

Данные CRDT представляют собой структуры и содержат специальные переменные, позволяющие им быть корректно обработанными в процессе синхронизации. Для распространённых типов конфликтов можно выделить несколько типов таких структур:

- энтропийный счётчик Grow Only Counter (G Counter);
- двухфазный счётчик Positive Negative Counter (PN Counter);
- энтропийное множество Grow Only Set (G Set);
- двухфазное множество Two Phase Set (2P Set);
- персистентное множество Observed-Remove Set (OR Set);
- time series множество Last Write Wins Element Set (LWW Element Set);
- тип для работы с коллекциями Sequence CRDTs.

G Counter представляет собой энтропийный распределённый счётчик, который может только увеличиваться. Он предназначен для оценки разнообразных распределённых числовых метрик, например числа запросов, обработанных сообщений.

PN Counter представляет собой счётчик для отслеживания операций увеличения и уменьшения. Он состоит из двух счётчиков (Positive и Negative) и вычисляется как разница результатов счётчиков.

G Set представляет собой базовое множество, поддерживающее только операции добавления элементов; удаление не подразумевается.

2P Set представляет собой множество, поддерживающее операции добавления и удаления элементов. Для этого структура содержит два подмножества типа G Set (Add Set и Remove Set). Первое подмножество предназначено для хранения всех добавленных элементов, а второе — для хранения всех удалённых элементов. Важной особенностью данной структуры является невозможность повторного добавления элемента, если он уже был удалён. Итоговое множество должно представлять собой разность множеств.

OR Set представляет собой множество, поддерживающее множественные операции добавления и удаления элементов. В отличие от простых структур, таких как 2P Set, OR Set решает проблему повторного добавления элемента после его удаления. При повторном добавлении данные элемента могут отличаться. В таком случае узел может не успеть синхронизироваться, а распределённая система может не знать о том, что элемент мог быть удалён и добавлен заново. OR Set, предназначенный для отслеживания версионности всех изменений, представляет собой полностью персистентную структуру (разд. 4.10.1).

LWW Set состоит из двух подмножеств (Add Set и Remove Set). При добавлении элемента ему присваивается уникальный идентификатор (например, метка времени или UUID). Операция удаления элемента предполагает помещение его идентификатора в список удалённых идентификаторов. Итоговое множество включает в себя все элементы, идентификаторы которых присутствуют в Add Set, но отсутствуют в Remove Set.

LWW Set представляет собой множество, поддерживающее множественные операции добавления и удаления элементов, в котором разрешение конфликтов происходит на основании времени. Структура содержит два подмножества добавленных и удалённых элементов.

Каждому элементу присваивается метка времени (разд. 11.1.7). Она используется для разрешения конфликтов между добавлением и удалением элемента. Если элемент добавлен позже, чем удалён, он остаётся в итоговом множестве. Если удаление произошло позднее, элемент считается удалённым. Такой принцип называется Last Write Wins (последнее изменение побеждает), а его применение требует глобальной синхронизации времени в распределённой системе.

Sequence CRDTs представляет собой тип структур, предназначенных для работы с последовательностями элементов, такими как списки, строки и прочие упорядоченные коллекции данных. Такие структуры поддерживают операции добавления элементов, изменения их порядка, удаление, разрешая конфликты синхронизации (разд. 4.5.1). Данный подход применяется для обслуживания согласованности данных в задачах ПО совместной работы[437].

Синхронизация данных структур осуществляется на основе гибридной модели линейной-дельта и временной-дельта консистентностей (разд. 6.2.4, 6.4.2):

- Log-based Order-Only CRDT (Logoot);
- Replicated Growable Array (RGA);
- WithOut Operational Transformation (WOOT);

[437] Groupware, #10-57 [w].

- WorkQueue-based CRDT for Ordered Lists (WQOL);
- на основе PN-Counter.

Logoot и RGA предполагают использование меток времени или идентификаторов для каждого элемента. Идентификатор позволяет определить место элемента в последовательности. Каждый идентификатор создаётся таким образом, чтобы обеспечивать правильный порядок элементов независимо от узла, который добавил элемент.

Идентификаторы Logoot основаны на деревьях и позиционных значениях. При частых вставках идентификаторы могут становиться длинными из-за древовидной структуры. Высокая сложность генерации позиционных идентификаторов в худшем случае может быть логарифмической. Алгоритм синхронизации усложняется в связи с необходимостью управления оставшимися элементами и с их удалением.

Каждый элемент RGA связан с уникальным идентификатором и с указателями на предыдущие и следующие элементы в списке. Подход позволяет вставлять элементы в любое место последовательности, даже если узлы работают в асинхронном режиме. Он подразумевает хранение «маркеров удаления» (tombstones), которые требовательны к ресурсам памяти.

WOOT подразумевает обеспечение консистентности на основании принципов CRDT вместо принципов операционной трансформации[438].

Operational Transformation представляет собой подход для обслуживания синхронизации данных ПО совместной работы, основанный на специально спроектированных принципах. Эти принципы подразумевают трансформацию операции (вставки или удаления) таким образом, чтобы её выполнение не нарушало порядок данных. Данный подход предполагает обслуживание распределённых систем в режиме PB. Для этого разработаны специальные модели консистентности с разными комбинациями свойств, но во главу угла всегда ставится принцип причинной консистентности (разд. 6.2.6).

Выделяют четыре основных модели:

- модель CC (Causality, Convergence) — включает в себя принцип итоговой сходимости (аналог конечной консистентности);
- модель CCI (Causality Preservation, Convergence, Intention Preservation) — включает в себя принципы модели CC, гарантии выполнения операций с документом в любом состоянии;

[438] Operational Transformation, #10-58 [w].

- модель CSM (Causality, Single-operation, Multi-operation) — включает в себя гарантии выполнения единичных и множественных операций;
- модель CA (Causality, Admissibility) — включает в себя гарантии допустимости всех операций при любом состоянии документа.

Реализация таких моделей чрезвычайно сложна, поэтому WOOT подразумевает использование защищённых принципов. Как и RGA, WOOT использует маркеры для операций удаления.

WQOL предполагает использование очередей задач для сохранения порядка элементов. Строгий порядок элементов гарантирует сильную конечную консистентность (разд. 6.2.12). Элементы хранятся в строгом порядке, который должен быть согласован на всех узлах.

Также в Sequence CRDTs для упорядочивания элементов и их добавления в последовательности может использоваться PN-Counter.

Преимуществами использования CRDT являются:

- устойчивость к разделению (сбоям сети);
- высокая доступность в условиях асинхронной репликации;
- отсутствие необходимости блокировок.

Таким образом, данный подход обеспечивает высокую защищённость конфликтных операций в распределённой системе:

- все данные CRDT исключительно энтропийны и персистентны;
- все операции записи и удаления разделены;
- операции удаления не выполняются физически, а только помечаются (разд. 4.5).

Недостаток такого подхода заключается в повышенных требованиях к ресурсам, что не является особой проблемой в ответственных системах.

Важно отметить, что системы, спроектированные с поддержкой таких структур данных, соответствуют принципу монотонности (разд. 6.6.2).

Данный подход является основой многих современных распределённых систем совместной работы, где требуется высокая консистентность данных, зачастую в режиме РВ. Например, это:

- РСУБД (Cassandra, Redis, Aerospike, ScyllaDB, Tarantool, YDB);
- программно-определяемые хранилища данных (Ceph, GlusterFS, S3);
- сервисы мессенджеров, социальных сетей;
- сервисы совместной работы с задачами (Trello, Яндекс Трекер);

- сервисы совместного редактирования документов (Google Docs, Notion, МойОфис, Р7 Офис);
- сервисы совместного редактирования изображений (Figma, Pixso).

10.2.12. Автоматический выключатель

Автоматический выключатель[439] — это шаблон проектирования, используемый для повышения отказоустойчивости распределённых систем. Данная практика предотвращает каскадные сбои при отказе зависимых сервисов, временно блокируя запросы к ним, чтобы дать время на восстановление. Применение такой практики составляет ключевой механизм управляемой деградации (разд. 7.3.3), позволяющий целевой системе сохранять частичную работоспособность даже в условиях сбоев. Важно отметить, что данный шаблон реализует практику изящной деградации, при которой допускается отказ компонентов, например отдельных узловых сервисов или узлов РСУ целиком.

Поведение этого шаблона похоже на принцип работы электрического автоматического выключателя, для которого возможны три состояния (открытое, закрытое и полуоткрытое).

Шаблон должен включать в себя средства мониторинга вызовов к сервису или узлу распределённой системы. В случае обнаружения значительного количества неудачных выполнений запроса осуществляется временная блокировка вызовов к сервису или узлу.

Обычно данный шаблон является частью балансировщика нагрузки (разд. 8.2). Он указывает балансировщику узел или сервис, способный заменить деградирующий.

В нормальном состоянии выключатель находится в закрытом состоянии, пропуская все запросы (сообщения) в штатном режиме. В штатном режиме осуществляется мониторинг выполнения запросов и доставки сообщений. По достижении заданного предела отказов обработки выключатель переводится в открытый режим. Включается блокировка сервиса или узла, в ответ на все запросы сообщается о состоянии блокировки сервиса выключателем. На основании информации о состоянии балансировщик понимает, что необходимо направлять запросы другим сервисам.

Через заданное время выключатель переводится в полуоткрытый режим. В этом режиме проверяется способность сервиса выполнять запросы. При

[439] Circuit Breaker, #10-59 [w].

отсутствии или предельно малом числе отказов выключатель возвращается в закрытое состояние.

В архитектуре программных систем логика действий при подобных отказах называется компенсационной[440] логикой. Она определяет стратегию обработки отказов. Логика должна обеспечивать переключение на альтернативный (резервный) сценарий работы, если основной сервис становится недоступен. Такая практика является важнейшим элементом обеспечения отказоустойчивости и управляемой деградации, позволяющим сохранить базовую работоспособность системы даже в условиях частичных отказов.

Fallback-логика встречается на клиентском, серверном и инфраструктурном уровнях. Наиболее часто применяется следующее компенсационное поведение при отказах:

- статические данные (заглушки, дефолтные значения);
- кешированные данные (последняя успешная версия);
- упрощённая логика (локальные вычисления вместо запросов к неработающему сервису);
- асинхронная обработка (постановка запроса в очередь);
- перенаправление на альтернативный сервис или узел.

В распределённых системах с высокой отказоустойчивостью fallback-логика заключается в наличии нескольких узлов, способных в случае отказа взять на себя обработку запросов (разд. 4.2.1), что составляет стратегию перенаправления запроса. Fallback-логика является основой компенсационных транзакций в архитектурном шаблоне Сага (разд. 10.3.7).

В логике работы выключателей применяется несколько типовых подходов:

- **Приоритизация функций.** Отключается не весь сервис, а лишь менее важные функции, чтобы снизить нагрузку на сервис. В этом случае перенаправление на другой сервис будет осуществляться только при обращении к менее значимым функциям. Такие функции часто выделяются с помощью шаблона «прицеп» (разд. 7.3.3).
- **Актуальность данных.** При недоступности сервиса могут быть возвращены данные кеша. Для этого он должен эффективно синхронизироваться (разд. 4.4.1).
- **Понятные статусы.** При отказах система должна однозначно понимать, что происходит на отказавшем узле, сервисе.

[440] Fallback.

- **Диагностика.** Отслеживание срабатывания fallback-сценариев.
- **Тестирование.** Необходимо следить, чтобы fallback-логика функционировала, чтобы в момент отказа всё сработало как следует. Для этого необходимо периодически намеренно вызывать отказы и отслеживать корректность срабатывания тестовых сценариев.

Существует подход, позволяющий архитектурно снизить число отказов сервисов или узлов. Он предполагает применение архитектурного шаблона «перегородка»[441].

10.2.13. Перегородка

В отличие от «прицепа», в котором часть функций может быть выделена в прицеп, который в случае сбоев, перегрузок можно временно «отцепить», «перегородка» управляет выделением ресурсов для компонентов (функций) сервиса. Название происходит от перегородок на кораблях, которые изолируют отсеки, чтобы затопление одного отсека не привело к гибели всего судна. В контексте программной архитектуры этот шаблон применяется, чтобы сбой в одном компоненте не «потопил» всю систему.

Принцип данного подхода заключается в разделении ресурсов на независимые группы и изоляцию групп, каждая из которых:

- имеет свой лимит ресурсов (ядер, потоков, соединений);
- работает независимо от других;
- ограничивает влияние сбоя исключительно своей зоной.

Выделяют несколько подходов к построению «перегородок».

- Изоляция пулов потоков[442] (разд. 4.7.4). Каждая группа задач выполняется в отдельном пуле потоков. Таким образом, Bulkhead ограничивает число потоков, профилируя нагрузку на ядра.
- Семафорная изоляция[443]. Применяются семафоры для ограничения одновременных операций. Таким образом, Bulkhead контролирует синхронизацию потоков, управляя блокировками.
- Физическая изоляция. Разделение сервисов на разные физические или виртуальные узлы, упаковка компонентов в микросервисы (разд. 10.2.6). Таким образом, Bulkhead-архитектура обеспечивает децентрализацию, резервирование компонентов, существенно повышая надёжность целевой системы.

---

441 Bulkhead, #10-60.
442 Thread Pool Isolation.
443 Semaphore-Based Isolation.

Таким образом, отказ может произойти в отдельном потоке или отдельном контейнере, не повлияв на сервис в целом и тем более на целевую систему.

Преимущества данного подхода заключаются в следующем:

- предотвращение каскадных сбоев — сбой в одном компоненте не блокирует всю систему;
- стабильность производительности — ограничение нагрузки на ресурсоёмкие операции;
- управление ресурсами — запрет на исчерпание критических ресурсов;
- простота масштабирования — можно масштабировать изолированные компоненты независимо.

Недостатки данного подхода заключаются в следующем:

- сложность настройки — неправильные лимиты могут привести к деградации (слишком строгие ограничения) или неэффективности (слишком слабые ограничения);
- накладные расходы — управление пулами потоков или семафорами требует дополнительных ресурсов;
- ложное чувство безопасности — Bulkhead не защищает от логических ошибок или сбоев в связи со сложной децентрализованной логикой.

Таким образом, автоматический переключатель фокусируется на управлении вызовами к внешним сервисам (отключает их при сбоях), а «перегородка» изолирует ресурсы внутри сервиса, чтобы сбой в одном месте не повлиял на остальное.

Зачастую Bulkhead и Circuit Breaker используются совместно:

- Bulkhead ограничивает параллельные вызовы к сервису;
- Circuit Breaker отключает их при превышении отказов;
- также может быть использован шаблон «ограничитель скорости»[444], позволяющий ограничивать частоту запросов к сервису или Bulkhead-сегменту.

Таким образом, Bulkhead — это стратегия, которая разделяет компонент целевой системы на отказоустойчивые сегменты и гарантирует, что часть компонента останется рабочей даже при коллапсе других его частей. Стратегия Bulkhead идеально подходит для балансировки нагрузки в микросервисной архитектуре.

Важно отметить необходимость периодической проверки корректности работы Circuit Breaker, Bulkhead стратегий. Для этого выделяют архитектурный

[444] Rate Limiter.

подход, называемый «инжиниринг надёжности»[445] и известный как «хаос-инжиниринг»[446] — это методология тестирования распределённых систем на устойчивость к сбоям путём преднамеренного внесения нарушений в работу компонентов. Цель — выявить скрытые уязвимости до того, как они приведут к реальным инцидентам. Данный подход относится к концепции «тестирования белого ящика»[447] в связи с наличием ППИ и исходного кода.

10.3. Шаблоны консистентности

Шаблоны консистентности представляют собой подходы к согласованию данных в распределённых системах. Важная проблема распределённых систем — возникновение конфликтов, связанных с конкурентным доступом, особенно при синхронизации узлов. Существует масса подходов к управлению такими конфликтами, и наиболее распространённые из них — это оптимистичные протоколы согласования. Такие подходы предполагают, что конфликты между транзакциями или операциями редки, поэтому разрешение этих конфликтов откладывается до момента их обнаружения.

Основные идеи оптимистичных протоколов согласования заключаются в следующем:

- вводится предположение о редких конфликтах — считается, что большинство операций завершается без конкурентного доступа или конфликтов записи;
- все операции могут выполняться локально или параллельно, без немедленного согласования между участниками, следовательно, не требуют установки блокировок;
- перед фиксацией (commit) результата выполняется проверка на наличие конфликтов — если они обнаружены, операция может быть отклонена (rollback) или повторена.

Такой подход обеспечивает следующие преимущества:

- высокая производительность при редких конфликтах, отсутствие блокировок позволяют параллельно обрабатывать больше операций;
- простота реализации в системах с высокой локализацией данных: когда узлы взаимодействуют с разными наборами данных, конфликты минимальны;
- отсутствует необходимость в постоянных блокировках или синхронизации.

---

[445] Resiliency engineering.
[446] Chaos engineering, #10-61.
[447] White-box testing, #10-62 [w].

Но есть и недостатки:

- расходы на частые откаты операций требовательны к ресурсам;
- проверка конфликтов может быть вычислительно затратной, особенно в системах с большим количеством узлов;
- требования к повторному выполнению операций могут увеличить общую задержку.

Схемы синхронизации на основе моделей многоверсионной консистентности (MVCC, разд. 6.6.1), применение защищённых от конфликтов структур данных (CRDT, разд. 10.2.11) работают по оптимистичным принципам, откладывая разрешение конфликтов до необходимости.

Существует подход упрощения согласования конфликтов. Например, протокол ленивого согласования (TLA[448]). Данный подход предполагает формирование простых условий разрешения конфликтов. Такие условия могут заключаться в согласовании любого (случайным образом), последнего (по временной метке) изменения, а могут заключаться в объединении изменений как есть, например при коллективном редактировании текста. Дальше пользователь разберётся сам.

Оптимизм при синхронизации распределённой системы — дело хорошее, но большинство систем работает в пессимистических условиях. И именно о подходах, позволяющих работать в пессимистических условиях, пойдёт речь ниже.

10.3.1. Кворум

Кворум[449] представляет собой метод (алгоритм) консенсуса в распределённых системах. Обычно кворум является составной частью более сложных методик консенсуса, он необходим на этапе принятия решения. Решение принимается большинством узлов (кворумом). Например, кворум используется для выбора временного лидера в системах с leaderless-архитектурой или для принятия решения о записи данных.

Кворум как метод принятия решения может применяться гибко. Разнообразные источники совершенно по-разному объясняют, что такое кворум. Прежде всего, существует весьма распространённое заблуждение, что в кворуме участвуют равнозначные узлы. Основываясь на этом предположении, приводят формулу, где кворум системы из N узлов формируется ½N + 1 узлами.

[448] Transactional Lazy Agreement.
[449] Quorum, #10-63 [w].

Во-первых, предположение о равнозначности узлов далеко не всегда является верным. В реальных условиях работы РСУ узлы могут иметь самую разную ценность или приоритет. Во-вторых, существуют алгоритмы консенсуса, при которых в рамках принятия решения о статусе консистентности могут быть созданы специализированные узлы с расширенными полномочиями, которые будут участвовать в кворуме самостоятельно или с привлечением части узлов РСУ. Поэтому кворум может состоять из минимального числа узлов, достаточного для выполнения РСУ целевой задачи. Это следует даже из определения кворума: «quorum praesentia sufficit» — присутствие которых достаточно. В качестве примера такового можно привести кворум распределённой системы из шести узлов в полносвязном (разд. 10.2.3) интерконнекте (рис. 10–52).

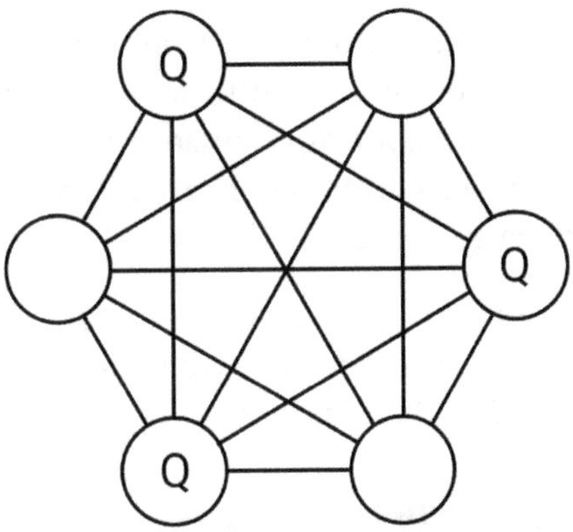

Рис. 10–52. Кворум из трёх узлов

Если система разделена на подсистемы (разд. 10.1.4, 10.1.6, 10.4), у каждой подсистемы может быть своя группа узлов, участвующих в кворуме, а состав этой группы может формироваться динамически. Таким образом можно эффективно задействовать большинство узлов РСУ, распределив между ними нагрузку, связанную с процессом формирования консенсуса, и снизив задержки в системе в целом.

В качестве примера можно привести распределённую систему из трёх кластеров. Два из них региональные, а третий федеральный. Локальные кластеры обслуживают локальных клиентов и реплицируются с федеральным. Каждый региональный кластер обслуживается локальным кворумом. На федеральном кластере выделяются узлы кворума для обслуживания репликации с региональными кластерами, причём они могут не пересекаться (рис. 10–53).

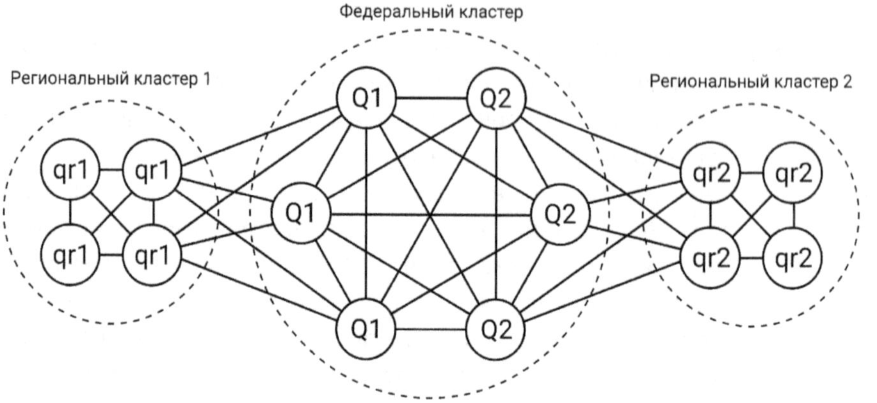

Рис. 10–53. Кворум в иерархии геокластеров

Преимуществами методики являются простота реализации, интуитивность, высокие гарантии консистентности, высокая устойчивость к сбоям. В качестве недостатка методики можно отметить то, что чем больше узлов должно быть в кворуме, тем сложнее достичь консенсуса и тем больше накладных расходов требуется (разд. 10.2.2).

Методика применяется в алгоритмах Paxos, Raft, Zab и других алгоритмах для согласования действий. Она активно используется в задачах мажоритарной логики в АСУ ТП (разд. 11.3).

10.3.2. Двухфазная фиксация

Шаблон «двухфазная фиксация» (2PC[450]) массово используется в распределённых системах. Данная практика позволяет разделить запрос клиента на задачи, распределить задачи между целевыми узлами, скоординировать их выполнение и гарантировать успешность выполнения запроса, если все участники готовы обработать назначенные им задачи.

Суть двухфазности заключается в следующем. В первой фазе все узлы, участвующие в процессе выполнения распределённой задачи, опрашивают на предмет готовности её выполнить. Если все узлы подтвердили готовность, во второй фазе все они получают команду на выполнение, а затем возвращают статус выполнения. Узел – инициатор процесса принято называть координатором (рис. 10–54).

---

[450] Two-Phase Commit, #10-64.

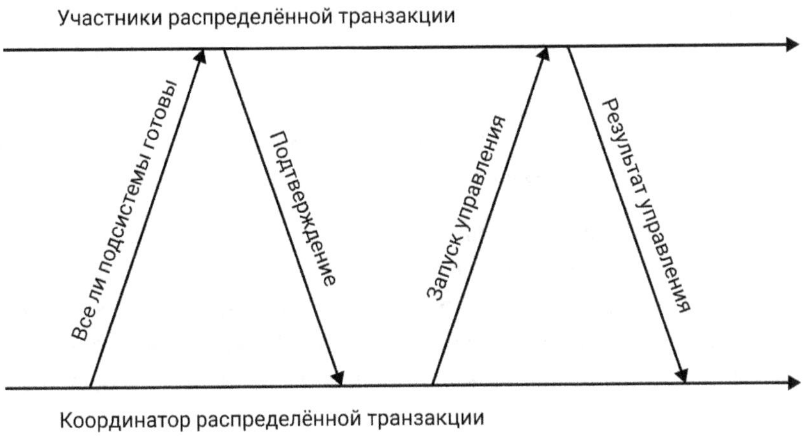

Рис. 10–54. 2PC

Основное преимущество применения этой практики заключается в том, что в первой фазе можно проверить готовность всех узлов к выполнению конкретной задачи. Рассмотрим подробнее каждую фазу.

В первой фазе координатор посылает всем узлам условия выполнения задачи. Каждый узел сам проверяет выполнимость этих условий.

При подтверждении готовности каждый узел возвращает координатору статус и блокируется для любых других действий, не связанных с выполнением задачи. Если хотя бы один из участников оказывается не готов, он возвращает координатору свой статус, а координатор посылает команду разблокировать все узлы, готовые к выполнению задачи.

Важно отметить, что узел, или узловой сервис, может работать в многопоточном режиме. Тогда все действия в отношении блокировок касаются только участвующего в процессе потока.

Если все узлы готовы к выполнению распределённой задачи, запускается вторая фаза процесса. Все узлы получают команду выполнить поставленные задачи. При успешном выполнении каждый из узлов уведомляет об этом координатор. Если все узлы прислали положительное уведомление, распределённая задача считается выполненной. Координатор посылает команду разблокировать все узлы.

Механизм блокировки (разд. 4.8) подразумевает, что каждый узел зарезервирует необходимый ресурс для выполнения задачи, обеспечит все условия. Однако может возникнуть ситуация, при которой узел не выполнит свою задачу, например, если произойдёт элементарный отказ питания узла или сетевого соединения. В такой ситуации процесс останавливается. Координатор посылает команду разблокировать все узлы, а распределённая задача считается невыполненной.

Основным минусом данной конструкции является транзакционная природа процесса выполнения распределённой задачи.

Каждый узел может выполнять свою задачу с разными значениями задержки (разд. 7.1). Таким образом, выполнение задач каждым из узлов будет происходить в асинхронном режиме относительно координатора (асинхронный 2PC). При необходимости можно обеспечить синхронность выполнения задач узлами, управляя последовательностью раздачи команд на выполнение (синхронный 2PC). При этом общая задержка синхронного алгоритма будет больше.

Таким образом, рассмотренный шаблон имеет существенные ограничения применения в ВНС. Подобная практика может быть применена в некоторых ответственных случаях, не требующих реакции в режиме РВ, но требующих аккуратности выполнения запроса. 2PC полностью соответствует принципу ACID (разд. 4.9), который может быть точечно применён в РСУ. Например, при управлении критически важными процессами в АСУ ТП (разд. 11.3) синхронность в управлении совершенно необходима. Например, это касается чувствительных команд управления объектами автоматизации, требующих предварительной проверки состояния оборудования, и отслеживания обратных связей при осуществлении управления.

Не стоит недооценивать скоростные характеристики этого шаблона. Принцип распределённости выполнения задачи очевиден: несколько узлов выполнят задачу быстрее, чем один. При этом во время постановки задачи каждому узлу может быть оговорено условие о скорости выполнения с заданным значением величины задержки. Подобная практика даёт возможность опросить РСУ о готовности узлов быстро, надёжно и безопасно выполнить требуемую задачу (команду).

Шаблон 2PC эффективно масштабируется, он может быть построен в режиме избыточности (разд. 4.2.3). В данном случае в выполнении распределённой задачи будут участвовать избыточные узлы. Таким способом может быть реализована мажоритарная логика, например «два из трёх», когда результаты отработки задачи разными узлами сравнивают, а решение принимают по принципу большинства. Подобные алгоритмы могут быть реализованы аппаратно для критических систем, например в виде жёсткой логики (рис. 10–55).

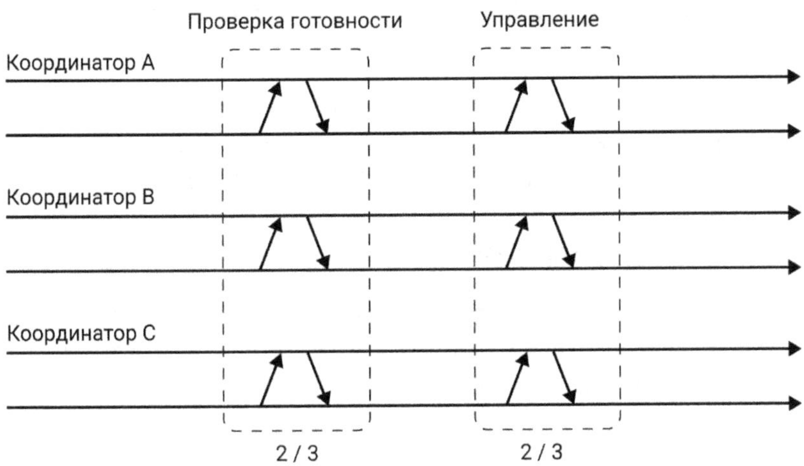

Рис. 10–55. 2PC

Выделяют улучшенную реализацию 2PC — трёхфазную фиксацию (3PC[451]). Такая реализация устраняет основной недостаток 2PC, который заключается в зависании системы при сбое координатора. 3PC включает в себя дополнительную фазу предварительной фиксации (проверки), которая повышает устойчивость к сбоям.

10.3.3. Сплетник (Gossip)

Gossip представляет собой метод (алгоритм сплетен, слухов) распространения данных между узлами в распределённых системах с leaderless-архитектурой.

Каждый узел периодически выбирает случайного соседа и обменивается с ним изменениями. Периодичность может основываться на асинхронной событийной модели или на синхронной, по таймеру. Со временем информация распространяется по всей сети — как сплетни.

Методика соответствует модели конечной согласованности (разд. 6.2.3). В конечном счёте все узлы приходят к единому состоянию. Она обладает высокой отказоустойчивостью, работает даже при сбоях отдельных узлов. Изменения распространяются по сети экспоненциально.

Преимуществами методики являются простота реализации, высокая масштабируемость. Её недостатками являются высокая задержка распространения данных, относительно непредсказуемое время достижения

[451] Three-Phase Commit.

консистентного состояния, которое для каждой целевой системы необходимо выяснять экспериментальным способом.

Данная методика подходит для любых топологий распределённых систем и в некотором роде лучше себя показывает в системах с ячеистой топологией (разд. 4.1). Она применяется в Cassandra, DynamoDB.

10.3.4. Viewstamped Replication

Viewstamped Replication (VSR) представляет собой классический алгоритм консенсуса в распределённых системах с single-leader архитектурой (разд. 4.3.1), который предоставляет гарантии линейной консистентности.

Протокол подразумевает, что роли узлов следующие:

- первичный (primary) — лидер, обрабатывающий клиентские запросы;
- резервные (backups) — подчинённые реплики.

Репликация осуществляется в режиме действия представления (view), в которой определённый узел является лидером. При смене лидера номер представления увеличивается. Для принятия решения требуется подтверждение кворума (½N + 1).

Если по какой-то причине узлы считают, что лидер стал недоступен, назначается новый лидер. Он собирает информацию о последних коммитах.

VSR — надёжный протокол консенсуса, который заложил основы современных алгоритмов (например, Raft). Он обеспечивает линейную консистентность (разд. 6.2.4) и высокую отказоустойчивость. В актуальных задачах чаще используется его потомок Raft.

VSR был представлен Брайаном Оки и Барбарой Лисков в 1988 г. в статье «Viewstamped Replication: A New Primary Copy Method to Support Highly-Available Distributed Systems»[452], за год до первого описания Paxos.

10.3.5. Paxos

Paxos[453] представляет собой алгоритм консенсуса в распределённых системах с leaderless-архитектурой. Протокол определяет следующие роли узлов:

- предлагающие (proposers) — узлы, инициирующие предложение изменений;

[452] Viewstamped Replication, #10-65 [pdf].
[453] Paxos, #10-66 [pdf].

- принимающие (acceptors) — узлы, принимающие или отклоняющие предложения;
- наблюдатели (learners) — узлы, которые узнают согласованное значение (рис. 10–56).

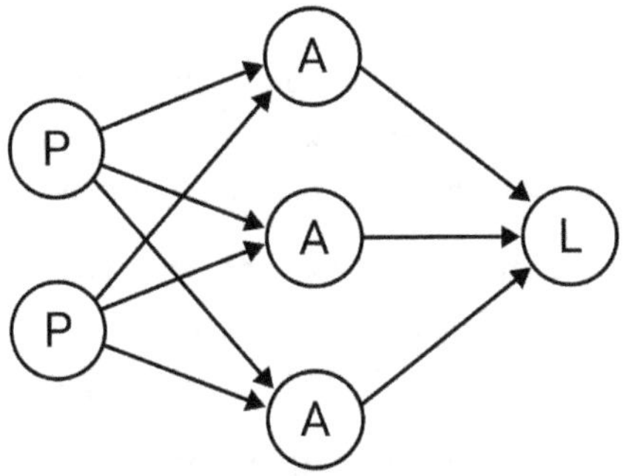

Рис. 10–56. Paxos

Методика включает в себя следующие фазы:

- подготовка (prepare): предлагающий узел отправляет запрос принимающим, чтобы подготовить их к предложению;
- обещание (promise): принимающие узлы обещают не принимать старые предложения;
- предложение (propose): предлагающий узел отправляет новое значение;
- подтверждение (accept): принимающие узлы голосуют за новое значение, используя кворум (разд. 10.3.1);
- фиксация (commit): если большинство принимающих узлов согласилось, значение фиксируется.

Paxos скорее является стандартно академическим, но на его основе создано множество доработанных вариаций:

- Basic Paxos — базовый алгоритм;
- Multi-Paxos — на основе статистики выделяет лидера, который принимает наиболее последовательные решения, избегая повторного выбора;
- Fast Paxos — уменьшает задержки, позволяя некоторым операциям пропускать фазу подготовки и отправлять сообщения, минуя лидера;
- Cheap-Paxos — требует кворума из N + 1 активных узлов, другие N узлов необходимы для переконфигурации в случае отказа менее половины узлов: итого для работы необходимо 2N + 1 узлов;
- Dynamic-Paxos — допустимо изменение числа узлов;

- EPaxos[454] — данная методика распределяет нагрузку между всеми узлами, не выделяя фиксированного лидера, она позволяет осуществлять параллельное выполнение независимых операций;
- Stoppable Paxos — управляет консенсусом РСУ, работающих по принципу конечного автомата, может останавливаться на каждой вычислительной фазе, меняя конфигурацию;
- византийский Paxos — управляет консенсусом РСУ, которые могут включать в себя враждебные (византийские) узлы, способные намеренно передавать ложные данные, нарушая нормальную работу системы.

Преимуществами методики являются устойчивость к сбоям, высокая масштабируемость, независимость от лидера. Её недостатками являются сложность реализации и высокие накладные расходы.

Забавно, что в 1989 г. Лесли Лампорт описал алгоритм в виде истории о древнегреческом парламенте на острове Паксос в аллегорической работе под названием «The Part-Time Parliament»[455], а статья была опубликована лишь в 1998 г. Такое описание немного удивило широкую аудиторию. В 2001 г. Лампорт переработал и формализовал описание алгоритма в статье «Paxos Made Simple»[456]. Именно после этой статьи алгоритм получил признание и широкое распространение. Вариации Paxos применяются в известных продуктах, таких как Cassandra, ZooKeeper.

10.3.6. Raft

Raft[457] представляет собой метод (алгоритм) консенсуса в распределённых системах с single-leader архитектурой.

Методика подразумевает наличие следующих узлов:

- лидер (leader) — узел-координатор;
- кандидаты (candidate) — узлы, которые претендуют на роль лидера;
- последователи (follower) — узлы, которые подчиняются лидеру.

Методика включает в себя следующие фазы:

- выбор лидера — узлы голосуют за лидера, используя кворум (разд. 10.3.1);
- управление очередью — лидер добавляет команды в очередь (журнал);
- согласование — лидер синхронизирует команды со всеми узлами.

[454] Egalitarian Paxos.
[455] The Part-Time Parliament, #10-67 [pdf].
[456] Paxos Made Simple, #10-68 [pdf].
[457] Raft, #10-69 [pdf].

Преимуществами методики являются простота реализации, интуитивность. Её недостатком — методики зависимости от лидера. При отказе лидера среди оставшихся узлов проводятся новые выборы.

Raft применяется в известных продуктах, например в Cassandra. Специальная реализация Zab[458] применяется в ZooKeeper, который представляет собой реализацию РРП на основе ключ-значение (разд. 4.10). Zab обеспечивает гарантии линейной модели консистентности (разд. 6.2.4).

10.3.7. Сага

В больших распределённых системах, особенно географически распределённых, сложно обеспечить высокую консистентность транзакций 2PC, 3PC. В какой-то момент что-нибудь обязательно пойдёт не так. Транзакции (разд. 4.9) будут массово возвращать отрицательные результаты.

Данная практика позволяет разделить запрос клиента на задачи, распределить задачи между целевыми корневыми узлами, скоординировать их выполнение и попробовать успешно выполнить запрос, не зная, готовы ли все участники обработать назначенные им задачи.

Сага[459] соответствует принципу BASE (разд. 6.7.1) и представляет собой противоположность 2PC (разд. 10.3.2). Система, координируемая с применением данной практики, является слабоконсистентной, а точнее возможно-консистентной (разд. 6.2.3). Название говорит само за себя: сага — это длинная эпическая история о героическом достижении.

Запрос клиента разделяется на задачи, которые могут быть обработаны распределёнными сервисами. Сервисы могут координироваться централизованно с помощью оркестратора[460] или децентрализованно с помощью хореографии[461] (разд. 10.2.7). Как бы ни были скоординированы сервисы, рассмотренная практика подразумевает последовательное выполнение декомпозированных задач назначенными сервисами.

[458] Zab, #10-70.

[459] Saga, #10-71.

[460] Orchestration-based saga, #10-72, #10-73. ▸

[461] Choreography-based saga, #10-74 [pdf].

Выполнение задачи сервисом может привести к изменению данных. Сагу можно использовать только в случаях, когда есть возможность отменить внесённые изменения, то есть откатиться назад. Это обстоятельство является главным ограничением практики.

Отмена узловой задачи в саге приводит к отказу выполнения всего запроса. Все изменения, связанные с обработкой задачи каждым сервисом, должны быть отменены. Реализация подобной механики предполагает, что внутри каждого сервиса за обработку назначенной ему задачи отвечает сервисная транзакция. Если сервисная транзакция не выполняется, запускается выполнение компенсационной транзакции, осуществляется откат всех изменений. Сервис сообщает координатору о факте сбоя выполнения сервисной задачи. Затем координатор в обратном порядке обходит сервисы, успешно завершившие свои транзакции, и запускает на них компенсационные транзакции. Это происходит до тех пор, пока не будут компенсированы все изменения, внесённые всеми участвующими в запросе сервисами.

Таким образом, сага точно не подходит для обслуживания, например, функционально-группового управления. Сагу ни в коем случае не следует использовать для управления технологическими процессами непрерывного производства, например АЭС. Компенсировать управляющее воздействие будет невозможно. Сага в большей степени предназначена для обслуживания бизнес-процессов, в которых можно отменить операцию, прервать и попробовать заново. Так как сага соответствует слабой модели возможной консистентности, в конечном счёте после нескольких попыток запрос будет обработан. Хорошим примером применения этого шаблона является сервис бронирования билетов (рис. 10–57).

Рис. 10–57. Сага

10.3.8. Византийская задача

В большинстве систем, какими бы они ни были, за изменение каждого конкретного элемента данных отвечает отдельный источник. Например, изменение значения датчика температуры приводит к изменению соответствующей переменной. Если для работы системы необходимо обеспечить реакцию на основе измерений нескольких датчиков, можно исключить из решения определённые результаты (например, с большим отклонением), пересчитать среднее и двигаться дальше.

Бывают ситуации, когда необходимо принять решение на основе команд, одновременно поступающих из нескольких источников. Например, легко принять решение об остановке ядерного реактора, потому что если хотя бы одна из подсистем, от которых зависит его безопасность, вызывает необходимость остановки, указанный процесс будет запущен на основании голоса одной подсистемы. Такие системы обычно относятся к СРВ, где все узлы принимают участие в обработке данных, поэтому можно успеть много раз проанализировать ситуацию.

Что делать, если не все узлы РСУ участвуют в решении задачи принятия решения? Каналы связи нестабильны. Доверие между узлами отсутствует, некоторые из них могут предоставлять заведомо ложную (ошибочную) информацию. Такие задачи вполне реальны. Например, самоорганизующийся рой несущих вооружение БПЛА[462], часть из которых была взломана противником с соответствующими последствиями, — это типичный пример задачи о византийских генералах[463], хорошо известной и подробно описанной. Именно так формулируются задачи в блокчейнах.

На основе данного подхода создан особый принцип отказоустойчивости (разд. 7.2) — византийская отказоустойчивость (BFT[464]). BFT обеспечивает способность распределённой системы продолжать корректно работать, даже если некоторые её узлы ведут себя непредсказуемо или намеренно ложно (например, из-за сбоев или взлома). Такие системы могут достигать согласованного решения, несмотря на «византийские» (нечестные или ошибочные) действия части узлов. Именно по такому принципу строится большинство современных блокчейнов.

462 Беспилотные летательные аппараты.
463 Византийская задача, #10-75 [w].
464 Byzantine Fault Tolerance.

10.3.9. Блокчейн

Блокчейн представляет собой специальную разновидность распределённой системы, обеспечивающую децентрализованное, надёжное и защищённое хранение данных без необходимости доверенного центрального узла. Таких узлов может быть достаточно много — намного больше, чем, например, в распределённой системе управления объектом промышленной автоматизации. Данные в блокчейнах хранятся в виде блоков, связанных хешами, объединяющимися в цепочки. Такие цепочки могут быть достаточно длинными. Каждая новая операция увеличивает объём цепочки. Совокупность цепочек, распределённых по децентрализованным узлам, образует программно-определяемую (виртуальную) сеть блокчейна. Ниже приведены основные характеристики блокчейна как распределённой системы:

- данные хранятся на множестве децентрализованных узлов сети, что исключает единичную точку отказа;
- надёжность и отказоустойчивость — копии данных распределены между узлами, что защищает систему от сбоев или атак на отдельные узлы;
- на узлах применяются специальные алгоритмы консенсуса для согласования изменений данных, обеспечивая их консистентность в сети;
- данные в блокчейне записываются в виде блоков, связанных хешами, что гарантирует их неизменность без согласия большинства узлов;
- все изменения данных видны всем участникам сети, что повышает доверие.

В блокчейнах применяются специальные алгоритмы консенсуса подтверждения новых блоков данных. Алгоритмы консенсуса направлены на предотвращение несанкционированных изменений в сети. Наиболее известными являются классические алгоритмы Proof of Work и Proof of Stake.

Алгоритм Proof of Work (PoW) работает следующим образом:

- корневые узлы, называемые майнерами, выполняют сложные вычисления для решения криптографической задачи (нахождение хеша с определёнными свойствами);
- первый узел, решивший задачу, отправляет результат в сеть;
- остальные узлы проверяют решение — если оно верное, блок добавляется в цепочку.

Важно отметить, что с увеличением цепочки сложность поиска хешей существенно возрастает. Таким образом, алгоритм PoW обеспечивает:

- исключение необходимости доверенного центра;
- высокую устойчивость к возникновению коллизий в цепи, повторному использованию одного и того же блока;
- необходимость огромных вычислительных ресурсов для создания коллизии[465].

Алгоритм Proof of Stake (PoS) работает следующим образом:

- корневые узлы, называемые валидаторами, блокируют (замораживают) свои блоки (токены) как залог (stake);
- валидатор для добавления блока выбирается с учётом его доли и времени удержания токенов;
- если блок подтверждён, валидатор получает вознаграждение за операцию.

Таким образом, в отличие от PoW, PoS обеспечивает:

- снижение потребности в ресурсозатратных вычислениях;
- улучшение масштабируемости и скорости обработки транзакций;
- экономический эффект — мошенничество приводит к потере заложенных токенов, выражающихся в реальных деньгах.

В различных блокчейнах используются самые разные алгоритмы консенсуса[466] в зависимости от целевой задачи конкретной сети. Блокчейны целесообразно применять в финансовых системах, где допустимы существенные задержки транзакций, они практически неприменимы в распределённых системах управления в связи с катастрофически медленным выполнением операций.

Классические блокчейны подразумевают необходимость хранения всей цепочки изменений блоков с учётом увеличения их длины. Использовать такие сложные динамические структуры данных в РСУ, СРВ в большинстве случаев неконструктивно.

Существуют решения с фиксированными размерами цепочек блоков и специальные быстрые алгоритмы консенсуса. Такие решения применяют в АСУ ТП (разд. 11.3), например, для защиты архивных данных от модификации (подделки, искажения). Искажение архивов для сокрытия аварийных

---

[465] Коллизия хеш-функции, #10-76 [w].
[466] 65 алгоритмов консенсуса для блокчейна, #10-77.

инцидентов встречается на некоторых ответственных производствах с безответственным персоналом. Подобные обстоятельства могут быть связаны с прямой зависимостью премий эксплуатирующего персонала от частоты инцидентов. В этом случае блокчейны могут быть чрезвычайно полезны.

10.4. Шаблоны масштабирования

Современные распределённые системы представляют собой сложные комплексы взаимосвязанных компонентов. Чтобы управлять такой сложностью, обеспечивать масштабируемость, отказоустойчивость и поддерживаемость кода, были разработаны различные архитектурные подходы. Они представляют собой набор проверенных практик и принципов обеспечения взаимодействия между компонентами системы, в том числе для организации кодовой базы.

В данном разделе рассмотрены ключевые архитектурные подходы, которые легли в основу современного проектирования сервисов — от монолитных приложений до микросервисов.

- Предметно-ориентированная архитектура (Domain-Driven Design, DDD) — это фундаментальная философия, которая сфокусирована на отражении бизнес-логики и правил предметной области в коде. Она предоставляет инструменты для создания гибкой и понятной модели, которая эволюционирует вместе с целевыми требованиями.
- Луковичная (Onion), гексагональная (Hexagonal) и чистая (Clean) архитектуры являются эволюционным развитием многослойной архитектуры (разд. 10.1.6). Их общая цель — изолировать проектную логику от внешних деталей, таких как фреймворки, СУБД, пользовательские интерфейсы и протоколы связи (разд. 4.5.1). Это достигается за счёт строгого направления зависимостей внутрь, к ядру системы, что делает целевую систему и её компоненты независимыми от внешних изменений и значительно упрощает её тестирование.
- Клеточная архитектура (Cell Architecture) — это подход к построению распределённых систем, который предлагает компромисс между монолитом и микросервисами. Система делится на автономные, независимые компоненты («клетки»), каждый из которых содержит всю необходимую логику и данные для выполнения своей функции. Это позволяет масштабировать и обновлять части системы изолированно, повышая общую отказоустойчивость и гибкость.

Эти шаблоны не являются взаимоисключающими. Напротив, они часто используются вместе. Предметно-ориентированный подход помогает определить границы компонентов (доменов), которые затем реализуются внутри как изолированные «луковицы» или «гексагоны», а вся система в целом может быть организована по клеточному принципу.

10.4.1. Предметно-ориентированная архитектура

Предметно-ориентированная архитектура[467] (доменная) является высшей архитектурной абстракцией в области современного проектирования распределённых систем, которая предназначена для описания границ между требованиями бизнеса и достижимой с точки зрения их выполнения архитектурой. Подобная архитектура основана на подходе предметно-ориентированного проектирования[468].

Предметно-ориентированный подход к проектированию подразумевает разделение системы на домены. С точки зрения перевода термина «домен» представляет собой предметную область (область владения, область знания). По сути, домен — это обособленная система. Такая система отвечает за обслуживание конкретной предметной области или обособленной задачи. Серьёзную РСУ можно представить как совокупность составляющих её и сопрягаемых внешних подсистем, которые в рамках доменной архитектуры принято называть доменами.

Доменная архитектура упрощает и вводит строгие, понятные правила описания составляющих структур данных для описания предметной области (контекстов, моделей) и ППИ доступа к ним. Данная архитектура оперирует понятием «ограниченный контекст»[469], который представляет собой ограниченную модель предметной области.

По сути, входящие в состав домена контексты и интерфейс взаимодействия с ними должны быть описаны в едином формате данных (разд. 3.2) в рамках отдельных контекстов или всей системы в целом. В рамках данной архитектуры такой формат данных принято называть убиквитарным языком[470] описания контекстов домена. Важным преимуществом подобной архитектуры является возможность спроектировать архитектуру системы в целом, не разбираясь в отдельных предметных областях и контекстах, планируя их масштабирование.

[467] Domain-Driven Architecture Design (DDAD), #10-78.
[468] Domain-Driven Design (DDD), #10-79.
[469] Bounded Context, #10-80.
[470] Ubiquitous language, #10-81.

Основными принципами данной архитектуры являются:

- разделение предметной области на ограниченные контексты;
- минимизация связей между ограниченными контекстами;
- горизонтальное масштабирование доменов.

Такие принципы призывают архитектора упрощать описательные модели, проектировать их таким образом, чтобы можно было свести к минимуму взаимодействие между моделями. Важным моментом является возможность масштабирования области применения системы.

В доменной модели используются два типа объектов для реализации моделей: объекты, описывающие структуру (Entity object), и объекты, описывающие значения (Value object). Entity object может состоять из совокупности вложенных объектов entity и value. В состав объектов value могут входить исключительно объекты типа value.

Доменная логика работает, опираясь только на два указанных типа объектов. Так обеспечивается гарантия консистентности (разд. 6.1). Именно поэтому доменная архитектура не подразумевает использование базовых типов данных, таких как int, float, string, в качестве объектов value. Эти типы должны быть обёрнуты в принятые для доменной логики структуры данных.

Важным свойством объектов value является их иммутабельность. Значение таких объектов задаётся разово, его изменение в рамках жизненного цикла системы не подразумевается. Любое изменение влечёт за собой создание новой версии объекта.

Свойство иммутабельности даёт массу преимуществ для работы в распределённых системах. Работа с такими объектами обеспечивает:

- исключение возможности несанкционированной перезаписи;
- исключение возникновения конфликтов (разд. 4.3.6);
- удобство обслуживания в многопоточных системах, так как не требуются блокировки;
- существенное упрощение алгоритмов синхронизации (разд. 4.4.1);
- возможность упростить и повысить строгость модели консистентности (разд. 6.2.12);
- возможность реализовать эффективную персистентность данных (разд. 4.10.1).

Очевидно, что при большом объёме изменений свойство иммутабельности потребует существенных инфраструктурных ресурсов.

Существуют специальные стратегии кеширования иммутабельных данных (разд. 5.2).

Доменная архитектура содержит понятие «доменный сервис». Он описывает доменную логику взаимодействия совокупности доменных объектов. Выделяется главный доменный сервис, являющийся управляющим сервером домена. Он не выполняет операции с объектами сам. Таким образом, главный доменный сервис является типичным доменным оркестратором (разд. 10.2.7). В основном в такой архитектуре домены управляются доменными оркестраторами, однако встречаются домены без управляющего сервиса, в которых доменные сервисы координируются хореографическим методом.

Доменная архитектура допускает выделение доменного ядра (разд. 10.1.7) и подразумевает применение событийной логики между объектами домена, а также между доменами (разд. 10.2.4).

Важным для доменной архитектуры понятием является «агрегат»[471]. Он представляет собой встроенный в доменную архитектуру шаблон, описывающий способ взаимодействия с доменными объектами. Такой шаблон — это конструкция из взаимосвязанных объектов, которая трактуется как единое целое для выполнения проектной логики.

Агрегат управляет объектами, объединёнными в иерархическую структуру, в которой обязательно присутствует верхнеуровневый корневой объект, называемый «корневым агрегатом»[472]. Все взаимодействия вложенных объектов должны осуществляться через корневой агрегат. Другие агрегаты не должны иметь доступ к вложенным объектам агрегата в обход корневого агрегата. Таким образом, должен соблюдаться принцип изоляции вложенной структуры (внутреннего устройства) агрегатов.

Доменная архитектура подразумевает концентрическую эшелонированную изоляцию компонентов. Такая архитектура называется «луковичной».

Отдельное внимание следует уделить типам взаимодействия в доменной архитектуре.

---

[471] Aggregate, #10-82.
[472] Aggregate root, #10-83. ▸

10.4.2. Луковичная архитектура

Луковичная[473] архитектура представляет собой архитектурный подход, нацеленный на создание сервисов (приложений) с высокой степенью изоляции проектной логики от инфраструктурных деталей. Этот подход был предложен Джеффри Палермо[474].

Главная идея заключается в построении системы с концентрическими слоями, где ядро представляет собой центральный слой и содержит реализацию ключевой проектной логики. Каждый следующий внешний слой содержит определённый уровень абстракции проектной логики, при этом внешние слои обеспечивают сопряжение с пользовательским интерфейсом СУБД или ППИ (рис. 10–58).

Рис. 10–58. Слоистость гексагональной архитектуры

Цель данной архитектуры — обеспечить изоляцию ядра (домена) сервиса (приложения), а точнее проектной логики, от внешних подсистем, таких как пользовательский интерфейс, ППИ и др. Центральный слой не зависит от остальных. Внешние слои зависят от внутренних, но внутренние не зависят от внешних.

Выделяют следующие распространённые концентрические слои луковичной архитектуры: слой ядра, слой домена, сервисный слой. Слои ядра и домена обслуживают проектную логику. Сервисный слой отвечает за взаимодействие между доменной логикой и внешними интерфейсами или подсистемами.

Сервисный слой обычно сопрягается со слоями, именуемыми лепестками. Такие слои не являются концентрическими, но всегда взаимодействуют с сервисным слоем. Они могут отвечать за реализацию пользовательского интерфейса, интерфейса доступа к СУБД, ППИ и др.

[473] Onion architecture, #10-84.
[474] Jeffrey Palermo.

Важным свойством луковичной архитектуры является инкапсуляция деталей реализации, то есть внешние подсистемы являются изолированными и обращаются к ядру через ППИ.

Луковичная архитектура, которая представляет собой логическое развитие многослойной архитектуры (разд. 10.1.6), является наиболее современной концепцией реализации сложных РСУ, так как соответствует концепции разработки безопасного ПО (РБПО[475]). Такая архитектура задаёт основы эшелонированной изоляции логики критических сервисов от внешнего воздействия и составляет основу для строго формализованной современной архитектуры распределённых систем, такой как гексагональная архитектура (рис. 10–59).

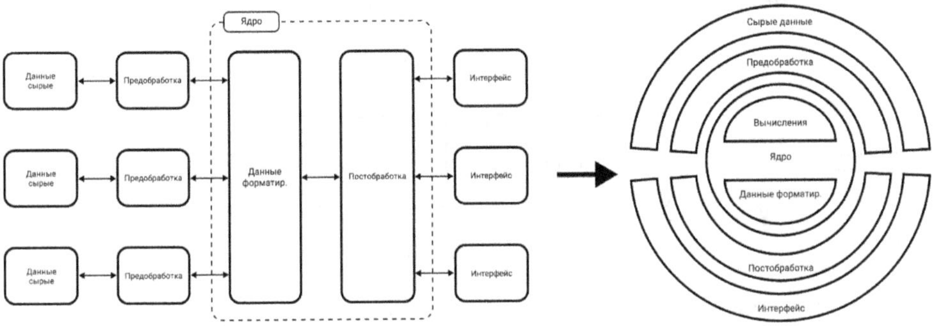

Рис. 10–59. Многослойная и луковичная архитектуры

Передача данных между слоями может осуществляться с применением специальных структур данных (разд. 10.2.10).

10.4.3. Гексагональная архитектура

Гексагональная архитектура[476] также известна как портово-адаптерная архитектура. Данный подход был предложен Алистером Кокберном[477]. Цель данной архитектуры — обеспечить изоляцию ядра (домена) сервиса (приложения), а точнее проектной логики, от внешних подсистем, таких как пользовательский интерфейс, ППИ и др.

Гексагональная архитектура основана на концепции эшелонированной изоляции логики от внешних интерфейсов, а также на луковичной архитектуре (рис. 10–60). Отличие гексагональной архитектуры от луковичной заключается в строгой формализации интерфейсов сопряжения с внешними подсистемами в виде специальных объектов — портов и адаптеров.

---

[475] Secure by design, #10-85.
[476] Hexagonal architecture, #10-86.
[477] Alistair Cockburn.

Рис. 10–60. Слоистость гексагональной архитектуры

Порты и адаптеры являются ключевыми элементами данной архитектуры. Они обеспечивают взаимодействие между внутренними компонентами сервиса (приложения) и внешними подсистемами (рис. 10–61).

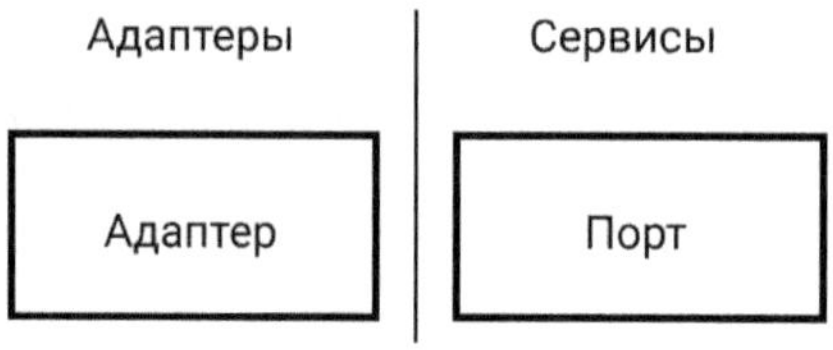

Рис. 10–61. Адаптеры и порты

Порты представляют собой интерфейсы, которые определяют, как внешние системы могут взаимодействовать с внутренней проектной логикой сервиса (приложения).

Порты делятся на два типа: входящие (inbound ports) и исходящие (outbound ports). Входящие порты обеспечивают внешним подсистемам (например, пользовательскому интерфейсу) возможность вызывать действия внутри сервисов. Исходящие порты обеспечивают сервисам возможность взаимодействовать с внешними подсистемами (сторонними ППИ). Порты определяют правила взаимодействия, но не зависят от реализации.

Адаптеры представляют собой реализацию портов, которые обеспечивают связь между сервисами и внешними подсистемами. Они отвечают за преобразование данных и обработку логики сопряжения.

Адаптеры, как и порты, делятся на два типа: входящие (inbound adapters) и исходящие (outbound adapters). Входящие адаптеры обеспечивают реализацию вызовов входящих портов. Исходящие адаптеры обеспечивают реализацию взаимодействия через исходящие порты (рис. 10–62).

Рис. 10–62. Сопряжение адаптеров и портов

Таким образом, гексагональная архитектура позволяет описывать взаимодействие изолированного ядра (домена) с внешними подсистемами двумя способами (рис. 10–63). Входящие адаптеры предоставляют внешним подсистемам возможность взаимодействовать с ППИ сервиса (приложения), а исходящие адаптеры позволяют сервису взаимодействовать с ППИ внешних подсистем. Гексагональная архитектура позволяет понятным образом сформулировать, что представляет собой понятие «фреймворк»: это совокупность адаптеров сопряжения сервиса (приложения).

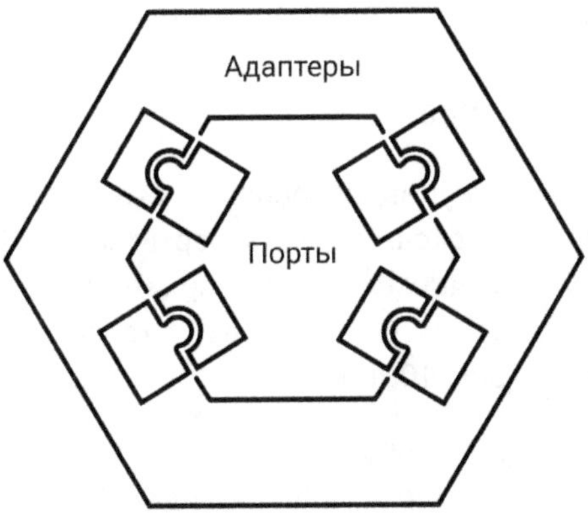

Рис. 10–63. Порты и адаптеры в гексагональной архитектуре

Важной особенностью гексагональной архитектуры является удобство разработки совместимых архитектурно-подобных сервисов. Например, на сервисе 1 реализован входящий адаптер, обеспечивающий доступ к нему по ППИ. На сервисе 2 реализован исходящий адаптер, который обращается к ППИ сервиса 1. По аналогии с сервисом 2 на нём реализован входящий адаптер, обеспечивающий доступ к нему по ППИ. На сервисе 3 реализован исходящий адаптер, который обращается к ППИ сервиса 2 (рис. 10–64).

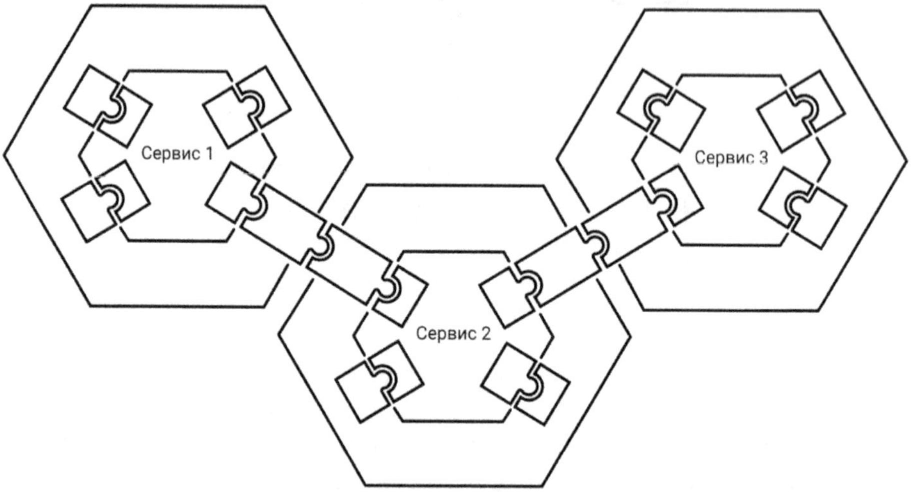

Рис. 10–64. Порты и адаптеры в гексагональной архитектуре

Основное преимущество проектирования распределённых систем на основе гексагональной архитектуры заключается в устойчивости целевой системы к изменениям и возможности лёгкой адаптации к новым требованиям. Важно отметить удобство тестирования таких систем.

10.4.4. Чистая архитектура

Чистая архитектура[478] — это универсальная архитектура, которая объединяет принципы луковичной и гексагональной архитектур. Данная архитектура предложена Робертом Мартином[479]. Чистая архитектура дополняется выделением слоя сценариев применения (use cases) в качестве отдельного слоя, что и объясняет её название (рис. 10–65).

Такая архитектура позволяет обеспечить не только эшелонированную защиту логики работы ядра, но и защиту логики вариантов использования целевой системы. Она менее гибкая, чем луковичная или гексагональная, и требует более внимательной проектной проработки. Данная концепция позволяет подробно описать все необходимые варианты использования доменной логики, запретив все неуказанные варианты.

[478] Clean architecture, #10-87, #10-88. ▸
[479] Robert Martin.

Рис. 10–65. Чистая архитектура

Передача данных между слоями может осуществляться с применением специальных структур данных (разд. 10.2.10).

Чистая архитектура подходит для реализации задачи управления критической инфраструктурой, например РСУ в промышленной автоматизации, ведь сложные алгоритмы управления зашиты в слое сценариев, и его сможет вызвать только внешняя подсистема. Его ни в коем случае не удастся перенастроить или изменить.

Важно отметить, что появление слоя сценариев — не единственная особенность чистой архитектуры.

Важнейшей особенностью данной архитектуры является применение принципов SOLID. Эти принципы помогают организовать код таким образом, чтобы он был модульным, тестируемым и устойчивым к изменениям. SOLID представляет собой важнейший принцип РБПО.

Аббревиатура SOLID — это мнемонический акроним, введённый Майклом Фэзерсом[480] для первых пяти принципов, сформулированных Робертом Мартином, которые представляли собой пять основных принципов объектно-ориентированной программной архитектуры:

- принцип единственной ответственности (**S**ingle responsibility principle);
- принцип открытости/закрытости (**O**pen-closed principle);
- принцип подстановки Лисков (**L**iskov substitution principle);
- принцип разделения интерфейса (**I**nterface segregation principle);
- принцип инверсии зависимостей (**D**ependency inversion principle).

Принцип единственной ответственности заключается в том, что каждый модуль должен иметь только одну причину для изменения, то есть выполнять одну конкретную задачу. Таким образом, в рамках концепции

[480] Michael Feathers.

чистой архитектуры разделение слоёв (домен, сценарии, сервис, ППИ) позволяет каждому слою выполнять только одну задачу: ядро отвечает за ключевой функционал, доменный слой — за целевую логику, сценарии реализуют логику выполнения конкретных операций, адаптеры преобразуют данные для взаимодействия с внешними системами.

Принцип открытости/закрытости заключается в том, что программный код должен быть открыт для расширения и закрыт для модификации. Таким образом, в рамках концепции чистой архитектуры ППИ может быть использован только для определения поведения целевой системы, можно изменить реализацию сценариев вызовов, но нельзя изменить основную логику ядра и домена. Добавление новых функций или интеграций происходит через внешние адаптеры, а не через изменение внутренней логики.

Принцип подстановки Барбары Лисков[481] заключается в том, что объекты подкласса (наследуемые) должны быть взаимозаменяемыми с объектами базового класса без нарушения функциональности сервиса.

Таким образом, в рамках концепции чистой архитектуры интерфейсы, определённые в слоях сценариев или домена, могут иметь разные реализации в инфраструктурном слое, например в слое доступа к данным, что, в свою очередь, позволяет одинаковым образом получать доступ к источникам данных с разной реализацией. Это значит, что сценарии работают с интерфейсами, не зная о конкретных реализациях. Это позволяет заменить одну реализацию на другую без изменения целевой логики.

Принцип разделения интерфейса заключается в том, что классы не должны быть вынуждены реализовывать интерфейсы, которые они не используют. Таким образом, в рамках концепции чистой архитектуры интерфейсы портов нужно проектировать так, чтобы они были узкоспециализированными и соответствовали конкретным требованиям. Например, порт для работы ППИ СУБД должен содержать только методы, необходимые для требуемого сценария, без лишней функциональности.

Принцип инверсии зависимостей заключается в том, что высокоуровневые модули не должны зависеть от низкоуровневых модулей. Они должны зависеть только от абстракций (структурно). Таким образом, в концепции чистой архитектуры зависимости эшелонированных слоёв направлены внутрь. Внешний слой должен зависеть от интерфейсов, определённых в слоях домена, или сценариев. Например, сценарии должны использовать универсальный ППИ доступа к данным, а доступ к конкретным источникам данных должен быть реализован во внешнем, например в инфраструктурном,

[481] Barbara Liskov.

слое. Данная опция позволяет заменять инфраструктурные детали (например, СУБД или ППИ) без изменения внутренней логики.

Концепция чистой архитектуры достаточно сложная, поэтому существует принцип разбора (деконструкции) чистой архитектуры (deconstructing clean architecture), позволяющий провести анализ и детализацию структуры чистой архитектуры, её принципов и практической реализации. Подобный разбор помогает лучше понять, как слои взаимодействуют между собой, какие принципы играют ключевую роль и как адаптировать архитектуру под конкретные потребности. Принцип разбора применяется при существенном рефакторинге архитектуры. Данный процесс позволяет:

- понять, как слои делят обязанности и взаимодействуют;
- проанализировать, как принципы SOLID применяются в каждом слое;
- выявить возможные узкие места или сложности реализации.

Очевидно, что применение такой архитектуры и следование принципам SOLID должны быть обоснованы с точки зрения значимости целевого проекта. Поэтому для случаев, когда реальный проект не требует такой аккуратности, есть принцип, противоположный SOLID. Таким принципом является KISS[482]. Название данного принципа определённо не нуждается в переводе. Важно отметить, что знание сложных принципов не отменяет возможность использования KISS. В целом, в современном мире есть значимая тенденция, быстрый «time to market», а KISS — единственный принцип, позволяющий её достичь. И автор уверен, что каждый из нас применяет данный принцип, даже с серьёзным выражением лица рассуждая о РБПО.

10.4.5. Клеточная архитектура

Клеточная архитектура[483] представляет собой подход к проектированию распределённых систем, который предполагает, что приложение делится на независимые модули, называемые «клетками» (cells). Каждая клетка является автономным модулем, который может работать, масштабироваться и обновляться независимо от других. Этот подход помогает строить высоконагруженные, отказоустойчивые и масштабируемые системы.

Клеточная архитектура является компромиссным подходом по отношению к построению монолитной и микросервисной архитектуры (разд. 10.2.6).

Каждая клетка представляет собой независимый автономный модуль, который может работать независимо от других клеток. Клетка содержит всё

---

[482] Keep it simple, stupid, #10-89 [w].
[483] Cell-based architecture, #10-90.

необходимое для выполнения своей задачи – данные, логику и сценарии использования. Клетки могут масштабироваться горизонтально (путём добавления новых экземпляров) в зависимости от нагрузки. Масштабирование происходит изолированно, без влияния на другие клетки.

Целевая система декомпозируется на клетки, каждая из которых обслуживает отдельную функциональность или часть домена. Клетки могут быть обновлены или заменены без остановки всей системы, что удобно в задачах гипермасштабирования. Сбой одной клетки не влияет на работу других клеток благодаря их независимости.

Клеточная архитектура обладает массой преимуществ. Целевая система, обслуживаемая такой архитектурой, легко адаптируется к меняющимся требованиям и увеличению нагрузки. Масштабирование целевой системы может быть осуществлено только в пределах тех частей, которые подвержены увеличению нагрузки.

С точки зрения разработки разные команды могут работать над разными клетками, что существенно повышает эффективность работы.

Локализация данных и логики внутри клеток минимизирует задержки, что снижает необходимость в межклеточной координации. Взаимодействие между клетками может быть сведено к минимуму. Клетки взаимодействуют только при необходимости через стандартизированные интерфейсы.

В этом заключается важнейший принцип клеточной архитектуры. В отличие от микросервисной архитектуры, где каждый микросервис должен иметь своё собственное хранилище данных и отвечает только за свою часть функциональности, клетка объединяет всю логику, данные и зависимости, необходимые для выполнения определённого функционала или обслуживания части домена.

Таким образом, клеточная архитектура предназначена для упрощения применения микросервисной архитектуры в сложных распределённых системах. В современной архитектуре подразумевается, что клетки должны быть реализованы по принципу луковичной, гексагональной или чистой архитектуры. Разделение функционала между клетками должно осуществляться по принципу предметно-ориентированной архитектуры.

Клеточная архитектура может обеспечивать обслуживание клеток, реализованных на разных архитектурах (рис. 10–66).

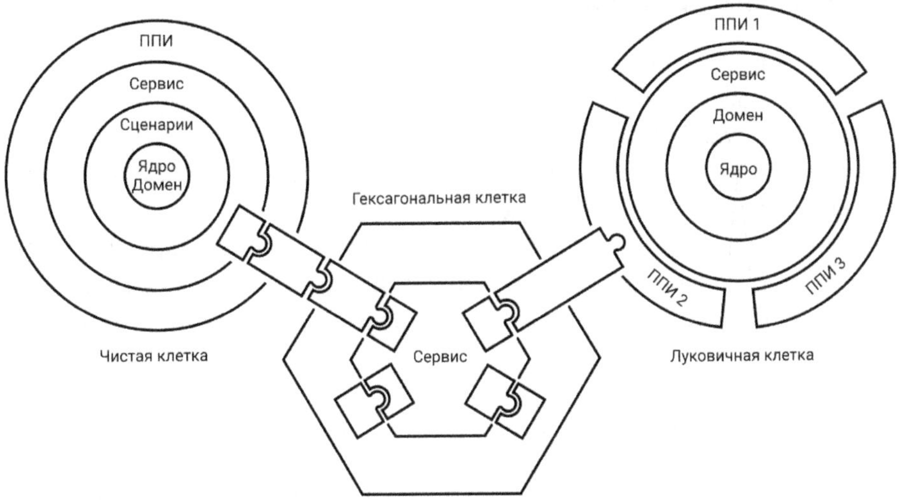

Рис. 10–66. Клеточная архитектура

Клеточная архитектура широко распространена в РСУ. Например, АСУ ТП АЭС насчитывает более 150 крупных подсистем, каждая из которых выполняет свои функции автономно, но при этом с разной интенсивностью координируется с другими подсистемами. Система химической водоочистки (ХВО) совсем не является критической и достаточно проста в реализации. Однако от качества воды зависит работа ядерного реактора, парогенератора и турбины. Система управления реактором ничего не знает о внутреннем устройстве системы ХВО. Если в реактор попадёт некачественная вода, управление им может нарушиться, он начнёт вести себя так, что система противоаварийной защиты (ПАЗ) будет вынуждена отключить его. При нарушении управления реактором может случиться катастрофа, поэтому вмешательство в такую систему недопустимо. Каждая из подсистем АЭС обладает определённым уровнем критичности. Наиболее критичные системы, такие как системы управления реактором, строятся на базе строгой фиксированной программно-аппаратной логики с чётко определёнными интерфейсами взаимодействия с другими подсистемами. ПАЗ строится на базе жёсткой аппаратной логики с такими же строгими принципами. Менее критические системы строятся по упрощённым принципам, позволяющим вносить изменения в логику работы для оптимизации технологических процессов.

При внимательном рассмотрении видно, что эти принципы соответствуют принципам клеточной архитектуры, где каждая подсистема — это клетка, спроектированная как чистая, гексагональная или луковичная архитектура. Именно так проектируют большинство АСУ ТП, РСУ, ПАЗ (разд. 11.3).

10.5. Шаблоны высокой доступности

Современные распределённые системы требуют архитектур, способных обеспечить масштабируемость, отказоустойчивость и высокую производительность. В этом разделе рассмотрены ключевые подходы, отвечающие этим требованиям: от гибкой сервисной архитектуры (SBA) до высокопроизводительных шаблонов работы с данными в памяти, таких как IMDG и IMDS, и до принципиально децентрализованной Space-Based Architecture (SpBA). Эти подходы предлагают различные стратегии организации взаимодействия компонентов, управления данными и построения реактивных, легко масштабируемых систем.

10.5.1. Service-Based Architecture

Архитектура на основе сервисов (SBA[484]) представляет собой архитектурный стиль, который предполагает, что целевая система строится как набор слабосвязанных, взаимодействующих между собой сервисов. Каждый такой сервис реализует определённую проектную функцию. Эта модель является основой многих современных распределённых систем, особенно в контексте облачных решений и микросервисных архитектур.

SBA представляет собой макроархитектурный шаблон, предназначенный для организации взаимодействия отдельных сервисов как самостоятельных подсистем, каждая из которых реализует определённую часть целевой функциональности. В отличие от неё микросервисная архитектура — это микроархитектурный подход, ориентированный на разделение логики внутри сервиса на небольшие, узкоспециализированные компоненты.

Построение масштабных систем исключительно на основе микросервисов часто приводит к избыточной сложности — возрастают издержки на управление зависимостями, развёртыванием, мониторингом и обеспечением согласованности данных (разд. 6.1).

Эффективным решением является группировка микросервисов в логически связанные подсистемы, которые формируют завершённые сервисы уровня SBA, выполняющие чётко определённую проектную функцию в составе целевой системы. Такой подход позволяет сохранять гибкость и модульность микросервисной архитектуры, одновременно упрощая управление на уровне всей системы.

---

[484] Service-Based Architecture, #10-91.

Важно отметить, что SBA не ограничивается использованием микросервисов — каждый сервис может быть реализован как монолитное приложение, если это оправдано архитектурными или организационными требованиями. SBA фокусируется прежде всего на разделении системы на независимые сервисы, взаимодействующие через чётко определённые интерфейсы, в то время как внутреннее устройство этих сервисов может быть любым — от традиционного монолита до набора микросервисов.

Сервисы в SBA часто опираются на доменную модель, отражающую ключевые сущности и правила предметной области. Их внутренняя архитектура может быть построена по проверенным принципам — таким как луковичная, гексагональная, клеточная архитектура. Луковичная и гексагональная модели обеспечивают изоляцию целевой логики от инфраструктурных компонентов и способствуют тестируемости, сопровождаемости и устойчивости. Клеточная архитектура, в свою очередь, делает акцент на автономности и масштабируемости, выделяя изолированные, развёртываемые по отдельности ячейки (рис. 10–67).

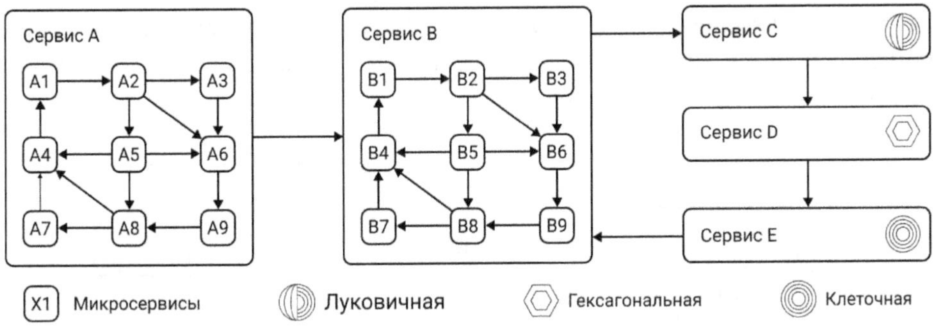

Рис. 10–67. Сервисная архитектура

Таким образом, SBA допускает разнообразие внутренних решений, позволяя проектировать каждый сервис как целостный, устойчивый и развиваемый компонент в рамках распределённой системы. Применение практики SBA способствует управляемости масштабных команд, работающих параллельно в разных архитектурных стилях и с использованием различных инструментов разработки.

Важно отметить следующее: под целевыми функциями понимают либо законченную подсистему, либо функцию, обслуживающую законченную целевую логику (бизнес-логику).

Выделяют следующие ключевые принципы сервисной архитектуры:

- декомпозиция по целевым функциям;
- чётко определённые интерфейсы – как каждый сервис взаимодействует с другим;
- сильная изоляция и слабая связанность – обеспечение максимальной независимости сервисов друг от друга;
- раздельное развёртывание и масштабирование;
- возможность гетерогенной реализации – каждый сервис может быть реализован разными командами и инструментами.

SBA не предъявляет жёстких требований к изолированности хранилищ данных, и каждый сервис не обязан иметь собственную, строго обособленную СУБД (рис. 10–68). Хотя раздельные базы данных могут способствовать независимости и отказоустойчивости, в рамках SBA допустимо использование общей СУБД несколькими сервисами, если это оправдано архитектурными или операционными соображениями – например, для обеспечения транзакционной целостности, упрощения администрирования или экономии ресурсов. Важно лишь, чтобы взаимодействие с данными происходило через чётко определённые интерфейсы сервисов и не нарушало их логическую изоляцию, даже при наличии общего хранилища.

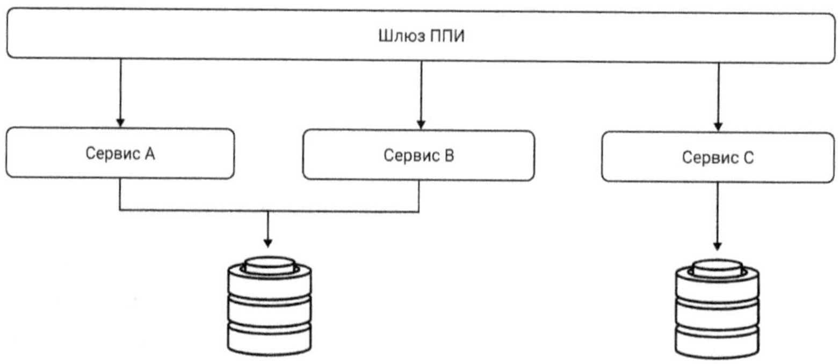

Рис. 10–68. Сервисная архитектура

SBA не требует наличия централизованного оркестратора и по своей сути является чистой leaderless-архитектурой, в которой каждая подсистема функционирует автономно в рамках чётко определённых контрактов. Все взаимодействия между сервисами задаются явно через интерфейсы и соглашения, что позволяет координировать поведение распределённой системы без центрального управляющего компонента. Такая децентрализованная структура упрощает масштабирование, повышает отказоустойчивость и способствует независимой эволюции сервисов без риска нарушения глобальной логики управления.

Сервисы в рамках SBA наиболее часто взаимодействуют между собой и с внешними потребителями через распространённые типы ППИ, каждый из которых подходит для разных сценариев:

- SOAP[485] — это формализованный протокол обмена сообщениями по XML, который часто используется в интеграциях с корпоративными системами и требует строгой схемы (WSDL);
- RESTful API — это наиболее распространённый подход, использующий протокол HTTP и принципы REST, который обеспечивает простоту, масштабируемость и совместимость с браузерами;
- GraphQL — это язык запросов и серверная среда выполнения, позволяющие клиенту точно указывать, какие данные ему нужны, они снижают избыточность запросов;
- gRPC — это высокопроизводительный фреймворк от Google, основанный на бинарном структурированном протоколе Protobuf[486], который подходит для межсервисных взаимодействий с жёсткими требованиями к задержкам;
- WebSocket — это протокол для двусторонней постоянной связи, который подходит для сервисов с жёсткими требованиями к задержкам;
- Webhook — это механизм обратных вызовов, посредством которого один сервис уведомляет другой о событии по заранее заданному URL, он часто используется в событийно-ориентированных сценариях (разд. 10.2.4).

Выбор конкретного ППИ зависит от характера взаимодействия, требований к производительности, совместимости и семантики данных. В реальных системах часто используется сочетание нескольких подходов, чтобы охватить разные классы целевых задач.

Предпочтительным является взаимодействие сервисов SBA на основе реактивной архитектуры. Такой подход обеспечивает неблокирующее взаимодействие между сервисами и позволяет масштабировать их независимо друг от друга. Из предложенных ППИ реактивность придаёт использование WebSocket, Webhook, gRPC.

В SBA вопросы резервирования (разд. 4.2.6), отказоустойчивости (разд. 7.2.1) и масштабирования (разд. 9.3) решаются внутри каждого отдельного

[485] Simple Object Access Protocol.
[486] Protocol Buffers.

сервиса, а не на уровне всей целевой системы. Это означает, что сами сервисы не дублируются как единицы, а проектируются таким образом, чтобы быть самодостаточными в обеспечении своей устойчивости. Каждый сервис самостоятельно отвечает за обработку сбоев, горизонтальное масштабирование, репликацию данных (разд. 4.4) или управление консистентностью (разд. 6.1), если это необходимо. Такой подход усиливает независимость компонентов и соответствует децентрализованной природе SBA, когда система не зависит от глобального механизма отказоустойчивости или резервирования.

SBA является оптимальным решением для постепенного перехода от монолитной архитектуры к микросервисной. Она может выступать как промежуточный этап, позволяющий разделить монолит на логически обособленные сервисы без полной децентрализации, характерной для микросервисов. Одновременно SBA может служить и архитектурной надстройкой, объединяющей группу связанных микросервисов в более крупные, согласованные сервисные модули, каждый из которых реализует самостоятельную проектную функцию. Такой подход упрощает миграцию, снижает риски, улучшает управляемость и даёт возможность гибко балансировать между сложностью и автономностью в зависимости от зрелости системы и команды. Для ускорения доступа к данным SBA может использовать РРП. Для этого существует специальный архитектурный шаблон In-Memory Data Grid.

10.5.2. In-Memory Data Grid

In-Memory Data Grid[487] (IMDG) — это подход к распределённому хранению данных в оперативной памяти распределённых узлов. Фактически In-Memory Data Grid представляет собой РРП (разд. 4.10) и функционал её обслуживания.

IMDG, в свою очередь, основан на архитектурном шаблоне Data Grid, который обеспечивает:

- распределение данных между узлами кластера;
- быстрый доступ (часто In-Memory);
- поддержку горизонтального масштабирования.

Основная задача IMDG заключается в обеспечении высокой доступности данных (разд. 9.1.1) и масштабируемости (разд. 9.3) в режиме РВ. В отличие от традиционных СУБД, IMDG обеспечивает хранение всех данных в памяти и осуществляет их распределение между узлами кластера, что позволяет обрабатывать большие объёмы данных с минимальными задержками и без узких мест.

[487] IMDG, #10-92.

РРП IMDG, как правило, основана на разделяемых переменных типа ключ-значение. IMDG поддерживает партиционирование (разд. 3.3.4), репликацию. IMDG поддерживает транзакции (разд. 4.9), событийную модель (разд. 10.2.4).

IMDG состоит из нескольких компонентов:

- вычислительный узел (processing unit) — корневой узел РРП (разд. 4.1.2), который обеспечивает обработку нагрузки и обслуживает часть общих данных;
- контроллер сообщений (messaging grid) — определяет доступный корневой узел для взаимодействия с запросами ввода/вывода, работает как брокер сообщений (разд. 4.7.3);
- контроллер репликации (data grid) — обеспечивает репликацию, синхронизацию данных корневых узлов (разд. 4.4), отвечает за консистентность данных (разд. 6.1), преимущественно должен использовать выделенный интерконнект (разд. 10.2.1);
- контроллер-координатор (processing grid) — обеспечивает балансировку корневых узлов (разд. 8.2), а также координирует перемещение данных (тиринг) между узлами;
- контроллер развёртывания (processing deployment) — обеспечивает ввод новых корневых узлов в зависимости от нагрузки, определяет сбоящие узлы и выводит их из нагрузки (рис. 10–69).

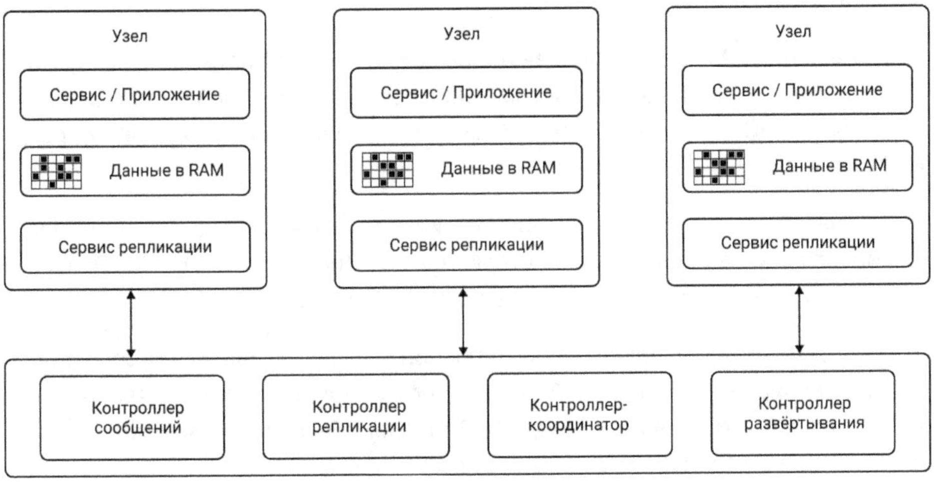

Рис. 10–69. IMDG

Задача IMDG сводится к обеспечению такой её конфигурации, чтобы большинство запросов (вычислений) осуществлялось локально[488], без вовлечения других узлов. Решения IMDG, как правило, содержат инструменты интеграции с внешними источниками данных для загрузки, выгрузки или синхронизации.

IMDG поддерживает встроенные механизмы кеширования как одну из своих ключевых функций, но значительно превосходит традиционный кеш по возможностям и архитектурному назначению (разд. 5.2). Как правило, IMDG поддерживает следующие функции кеширования:

- распределённый кеш[489] — данные автоматически распределяются по узлам кластера (разд. 3.3.1);
- локальный кеш[490] — часто используемые данные кешируются локально на каждом узле;
- write-through/write-behind — автоматическая синхронизация данных с внешних источников при записи, которая обеспечивает консистентность и отказоустойчивость немедленно (write-through) либо с задержкой (write-behind);
- встроенные политики вытеснения кеша, LRU, LFU, TTL — позволяют управлять объёмом памяти и удалять устаревшие или неиспользуемые данные;
- кеширование[491] результатов запросов для ускорения повторных операций.

Решения IMDG обеспечивают высокую доступность и отказоустойчивость за счёт репликации и автоматического восстановления. Специализированные IMDG для этого могут обеспечивать избыточность данных (разд. 4.2.3).

Кластерные IMDG осуществляют синхронизацию (разд. 4.4.1) по высокоскоростному выделенному интерконнекту (разд. 10.2.1). IMDG могут обеспечивать защиту данных от конфликтов репликации (разд. 10.2.11).

Специализированные IMDG способны обеспечивать когерентность распределённого кеша (разд. 5.3), для чего используют многосвязный или полносвязный интерконнект (разд. 10.2.3). Для обеспечения высокой доступности специализированные IMDG могут взаимодействовать с клиентами кластеров через многопутевой ввод-вывод (разд. 10.2.2).

---

488 Co-located processing.
489 Distributed cache.
490 Near cache.
491 Query caching.

IMDG-решения, как правило, предполагают гибкие настройки, позволяющие добиться компромисса в отношении принципов PACELC (разд. 6.7.2), а также локальной согласованности для вычислений.

IMDG представляет собой проверенную основу для построения вычислительных кластеров, в том числе для высоконагруженных параллельных (разд. 9.2.1) и конвейерных (разд. 10.1.5) вычислений.

В качестве примера платформ, построенных на основе архитектуры IMDG, можно привести Apache Ignite, GridGain, Hazelcast, Oracle Coherence.

IMDS может служить как инфраструктурная основа SBA (разд. 10.5.1) для организации межсервисного обмена и согласованного кеширования, а также как Data Space в Space-Based Architecture (SpBA), выступая в роли РРП и коммуникационного канала между распределёнными узлами. Это делает IMDG универсальным инструментом в контексте архитектуры распределённых систем.

10.5.3. In-Memory Data Space

In-Memory Data Space (IMDS) представляет собой архитектурную концепцию, в рамках которой память распределённого кластера используется как единое логическое пространство хранения и обмена данными между компонентами системы. В отличие от IMDG, в IMDS акцент делается не только на хранении и масштабировании данных, но и на координации и взаимодействии компонентов в пространстве памяти. В отличие от IMDG, которая организована на основе структур типа ключ-значение, IMDS организована на основе модели пространства кортежей[492].

IMDS, как и IMDG, организует общую РРП (разд. 4.10). Компоненты системы читают, записывают и удаляют объекты из РРП по ключам, метаданным или шаблонам. Это делает взаимодействие слабосвязанным и естественным для асинхронной, реактивной архитектуры.

Одной из важнейших особенностей IMDS является высокая интероперабельность компонентов. Участники взаимодействия могут быть написаны на разных языках, использовать различные технологии и работать в разное время. Это достигается благодаря тому, что взаимодействие происходит не напрямую, а через общее логическое пространство данных, что устраняет жёсткие зависимости между компонентами и упрощает их замену, масштабирование и повторное использование.

---

[492] Tuple, tuple space.

IMDS поддерживает операции с шаблонами[493] (паттернами, сигнатурами), свойственные операциям с кортежами. Такие операции позволяют извлекать данные по частичным признакам. Это облегчает реализацию реактивного поведения. Компоненты могут ждать появления нужных данных и реагировать на события автоматически, без постоянного опроса. Операции с шаблонами требовательны к производительности, поэтому применение IMDS требует соответствующих ресурсов (разд. 2.1).

Основная цель IMDS заключается в организации взаимодействия слабосвязанных компонентов. IMDG, напротив, предназначена для быстрого доступа к данным и обеспечения возможности горизонтального масштабирования с учётом сохранения сильной связности.

IMDS подразумевает асинхронный доступ через единое пространство данных. IMDG обеспечивает прямой доступ к данным по ключу, при этом может использоваться событийная модель. IMDS поддерживает операции чтения (read), записи (write), удаления (take) и оповещения (notify). IMDG поддерживает операции чтения (get), записи (put), удаления (remove), запроса (query) и оповещения (listen). IMDS обеспечивает маршрутизацию запросов по совпадению шаблонов, а IMDG — по хешу, отвечающему за партиционирование.

IMDS обеспечивает изоляцию компонентов на высоком уровне, используя возможность создания логических пространств, обеспечивая мультитенантность. IMDG, напротив, обеспечивает слабую изоляцию в связи с тем, что всем компонентам известны ППИ. В IMDG можно реализовать изоляцию, но это потребует усложнения структур данных или организации мощной подсистемы разграничения доступа.

Важно сравнить особенности реализации IMDS с РРП на основе пространства кортежей и IMDG с РРП на основе ключ-значение.

IMDS и IMDG одинаково хорошо работают в реактивном режиме (разд. 10.2.4). IMDS поддерживает подписку на появление кортежей. IMDG позволяет реагировать на изменения в структурах ключ-значение через механизм непрерывного запроса[494], который запускается непрерывно и обновляет результаты в реальном времени по мере поступления новых данных.

С точки зрения консистентности IMDS в связи с более высокими задержками, свойственными кортежным операциям, скорее ориентирована на конечные модели консистентности (разд. 6.2.3). IMDG, напротив, предназ-

[493] Pattern matching.
[494] Continuous query.

начена для более строгих, оптимистичных моделей (разд. 10.3); могут быть обеспечены гарантии строгой консистентности (разд. 6.2.1).

Кеширование является слабым местом IMDS в связи со сложностью реализации. Для кортежей проще всего обеспечить поддержку вытеснения на основе TTL. Применение структур ключ-значение позволяет IMDG обеспечивать высокую гибкость стратегии вытеснения кеша, такой как TTL, LRU, LFU, write-through, write-back.

Репликация и отказоустойчивость не являются сильными сторонами IMDS, однако для IMDS может быть реализована репликация любой сложности, включая создание избыточности данных отдельных узлов и шардинг (разд. 3.3.7).

IMDS подходит для широкого круга задач — от организации коммуникации между микросервисами до реализации распределённых очередей, кеширования, репликации, синхронизации в высоконагруженных распределённых системах. IMDS отлично подходит для обслуживания слабосвязанных систем, например с узлами в mesh-топологии (разд. 4.1.1).

В качестве примера платформ, построенных на основе архитектуры IMDS, можно привести JavaSpaces, TSpaces, MozartSpaces, GigaSpaces.

В Service-Based Architecture IMDS может выступать как среда межсервисного взаимодействия, особенно в случаях, когда нужно устранять явные зависимости между сервисами и поддерживать масштабируемость и отказоустойчивость. В Space-Based Architecture IMDS является основным структурным компонентом, выполняющим роль общего контекста данных и коммуникации между компонентами.

10.5.4. Space-Based Architecture

Архитектура на основе пространства данных (SpBA[495]) представляет собой архитектурный стиль, ориентированный на создание масштабируемых и отказоустойчивых распределённых систем через общее логическое пространство данных[496].

Важно отметить, что место расположения пространства данных не уточняется, но SpBA подразумевает применение IMDS. Особенности работы IMDS вызывают некоторые задержки даже при условии размещения данных

---

[495] Space-Based Architecture, #10-93 [w].
[496] Data Space.

в оперативной памяти. Работа на основе медленных хранилищ тем более будет весьма затруднительной.

IMDS выступает как единый «черный ящик», в который компоненты записывают и из которого читают данные по шаблону, не зная, где именно и кем данные будут обработаны.

Сервисы делятся на изолированные независимые процессные единицы (processing units), которые разворачиваются параллельно и могут быть зарезервированы для обеспечения отказоустойчивости. Все единицы получают доступ к общему пространству и могут заменять друг друга в случае сбоя.

За счёт изолированности логики от физического размещения данных SpBA эффективно масштабируется горизонтально. Добавление новых процессных единиц или узлов приводит к линейному увеличению производительности.

Компоненты SpBA могут реагировать на появление или изменение данных в едином пространстве. Следовательно, SpBA представляет собой естественную архитектурную платформу для событийно-управляемых систем (разд. 10.2.4).

Как и SBA, SpBA не требует наличия централизованного оркестратора и по своей сути является чистой leaderless-архитектурой. Вся координация осуществляется через шаблонный доступ к данным в пространстве. Это повышает устойчивость и упрощает архитектуру.

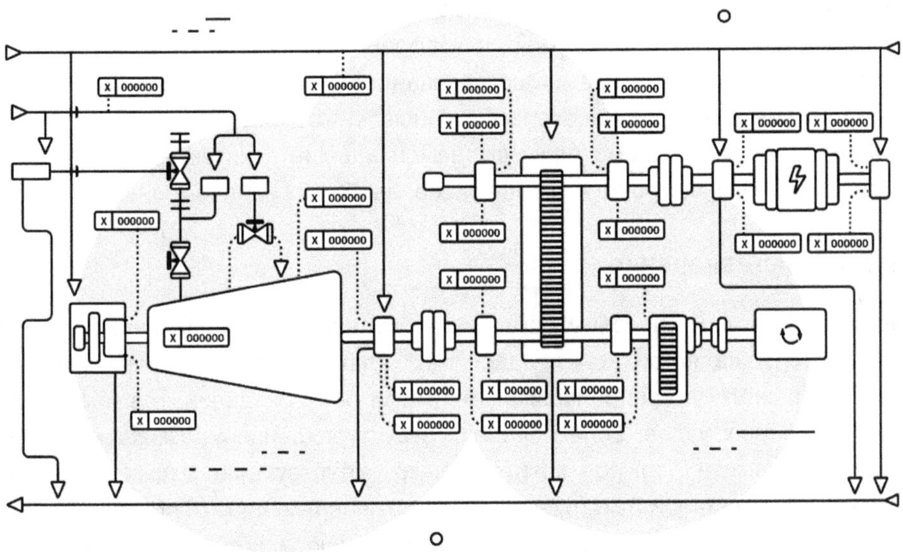

Глава 11. Приёмы реализации

11.1. Распределённые СУБД

Современные распределённые системы предъявляют высокие требования к скорости доступа, надёжности хранения и масштабируемости обработки данных (разд. 9.3). Ключевым инструментом для удовлетворения таких требований являются системы управления распределёнными базами данных (РСУБД). Их основная задача заключается в обеспечении консистентности (разд. 6.1), отказоустойчивости и в эффективном управлении информацией, которая физически распределена между множеством узлов, представляя её пользователям и сервисам как единое логическое целое.

Эволюция РСУБД напрямую связана с ростом объёмов данных и потребности в их обработке в реальном времени. Это привело к повсеместному внедрению In-Memory архитектур, где данные хранятся преимущественно в оперативной памяти, что радикально снижает задержки доступа. Таким образом, при проектировании распределённых систем, использующих постоянные накопители, критически важной становится организация эффективного многоуровневого кеширования (разд. 5.2) для минимизации обращений к медленным носителям и обеспечения производительности, сопоставимой с чистыми In-Memory решениями. Современные РСУБД[497] инкапсулируют различные модели данных — от простых ключ-значных хранилищ до сложных объектных и графовых систем. Такие СУБД поддерживают сложные механизмы согласованности, репликации и шардинга, позволяющие строить высоконагруженные и отказоустойчивые серверы. В данном разделе рассмотрены фундаментальные архитектурные подходы и модели данных, лежащие в основе распределённых систем хранения.

11.1.1. Ключ-значение

Распространённым способом организации хранения распределённых данных (разд. 3.3.10) является конструкция типа ключ-значение. Такие структуры могут быть сколь угодно большими, они могут быть разделены на множество распределённых узлов. Если подобная структура данных размещена в оперативной памяти, такую архитектурную конструкцию можно считать реализацией типичной РРП (разд. 4.10) на базе переменных. Формат хранения плоских структур пар типа ключ-значение лучше всего приспособлен для обработки в оперативной памяти. Такая конструкция одинаково эффективна для обработки данных на обычных классических процессорах в связке с оперативной памятью, на ПЛИС и других специализированных ASIC, которые часто применяются в СРВ.

Под переменными подразумевают базовые конструкции, такие как целочисленные переменные (int), переменные с плавающей точкой (float), фиксированные массивы блоков (array) и строковые (string) переменные. В поле value можно хранить значительный блок данных, например, такой как JSON[498], чанки (постоянный блок данных), страница (временный блок данных).

Подобная конструкция позволяет без лишних сложностей добавлять новые пары даже при наличии существенной нагрузки. Алгоритмы репликации и синхронизации проще всего реализовать на основе такой структуры данных. Плоские структуры пар ключ-значение наиболее понятны и просты в обслуживании.

Структура ключ-значение является базовой для архитектурного подхода построения РРП на основе шаблона In-Memory Data Grid (разд. 10.5.2).

[497] Distributed DBMS, #11-01 [w].
[498] Эффективный для разбора текстовый формат обмена данными, #11-02 [w].

11.1.2. Объектная надстройка

Управление данными распределённых систем проще осуществлять согласно парадигме предметно-ориентированной архитектуры (разд. 10.4.1). В этом случае данные, как правило, будут представлять собой объекты.

Под объектом подразумевается контейнер, состоящий из заранее определённого набора атрибутов. Каждый атрибут может представлять собой пару: имя атрибута (параметра) и его значение. Каждому такому контейнеру могут быть присвоены имя и прочие специальные свойства.

При эксплуатации целевой системы такая структура данных, как объект, может быть статической. Некоторые системы позволяют изменять структуру объекта, то есть менять состав атрибутов.

Возможность менять структуру объектов в режиме эксплуатации системы существенно усложняет архитектуру целевой системы.

Необходимо отслеживать историю изменения структур объектов и контролировать сценарии их использования. Сценарий может обратиться к несуществующему атрибуту объекта. Наиболее сложными моментами станут синхронизация и обеспечение консистентности (разд. 6.1).

Для ответственных РСУ процесс создания новых объектов достаточно сложен. Объекты могут содержать разнообразные наборы атрибутов различного типа, которые требуется идентифицировать в режиме выполнения. Необходимо проводить множество проверок, влияющих на быстродействие целевой системы. Для синхронизации каждого объекта придётся описывать отдельные правила, переписывая их при изменении структуры объектов.

Существует множество методик, позволяющих упростить работу с объектной моделью. Одной из таких методик является применение объектной надстройки над некой плоской структурой данных. Такая методика, широко используемая при работе со структурированными СУБД (SQL), называется объектно-реляционной проекцией. Эту же методику можно применить для распределённых систем.

Каждый объект может быть представлен как совокупность структур типа ключ-значение. Самым простым способом создания объектной надстройки (структуры) является использование метаданных (разд. 3.1). Метаданные могут содержать статический справочник, в котором определён структурный состав объекта (рис. 11–01).

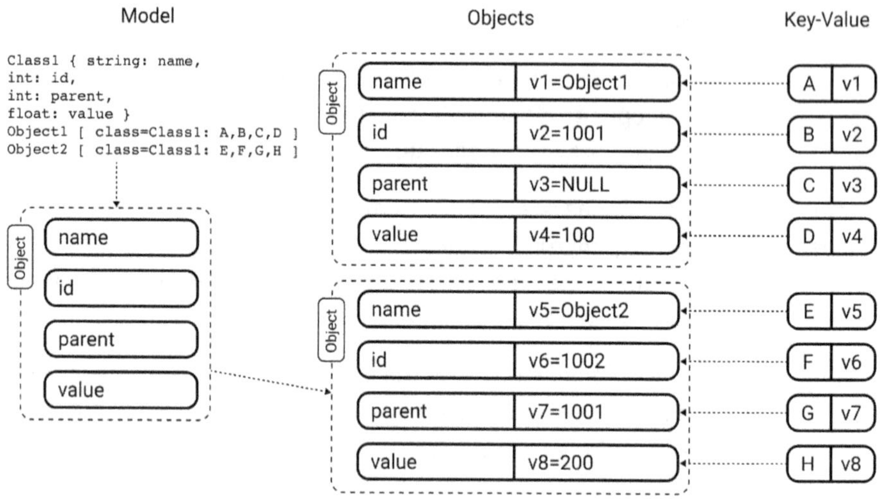

Рис. 11–01. Структура объекта

Метаданные могут храниться в специальном файле, который будет скопирован на требуемые узлы перед их запуском, или в специальной СУБД, к которой имеют доступ распределённые узлы.

Можно поступить ещё проще: ввести соглашение о наименовании ключей, отражающее принадлежность ключа к конкретному атрибуту объекта. Такое наименование можно интегрировать в состав наименования ключей в виде префикса. Естественно, подобная конструкция накладывает некоторые ограничения, способствует появлению требований к дополнительным проверкам, однако благодаря ей исчезает необходимость в каком-либо отдельном внешнем механизме описания структур данных и хранения метаданных (рис. 11–02).

В таком случае для того, чтобы понять, какому атрибуту объекта соответствует конкретный ключ и как собрать объект из нескольких элементов плоской структуры, применяется внутренняя логика целевой системы.

Данная методика позволяет строить простые алгоритмы синхронизации и обеспечения консистентности, так как все синхронизационные данные являются однотипными.

Эта методика широко используется в задачах промышленной автоматизации крупных объектов генерации электроэнергии, в АСУ ТП АЭС, ТЭС, ГЭС (разд. 11.3). В таких АСУ ТП применяется специальная система кодирования оборудования KKS[499].

[499] Kraftwerk-Kennzeichensystem (нем.), #11-03.

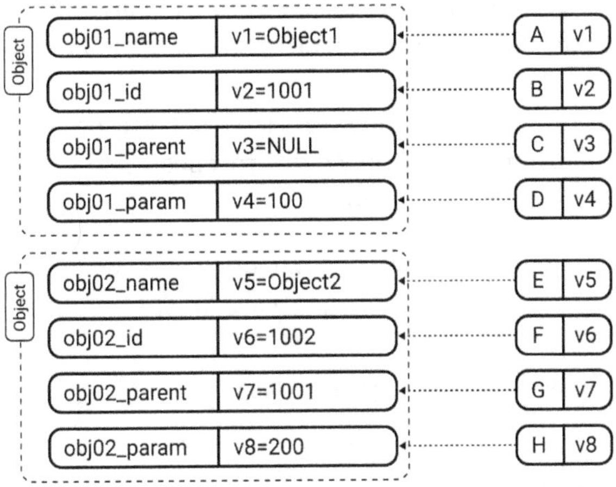

Рис. 11–02. Структура объекта с соглашением описания

Данная система кодирования подразумевает наличие специального справочника, подробно описывающего структуру и параметры кодируемого объекта. Такая система позволяет на всех этапах функционирования целевой системы упростить и стандартизировать описание сложных и уникальных автоматизируемых объектов. Обычно, чтобы задать тип переменных, к коду KKS добавляют постфикс, добавляющий к коду объекта код переменной. Разделение кодов осуществляется принятыми в целевой системе специальными символами. По такому постфиксу однозначно можно судить о типе переменной. Чтобы задать переменные по описываемой методике, применяется KKS с постфиксом. Естественно, KKS применяется как ключ в структурах ключ-значение.

11.1.3. Изменение структуры объектов в динамике

Как показано в предыдущем примере, данные объектов могут быть представлены в виде плоских структур типа ключ-значение списков. В СРВ, как правило, не предполагается изменение структуры объектов, а общая структура данных является статической. Но это не всегда удобно.

В ВНС возникают ситуации, когда необходимо добавлять не только новые объекты, но и свойства объектов, а иногда и выполнять удаление, которое является операцией, крайне опасной для РСУ (разд. 4.5). Нередко возникают ситуации, когда необходимо в режиме РВ изменить структуру объекта. Например, в некоторых системах объекты могут определять иерархическое структурирование (вложенность). В таких случаях достаточно задать атрибут с идентификатором или наименованием родительского объекта.

В задачах обслуживания графов может возникать необходимость задать связь между двумя объектами графа. В данном случае на каждом объекте графа задаётся атрибут с идентификатором или наименованием связанного объекта. Таким же образом может быть отражён вектор связи. Если объекты ссылаются друг на друга, то связь двунаправленная; в противном случае связь однонаправленная.

В качестве примера можно привести появление новой двунаправленной связи между двумя элементами графа (рис. 11–03).

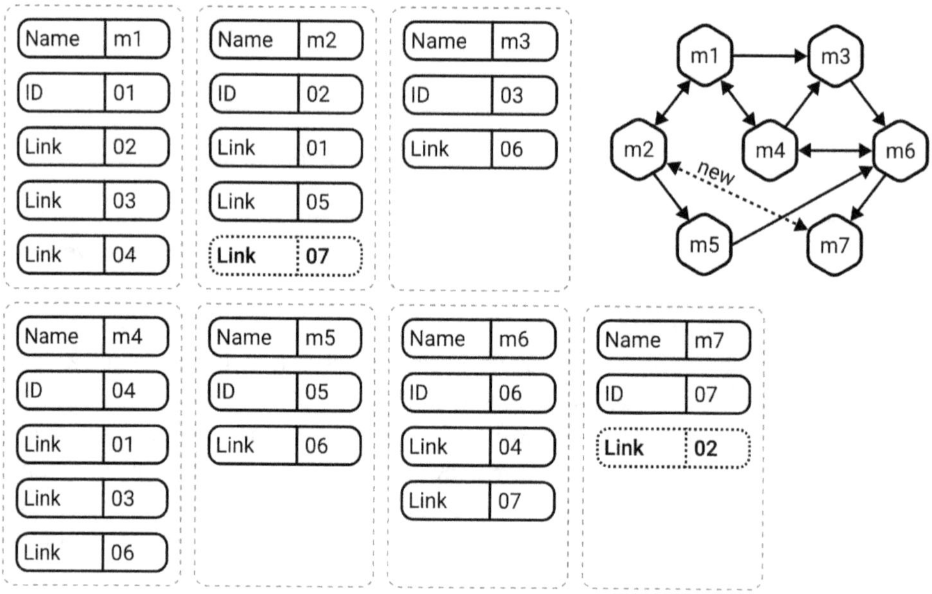

Рис. 11–03. Задание связей

Предположим, что данные графа хранятся на корневых узлах (r1, r2, r3) с РРП (разд. 4.10) в виде списка ключ-значение. Объекты, описывающие вершины графа, распределены по трём корневым узлам без избыточности. Клиенты (c1, c2) для взаимодействия с графом должны обращаться к корневым узлам. Так как в РРП отсутствует избыточность, клиентам необходимо осуществлять итеративный поиск корневого узла, отвечающего за хранение нужного объекта (рис. 11–04).

При преобразовании в плоскую структуру наименование переменной глобального списка задаётся с помощью пары, содержащей наименование объекта и отделяемый символом @ постфикс, который определяет тип переменной и, следовательно, логику её обслуживания.

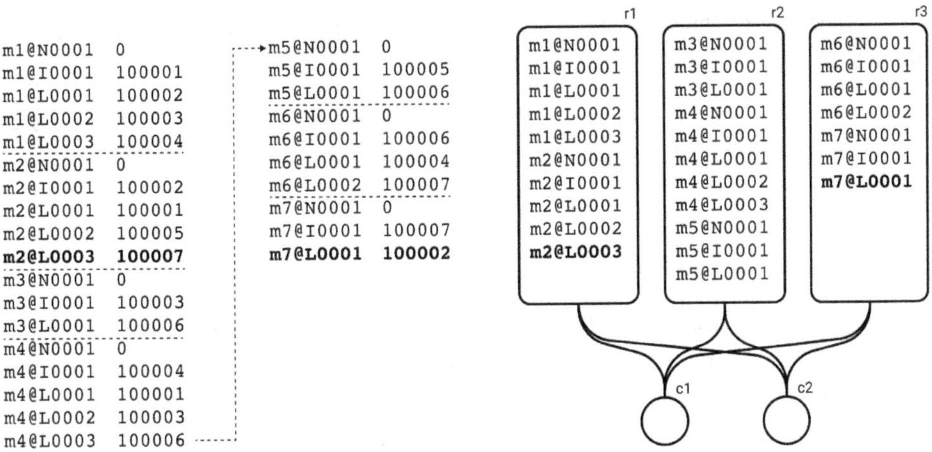

Рис. 11–04. Хранение связей

Задаются следующие переменные:

- **XX@NYYYY** задаёт наименование объекта, значение не присваивается;
- **XX@IYYYY** задаёт переменную — идентификатор объекта;
- **XX@LYYYY** задаёт переменную типа ссылки на другой объект, где в качестве значения указывается требуемый идентификатор.

В ходе эксплуатации распределённой системы между вершинами графа (m2 и m7) возникает связь. Чтобы её отразить, достаточно добавить пару элементов в глобальный список, что совсем не сложно. В данном случае объекты m2 и m7 добавляются как связующие переменные:

- **m2@L0003** = 100007;
- **m7@L0001** = 100002.

В случае удаления связей не должно возникнуть существенной проблемы. В качестве значения ссылки можно, например, установить 0 — это будет означать удаление связи. Чтобы избежать операций удаления, можно предусмотреть фиксированное число возможных ссылок на другие вершины.

Таким образом, любые структурные изменения данных в режиме РВ могут быть обслужены простейшим ключ-значение списком. Такой список может быть произвольно большим — он может быть распределён по множеству узлов, а ограничения определяются доступной РРП. При нехватке РРП узлы можно масштабировать (разд. 9.3), а для надёжности ввести шардинг (разд. 3.3.7).

Такая методика позволяет описать любые сложные структуры[500] данных (списки, деревья, графы и др.) и отношения между их элементами.

При большом числе узлов РСУ проблемой может стать поиск нужного объекта. Поиск можно упростить путём введения специальных индексных переменных.

11.1.4. Индексирование

Индекс — это структура СУБД, необходимая для ускорения поиска данных. В СУБД разных типов индексы выглядят по-разному. В распределённых конструкциях целесообразно указывать, на каком именно узле хранятся запрашиваемые данные, чтобы не выполнять перебор, приводящий к ресурсным потерям.

Как показано в примере (рис. 11–05), переменные, относящиеся к объекту m5, частично избыточны и реплицированы на узлы r2, r3. Добавлены индексные переменные (RXXXX), которые указывают, на каких корневых узлах содержатся требуемые переменные. Индексные переменные реплицированы в режиме полной избыточности (разд. 4.10). Избыточность данных объекта m5 отражают индексные переменные m5@R0001, m5@R0002.

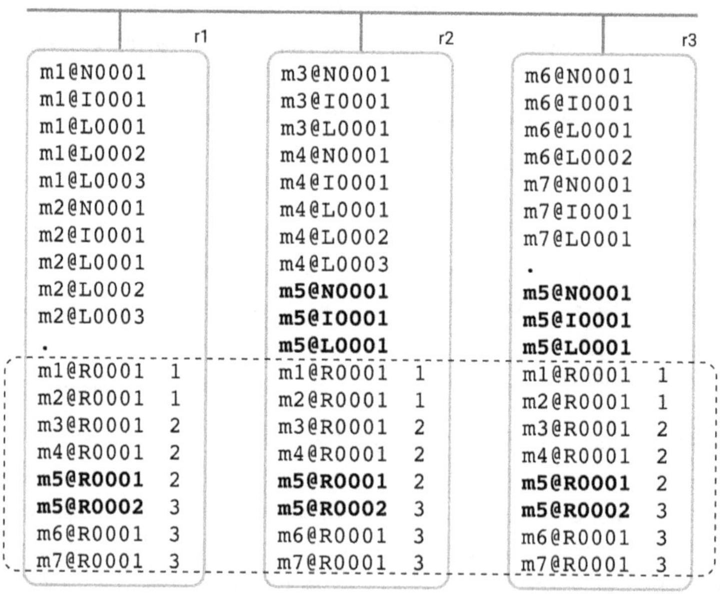

Рис. 11–05. Индексирование объектов

[500] 10 ключевых структур данных, #11-04. ▸

11.1.5. Временные ряды

Когда нужно обеспечить хранение изменений данных во времени, целесообразно использовать структуры для хранения данных временных рядов (time series). Временные ряды могут быть полезны для реализации краткосрочных, среднесрочных и долгосрочных архивов. При этом важно учитывать, что работа с временными рядами может быть организована в режиме РВ, но в этой ситуации структуры данных должны быть фиксированной длины. Обработку временных рядов СРВ и остальных лучше всего распределить между разными сервисами или микросервисами (разд. 10.2.6) таким образом, чтобы она выполнялась в разных ядрах или процессорах.

Хорошей практикой является организация хранения данных временных рядов в специализированных хранилищах. Для этого существуют специальные решения, такие как СУБД для организации хранения временных рядов. Многие современные решения содержат специальные встроенные структуры и сервисы для работы с временными рядами.

Существует специальный тип TSDB для хранения временных рядов с фиксированным количеством записей. Такие СУБД называются циклическими[501]. Решения подобного рода оперируют циклическими структурами данных. Переключение между элементами, инкремент, осуществляется путём перезаписи первого элемента, который всегда является следующим по отношению к последнему.

Циклические СУБД часто содержат функцию записи через фиксированные временные промежутки. Для этого в таких решениях присутствуют функции ресемплирования (разд. 11.1.6). Например, если значение не изменилось, оно всё равно будет перезаписано. В этом случае не будет затрачено время на поиск ближайших изменений. Такое свойство циклической СУБД позволяет эффективно и быстро осуществлять разнообразные вычисления благодаря одинаковой длине структур хранения и положению указателей. Описанные выше решения обеспечивают быстрый вывод данных на разнообразные тренды и диаграммы состояний, применяемые в системах диагностики.

Циклические структуры данных могут быть иерархически связаны между собой в соответствии с временным интервалом. Каждая следующая структура обеспечивает хранение обработанных данных, поступающих из предыдущей структуры. Обработка может включать в себя дедупликацию, хранение только экстремумов,

[501] Round Robin Database, #11-05 [w].

то есть применение большего временного интервала записи. Чем дальше от сырых данных, тем ниже частота хранения данных (рис. 11–06).

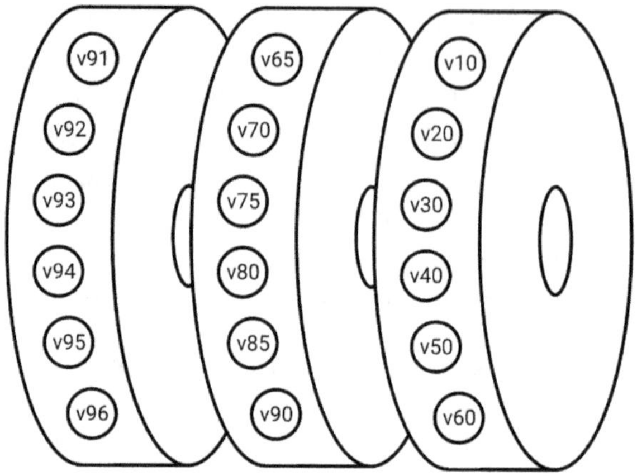

Рис. 11–06. Иерархическое циклическое хранение

11.1.6. Обработка временных рядов

Важной задачей РСУ является обработка данных. Нехватка данных или их избыток может повлиять на эффективность работы целевой системы. Упорядочивание данных может значительно повысить эффективность и надёжность РСУ, а также существенно упростить архитектуру.

Стратегии обработки данных могут быть весьма разнообразными. Может потребоваться предварительная обработка данных (предобработка), промежуточная или последующая обработка (постобработка). Обработка данных может осуществляться невзирая на высокую нагрузку системы или в промежутки ослабления нагрузки.

В ВНС и особенно в СРВ основная нагрузка обычно наблюдается при обработке временных рядов (разд. 11.1.5). Чем меньше данных системе придётся обрабатывать, тем меньше будет нагрузка на систему. Существует ряд подходов к снижению нагрузки на систему, к упрощению её работы с данными, которые могут противоречить друг другу.

Ресемплирование может включать в себя следующие операции:

- фиксацию требуемого размера массива, достаточного для отражения чувствительных изменений, — такой размер будет определять частоту изменений;

- если данных существенно больше, чем необходимо, осуществляется снижение частоты данных с преднамеренной потерей их части — такая операция называется понижением частоты дискретизации (downsampling);
- если данных меньше, чем необходимо, осуществляется дополнение данных, обычно путём повтора предыдущих значений, — такая операция называется повышением частоты дискретизации (upsampling).

Для повышения качества ресемплирования могут применяться различные математические методики, например учёт только ключевых точек интервальных изменений значений (максимум, минимум, среднее, медиана).

Если данные временных рядов описывают физический процесс, который может быть подвержен интерполяции, это лучший сценарий для ресемплирования. Для таких процессов в короткие интервалы времени интерполяция (линейная, полиномиальная, сплайн) практически не искажает данные. Интерполяция может быть весьма ресурсозатратной, но современные процессоры могут выполнять такие операции быстрее, чем происходит подготовка очереди непредсказуемой длины для синхронизации. Ресемплирование может осуществляться на периферийных узлах (разд. 3.3), снижая нагрузку на участвующие в синхронизации корневые узлы.

Ресемплирование данных хорошо применимо для временных рядов, отражающих протекание физических процессов, кроме некоторых высокочастотных. Высокочастотные процессы связаны с большими объёмами данных. Как правило, обслуживающие их системы проектируют как СРВ.

Ресемплирование полезно для снижения нагрузки на целевую систему. Самый очевидный способ снизить нагрузку — фильтрация лишних данных, то есть снижение частоты дискретизации. Эта операция приводит к уменьшению общего объёма данных (рис. 11–07).

В некоторых системах неопределённость объёма данных может быть фактором снижения надёжности, поэтому, например, лучше синхронизировать фиксированный объём изменений в единицу времени, чем определённые объёмы изменений, даже если они меньше. Синхронизация может быть реализована на синхронизационных очередях фиксированного объёма. Если данных приходит меньше, чем достаточно для целевых обработчиков, иногда весьма полезно их дополнить, то есть ампсемплировать (рис. 11–08).

В РСУ изменения значений переменных могут происходить с разной частотой. Анализ временных рядов с хаотичными частотами и непредсказуемым объёмом изменений может привести к спонтанному росту нагрузки и потенциально к деградации целевой системы (разд. 7.3.5). В этом случае полезно выполнить выравнивание данных временных рядов относительно установленной частоты. Такое выравнивание может сопровождаться как фильтрацией, так и дополнением данных (рис. 11–09).

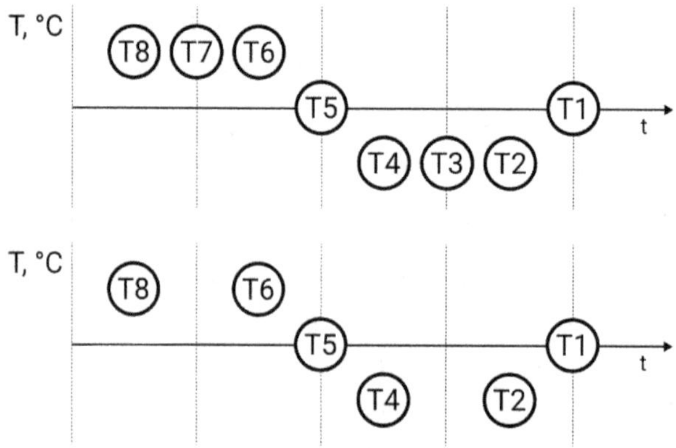

Рис. 11–07. Фильтрация данных

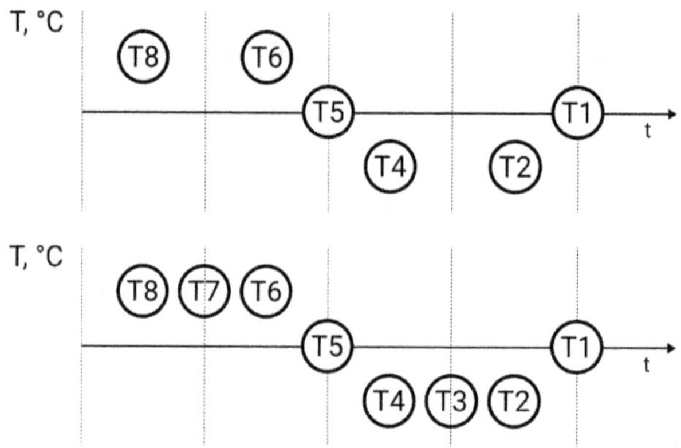

Рис. 11–08. Дополнение данных

Алгоритмически ресемплирование может опираться как на статистические законы, так и на законы физики для более точного восстановления данных. Ресемплирование может быть весьма затратным применительно к ресурсам процессов, поэтому оно может осуществляться в периоды низких нагрузок на систему. Связанная с ресемплированием нагрузка также может быть вынесена на периферийные узлы РСУ.

В зрелых РСУ всегда применяется ресемплирование. Оно полезно прежде всего для работы с архивными данными. При запросе в архив сразу будут выданы данные, сопутствующие запрашиваему срезу или диапазону с необходимыми частотами.

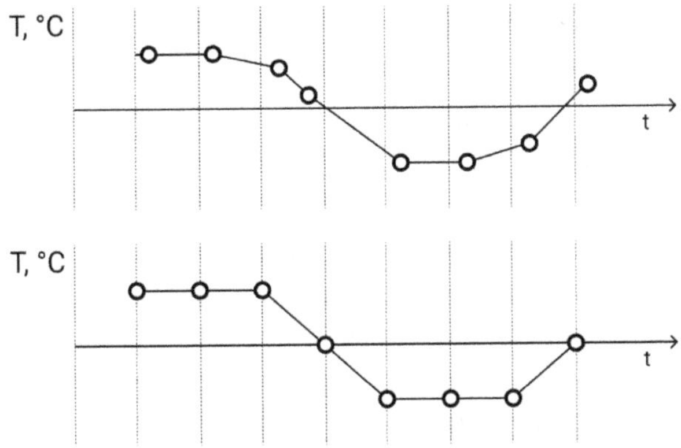

Рис. 11–09. Выравнивание данных по частоте

Важно отметить, что в случае ресемплированных данных частоту дискретизации запроса можно эффективно регулировать, по мере необходимости подгружая более детальные данные между подгруженными временными срезами. Когда данные не ресемплированы и хранятся в сыром виде, часто приходится запрашивать весь срез, что отрицательно влияет на нагрузку. РСУ, использующие в своей работе ресемплированные данные оперативного архива для выполнения задач РВ, например для предиктивной аналитики, очевидно, будут более производительными. Без ресемплирования невозможно обслуживать циклические архивы.

11.1.7. Маркировка временных рядов

В РСУ важнейшим параметром является время возникновения данных, описывающих то или иное событие или состояние объекта управления. В процессе передачи данных между компонентами системы могут происходить задержки, обусловленные расстоянием между узлами, их нагруженностью и приоритизацией обработки данных узлами (разд. 7.1.1).

Для того чтобы оценить актуальность данных, их полезно маркировать временными метками[502] на ключевых узлах прохождения данных. Например, в РСУ полезно знать время появления данных, время поступления данных на узлы, в которых осуществляется обработка данных. В некоторых системах принято ставить метку времени, когда данные теряют свою актуальность.

Проставление меток времени очевидно усложняет структуру данных, увеличивает их объём и нагрузку на их обработку. Однако множество меток времени позволяет эффективно диагностировать РСУ,

---

[502] Timestamp, #11-06 [w].

детально измерять задержку всех маршрутов данных и оптимизировать, балансировать (разд. 8.1) работу системы в целом.

Дополнительные временные метки могут задавать параметры ленивой модели консистентности по времени (разд. 6.3.3). В данном случае для установления консистентности можно опереться на одну из доступных меток, больше соответствующую ситуации. Также можно ориентироваться на временной интервал между первой и последней временными метками, пересчитывая величину задержки передачи сообщения.

11.2. Системы хранения данных

Задача хранения данных является ключевой для обслуживания большинства информационных систем. Эту задачу решают системы хранения данных (СХД). Такие системы весьма разнообразны, в них имеет место большое разнообразие конструкций и особенностей. Существует ряд отработанных подходов к созданию СХД, суть которых заключается в применении самых современных технологий.

Серьёзная современная СХД представляет собой распределённую систему, управляемую корневыми узлами (разд. 4.2.1), которые называют контроллерами СХД. Такие контроллеры, как правило, представляют собой своего рода модульные серверы с некоторыми специфическими особенностями. Эти особенности заключаются в наличии большого числа каналов ввода-вывода для обслуживания сопряжений с накопителями данных, сетевыми устройствами и серверами нагрузки.

Не существует сложных производственных систем без элементов АСУ ТП. В этой книге приведено множество примеров архитектуры современных РСУ АСУ ТП. В данном разделе все описательные части отдельных технологий собраны в единую архитектурную конструкцию.

Существует несколько классификаций СХД по целевому уровню отказоустойчивости (разд. 7.2.1), целевой нагрузке, специфике задач или виду подключения. Следует перечислить основные из них.

СХД традиционно делят на три класса, отличающиеся уровнями масштабируемости, производительности и отказоустойчивости:

- high-end (операторский и верхний корпоративный сегмент);
- mid-range (средний и начальный корпоративный сегмент);
- low-end решения (начальный корпоративный сегмент).

High-end системы, как правило, представляют собой решения из четырёх и более контроллеров. Встречаются конфигурации и с 16, и даже с 32 контроллерами. Такие конфигурации оснащают многосвязным или полносвязным интерконнектом (разд. 10.2.3), обеспечивающим работу решения в режиме active-active или ALUA (разд. 10.2.2). Подобные решения обеспечивают эффективную балансировку нагрузки и высочайшую отказоустойчивость. Основная задача таких решений заключается в работе в режиме 24 × 7 × 365 со SLA, соответствующим пяти девяткам (99,999%).

Mid-range системы, как правило, представляют собой решения с двумя контроллерами, но встречаются конфигурации и с четырьмя. Такие конфигурации могут быть оснащены многосвязными интерконнектами, обеспечивающими работу решения в режиме ALUA или даже в полноценном active-active. Это позволяет причислить такие системы к классу upper-midrange (промежуточному между mid-range и high-end). Однако при этом встречаются четырёхконтроллерные конфигурации, которые позиционируются как high-end, но на самом деле относятся к классу mid-range. Несмотря на наличие четырёх или более контроллеров в конструкции, каждый конкретный том в них может одновременно обслуживаться лишь двумя из них, что ограничивает реальную масштабируемость и отказоустойчивость таких систем. Mid-range класс решений является наиболее универсальным и, следовательно, наиболее часто встречающимся на рынке.

Low-end системы предназначены для малых предприятий или задач с низкими требованиями к доступности и производительности, когда ключевыми показателями являются стоимость и простота использования.

С точки зрения обслуживания данных выделяют следующие решения:

- блочные (block);
- файловые (file);
- унифицированные (unified);
- объектные (object).

В блочных СХД используются протоколы с блочной адресацией, такие как FC, SAS и iSCSI. Они предоставляют доступ к данным на уровне блоков, передавая целые тома без понимания структуры или содержимого файловой системы внутри. В отличие от них, файловые СХД работают с протоколами файлового уровня, такими как NFS[503] и CIFS[504], и обеспечивают доступ непосредственно к файлам и каталогам. Унифицированные СХД сочетают

[503] Network File System, #11-07 [w].
[504] Common Internet File System, #11-08 [w].

в себе возможности предоставления хостам (серверам) доступа к данным как по блочным, так и по файловым протоколам. Объектные СХД предоставляют доступ к структурированным объектам в общем пуле хранения по объектному протоколу, например по S3[505].

При использовании блочных СХД в конфигурациях, где несколько узлов кластера должны одновременно обращаться к одному и тому же тому (разд. 9.1), требуется особая организация доступа. Блочная СХД предоставляет узлам доступ на уровне «сырого» блочного устройства, а значит, согласованность операций чтения и записи должна быть обеспечена на стороне хостов. Для этого используются кластерные файловые системы (например, VMFS[506], GFS2[507], OCFS2[508]), которые поддерживают распределённую блокировку, арбитраж и контроль консистентности данных между узлами (разд. 6.1). Эти механизмы позволяют избежать конфликтов при параллельной работе с общим томом. В случае с файловыми СХД такие функции реализуются непосредственно в контроллере хранения: он сам управляет файловой системой, блокировками, кешированием и согласованным доступом, что упрощает использование в многопользовательской среде.

С точки зрения масштабирования выделяют решения scale-up и scale-out (разд. 9.3).

Системы с вертикальным масштабированием имеют строго определённую конструкцию. В таких решениях заранее известны пределы количества контроллеров, устройств хранения. Контроллеры в подобных системах отделены от устройств хранения коммутатором или общей шиной, к которой присоединяются полки расширения с дополнительными устройствами хранения.

Системы с горизонтальным масштабированием расширяются путём добавления комбинированных узлов «контроллер — хранение». В таких системах каждый контроллер одновременно является полкой расширения хранения.

505 Amazon S3, #11-09 [w].
506 Virtual Machine File System, VMware ESXi, #11-10 [w].
507 Global File System, Red Hat Enterprise Linux, #11-11 [w].
508 Oracle Cluster File System, #11-12 [w].

С точки зрения программно-аппаратных различий выделяют аппаратно-определяемые и программно-определяемые решения. Аппаратно-определяемые решения (HDS[509]) имеют аппаратно заданную логику, использующую специализированный ASIC, например RAID-контроллер или контроллер аппаратного интерконнекта.

Важно отметить, что в индустрии систем хранения не существует устоявшегося единого определения SDS, поэтому на практике используются два основных подхода к трактовке этого термина.

В одном варианте SDS — это система хранения, построенная на стандартных аппаратных компонентах (off-the-shelf), в которой вся логика работы реализована исключительно программными средствами, без использования специализированных ASIC. Согласно этому определению, в категорию SDS попадают и многие коммерческие «железные» СХД, поскольку современные вендоры всё чаще отказываются от кастомного кремния в пользу стандартных x86-серверов, объединённых в специализированные шасси.

Альтернативная трактовка SDS подразумевает строго программное решение, поставляемое независимо от аппаратной платформы. Такой подход предполагает, что пользователь может самостоятельно собрать конфигурацию СХД, используя любую доступную серверную платформу. Сторонники этой модели часто добавляют к определению дополнительные критерии. Такими критериями могут быть, например, обязательная поддержка горизонтального масштабирования и открытость исходного кода.

Выделяют конвергентные и гиперконвергентные решения. Конвергентные, то есть совмещённые, решения на практике предполагают совмещение в едином решении системы хранения, системы исполнения (серверов) и объединённой сети. Объединённая сеть (сеть хранения и сеть передачи данных) при этом может использовать специализированные протоколы (например, FCoE[510]). Гиперконвергентные решения — это объединение устройств хранения (контроллеров с полками хранения) и устройств исполнения (вычислительных серверов). В данном случае контроллер СХД исполняется либо как модуль гипервизора, либо в системной виртуальной машине и управляет устройствами хранения. Множество модулей «виртуальной СХД» объединяются в scale-out решение. Такие СХД предоставляют пространство хранения тем же серверам, на которых исполняются. Продуктивные системные виртуальные машины размещаются в том же виртуальном пространстве.

[509] Hardware Defined Storage.
[510] Fibre Channel over Ethernet, #11-13 [w].

Основой современных СХД являются серверные платформы, сопряженные с устройствами обслуживания большого числа накопителей. Надёжные решения строятся на основе принципов избыточности (разд. 4.2.3) и резервирования (разд. 4.2.6) в целях снижения вероятности отказа как отдельных компонентов, так и всей системы.

Важной частью СХД является подсистема обслуживания накопителей данных. В книге подробно описаны принципы создания избыточных массивов накопителей и организации структурирования данных (разд. 11.2.1). В качестве накопителей могут выступать SAS HDD, SAS SSD, NVMe накопители. Набирает обороты применение дезагрегированных фабрик на основе технологии NVMe-OF. Такая технология позволяет собирать надёжные отказоустойчивые распределённые хранилища с гибкой адаптируемой инфраструктурой для решения актуальных задач.

При операциях с данными таких массивов контроллеры СХД осуществляют их кеширование (разд. 5.2). Кеширование в СХД обслуживает операции записи и чтения данных. Кеш записи принимает запросы клиентов с производительностью, предел которой определяется возможностями сетевой подсистемы и оперативной памяти. Запись в массивы из кеша может осуществляться с меньшей скоростью. Кеш чтения обслуживает клиентские запросы обычным образом. Если данные кешированы, доступ к ним осуществляется быстрее. Обслуживание таких кешей осуществляет блочная РРП (разд. 4.10) на основе диапазонного разделения данных (разд. 3.3.8).

Узлы многоконтроллерных СХД осуществляют синхронизацию (разд. 4.4.1) кешей в режиме РВ. Синхронизация осуществляется по выделенному высокопроизводительному интерконнекту (разд. 10.2.1). В СХД Hi-End класса применяется многосвязный или полносвязный интерконнект (разд. 10.2.3). Такой интерконнект обеспечивает возможность поддержания высокой когерентности распределённого кеша (разд. 5.3), что эффективно с точки зрения обеспечения возможности работы контроллеров СХД в симметричном режиме (SAA). Интерконнект такого рода обеспечивает возможность многопутевого доступа клиентов к данным системы. В разделе о многопутевом доступе рассмотрены различия и особенности симметричного и асимметричного режимов работы контроллеров СХД (разд. 10.2.2).

Комплексы СХД могут реплицироваться в целях повышения эффективности доступа или резервирования всей системы в целом. Таким образом, даже в случае отказа всей СХД целиком будет доступна полная копия защищаемых данных. Подобное резервирование может осуществляться в режиме синхронной и асинхронной репликации, причём как в пределах одного ЦОД, так и между несколькими ЦОД. Может быть настроен режим, в котором часть систем может реплицироваться в синхронном режиме, а часть в асинхронном (разд. 4.4). Всё, что связано с репликацией данных, работает в режиме active-passive, то есть запись возможна только на основную СХД. В зависимости от настроек доступ к реплике может либо отсутствовать совсем, либо быть только на чтение. Например, в варианте «только на чтение» можно сделать снимок тома с данными, который дальше можно передать системе резервного копирования или использовать как основу для тестовой площадки с минимальными затратами и без влияния на основную продуктивную нагрузку.

Синхронная репликация чаще всего используется либо в пределах одного ЦОД, либо на дистанциях в десятки километров (метродистанции). Это расстояние, при котором синхронная репликация будет осуществляться с приемлемой задержкой, а следовательно, и производительностью. Важно отметить, что в индустрии СХД принята немного отличающаяся терминология, в которой синхронность подразумевает транзакционность (разд. 4.9).

При современных уровнях нагрузки именно синхронный канал становится ограничителем производительности СХД. Если сервис в ЦОД1 пишет блок данных на том с синхронной репликацией, то СХД должна записать блок на свой локальный пул хранения, отправить по синхронному каналу операцию записи, дождаться подтверждения от удалённой СХД и только после этого ответить этому сервису, что запись выполнена.

Поэтому для систем с повышенными требованиями к сохранности данных реализуется трёхсторонняя (трёхузловая) репликация (рис. 11–10): ЦОД1 и ЦОД2 на метродистанции в синхронном режиме, а ЦОД1 и ЦОД3 (или ЦОД2 и ЦОД3) на любых требуемых расстояниях в асинхронном.

Недостатком такой конфигурации является значительная задержка при переключении нагрузки из ЦОД1 в ЦОД2. Задержка может занимать часы даже в случае полной готовности и безошибочного процесса переключения, то есть RPO = 0, но RTO равно нескольким часам. В особо ответственных задачах значение RTO в несколько часов является неприемлемым.

В этом случае применяется технология активного зеркала СХД. Под активным зеркалом подразумевается возможность операций записи в каждое зеркало (реплику). Клиенту такая конструкция представляется единым комплексом. Даже полный отказ и отключение одного зеркала остаются незаметными для клиентов и не вызывают ни потери данных, ни простоя (RPO = RTO = 0).

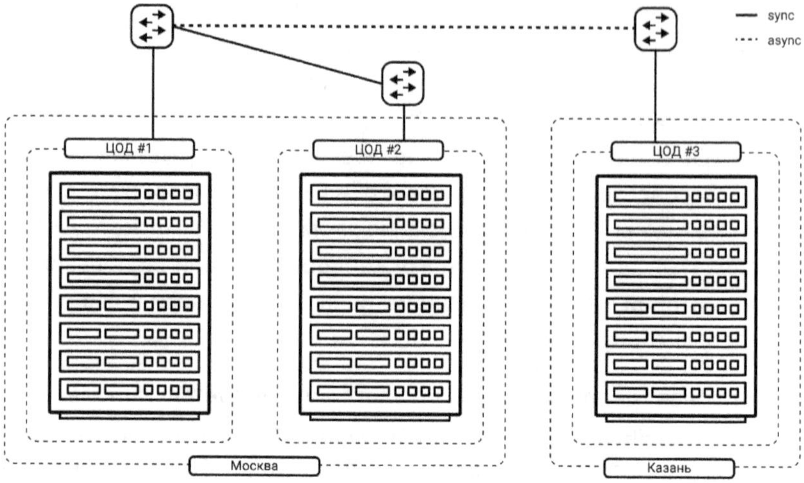

Рис. 11–10. Трёхсторонняя репликация

Развитие данной технологии для применения на метродистанциях называется «метрокластер». В контексте метрокластера понятие зеркалирования соответствует синхронной репликации. Нужно подчеркнуть, что метрокластер СХД имеет точно такие же зависимости от дистанций, как и однонаправленная синхронная репликация СХД. При этом добавляется повышенная опасность возникновения ситуации разрыва[511] связи между СХД (рис. 11–11).

Проблема split-brain может быть решена двумя способами. Могут быть заданы правила обработки split-brain. Каждому тому, защищённому активным зеркалом, назначается СХД — владелец из пары. В случае обнаружения split-brain СХД полностью останавливает все операции записи на чужой том, предотвращая потерю данных.

Может быть применён специальный координатор, называемый арбитром[512]. Он представляет собой небольшой сервис, осуществляющий диагностику доступности узлов метрокластера. В ответственных системах арбитр может резервироваться. Он должен быть размещён на третьей площадке и при этом иметь независимую сетевую связность с СХД в каждом ЦОД. В общем случае арбитр может быть размещён как небольшой сервис в облаке, но в каждом конкретном случае могут быть специфические требования.

---

[511] Split-brain, #11-14 [w].
[512] Cluster witness, #11-15.

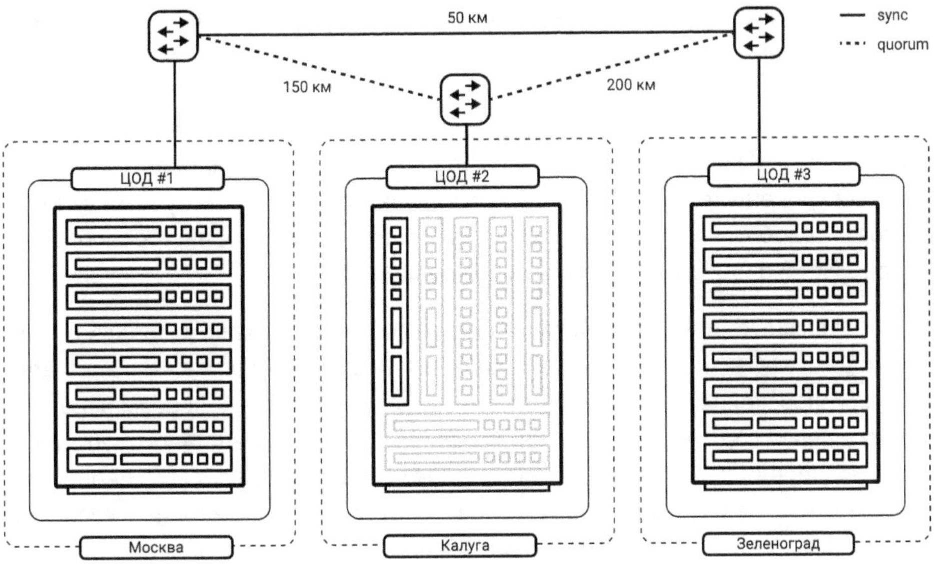

Рис. 11–11. Метрокластер

При обнаружении split-brain, когда арбитр доступен, а связь между узлами СХД нарушена, арбитр принимает решение о продолжении или остановке работы. В зависимости от ситуации он выдаёт каждой СХД из зеркальной пары соответствующие указания для обеспечения целостности данных.

Если арбитр становится недоступен, но оба узла СХД сохраняют связь между собой, работа продолжается в обычном режиме. При этом СХД диагностирует потерю связи с арбитром, чтобы оперативно принять меры.

В случае полного обрыва связи, когда недоступны и арбитр, и один из узлов СХД, оставшийся без связи узел останавливает все операции записи для предотвращения риска рассогласования данных.

Если один из узлов СХД выходит из строя или полностью теряет связь, а арбитр остаётся доступным, арбитр подтверждает потерю узла. После этого оставшийся узел СХД полностью берёт на себя управление томами и продолжает работу.

Применение метрокластера СХД сочетается с техническими и организационными мерами на уровне вычислительной платформы. Вычислительные узлы должны уметь работать с метрокластерной СХД и уметь обрабатывать ситуации split-brain. Целевая система должна интегрироваться с арбитром на уровне ППИ.

Клиенты СХД могут обращаться к любому из контроллеров, применяя парадигму многопутевого доступа. Обычно клиенты взаимодействуют с СХД через общепринятые протоколы, такие как iSCSI, iSER[513], Fibre Channel, так как их поддерживает большинство ОС. Некоторые разработчики реализуют свои смарт-клиенты доступа. Такие смарт-клиенты могут обеспечивать дополнительный уровень кеширования, управления многопутевым доступом и многое другое. Подобные смарт-клиенты могут быть интегрированы с арбитром метрокластера или даже выполнять его функцию.

Надёжные и производительные СХД нужны во многих задачах, где необходим эффективный доступ к данным. Обслуживание систем виртуализации, гиперскейлеров, СУБД и прочих scale out систем невозможно без современных СХД и решений на их основе. Задачи машинного обучения моделей предиктивной аналитики, обслуживание цифровых двойников невозможны без СХД. Следовательно, современные системы хранения являются основой создания РСУ и систем предиктивного управления.

11.2.1. Структурирование данных в системах хранения

Принцип структурирования данных с избыточностью применяется в системах хранения (разд. 11.2). Все RAID основаны на принципе структурирования данных с избыточностью. Для логического разделения физических накопителей на части применяется партиционирование.

В качестве примера можно привести реально используемые схемы структурирования массивов накопителей. Такое структурирование придумано для обеспечения высокой отказоустойчивости при отказах накопителей с сохранением эффективности операций записи и чтения.

RAID 0 работает в режиме чередования (striping), блоки чередуются между накопителями[514] без избыточности. RAID 1 работает в режиме зеркалирования (mirroring), блоки зеркалируются на второй накопитель в режиме полной избыточности. RAID 4 распределяет блоки с чередованием, выделяется диск записи блоков контроля чётности (рис. 11–12).

RAID 5 обеспечивает чередование блоков с распределением чётности. Такой RAID допускает отказ одного накопителя. RAID 6 обеспечивает чередование блоков с двойным распределением чётности, блоки чётности считаются независимыми способами, допускается отказ двух накопителей (рис. 11–13).

---

[513] iSCSI Extensions for RDMA, #11-16.
[514] Накопители могут обслуживаться разными узлами.

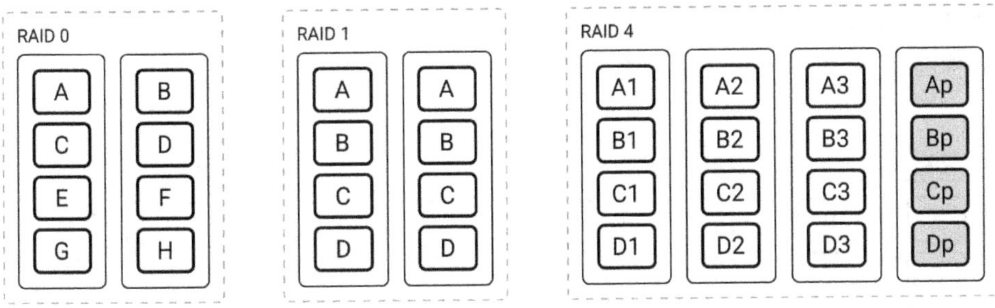

Рис. 11–12. RAID 0, RAID 1, RAID 4

Значимым отличием RAID 5 от RAID 4 является отсутствие избыточной нагрузки на выделенный накопитель с контрольными суммами.

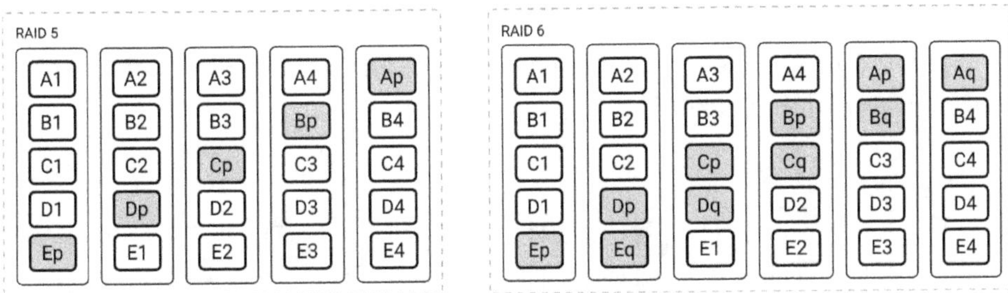

Рис. 11–13. RAID 5, RAID 6

RAID-TP[515] обеспечивает чередование блоков с тройным распределением чётности, допускает отказ трёх накопителей (рис. 11–14).

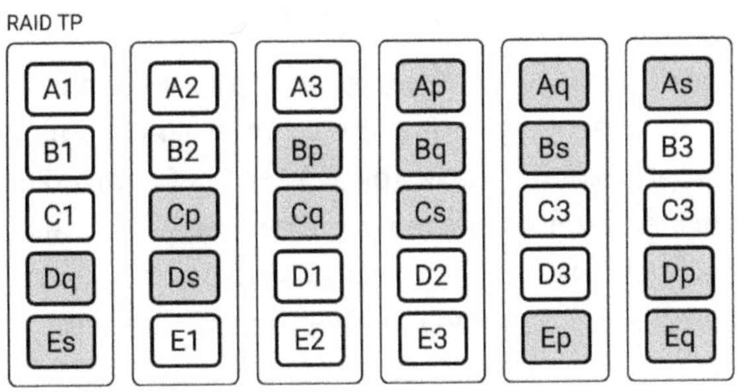

Рис. 11–14. RAID-TP

Весьма распространены комбинированные схемы структурирования RAID. RAID 01 (0 + 1) создаёт копию двух страйпов, блоки чередуются между двумя накопителями, страйп резервируется ещё на одну пару накопителей. Обеспечивается полная избыточность, допускается отказ нескольких накопителей, при условии, что все они находятся в одном и том же страйпе, существенно растёт производительность. RAID 10 (1 + 0) создаёт страйп из двух

---

[515] Triple Parity RAID.

RAID 1 (рис. 11–15). Обеспечивается полная избыточность, допускается отказ одного накопителя в каждой группе.

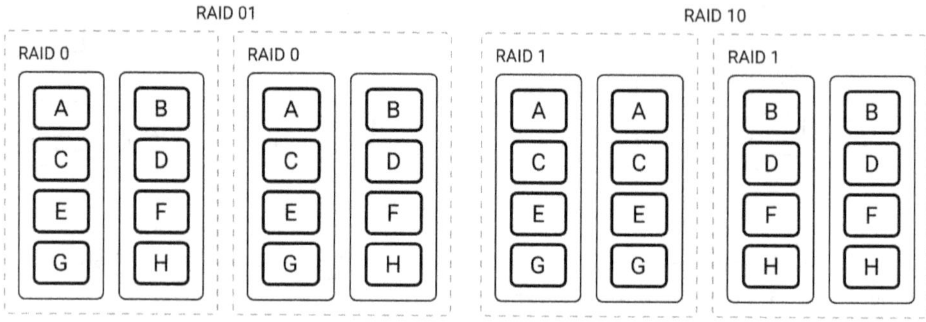

Рис. 11–15. RAID 01, RAID 10

RAID 50 (5 + 0) создаёт страйп из двух RAID 5. RAID 60 (6 + 0) создаёт страйп из двух RAID 6 (рис. 11–16).

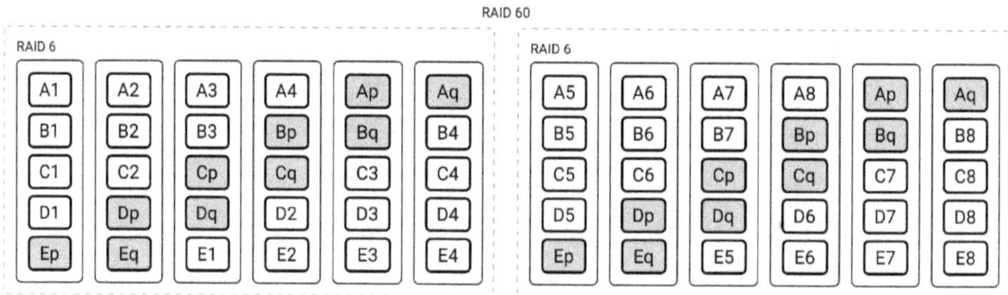

Рис. 11–16. RAID 60

В RAID N + M используется технология кодирования с избыточностью[516]. Такой RAID позволяет задать соотношение пространства накопителей между данными и избыточными блоками (рис. 11–17). От этого параметра будет зависеть допустимое число отказов накопителей. Например, встречаются решения с 64 накопителями в группе с возможностью отказа до 8 накопителей. Такое избыточное кодирование широко используется в современных СХД и SDS.

RAID необходимого уровня структурирования формируется средствами СХД на основе совокупности объединённых в группы накопителей. Далее структурированные группы могут быть подвергнуты партиционированию (разд. 3.3.4).

[516] Erasure Coding, #11-17 [w].

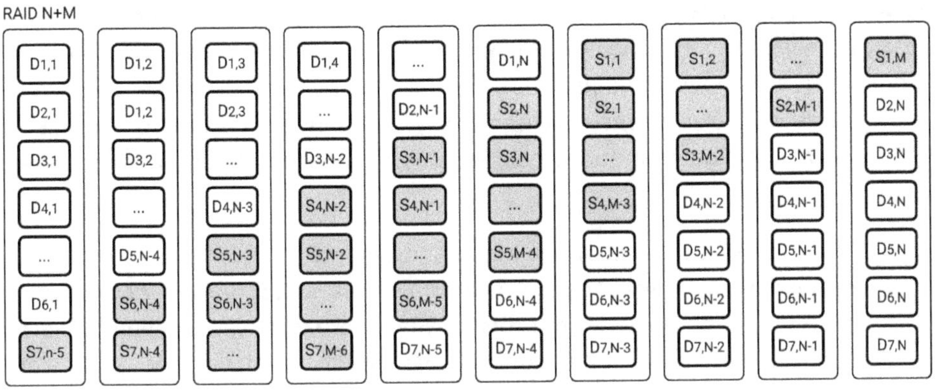

Рис. 11–17. RAID N + M

Партиционирование заключается в разделении группы на виртуальные тома (партиции). Обычно таким логическим устройствам назначается номер (LUN[517]). Важно отметить, что упоминание LUN подразумевает как раз виртуальный том.

Изначально термин LUN использовался для адресации физических устройств в SCSI-среде, где каждому накопителю или его части присваивался уникальный идентификатор. В настоящее время в инженерном сленге LUN утратил значение «идентификатор» и стал обозначать только сам том данных, то есть виртуальный том, сформированный средствами СХД на основе RAID-группы или пула хранения. Такой LUN представляет собой логическое блочное устройство, скрывающее физическую структуру накопителей и предоставляемое хостам как единый диск. Современные LUN могут сопровождаться политиками доступа, шифрованием, снапшотами и другими атрибутами, что делает их ключевым элементом архитектуры хранения.

После создания RAID общий массив накопителей, очевидно, имеет меньший размер[518], чем он мог бы иметь без структурирования с избыточностью. Некоторый объём общего пространства занимают данные блоков чётности. Оставшееся пространство может быть выделено под данные виртуальных томов.

Создание тома подразумевает выделение пространства виртуальной группы накопителей. Существуют два типа виртуальных томов: «толстые» и «тонкие». Создание толстого тома[519] подразумевает выделение фиксированного пространства. Том будет занимать запланированное пространство, даже

[517] Logical Unit Number, #11-18 [w].
[518] Кроме RAID0.
[519] Thick volume, #11-19.

если объём данных на нём будет меньше, что представляет собой крайне неэффективное использование ресурсов. Для повышения эффективности используется технология динамического выделения пространства[520] по мере необходимости. Тома, созданные по такому принципу, называются тонкими[521]. Эта технология является более современной и обеспечивает массу преимуществ:

- такие тома не занимают лишнего пространства;
- виртуальный объём тома может превышать доступный физический объём накопителей — в этом случае по мере увеличения объёма физические накопители могут добавляться динамически, при этом обслуживающий RAID будет перестраиваться[522]; данная опция называется «зарезервированным объёмом»[523];
- физические диски можно нагружать равномерно, обеспечивая их бережливую эксплуатацию;
- такие тома легче переносить между накопителями в связи с небольшим объёмом их частей (сегментов).

Важной задачей является создание снимков[524] тома — быстрое сохранение его состояния. В общем случае скорость создания снимка определяется используемым подходом. Наиболее распространённым подходом является Copy-on-Write (CoW). Если данные ещё не изменены, все запросы на чтение снимка по умолчанию направляются к исходному тому. При записи блока в исходный том его более раннее содержимое сохраняется в область снимка, после чего обращения к этому блоку в снимке выполняются уже из сохранённой копии. Благодаря такому подходу создание снимка выполняется практически мгновенно, а дальнейшие затраты зависят от интенсивности записи. В некоторых решениях внутренняя реализация может создавать различия между «толстыми» и «тонкими» томами, что сказывается на производительности или накладных расходах при создании снимков.

Следует отметить некоторые недостатки работы с тонкими томами:

- обещанный объём при отсутствии физических возможностей приведёт к отказам (перерасходу[525]);

---

[520] Thin provisioning, #11-20 [w].
[521] Thin volume, #11-21.
[522] RAID rebuild.
[523] Provisioning size.
[524] Snapshot, #11-22 [w].
[525] Over-provisioning, #11-23.

- интенсивные операции могут вызвать дополнительные задержки, связанные с выделением нового объёма, — такая проблема решается за счёт использования параллелизма операций;
- в связи с неравномерностью, нелинейностью и непоследовательностью выделения адресного пространства физических носителей может возникать некоторая фрагментация.

Считается, что толстые тома предназначены для задач, где важны производительность и стабильность, а тонкие тома лучше подходят для задач, в которых допустима гибкость. В современных распределённых системах может быть применена комбинация таких подходов для обеспечения баланса между производительностью и эффективностью. При этом современные СХД поддерживают обе технологии. Толстые тома менее эффективны в современных системах, так как требуют выделения фиксированного пространства, что приводит к нерациональному использованию ресурсов. Правильно спроектированные СХД поддерживают заблаговременное выделение дополнительного пространства тонких томов, а не ситуации, когда оно потребуется в условиях высокой нагрузки.

В современных решениях распространено применение пулов накопителей[526]. Такой пул представляет собой логический контейнер, который может объединять набор физических устройств накопителей в единое адресное пространство, в котором затем выделяются тома, файловые системы или объекты. Подобный пул может быть разделён на RAID-группы, он также может сочетать устройства разных типов. Ключевыми задачами такого пула являются создание слоя абстракции от физических носителей для пользователей, а также управление избыточностью (разд. 4.2.3) и балансировка нагрузки (разд. 8.1).

Существует два подхода к организации пулов накопителей: классический и распределённый. Классический подход подразумевает объединение накопителей в RAID-группы фиксированного размера. Таким образом, пул становится списком RAID-групп. Том полностью выделяется в пределах одной RAID-группы. При добавлении новых накопителей в пул свободное место добавляется, но старые тома не получают прироста производительности без миграции.

Современные системы хранения используют концепцию распределённого RAID[527]. В них RAID виртуализируются путём грануляции на мелкие чанки (рис. 11–18). Совокупность таких чанков формирует множество маленьких

[526] Storage pool.
[527] Distributed RAID.

RAID-групп, например RAID 5 с тремя блоками данных и одним блоком чётности. Данные распределяются по всем накопителям пула сразу, а не частями по группам. Таким образом, каждая операция использует макси- мально возможное количество устройств. Данный подход позволяет получить преимущества при горизонтальном масштабировании (разд. 9.3.2) накопителей — ускоряется процесс перестройки.

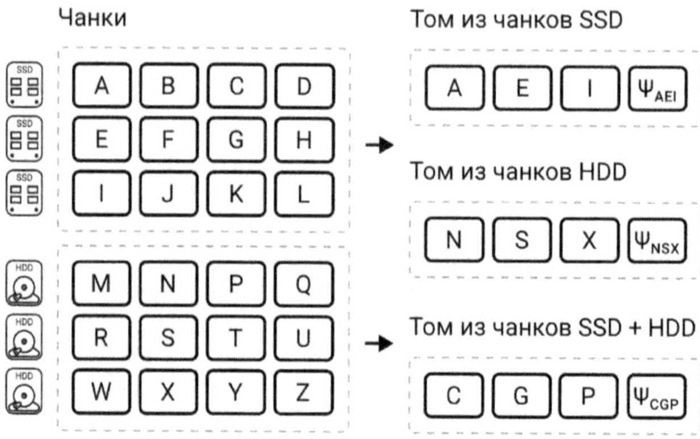

Рис. 11–18. RAID на базе пула накопителей

Например, если в пуле 24 диска, система может их разбить на сотни виртуальных RAID 5 (3 + 1). Таким образом, при отказе одного накопителя нагрузка по перестройке будет распределена между всеми остальными 23 накопителями. Следовательно, время восстановления (разд. 7.2.2) будет пропорционально меньше, чем в классическом RAID 5 из 24 накопителей.

Современное развитие технологий RAID основано на эффективном партиционировании виртуального пространства. Такое партиционирование подразумевает сложную организацию структурирования данных, многоуровневую грануляцию. Физический накопитель разбивается на чанки, представляющие собой логические блоки верхнего уровня. Чанки объединяются в группы. К группе чанков применяется RAID, следовательно, она содержит блоки данных, ключ, который идентифицирует группу, и блоки чётности. Группа чанков, в свою очередь, может быть разбита (фрагментирована) на более мелкие части (разд. 3.3.6) — гранулы, представляющие собой логические блоки нижнего уровня (рис. 11–19).

Гранулы могут быть разбиты на более мелкие части (фрагменты). Таким образом, структурирование виртуального адресного пространства СХД представляет собой достаточно сложный процесс. Полученные фрагменты используются в процессе избыточного кодирования.

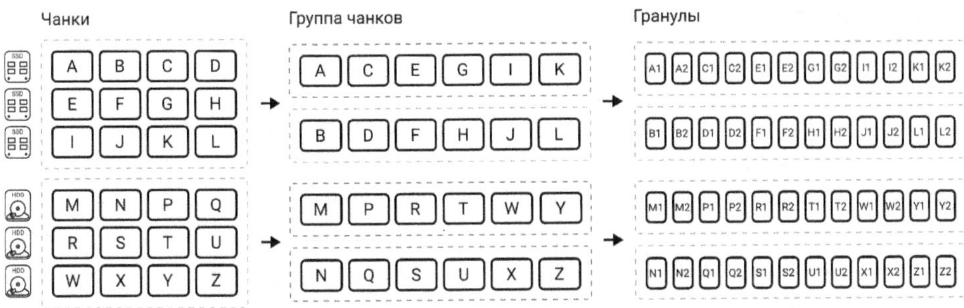

Рис. 11–19. Грануляция виртуального пространства

Из таких гранул создаются виртуальные тома (разд. 3.3.12). Такие тома могут состоять из гранул с нескольких накопителей как одного типа, так и нескольких типов. Важно отметить, что смешивать разные типы накопителей не рекомендуется. Такая виртуализация допускает применение тиринга.

Данный принцип грануляции обеспечивает диверсификацию накопителей и целый ряд преимуществ:

- высокий уровень гибкости обслуживания физических накопителей;
- эффективные механизмы управления избыточностью данных;
- возможность обслуживания виртуальных томов большим числом контроллеров.

На основе многоуровневой грануляции построен RAID 2.0, 2.0+[528], применяемый, например, в СХД Huawei (разд. 10.2.3). Физические накопители разных типов разбиваются на чанки размером 64 МБ. Группа чанков разделяется на логические блоки — гранулы (extent) размером 512 КБ — 64 МБ (чаще встречается 4 МБ по умолчанию). Блоки extent могут быть гранулированы на более мелкие части — гранулы. Гранулы объединяются в логические тома. Тома могут содержать гранулы с накопителей разных типов (медленных и быстрых).

[528] RAID 2.X, #11-24.

11.3. АСУ ТП

Современные АСУ, управляющие объектами КИИ, уже имеют высокий уровень автономности. Автоматизация является достаточно зрелой наукой. Со временем проблем становится всё меньше, а процессы решения существующих проблем успешно автоматизируются. Современное законодательство оперирует понятиями КИИ и ЗОКИИ. Государственные регуляторы уделяют пристальное внимание АСУ таких серьёзных инфраструктур. Например, с точки зрения законодательства банковские системы относятся к КИИ. Если такая система откажет, проблемы будут в основном организационного характера. Наиболее критичными являются вопросы, связанные с индустриальными системами управления. В связи с известными обстоятельствами последних лет российским разработчикам придётся совершить настоящий прорыв в области создания новых продуктов автоматизации для достижения технологической независимости.

Когда говорят о промышленной автоматизации, очевидно, подразумевают совокупность решений АСУ ТП, в состав которой входят РСУ, системы автоматического управления (САУ), SCADA. Не следует забывать об управляющем ПО контроллеров, коммутаторов, разнообразных устройств интернета вещей. Когда речь идёт об автоматизированной системе, это означает наличие оперативного управления, то есть оператора (человека). Если говорят об автоматической системе, это значит, что она работает автоматически, без участия человека.

Самыми сложными объектами управления являются опасные производства — например, химическое производство, генерация электроэнергии на АЭС или ГЭС, передача и распределение электроэнергии, железнодорожные перевозки и прочее. Как известно, самой большой проблемой для таких объектов управления является человеческий фактор, то есть ошибки оператора или неправильные решения. Современная тенденция к автоматизации подобных объектов всегда предполагает единственный сценарий, а именно снижение нагрузки на оператора. Большинство возможностей современных средств автоматизации необходимы не для оперативного управления, а для тонкой настройки объекта, тестирования работы до ввода объекта в эксплуатацию после строительства или ремонта.

В некоторых странах и городах успешно функционируют полностью автоматические поезда, метро. Управление маневренными режимами объектов генерации осуществляется с помощью функционально-группового управления — например, когда оператор одной командой выводит объект на номинальную мощность. Многие подсистемы объектов генерации работают автономно, не требуя непрерывной синхронизации с остальными подсистемами. Такие системы являются устойчивыми к разделению и слабоконсистентными.

В ближайшем будущем АСУ объектов генерации однозначно ждёт усиление устойчивости подсистем к разделению, которое существенно снизит нагрузку на оператора и превратит его в супервайзера (наблюдателя). Сначала оператор будет выведен за пределы энергоблока и начнёт управлять всем объектом целиком. Затем будут созданы единые резервированные диспетчерские центры, размещаемые за пределами объекта управления. Они будут обеспечивать централизованное управление объектами генерации, следуя глобальному плану энерговыработки, — этого следует ожидать примерно к 2050 г. К концу века такие объекты станут полностью автоматическими, синхронизировав планы по выработке электроэнергии, а человек будет отстранён от управления. Если задуматься, такие системы уже создаются — например, системы управления первой АЭС с промышленным термоядерным реактором ИТЭР[529].

Наиболее ответственно нужно подходить к автоматизации объектов непрерывного производства, остановка которых может привести как к экономическим потерям и излишнему износу сложного в производстве оборудования, так и к проблемам энергоснабжения инфраструктурных объектов.

Задача промышленной автоматизации является ключевой для обслуживания большинства производственных предприятий. Эту задачу решают автоматизированные системы управления технологическими и производственными процессами (АСУ ТП, АСУ ПП). Такие системы весьма разнообразны, они отличаются широким разнообразием конструкций и особенностей. Существует ряд отработанных подходов к созданию АСУ, суть которых заключается в применении самых современных технологий.

Серьёзные современные АСУ ТП включают в себя РСУ. Такая РСУ управляется корневыми узлами, называемыми координирующими контроллерами РСУ. Подобные контроллеры, как правило, представляют собой своего рода модульные серверы с некоторыми специфическими особенностями. Эти особенности заключаются в наличии большого числа каналов ввода-вывода для обеспечения сопряжений с контроллерами локальных систем управления (ЛСУ), сетевыми устройствами, серверами.

[529] ITER, #11-25 [w].

Не существует сложных производственных систем без элементов АСУ ТП. В этой книге приведено множество примеров архитектуры современных РСУ АСУ ТП. В этом разделе в единую архитектурную конструкцию собраны все описательные части отдельных технологий.

Основой современных АСУ ТП являются модульные платформы, сопряжённые с устройствами обслуживания большого числа узлов ЛСУ. Надёжные решения строятся на основе принципов избыточности (разд. 4.2.3) и резервирования (разд. 4.2.6) в целях снижения вероятности отказа как отдельных компонентов, так и всей системы.

Важной частью АСУ ТП является подсистема сопряжения и координации узлов ЛСУ. В книге подробно описаны принципы создания избыточных управляющих узлов, организации структурирования данных (разд. 10.2.1). В качестве таких узлов могут выступать локальные ПЛК, коммутаторы, пограничные и периферийные вычислительные узлы, устройства IoT. Набирает оборот применение дезагрегированных РСУ. Данный подход позволяет строить надёжные отказоустойчивые РСУ, гибко адаптирующиеся к различным типам задач управления.

Для обслуживания сложной распределённой логики АСУ ТП узлы РСУ хранят переменные в РРП (разд. 4.10). РРП может осуществлять кеширование (разд. 5.2) изменения значений переменных в виде временных рядов (разд. 11.1.7). Данные кеша могут применяться для обслуживания управляющих алгоритмов РСУ.

Узлы РСУ осуществляют синхронизацию (разд. 4.4.1) РРП в режиме РВ. Синхронизация происходит преимущественно по выделенному высокопроизводительному интерконнекту (разд. 10.2.1).

В РСУ критических производств применяется многосвязный интерконнект (разд. 10.2.3). Он обеспечивает возможность многопутевого доступа (разд. 10.2.2) к узлам РСУ (рис. 11–20).

Корневые контроллеры РСУ и ЛСУ объединены резервированными интерконнектами. Корневые контроллеры РСУ могут быть объединены локальным интерконнектом.

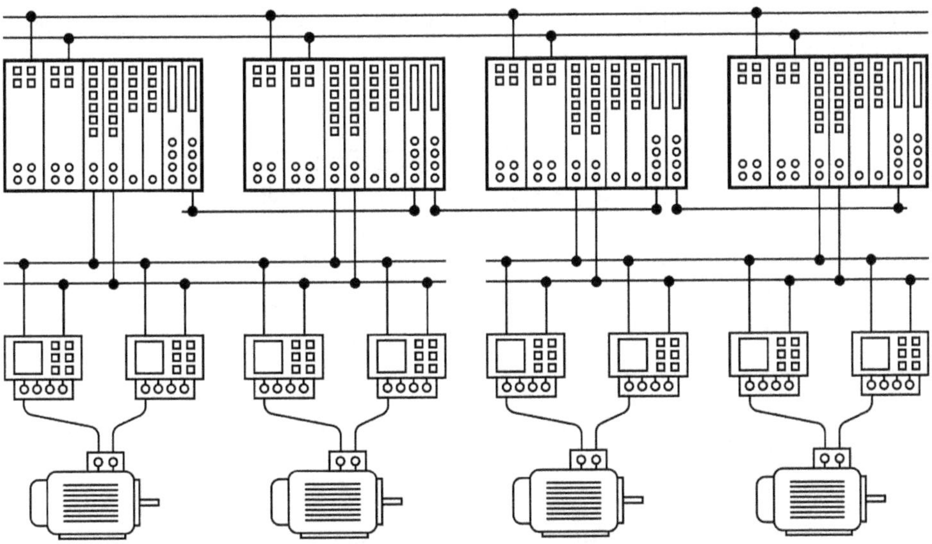

Рис. 11–20. Многопутевой доступ узлов РСУ и ЛСУ

Такая конструкция обеспечивает многократное резервирование компонентов АСУ ТП и допускает отказ как корневых и локальных узлов, так и сетей (рис. 11–21).

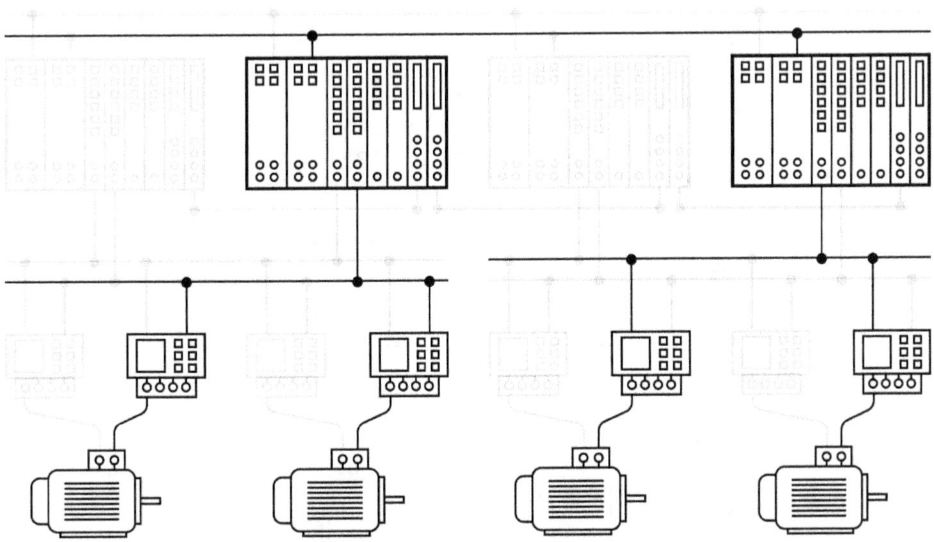

Рис. 11–21. Отказ узлов РСУ и ЛСУ

В случае отказа интерконнекта корневые узлы РСУ могут координироваться с помощью дополнительных соединений (рис. 11–22). Современные РСУ могут обеспечивать сопряжение и координацию контроллеров ЛСУ, используя все доступные соединения в рамках многосвязного интерконнекта (рис. 11–23).

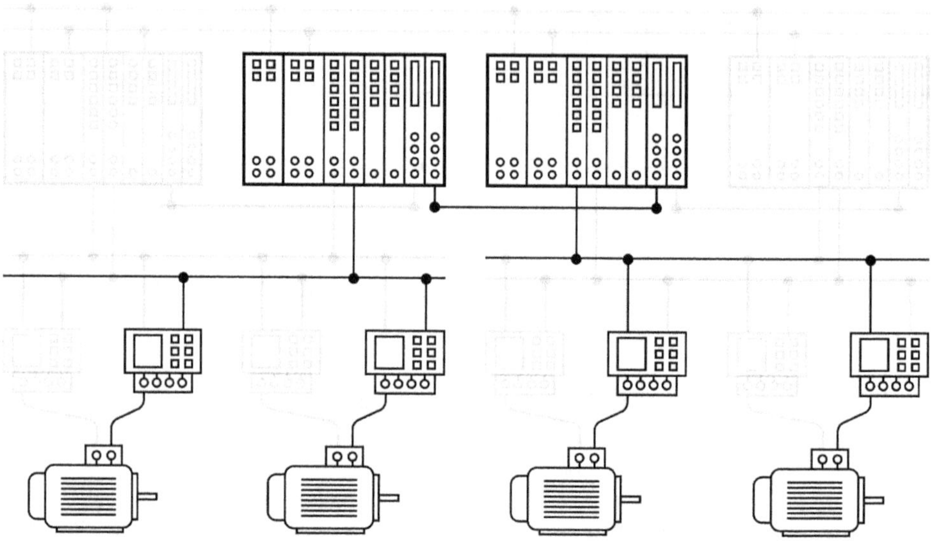

Рис. 11–22. Отказ интерконнекта

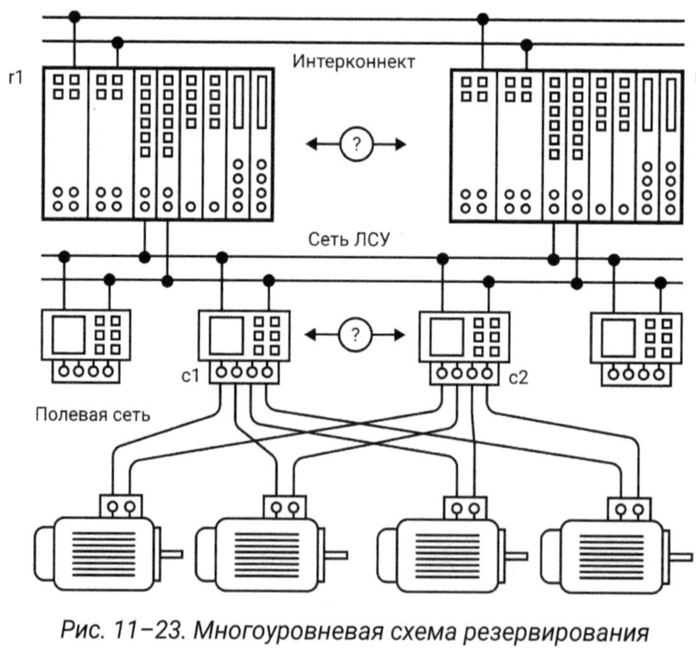

Рис. 11–23. Многоуровневая схема резервирования

Корневые контроллеры (r1, r2) обслуживают контроллеры сопряжения ЛСУ (c1, c2). Контроллеры ЛСУ предназначены для обслуживания локальных исполнительных механизмов — например, двигателей сервоприводов задвижек или приводов насосов. Современные системы управления устроены иерархически. Контроллеры сопряжения знают всё о своём объекте управления и о его конфигурации. Например, для двигателя должны быть известны параметры концевых положений, скорость вращения, время вращения между концевыми положениями. Кроме того, контроллер сопряжения знает всё о текущем состоянии объекта управления: находится ли двигатель под управлением или в ожидании команды, каково физическое положение задвижки и, возможно, каково абсолютное значение положения в процентах.

Представим себе, что в процессе управления отказал контроллер c1, поэтому контроллер c2 должен взять на себя управление и продолжить операцию. Это значит, что между контроллерами c1 и c2 должны быть синхронизированы все данные, необходимые для продолжения процесса управления двигателем. Большинство сервоприводов поставляют со встроенными контроллерами, среди них встречаются и варианты с двухканальным резервированием доступа, однако это не является полноценным резервированием. На ответственных участках такие конструкции собирают под целевой проект. В подобных реализациях корневые (координирующие) контроллеры РСУ знают об объекте управления намного меньше: например, им может быть известно положение задвижки и то, находится ли объект в режиме управления, ожидания или сервиса. Этой информации может быть достаточно для выполнения РСУ сложной распределённой логики.

Возникает вопрос: кто должен управлять консистентностью данных контроллеров сопряжения c1, c2? Могут ли они синхронизироваться между собой или их синхронизацией должны управлять контроллеры РСУ (r1, r2)? Редко встречаются решения с прямой синхронизацией контроллеров сопряжения, если только это не специализированные модульные решения. Управление большим числом таких контроллеров — достаточно непростая задача. Если же в одной системе применяются устройства нескольких производителей, то построение РСУ крайне усложняется. Именно поэтому многие ответственные производства строятся на решениях одного вендора. Модернизация и переход на другие решения являются крайне непростой задачей.

Современные тенденции автоматизации развиваются в двух направлениях. Первая тенденция такова: происходит стандартизация протоколов диагностики, управления, конфигурирования контроллеров, что позволяет выстроить единую конструкцию. Вторая тенденция, более понятная, — это максимальное упрощение контроллеров уровня сопряжения и передача всей информации об объекте управления корневым контроллерам (r1, r2).

В первом случае имеют место огромное разнообразие взаимодействий между контроллерами разного уровня и распределение по ним сложной логики, во втором случае — унифицированная стандартизация и вынос всей логики управления и конфигурации в единый слой, где могут быть реализованы сценарии резервирования, переключения, диагностики, деградации, безопасности, изоляции, мультитенантности и другие полезные функции (разд. 10.1.6).

Есть мнение, что построение логики управления на контроллерах сопряжения надёжнее и что не стоит выносить логику управления на более высокий уровень. Такие суждения обусловлены прежде всего привычками автоматизаторов. Действительно, контроллеры сопряжения находятся ближе к сопрягаемым устройствам. В таких программно-логических контроллерах (ПЛК) спрятана масса программного кода. Этот программный код может отличаться по стилю написания, кодогенерации, используемым средствам программирования, версионности. Поэтому в больших РСУ часто присутствует «зоопарк» решений. Перенос логики на корневые контроллеры позволяет сконцентрировать целевую логику в едином слое. Такой слой может оперировать единым форматом данных (разд. 3.2), обслуживаться привычными языками программирования. Подобная конструкция позволяет прозрачно осуществлять развёртывание и контроль версий, что существенно упрощает управление жизненным циклом[530] инфраструктуры АСУ ТП (разд. 9.3.5). Такой подход упрощает модернизацию, позволяя сохранить узлы ЛСУ, модернизируя систему на более высоком уровне, масштабируя её функциональность (разд. 9.3.3).

Существуют достаточно мощные контроллеры, управляемые современными процессорами, но для обслуживания сложной логики РСУ их может быть недостаточно. По этой причине в качестве корневых узлов логично использовать производительные серверы, которые могут быть объединены в кластер. Такие серверы могут быть интегрированы как модули в корневые контроллеры. Тогда в кластер могут быть объединены корневые контроллеры. В зависимости от требований к целевой системе целесообразно использовать корневые контроллеры (с) или серверы. В некоторых системах целесообразно использовать и корневые контроллеры, и серверы вместе: они могут быть объединены одним интерконнектом или размещены в одной сети (рис. 11–24).

[530] Continuous integration & continuous deployment (CI/CD), #11-26 [w].

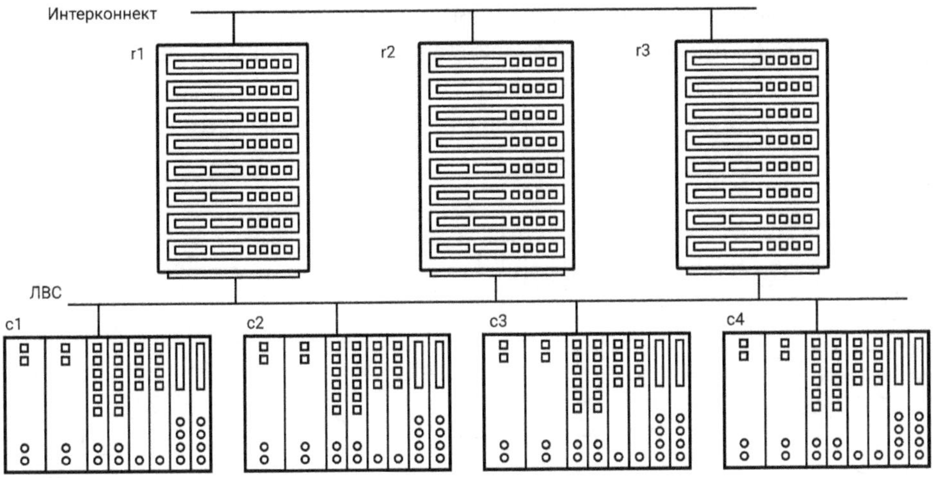

Рис. 11–24. Схема резервирования верхнего уровня

Такая конструкция позволяет создавать масштабные РСУ с глобальным резервированием. Раньше РСУ в понимании данного термина специалистами по АСУ ТП строились на базе контроллеров сопряжения. Серверы использовались скорее как шлюзовые устройства для обеспечения сопряжения РСУ с ПО SCADA. В современных реалиях рассматривается допустимость переноса логики РСУ на более высокий уровень — на уровень серверов. Эти современные тенденции привели к появлению виртуальных ПЛК[531] и прочих странных концепций.

С точки зрения автора, лучшей концепцией является создание единых сред выполнения, актуальных для развёртывания как на корневых контроллерах, так и на серверах. В итоге корневой контроллер будет отличаться от сервера лишь тем, что в него интегрирована развитая система ввода/вывода. Такая система ввода/вывода может быть применена для обслуживания конечных устройств. В данном случае корневой контроллер будет выполнять роль контроллера сопряжения. Обычно подобное реализуется в виде крейтовых модульных контроллеров, где каждый модуль выделяется для обслуживания одного или нескольких однотипных устройств. В этом случае такие модули могут быть зарезервированы как в одном, так и в нескольких крейтах или шкафах, ведь вопрос синхронизации решают встроенные серверные (процессорные) модули.

На таких контроллерах могут быть построены современные РСУ, управляющие генерацией электроэнергии (рис. 11–25). В примере РСУ управляет тремя энергоблоками.

[531] vPLC, #11-27.

Распределённый кластер управления (r) состоит из корневых узлов (r11 — r24). Клиентами кластера являются пограничные edge-узлы (e11 — e23). Граничные edge-узлы обслуживают корневые контроллеры подсистем (c11 — c34), объединённые в локальные специализированные кластеры.

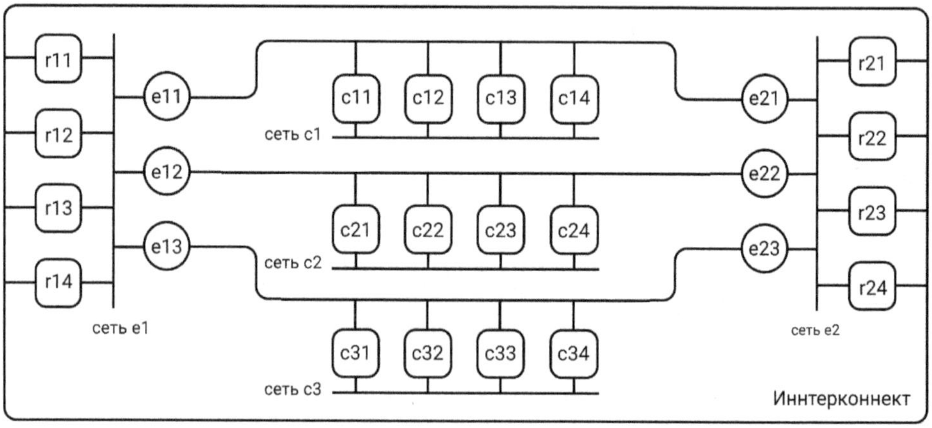

Рис. 11–25. Глобальная схема резервирования

Подобная конструкция позволяет вынести в единый плоский информационный слой edge-кластера (e) информацию о локальной системе управления каждого из энергоблоков, синхронизировав её с общей РСУ на основе кластера r. Узлы кластера управления, будучи консистентными по отношению к граничным узлам, могут выполнять множество полезных функций. Помимо функции резервирования вычислений (алгоритмов), узлы могут выполнять дополнительные полезные вычисления, например сравнение состояния данных РСУ, доступных данных в режиме РВ с эталонными моделями. Могут быть выполнены расчёты предиктивной аналитики, машинного обучения моделей, а также элементов предиктивного автономного управления. К такой инфраструктуре в нужный момент времени могут подключаться операторы, технологи, отвечающие за конкретный процесс наладки или манёвр.

Рассмотренная схема несколько отличается от классической схемы управления энергоблоком. Однако именно такой подход в будущем станет основным при конструировании новых объектов генерации. В данной схеме вместо трёх диспетчерских центров (блочных пультов управления), по одному на каждый энергоблок, достаточно двух. Два диспетчерских центра на три энергоблока значительно удешевляют общую конструкцию и эксплуатацию. Именно такие возможности предоставляют современные РСУ непрерывных производств. РСУ дискретного производства не отстают.

Важно отдельно остановиться на особенностях дискретных производств. Дискретное конвейерное производство отличается от непрерывного тем, что конвейер можно остановить для замены производимой продукции. Основная сложность управления дискретным производством заключается в обслуживании такого же «зоопарка» оборудования, который отличается от оборудования для непрерывного производства тем, что его нужно перенастраивать на лету. Любой сбой приводит к простою конвейера и, как следствие, к экономическим потерям. Отличие РСУ непрерывного производства от РСУ дискретного производства состоит в том, что вторые должны быть консистентны в момент конфигурации и перенастройки конвейера. При работе в режиме выполнения задания такие системы обычно устойчивы к разделению.

11.3.1. РСУ в АСУ ТП

В АСУ ТП существует ряд стандартов разработки РСУ. Среди них можно выделить МЭК 61499[532] и МЭК 61850[533]. Каждый стандарт по-своему интересен.

Стандарт МЭК 61499 расширяет стандарт МЭК 61131-3 для применения его в РСУ. МЭК 61131-3, являющийся стандартом для программирования ПЛК, включает в себя ряд языков. Среди них можно отметить языки структурного текста (ST) и функциональных блочных диаграмм (FBD).

Стандарт МЭК 61499 определяет архитектуру и модели для распределённых систем, он задаёт требования к программным инструментам для поддержки разработки и обмена данными, описывает правила для профилей соответствия, обеспечивающих интероперабельность, переносимость и конфигурируемость.

Особый интерес представляет предлагаемый стандартом подход к построению РСУ. Подразумевается, что функциональность РСУ должна быть декомпозирована на отдельные функциональные блоки. Основными элементами стандарта являются функциональные блоки, которые инкапсулируют функциональность системы. Каждый блок имеет интерфейс с входами и выходами для событий и данных, что позволяет чётко разделять управление и обработку данных. Выделяют ряд типов функциональных блоков: базовый[534], композитный[535] и сервисный интерфейсный[536].

---

[532] МЭК 61499, #11-28 [w].
[533] МЭК 61131, #11-29 [w].
[534] Basic Function Block (BFB).
[535] Composite Function Block (CFB).
[536] Service Interface Function Block (SIFB).

Базовые функциональные блоки (рис. 11–26) обладают:

- встроенной памятью для внутренних переменных;
- входами для событий (events inputs, EI);
- входами для данных (data inputs, DI);
- выходами для событий (events outputs, EO);
- выходами для данных (data outputs, DO).

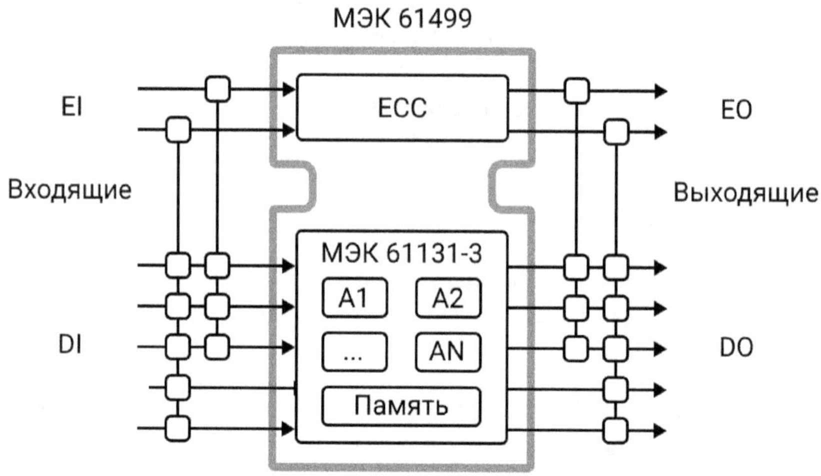

Рис. 11–26. Схема устройства функционального блока МЭК 61499

Поведение блока описывается с помощью среды управления выполнением (ECC[537]), которая представляет собой конечный автомат. ECC состоит:

- из состояний, каждое из которых может быть связано с выполнением определённых алгоритмов (A1, A2, ..., AN);
- переходов, задающих условия смены состояний, зависящих от входных событий и/или значений данных;
- алгоритмов, код которых выполняется в каждом состоянии (например, на языке, совместимом с МЭК 61131-3);
- внутренней памяти, которая может содержать переменные для хранения промежуточных данных, которые могут быть использованы в алгоритмах и ECC.

Композитные блоки могут содержать сеть других функциональных блоков (рис. 11–27).

[537] Execution Control Chart.

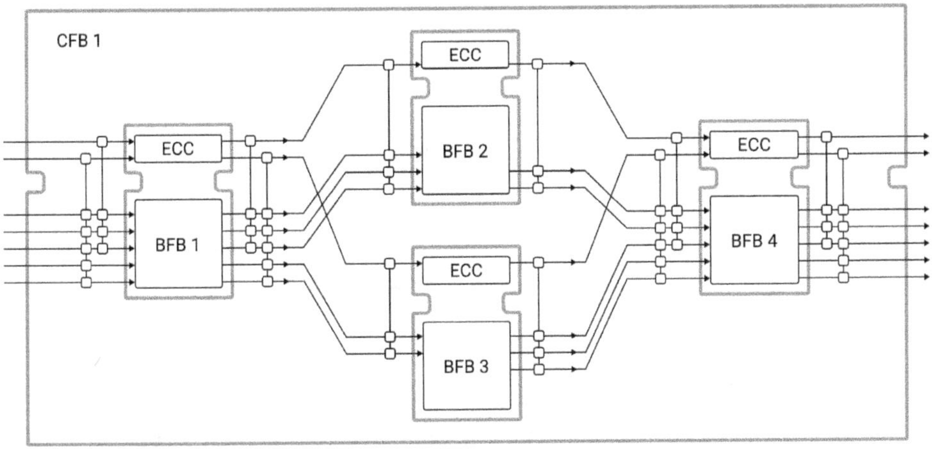

Рис. 11–27. Схема устройства композитного блока МЭК 61499

Интерфейсные функциональные блоки используются для взаимодействия с внешними системами, такими как оборудование, сеть или операционная система. Такой блок включает в себя конвертер интерфейсов ввода/вывода с внешними сервисами (например, физическими интерфейсами ПЛК или коммуникационными протоколами OPC UA, Modbus).

Такая архитектура обеспечивает изоляцию внутренней логики блоков и позволяет структурировать её иерархически. Архитектура обеспечивает возможность её реализации как на обычных процессорах общего назначения, так и на ПЛИС и, следовательно, ASIC.

В стандарте прописано, что взаимодействие между блоками может осуществляться через архитектурные шаблоны издатель — подписчик (разд. 10.1.2) или «клиент — сервер» (разд. 10.1.4). Стандарт предполагает классическую реактивную архитектуру (разд. 10.2.4), но не определяет способ реализации коммуникации между блоками — как между внутренними, так и между устройствами в сети.

Разработчики пришли к мнению, что для реализации данного стандарта необходима виртуальная шина[538] (рис. 11–28). Такая шина реализуется поверх стандартных протоколов, например TCP, UDP, SCTP (разд. 4.5.1). Шина может включать в себя интерфейсы сопряжения со специальными протоколами АСУ ТП (например, OPC, Modbus).

[538] МЭК 61499 Virtual Bus.

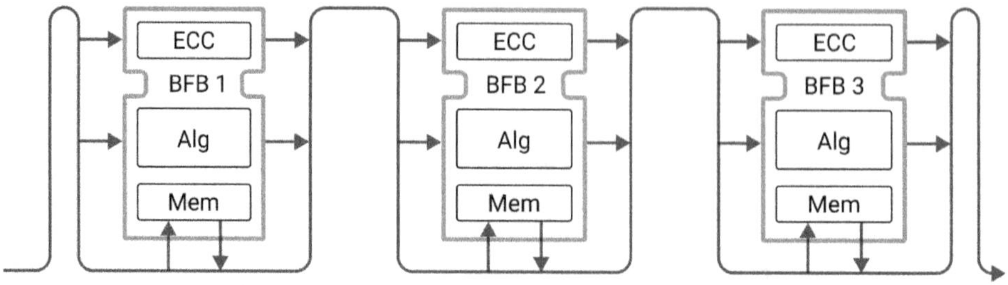

Рис. 11–28. Виртуальная шина МЭК 61499

Такая шина должна обеспечивать реактивное взаимодействие между функциональными блоками, а также:

- событийно-ориентированную коммуникацию, передачу событий и связанных с ними данных между блоками независимо от их физического расположения;
- абстракцию коммуникации — скрывать детали физического уровня связи, позволяя разработчикам фокусироваться на логике приложения;
- модульность и слабую связанность — блоки могут взаимодействовать через шину без прямой зависимости друг от друга, что должно упрощать реконфигурацию и масштабирование системы;
- поддержку распределённости — блоки могут располагаться на разных узлах системы.

Подобная шина должна обладать набором свойств, таких как:

- контролируемые задержки (разд. 1.1);
- средства резервирования канала (разд. 4.2.6);
- брокер сообщений (разд. 4.7.9);
- целевая модель консистентности (разд. 6.1);
- балансировщик нагрузки (разд. 8.2).

На практике такая шина обычно реализуется как классический интерконнект (разд. 10.2.1). Серьёзные РСУ претендуют на многосвязный интерконнект (разд. 10.2.3).

Известные системы, компилирующие блоки в целевую среду выполнения на современных процессорах общего назначения, как правило, не сегментируют и не изолируют память отдельных блоков. Всем блокам доступны все узловые локальные переменные. Если в алгоритме определённого блока используются переменные другого блока, эти данные передаются вместе с событиями по шине в момент события.

Альтернативным вариантом реализации доставки данных может быть синхронизация (разд. 4.4.1). В таком случае цикл синхронизации может быть осуществлён по событию, по таймеру или по упреждающим признакам (разд. 11.3.3).

Стандарт не подразумевает резервирование блоков, но реализовать его путём создания избыточности узлов не составит труда. Шина должна обслуживать очереди сообщений, их балансировку и доставку на резервные узлы. За счёт механизмов подписки можно реализовать подобие параллелизма, но рассчитывать на когерентность вряд ли стоит.

По всем признакам такой стандарт позволяет обеспечить гарантии согласованности для целевой системы в целом не более чем на основе модели конечной консистентности (разд. 6.2.3). Для отдельных узлов между блоками можно рассчитывать на гарантии на основе модели последовательной консистентности (разд. 6.2.5). Важно отметить, что все гарантии — в руках разработчика.

Данный стандарт не стал распространённым по причине сложности реализации. Стандартные существующие библиотеки и средства разработки не дают никаких гарантий надёжности, эффективности и консистентности целевой системы. Поэтому современные РСУ в основном разрабатываются на проприетарных стеках. Совершенно очевидно, что продвижение данного стандарта является не чем иным, как попыткой продлить жизнь МЭК 61131-3 в соответствии с предположением, что разработчики АСУ ТП к нему привыкли.

В современных АСУ ТП есть не менее интересный стандарт — МЭК 61850. Данный стандарт предназначен для проектирования, описания и обеспечения взаимодействия компонентов автоматизированных систем управления энергоснабжением (АСУЭ), в частности в электрических подстанциях и интеллектуальных энергосетях (smart grid). Если в таких сетях встречаются какие-либо САУ, ЛСУ сопрягаемых подсистем, заказчик зачастую предъявляет требования поддержки таких сопряжений по данному стандарту. Например, такие требования уже предъявляет ряд крупнейших российских компаний, работающих в области генерации электроэнергии.

Стандарт 61850, претендующий на первенство в области цифровизации электроэнергетики, охватывает широкий спектр элементов жизненного цикла данного процесса.

Стандарт содержит следующие разделы:

- МЭК 61850-1 — введение и общий обзор;
- МЭК 61850-2 — глоссарий терминов;
- МЭК 61850-3 — общие требования (совместимость, надёжность);
- МЭК 61850-4 — системный инжиниринг и управление проектами;
- МЭК 61850-5 — требования к функциям и устройствам передачи данных;
- МЭК 61850-6 — язык описания конфигурации (SCL[539]);
- МЭК 61850-7 — основная структура связи (7-1, 7-2, 7-3, 7-4);
- МЭК 61850-8-1 — реализация MMS[540] и GOOSE[541];
- МЭК 61850-9-2 — реализация мгновенных значений (SV[542]);
- МЭК 61850-9-3 — синхронизация времени (протокол PTP[543]);
- МЭК 61850-10 — тестирование совместимости.

В рамках архитектуры РСУ особое внимание следует уделить модели данных (разд. 3.2), интерфейсам, протоколам и соответствующим реализациям сервисов связи.

- МЭК 61850-7-1 — определяет принципы моделирования;
- МЭК 61850-7-2 — определяет сервисы для работы с данными;
- МЭК 61850-7-3 — стандартизирует типы данных;
- МЭК 61850-7-4 — конкретизирует логические узлы и их атрибуты.

МЭК 61850-7-1 описывает архитектуру связи подстанции, включая трёхуровневую модель (станция, присоединение, процесс) и интерфейсы сопряжения, вводит абстрактные модели данных (логические узлы, серверы, устройства), не зависящие от конкретных протоколов, определяет принципы взаимодействия устройств разных производителей через интерфейсы (например, GOOSE, SV, MMS).

МЭК 61850-7-2 определяет функции чтения/записи данных, управление передачей команд управления устройствами, событий, включая сообщения и логирование по протоколам GOOSE, SV.

[539] Substation Configuration Description Language.
[540] Manufacturing Message Specification, #11-30 [w].
[541] Generic Object Oriented Substation Event, #11-31 [w].
[542] Sampled Values.
[543] Precision time protocol (IEEE 1588), #11-32.

МЭК 61850-7-3 определяет типы данных (например, CDC[544]), такие как дискретные сигналы — SPS (Single-point status) и аналоговые значения — MV (Measured Value). Он также определяет атрибуты данных (качество, временные метки, единицы измерения, уставки).

МЭК 61850-7-4 стандартизирует наименование логических узлов (LN) и данных для обеспечения совместимости между устройствами.

GOOSE представляет собой протокол для обслуживания транспорта команд управления и сигнализации статусов состояний. Он применяется для дискретных сигналов. GOOSE поддерживает механизм подписки (разд. 10.2.4) и работу в режиме multicast (разд. 4.5.1).

SV представляет собой протокол для обслуживания транспорта аналоговых значений.

MMS представляет собой протокол, описанный в стандарте МЭК 9506, который предназначен для обмена данными между устройствами (контроллерами) автоматизации подстанций (например, терминалами релейной защиты и автоматики[545]) и SCADA или прочими внешними сервисами. Данный протокол фактически представляет собой ППИ для экосистемы, разработанной согласно стандарту 61850. MMS работает по принципу клиент-серверной архитектуры (разд. 10.1.4).

Параметры конфигурации связи устройств, обмена данных, команд, сообщений, событий, типов данных и моделей и их атрибутов, наименование узлов задаются в специальных конфигурационных файлах SCL.

В инфраструктуре, основанной на МЭК 61850, широко используются протоколы резервирования PRP[546] и HSR[547]. Эти протоколы представляют собой два описанных в МЭК 62439-3 стандарта резервирования, которые обеспечивают нулевое время восстановления (разд. 7.2.2) при отказах сети.

PRP использует две независимые сети. Сообщения отправляются по каждой из сетей. HSR строится на базе кольцевой сети, сообщения отправляются в обе стороны кольца. В каждом случае приёмник обрабатывает первое доставленное сообщение, а дубликат не обрабатывает. Таким образом, PRP подходит для сложных топологий сети, а HSR — для простых кольцевых топологий. Важно отметить, что пропускная способность HSR снижается вдвое за счёт дублирования сообщений в одном кольце.

---

[544] Common Data Classes.
[545] РЗА, #11-33 [w].
[546] Parallel Redundancy Protocol, #11-34 [w].
[547] High-availability Seamless Redundancy, #11-35 [w].

В современных решениях применяются гибридные PRP + HSR решения. Такие решения позволяют объединять кольца HSR с сетями PRP. Например (рис. 11–29), внутри подстанции (шкафа) применяется HSR (кольцо для GOOSE/SV), а между подстанциями (шкафами) — PRP (два резервируемых канала).

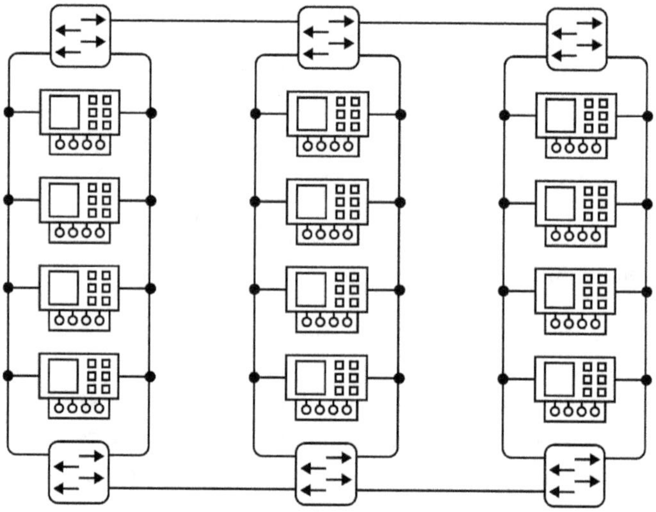

Рис. 11–29. Гибридная сеть PRP + HSR

Следует отметить современный набор стандартов IEEE 802.1 Time-Sensitive Networking[548]. Данный стандарт (L2) в последнее время всё чаще применяется в современных РСУ. Стандарт определяет принципы передачи данных в масштабе РВ в сетях Ethernet. Основанные на данном стандарте протоколы обеспечивают следующие возможности:

- синхронизацию времени;
- балансировку трафика (разд. 8.1);
- планирование и резервирование маршрутов (разд. 10.2.2).

В качестве примера мощной современной конвергенции можно привести OPC UA TSN. Стандартный Ethernet не гарантирует время доставки пакетов. TSN же гарантирует, что критические данные придут без задержек и потерь. Подобный симбиоз обеспечивает режим РВ для реактивной архитектуры (разд. 10.2.4), в которой весьма эффективно реализуется механика издатель — подписчик (разд. 10.1.2). OPC UA PubSub может работать поверх различных транспортных протоколов, включая UDP/IP и Raw Ethernet (без IP).

[548] TSN, #11-36 [w].

Существует ряд конвергенций на основе TSN, среди них можно выделить:

- MQTT-SN/Sparkplug — классический MQTT не является детерминированным, его использование в паре с TSN позволяет гарантировать доставку сообщений от шлюзов или полевых устройств до брокера с минимальными задержками и джиттером;
- EtherNet/IP CIP Motion — стандартизация профиля для работы поверх TSN позволяет конкурировать с OPC UA и модернизировать существующие сети EtherNet/IP;
- EtherCAT over TSN (EtherCAT G) — инкапсуляция EtherCAT в TSN позволяет объединить преимущества active-passive архитектуры EtherCAT с преимуществами TSN;
- PROFINET IRT — использование TSN в качестве транспортной среды считается основным эволюционным путём экосистемы PROFINET.

TSN служит современным транспортным фундаментом для детерминированной коммуникации современных РСУ. Его ключевое преимущество заключается в способности объединять в рамках единой физической сети критичный трафик РВ и обычный, нефункциональный трафик, гарантируя строгое качество обслуживания (QoS). Поверх TSN может быть использован практически любой протокол более высоких уровней, в том числе требующий надёжной и предсказуемой доставки данных.

С точки зрения передачи трафика, требующего высоких гарантий доставки и безопасности, поверх TSN перспективным является современный протокол QUIC (разд. 4.5.4). Его свойства, такие как мультиплексирование, 0-RTT за счёт сохранения сессионности, эффективно дополняют возможности TSN по обеспечению надёжности и детерминизма на канальном уровне.

11.3.2. Цифровой двойник

С точки зрения управления цифровой двойник (ЦД) — это совокупность знаний об объекте и технологий автоматизации, позволяющая осуществлять цифровые (виртуальные) воздействия на объект (эксперименты) в целях выработки оптимальной функции управления и повышения его эффективности. Часть узлов РСУ или кластера можно выделить под расчётные модели цифрового двойника автоматизируемого производства. Как следует из примера (разд. 11.3), модели ЦД можно подгрузить в нужный момент — например, при маневрировании или испытаниях оборудования конкретного энергоблока, пока остальные работают в режиме нормальной эксплуатации. Основным инструментом ЦД АСУ является предиктивная аналитика.

11.3.3. Предиктивная аналитика

Предиктивная аналитика — это совокупность инструментов моделирования состояния объекта управления в режиме РВ на основании данных, получаемых в ходе его эксплуатации. Например, в случае ядерных энергетических установок такое моделирование может включать в себя множество созависимых физико-математических моделей — в частности, гидродинамическую, теплофизическую, нейтронно-физическую, химическую, радиационно-химическую, прочностную и другие. Эффективная среда предиктивной аналитики должна уметь использовать такие модели с поправкой на необходимость обсчитывать модели как в режиме РВ, так и в режимах, превышающих РВ. Для этого нужны достаточно серьёзные вычислительные ресурсы (разд. 9.1.1). Строить инфраструктуру предиктивных вычислений, например, для каждого энергоблока достаточно затратно. Как и в предыдущем примере, модели предиктивной аналитики, зачастую являющиеся частью ЦД, могут быть загружены и синхронизированы с объектом управления в момент маневрирования или возникновения иной сложной ситуации, которая требует модельной верификации для поддержки принятия решения в задачах управления.

Предиктивное моделирование является основой концепции усовершенствованного управления (СУУ ТП[549]), которое подразумевает использование современных технологий и методов для повышения эффективности и надёжности управления технологическими процессами. Это включает в себя:

- интеграцию цифровых двойников для анализа и предсказания состояния системы в режиме РВ;
- применение искусственного интеллекта и машинного обучения для адаптации к специфике технологических процессов;
- предиктивное моделирование технологических процессов для оптимизации процесса управления;
- выработку стратегии управления в зависимости от целевых задач, такой как бережное производство или максимальная выработка на износ в связи с планируемой заменой оборудования;
- координацию РСУ для повышения отказоустойчивости.

Усовершенствованное управление, в свою очередь, представляет собой шаг в направлении автономного безлюдного управления: оператор останется только наблюдателем (супервайзером). Человек задаёт стратегические цели, а управляет технологическим процессом машина. Автономное управление

[549] Advanced process control (APC).

не является концепцией далёкого будущего, такие производства уже существуют.

11.3.4. Интернет вещей

Интернет вещей (IoT) и индустриальный интернет вещей (IIoT) динамично развиваются. Драйвером этих технологий является прежде всего развитие беспроводных технологий (5G, 6G и др.). Платформам сервисного обслуживания устройств IoT и IIoT требуется серьёзная многосвязная распределённая инфраструктура. Отрасль интернета вещей развивается за счёт облачных технологий, граничных и туманных вычислений, виртуальных сетей — как классических, так и слабосвязных mesh-сетей. Разнообразные платформы интернета вещей появляются, как грибы после дождя, и их будет становиться всё больше. Каждая платформа по-своему уникальна, она рассчитана на свой круг задач. Иногда выгоднее собрать (разработать) свою платформу, наделив её требуемым функционалом. Рассмотренные подходы могут стать основой архитектуры такой платформы.

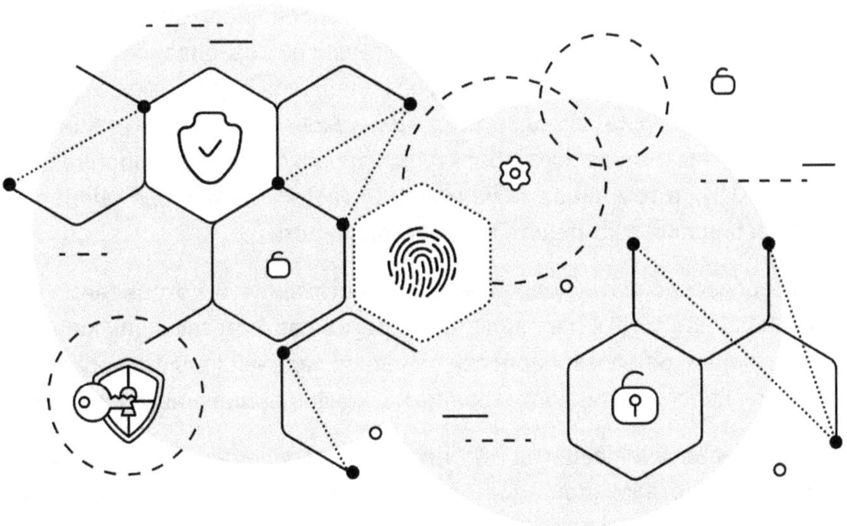

Глава 12. Кибербезопасность РСУ

В этой книге термин «кибербезопасность»[550] следует понимать как подмножество дисциплин, изучаемых наукой «информационная безопасность» (ИБ), гармонизированное и не противоречащее требованиям промышленной и функциональной безопасности. Эти требования очень важны для РСУ технологических и производственных процессов. Западные издания пользуются терминами cybersecurity и computer security, которые наиболее точно отражают смысл термина «кибербезопасность».

Разделяют подходы к обеспечению кибербезопасности в области информационных и операционных технологий (IT и OT cybersecurity). Важно отметить, что РСУ однозначно следует в большей степени отнести к операционным технологиям, чем к информационным, даже когда РСУ является составной частью ИТ-инфраструктуры (а не промышленной системы), например сервисной платформой, обслуживающей ИТ. Такой подход не отменяет необходимость обеспечения кибербезопасности объектов РСУ применительно к обеим технологиям.

[550] Cybersecurity, NIST, ИСО/МЭК 27001.

Задачей кибербезопасности является обеспечение непрерывности, безопасности и эффективности технологических и производственных процессов. Кибербезопасность представляет собой набор средств, стратегий, принципов обеспечения безопасности, гарантий безопасности, подходов к управлению рисками, действий, профессиональной подготовки, страхования и технологий, которые используются для защиты ресурсов защищаемых объектов. Отдельно выделяют объекты критической информационной инфраструктуры (КИИ), в том числе значимые (ЗОКИИ), к РСУ которых предъявляют высокие требования в контексте кибербезопасности.

Кибербезопасность подразумевает достижение и сохранение свойств киберзащищённости РСУ, направленных против соответствующих киберугроз. При обеспечении кибербезопасности основной задачей является обеспечение доступности, целостности, достоверности и конфиденциальности данных.

Для обеспечения защиты РСУ необходимо определить источники угроз, выявить уязвимости компонентов. Необходимо оценить векторы атак на РСУ и спланировать стратегию защиты.

12.1. Угрозы в РСУ

Выделяют угрозы целостности, доступности и конфиденциальности информации. Для РСУ угрозы конфиденциальности являются несущественными. Если произойдёт утечка данных, РСУ функционировать не перестанет. А вот если произойдёт нарушение целостности (разд. 6.1) и доступности (разд. 7.2.4) компонентов РСУ, то для автоматизации КИИ это будет серьёзной проблемой. По этой причине именно эти угрозы рассмотрены в настоящей книге.

Современные РСУ состоят из огромного количества разнообразного оборудования и ПО. РСУ крупных промышленных предприятий могут управлять сопряжением оборудования сотен поставщиков, обеспечивать взаимодействие с десятками внешних программных систем. Каждое устройство, обслуживаемое РСУ, сопрягаемое ПО, является потенциальным источником угроз для РСУ.

В жизненном цикле (разд. 9.3.6) объекта автоматизации доступ к поставляемому оборудованию и ПО имеет непредсказуемое число субъектов. Таким образом, количество техногенных и антропогенных источников[551] угроз очень велико.

[551] Классификация источников угроз, #12-01 [w].

12.1.1. Техногенные источники угроз

Масштаб разнообразия оборудования и ПО в крупной РСУ может произвести сильное впечатление. В качестве примера можно рассмотреть РСУ крупного промышленного предприятия. В составе такой РСУ обязательно будут представлены следующие компоненты:

- датчики и исполнительные механизмы;
- программно-логические контроллеры (ПЛК);
- устройства промышленного интернета вещей;
- оборудование управления сетями: коммутаторы, маршрутизаторы;
- серверное оборудование;
- клиентские устройства;
- устройства коллективного пользования: экраны, панели;
- устройства ввода: функциональные клавиатуры, панели;
- периферийное оборудование.

Оборудование содержит массу системного ПО, такого как:

- прошивки контроллеров;
- прошивки сетевых устройств;
- прошивки серверного оборудования: БСВВ[552], BMC[553], прошивки серверных сетевых устройств;
- прошивки клиентских устройств: БСВВ, прошивки клиентских сетевых устройств, прошивки видеокарт;
- микропрограммы процессоров;
- микропрограммы дисков HDD, SSD.

Функционирование общего ПО обеспечивает следующее оборудование:

- загрузчики;
- операционные системы (ОС);
- драйверы встраиваемых устройств;
- СУБД и шины данных;
- серверы преобразования протоколов (OPC, MQTT и др.).

РСУ обычно содержит разнообразное прикладное ПО, системы диагностики, мониторинга, управления, бизнес-приложения. Оборудование и ПО, составляющие часть РСУ, поступают от самых разных вендоров в разнообразных сочетаниях и с чередованием всего вышеперечисленного. Вместе они могут составлять десятки тысяч устройств и программных компонентов. Со временем часть оборудования отказывает, устаревает, аппаратные

[552] Базовые средства ввода-вывода, #12-02 [w].
[553] Baseboard Management Controller, #12-03.

и программные компоненты проходят модернизацию. Каждый из указанных компонентов РСУ может быть потенциальным источником угроз. Источниками угроз могут быть и сама координирующая система РСУ, и её компоненты. Наиболее значимой проблемой является обеспечение доверия всех вышеуказанных компонентов (разд. 12.4.2).

12.1.2. Антропогенные источники угроз

Антропогенные угрозы, или человеческий фактор, наиболее непредсказуемы. В целом, с точки зрения расположения угроз относительно объекта автоматизации выделяют внешние и внутренние источники.

Внутренний источник может получить доступ к оборудованию и ПО. Он может внести в него изменения, которые приведут к неприятным последствиям. Внешний источник также может получить доступ к оборудованию. Важно отметить, что если внешний источник внёс изменения в компоненты РСУ на этапе поставки, то применительно к этим компонентам угроза становится техногенной.

12.2. Уязвимости в РСУ

Уязвимости компонентов РСУ классифицируют относительно источника угроз. Разделяют уязвимости относительно техногенного и антропогенного, внешнего и внутреннего источников.

Что касается человеческого фактора, тут всё понятно. Внешние и внутренние нарушители могут воспользоваться уязвимостями в технических средствах, и остановить их не так просто. Следовательно, важно устранить все возможные источники техногенных угроз или минимизировать их воздействие.

Уязвимости могут таиться в любом компоненте РСУ (разд. 12.1.1). Их можно классифицировать[554] как непреднамеренные и преднамеренные. Разработчик технических средств может намеренно заложить в архитектуру условия для возникновения уязвимостей, а может случайно пропустить ошибку, которая впоследствии может быть использована злоумышленником.

Жизненный цикл компонентов РСУ подразумевает этапы тестирования, которые включают в себя разнообразные методы исследования технических средств на уязвимости.

[554] Классификация уязвимостей, #12-04 [w].

12.2.1. Методы исследования уязвимостей

Уязвимости оборудования и ПО выявляются при проведении обычного тестирования[555], а именно модульного, интеграционного, функционального, сквозного, нагрузочного, регрессионного и некоторых специальных видов тестирования.

Применяются различные специализированные виды тестирования, предназначенные для выявления уязвимостей. Тестирование на проникновение[556] предполагает целенаправленное воздействие на компоненты РСУ различными методами с последующим анализом их поведения.

Поиск уязвимостей может сопровождаться исследованием документации и исходного кода объекта исследования для поиска опасных конструкций, приводящих к их появлению. Это упрощает формулирование условий для тестирования на проникновение. Такое тестирование называется «тестированием белого ящика». Если документация и исходный код недоступны, тестирование называется «тестированием чёрного ящика». Если доступна только часть документации и исходного кода, такое тестирование называется «тестированием серого ящика». При особой необходимости может быть проведен реверс-инжиниринг, который может заключаться в дизассемблировании ПО, исследовании аппаратных компонентов, вплоть до восстановления топологии микропроцессоров. Это невероятно длительный и дорогостоящий процесс.

Уязвимости могут проявляться в режиме сопряжения компонентов РСУ. Для выявления таких уязвимостей исследуется генерируемый сетевой трафик, моделируется тестовый трафик, который может вызвать целевое исследуемое поведение компонентов РСУ.

Часть таких исследований можно автоматизировать. Их следует периодически проводить в автоматизированном или автоматическом режиме.

Не стоит забывать, что, когда объект является целью для атаки, такие исследования проводят как специализированные лаборатории, так и лаборатории злоумышленников. Возникает закономерный вопрос: кто успеет первым?

---

[555] Виды тестирования, #12-05 [w].
[556] Penetration test, #12-06 [w].

12.3. Методы проведения атак РСУ

Атаки на РСУ, обслуживающие объекты КИИ отрасли, могут готовиться десятилетиями. В подготовке таких атак могут участвовать целые специализированные институты. В программах подготовки целевых атак могут быть задействованы фабрики, интегрирующие уязвимости в технические средства. Для сокрытия таких уязвимостей могут быть затрачены колоссальные ресурсы. В подобных программах могут участвовать международные корпорации, разведслужбы государств. Исследования такого рода уязвимостей на порядки дороже, чем их инкапсуляция в поставляемые системы, они практически недоступны большинству государств. Подобные атаки известны, они проводились множество раз. Как правило, все такого рода атаки осуществляются в отложенном режиме, без участия человека, так как целевые РСУ, обслуживающие объекты КИИ, тщательно изолированы от внешнего воздействия.

Целями и источниками атак могут быть любые технические средства, компоненты РСУ (разд. 12.1.1). Следовательно, основным методом атаки является эксплуатация уязвимостей приведённых выше компонентов РСУ. Такая эксплуатация может осуществляться в автоматическом режиме или посредством воздействия человека.

12.3.1. Виды атак

Существует множество видов атак, способных отрицательно повлиять на РСУ. Значимой угрозой для РСУ является нарушение целостности и доступности. Нарушение доступности может повлечь за собой нарушение целостности (консистентности, глава 6) данных целевой системы. Атакована может быть часть локальных узлов, а подсистемы РСУ могут не получать данные из атакуемых сегментов.

РСУ может включать в себя множество разнообразных объектов, компонентов, подсистем, влияющих на её работу. Данные об этих компонентах могут быть полезны для проведения разнообразных атак. Среди них можно выделить данные:

- о конфигурации конечного оборудования;
- сопряжении подсистем и компонентов;
- источниках измерений и средствах управления;
- технологических сигналах, их состоянии;
- характере изменений состояния;
- технологических границах сигналов;

- диагностических сообщениях и тревогах;
- управляющих командах;
- алгоритмах и сценариях управления;
- конфигурации средств защиты информации;
- конфигурации средств управления ИБ.

Понимая логику работы целевой системы, обладая знаниями о деталях её конфигурации, злоумышленник может нанести серьёзный урон целевой РСУ.

По времени воздействия атаки делят на активные и отложенные (пассивные). Зрелые РСУ обычно содержат средства диагностики и управления информационной безопасностью (СУИБ). Поэтому активные атаки, как правило, так или иначе становятся заметны сразу же.

С отложенными атаками дело обстоит сложнее. Источники проведения отложенных атак могут быть размещены в РСУ на любом из этапов жизненного цикла целевой системы. Такие атаки могут быть незаметны до тех пор, пока не будут активированы.

Отложенные атаки могут быть активированы по условию. Это может быть встроенный таймер, команда злоумышленника или определённое состояние целевой РСУ. Например, атака может быть проведена в процессе маневрирования ядерной энергетической установкой.

Активные атаки могут быть незаметными, в результате чего РСУ будет длительное время работать некорректно и незаметно навредит объекту автоматизации.

Такие атаки могут вызвать преждевременную деградацию (разд. 7.3) оборудования объекта автоматизации и в итоге привести к отказу его подсистем.

По количеству источников воздействия атаки делят на точечные и распределённые. Очевидно, что точечная атака на РСУ не способна нанести ей существенный вред, если только она не направлена на критически важную подсистему РСУ, такую как система безопасности управления. Распределённые атаки на РСУ являются самыми неприятными.

Деградация РСУ, связанная с проведением активной распределённой атаки, может быть идентифицирована. А отложенные распределённые атаки являются самыми сложными с точки зрения идентификации и при этом самыми эффективными, хотя их сложнее всего реализовать.

Отложенная распределённая атака на РСУ может моментально привести к молниеносной активации всех заложенных в подсистемы РСУ компонентов атаки. В момент атаки все такие компоненты становятся активными, они могут мгновенно повредить работу РСУ, обслуживающей целевой объект автоматизации. Отложенная атака, влияющая на изменение поведения РСУ, может привести к непредсказуемому результату управления целевым объектом автоматизации. В такой ситуации управление технологическим процессом может быть действительно утрачено. Отложенные распределённые атаки особенно опасны для РСУ, обслуживающих объекты КИИ, нарушение работы которых может привести к катастрофическим последствиям.

Про большинство видов атак написано много статей и книг. Важно обратить внимание на один из самых сложных с точки зрения реализации методов атак, заключающийся в изменении логики РСУ целевого объекта автоматизации.

12.3.2. Жизненный цикл атак

Подготовка к атаке на РСУ может быть проведена на любом из этапов жизненного цикла (ЖЦ) целевой системы. Подготовка к атаке, а точнее инкапсуляция компонентов атаки в целевую систему, может быть осуществлена на любом этапе ЖЦ, таком как:

- проектирование;
- пусконаладка;
- ввод в эксплуатацию;
- эксплуатация;
- вывод из эксплуатации для ремонта;
- плановый ремонт;
- ввод в эксплуатацию после планового ремонта;
- вывод из эксплуатации опасных объектов.

Наиболее эффективным способом проведения целевой атаки является внедрение уязвимостей на этапе проектирования системы.

На этапе проектирования злоумышленник может осуществить поставку средств проектирования и разработки, содержащих ошибки в расчётных кодах моделирования систем целевого объекта автоматизации. Неправильные расчёты могут привести к преждевременной деградации важных с точки зрения эксплуатации узлов целевого объекта автоматизации. Например, некорректно рассчитанная газовая турбина энергоблока может выйти из строя. Такого рода последствия могут и не привести к катастрофе, однако объекты генерации могут прекратить выработку электроэнергии, что сильно повлияет на экономику региона.

Злоумышленник может быть осведомлен о деталях устройства алгоритмической логики управления объектом автоматизации. В этом случае злоумышленник может повлиять на проектируемую систему таким образом, чтобы в сочетании с применяемой алгоритмической логикой управления нанести максимальный урон объекту автоматизации с помощью вроде бы доказанно доверенной РСУ в режиме эксплуатации.

Атаки на уровни проектирования сложны. Они требуют длительной подготовки, колоссальных ресурсов, серьёзной аналитики и вовлечения сети агентов влияния. Подобные атаки имели место в истории, а их последствия были весьма серьёзными. Подготовить такие атаки могут крупные распределённые хакерские группировки — как с целью нарушения работы целых отраслей промышленности, так и с целью дискредитации конкурирующих технологий.

12.3.3. Логические атаки

Опасным видом атак являются атаки, эксплуатирующие внутреннюю логику работы РСУ, такие как атака, эксплуатирующая способность РСУ навредить самой себе. Подобная атака может создать условия, при которых в РСУ будет генерироваться большой объём диагностических сообщений, которые могут, как шторм, забить используемые в РСУ важные каналы связи. Шторм может вызвать отказ в обслуживании (DoS). Результатом может стать необходимость остановить объект автоматизации до устранения причин.

Логическая атака может вызвать изменение алгоритмов управления целевым объектом автоматизации и нанести ему существенный ущерб.

12.4. Методы защиты РСУ

Методы защиты РСУ от целевых атак весьма разнообразны. Важным условием успеха защиты РСУ является выработка моделей защиты целевого объекта автоматизации на каждом этапе ЖЦ. На каждом этапе ЖЦ объекта автоматизации следует тщательно оценить доверие к применяемым компонентам РСУ. Каждый этап ЖЦ позволяет выработать иной подход к оценке доверия к компонентам РСУ.

Важно определить степень доверия к компонентам РСУ и понять, как повысить доверие на этапах ЖЦ, на которых потенциальная атака может нанести существенный урон. Важно выработать культуру инвентаризации компонентов, чтобы было понятно, какие компоненты должны быть оценены с точки зрения доверия.

Особое внимание необходимо уделить блокировке недоверенных компонентов на изменение конфигурации, для чего могут быть эффективно применены методы доверенной загрузки компонентов РСУ.

Не следует забывать, что с точки зрения защиты распределённая система обладает существенными преимуществами перед централизованными системами. Распределённая система может содержать технологическое разнообразие компонентов, способное защитить объект автоматизации и существенно снизить вероятность успешной атаки. Такую особенность РСУ рекомендуется использовать при проектировании управляющих систем и методов защиты управления.

12.4.1. Понятие доверия в РСУ

Доверие к РСУ, очевидно, определяется совокупностью доверенных узлов. Возникает вопрос: считать ли систему доверенной, если один из узлов подвергается отрицательному воздействию.

Состояние (степень) доверия к РСУ можно классифицировать по аналогии с консистентностью (разд. 6.7). В контексте такой классификации разумно рассмотреть следующие состояния доверия:

- строгое доверие к системе;
- слабое доверие;
- доверие в конечном счёте;
- доверие по времени;
- строгое доверие в конечном счёте.

Под строгим доверием к системе следует понимать абсолютное доверие к системе. Применять такую степень доверия к целевой системе весьма опасно.

Слабое доверие к целевой системе является разумным выбором. В данном случае необходимо определить условия, которые должны быть выполнены, чтобы в конечном счёте системе можно было доверять, или то, в какие временные интервалы система будет находиться в требуемом состоянии доверия.

12.4.2. Повышение доверия

Базовый метод обеспечения защиты РСУ заключается в повышении доверия к разнообразию компонентов аппаратного и программного обеспечения и к системе в целом. Иногда этот процесс выглядит как создание доверенной системы из недоверенных компонентов.

Самым простым шагом к повышению доверия является применение доверенного оборудования и ПО. Вопрос в том, на основе каких факторов делают вывод о доверии. Таких факторов может быть много. Например, это может быть наличие сертификации регулятора по ИБ, репутация вендора или поставщика, а лучше всё вместе.

Современные требования к кибербезопасности объектов КИИ включают в себя самые жёсткие меры по повышению доверия. Требования подразумевают использование доверенных процессоров, что само по себе является сложной задачей в масштабе крупных партий.

На рынке существуют технические решения доверенных БСВВ для серверного и клиентского оборудования. Подобрать контроллер с доверенной прошивкой, который будет выполнять все требования целевой системы, не так просто. Коммутаторы с доверенными прошивками широко представлены на рынке, но их стоимость существенно превышает стоимость обычных.

Существующее доверенное общее ПО, такое как ОС, СУБД, шины данных, в целом является относительно доверенным. Независимо от исследований пакетов ПО, входящих, например, в распространённые сертифицированные дистрибутивы на основе Linux, они не гарантируют абсолютную защиту компонентов РСУ и всей системы в целом.

12.4.3. Инвентаризация

Современные РСУ позволяют управлять подсистемами и отдельными объектами. Такие РСУ обеспечивают разнообразные дополнительные второстепенные функции. Например, для проведения диагностики новых объектов их прежде всего необходимо зарегистрировать в системе. Подобные действия уже являются некой формой инвентаризации.

Зрелые системы позволяют вести учёт изменений состояния и конфигурации объектов РСУ, а также подробный автоматизированный или полуавтоматизированный учёт изменений. Если РСУ умеет опрашивать конфигурации конечного оборудования, это существенно повышает надёжность целевой системы. Можно отслеживать попытки несанкционированного изменения конфигураций оборудования.

Некоторые системы могут опрашивать конфигурации, управлять прошивками конечных устройств, осуществлять их обновление и конфигурирование.

12.4.4. Доверенная загрузка

Одним из методов защиты конфигурации объектов РСУ является обеспечение доверенной загрузки аппаратных компонентов (разд. 12.1.1).

Доверенная загрузка подразумевает использование специальных программных или аппаратно-программных средств на объектах, предполагающих наличие конфигурации, прошивки, ОС. Средства доверенной загрузки позволяют осуществить загрузку устройства и чтение конфигурации из доверенного, защищённого хранилища. Такое хранилище в самом простом варианте реализации может быть неперезаписываемым или криптографически защищённым.

При изменении конфигурации или прошивки средства доверенной загрузки могут идентифицировать несанкционированные изменения конфигурации оборудования и сигнализировать об этом диагностической подсистеме РСУ, таким образом оповестив оператора.

12.4.5. Распределённость как метод защиты

Хорошо спроектированные РСУ, как правило, устойчивы к разделению и могут находиться в таком состоянии длительное регламентированное время, достаточное для устранения неприятности, приведшей к нарушению консистентности. Некоторые РСУ могут работать в режиме длительной неконсистентности.

Если разделение системы и последующая утрата консистентности произошли в связи с тем, что система испытывает отрицательное воздействие (атаку), то атаку можно диагностировать. Диагностика подобной атаки вполне тривиальна, если при проектировании учесть возможность возникновения такого рода событий.

Локализация такой атаки может осуществляться путём принудительного отключения узла, в котором атака зафиксирована, с целью остановить распространение последствий атаки на смежные узлы и подсистемы.

В любом случае РСУ должна уметь сохранять функции управления. Управление должно осуществляться в локальных, отключённых от централизованного управления узлах и подсистемах. В подобных случаях могут оказаться полезными различные локальные моделирующие функции, прогнозирующие поведение централизованной системы.

Решение о принудительном отключении узла или подсистемы, системы должно быть принято на основании заранее определённой логики. Чаще всего применяется метод мажоритарной логики. Предположим, что малая часть узлов системы стала неконсистентной, а количество неконсистентных данных аномально выросло. Такие данные претендуют на роль источника синхронизации, однако этот узел никогда раньше не был источником подобных изменений. Таким образом, можно считать, что данный узел подвергся атаке и должен быть отключён или приведён в состояние разделения с остальными узлами системы. В ВНС подобные непрерывные проверки приведут к ещё большей нагрузке на систему. Если безопасность системы является приоритетом функционирования системы, при проектировании системы придётся запланировать такого рода ресурсы.

12.4.6. Защита управления

Следует уделить особое внимание защите РСУ при управляющих воздействиях. Когда система находится в состоянии слабого доверия, в интервалы управления следует игнорировать всё лишнее. Все источники, не участвующие в процессе управления, которые могут вызвать шторм или лишнюю активность, должны быть заблокированы. Данные от таких источников не должны влиять на участвующие в управлении узлы.

При наличии средств защиты информации РСУ может взаимодействовать с ними в режиме управления. В случае выявления атак или аномального состояния РСУ может остановиться, прервав управление до устранения причин тревоги.

Для обслуживания команд управления в защищённом режиме рекомендуется применять архитектурный шаблон «разделение ответственности команд и запросов» (разд. 10.2.9).

12.4.7. Типовые методы защиты

В РСУ могут быть применены самые разнообразные методы защиты информации, выявления и предотвращения атак. Возможно применение наложенных средств защиты информации, однако встроенные в целевую систему средства защиты всегда будут вести себя лучше.

Средства защиты сетей и конечных узлов рекомендуется интегрировать со средствами диагностики и оповещения целевой системы.

Применение средств криптографической защиты информации (СКЗИ) в РСУ целесообразно при использовании публичных каналов связи. При необходимости повсеместного применения СКЗИ в целевой системе лучше обеспечить соответствующую интеграцию.

Приложение 1. Принятые сокращения

Сокр.	Расшифровка	Альт.
ACID	atomicity, consistency, isolation, durability	
AMP	asymmetric multiprocessing	
APC	advanced process control	СУУ
ARC	adaptive replacement cache	
BASE	basically available, soft state, eventually consistent	
BFT	byzantine fault tolerance	
CAP	availability, consistency, partition tolerance	
CDN	content delivery network	
CIM	common Information model	
CQRS	command query responsibility segregation	
CRDT	conflict-free replicated data type	
CRUD	create, read, update, delete	
DBMS	database management system	СУБД
DCS	distributed control system	РСУ
DDAD	domain-driven architecture design	
DDD	domain-driven design	
DDoS	distributed DoS	
DLM	distributed lock manager	РМБ
DoS	denial of service	
DRP	disaster recovery plan	
DRS	disaster recovery solution	
DRT	disaster response training	
DSM	distributed shared memory	РРП
DTO	data transfer object	ОТД
EDA	event-driven architecture	СУА
FGM	functional group management	ФГУ
FIFO	first in, first out	
GbE	gigabit ethernet	
HDD	hard disk drive	
HDS	hardware defined storage	
HLS	high load system	ВНС

Сокр.	Расшифровка	Альт.
IIoT	industrial internet of things	
IoT	internet of things	
ITIL	IT infrastructure library	
LFU	least-frequently used	
LIFO	last in, first out	
LMA	local memory access	
LRU	least recently used	
MPS	messages per second	
MQCA	multi queue caching algorithm	
MRU	most recently used	
MSA	microservices architecture	MCA
MTBF	mean time between failures	
MTTD	mean time to detect	
MTTR	mean time to recovery	
NUMA	non-uniform memory access	
NVMe	non-volatile memory express	
OTBF	operating time between failures	
RAID	redundant array of independent disks	
RAIM	redundant array of independent memory	
RAIN	redundant array of independent nodes	
RDMA	remote direct memory access	
RLBS	replicated load-balanced services	
RoCE	RDMA over converged ethernet	
RMA	remote memory access	
RPO	recovery point objective	
RT	real time	PB
RTO	recovery time objective	
RTS	real time system	CPB
SBD	secure by design	РБПО
SCADA	supervisory control and data acquisition	
SDM	software defined memory	
SDN	software defined network	
SDS	software defined storage	

Сокр.	Расшифровка	Альт.
SLA	service level agreement	
SLI	service level indicators	
SMP	symmetric multiprocessing	
SOA	service-oriented architecture	COA
SSD	solid-state storage device	
SQL	structured query language	
TMR	triple modular redundancy	TMP
TTL	time to live	
QoS	quality of service	
АО	аппаратное обеспечение	HW
АСУ	автоматизированные системы управления	ACS
АПК	аппаратно-программный комплекс	
АЭС	атомная электростанция	NPP
БПЛА	беспилотный летательный аппарат	
ВНС	высоконагруженная система	HLS
ИБ	информационная безопасность	
ИТ	информационные технологии	IT
ЖЦ	жизненный цикл	
ЗИП	запасные части, инструменты и принадлежности	
КИИ	критическая информационная инфраструктура	
МСА	микросервисная архитектура	MSA
ЛСУ	локальная система управления	
ОЗУ	оперативно-записывающее устройство	
ОС	операционная система	OS
ОТД	объекты транспорта данных	DTO
ПАЗ	противоаварийная защита	SIS
ПАК	программно-аппаратный комплекс	
ПЛК	программно-логический контроллер	PLC
ПТК	программно-технический комплекс	
ПО	программное обеспечение	SW
ППИ	прикладной программный интерфейс	API
РБПО	разработка безопасного ПО	SBD
РВ	реальное время	RT

Сокр.	Расшифровка	Альт.
РВС	распределённая вычислительная система	
РЗА	релейная защита и автоматика	
РМБ	распределённый менеджер блокировок	DLM
РРП	распределённая разделяемая память	DSM
РС	распределённая система	
РСО	распределённая система обслуживания	
РСУ	распределённая система управления	DCS
РСУБД	распределённая СУБД	DDBMS
САУ	система автоматического управления	ACS
СЗИ	средства защиты информации	
СКЗИ	средства криптографической защиты информации	
СРВ	система реального времени	RTS
СРК	система резервного копирования	
СОА	сервис-ориентированная архитектура	SOA
СУА	событийно-управляемая архитектура	EDA
СУБД	система управления базами данных	DBMS
СУИБ	система управления информационной безопасностью	SIEM
СУУ	система усовершенствованного управления	APC
СХД	система хранения данных	
ТМР	тройное модульное резервирование	TMR
ТП	технологический процесс	
ФГУ	функционально-групповое управление	FGM
ЦД	цифровой двойник	
ЦОД	центр обработки данных	DC

Приложение 2. Перечень шаблонов проектирования

Перечень упомянутых в книге шаблонов проектирования

Шаблон	Pattern	Раздел
Автоматический выключатель	Circuit Breaker	10.2.12
Архитектура на основе сервисов	Service-Based Architecture	10.5.1
Архитектура на основе единого пространства	Space-Based Architecture	10.5.4
Амбассадор	Ambassador	8.2.2
Брокер очередей	Queue broker	4.7.3
Брокер сообщений	Message broker	4.7.3
Ведущий — ведомый	Leader — follower	4.2.1
Выбор лидера	Leader election	4.3.1
Выделенное ядро	Dedicated core	10.1.7
Двухфазная фиксация	Two-phase commit	10.3.2
Гексагональная архитектура	Hexagonal architecture	10.4.3
Единая точка входа	Common entry point	4.3.1
Избыточность	Redundancy	4.2.3
Издатель — подписчик	Publisher — subscriber	10.1.2
Интерконнект	Interconnect	10.2.1
Каталог данных	Data catalog	9.3.4
Каналы и фильтры	Pipes & filters	10.1.1
Кворум	Quorum	10.3.1
Клеточная архитектура	Cell architecture	10.4.5
Клиент — сервер	Client — server	10.1.4
Конвейер	Pipeline	10.1.5
Кеш на стороне	Cache-aside	5.2.3
Липкая сессия	Sticky session	6.5.5
Луковичная архитектура	Onion architecture	10.4.2
Микросервисная архитектура	Micro Service Architecture (MSA)	10.2.5
Многопутевой доступ	Multipath access	10.2.2
Многослойная архитектура	Layered architecture	10.1.6

Шаблон	Pattern	Раздел
Многоуровневая архитектура	Tiered architecture	10.1.4
Общие данные	Shared data	3.3.1
Ограничитель скорости	Rate limiter	10.2.13
Одноранговая сеть	Peer to peer	10.1.4
Оркестратор	Orchestrator	10.2.7
Очередь сообщений	Message queue	4.7.2
Перегородка	Bulkhead	10.2.13
Поточная очередь	Thread pool	4.7.4
Предметно-ориентированная архитектура	Domain-Driven Design (DDD)	10.4.1
Прицеп	Sidecar	7.3.3
Рассеивание — сбор	Scatter — Gather	4.4
Сага	Saga	10.3.7
Сервис-ориентированная архитектура	Service-Oriented Architecture (SOA)	10.2.5
Событийная архитектура	Event-driven architecture (EDA)	10.2.4
Структуры, защищённые от конфликтов репликации	Conflict-Free Replicated Data Types (CRDT)	10.2.11
Структуры транспорта данных	Data Transfer Objects (DTO)	10.2.10
Суперконвейер	Super pipeline	10.1.5
Разделение ответственности команд и запросов	Command Query Responsibility Segregation (CQRS)	10.2.9
Разделяемая база данных	Shared database	4.9
Распределённое ядро	Distributed core	10.2.8
Реплицированные сервисы с распределением нагрузки	Replicated Load-Balanced Services (RLBS)	10.2
Фабрика данных	Data fabric	9.3.4
Фабрика сервисов	Service fabric	9.3.4
Хореография	Choreography	10.2.7
Хранение событий	Event Sourcing	10.2.4
Чистая архитектура	Clean architecture	10.4.4
Шардинг	Sharding	3.3.7

Приложение 3. Литература и источники

В книге приведены ссылки на источники (статьи, прочие материалы), начинающиеся с символа #. Символом ▸ отмечены ссылки на рекомендуемые видеоматериалы. Отметкой [pdf] выделены ссылки на статьи в формате PDF. Отметкой [w] выделены ссылки на статьи в электронной энциклопедии.

Список использованной и рекомендуемой литературы.

1. Вентцель Е. С., Овчаров Л. А. Теория вероятностей. М.: Наука, 1969. 368 с.
2. Воеводин В. В., Воеводин Вл. В. Параллельные вычисления. СПб.: БХВ-Петербург, 2002. 608 с.
3. Елизаров И. А., Мартемьянов Ю. Ф. Технические средства автоматизации. Программно-технические комплексы и контроллеры: учебное пособие. М.: Машиностроение-1, 2004. 180 с.
4. Гамма Э., Хелм Р., Джонсон Р., Влиссидес Дж. Приёмы объектно-ориентированного проектирования. Паттерны проектирования. СПб.: Питер, 2012. 368 с.
5. Ивченко Г. И., Каштанов В. А., Коваленко И. Н. Теория массового обслуживания. Учебное пособие для вузов. М.: Высшая школа, 1982. 256 с.
6. Оленев Н. Н. Основы параллельного программирования в системе MPI. М.: ВЦ РАН, 2005. 80 с.
7. Петров А. Распределённые данные. Алгоритмы работы современных систем хранения информации. СПб.: Питер, 2021. 336 с.
8. Петров О. Внутреннее устройство баз данных — глубокое погружение в то, как работают распределённые системы баз данных. O'Reilly, 2019. 349 с.
9. Подольный В. П. Архитектура высоконагруженных систем. Системы сбора информации, распределённые системы управления, системы реального времени. М.: OneBook, 2024. 262 с.
10. Сомасундарам Г., Шривастава А., От хранения данных к управлению информацией. СПб.: Питер, 2016. 504 с.
11. Согомонян Е. С., Слабаков Е. В. Самопроверяемые устройства и отказоустойчивые системы. М.: Радио и связь, 1989. 207 с.
12. Таненбаум Э. Архитектура компьютера. 5-е изд. СПб.: Питер, 2013. 884 с.
13. Таненбаум Э., ван Стеен М. Распределённые системы. СПб.: ДМК Пресс, 2021. 584 с.

14. Фаулер М., Садаладж П. Дж. NoSQL. Новая методология разработки нереляционных баз данных. М.: Вильямс, 2013. 192 с.

15. Chevance R. J. Server Architectures: Multiprocessors, Clusters, Parallel Systems, Web Servers, Storage Solutions. Digital Press, 2004. 784 p.

16. Curé O., Blin G. Chapter 2. Database Management Systems. In: RDF Database Systems: Triples Storage and SPARQL Query Processing. Elsevier Science, 2014. 256 p.

17. Davies H., Bressan B., editors. A History of International Research Networking: The People who Made it Happen. John Wiley & Sons, 2010. 347 p.

18. Dhamdhere D. M. Operating Systems. McGraw-Hill Science/Engineering/Math, 2008. 864 p.

19. Dubrova E. Fault-Tolerant Design. New York: Springer New York, 2013. 185 p.

20. Foster I., Kesselman C. The Grid: Blueprint for a New Computing Infrastructure. Morgan Kaufmann Publishers, 1998. 562 p.

21. Hohpe G., Woolf B. Enterprise Integration Patterns: Designing, Building, and Deploying Messaging Solutions. Pearson Education, 2012. 736 p.

22. Huang D., Wu H. Mobile Cloud Computing: Foundations and Service Models. Morgan Kaufmann Publishers, 2017. 317 p.

23. Kshemkalyani A. D., Singhal M. Distributed Computing: Principles, Algorithms, and Systems. Cambridge University Press, 2011.

24. McCreary D., Kelly A. Making Sense of NoSQL: A guide for managers and the rest of us. Manning Publications, 2013. 312 p.

25. Molyneaux I. The Art of Application Performance Testing: Help for Programmers and Quality Assurance. O'Reilly Media, 2009.

26. Patterson D. A., Hennessy J. L. Computer Architecture: A Quantitative Approach. 4th ed. Burlington, Massachusetts: Morgan Kaufmann, 2006. 704 p.

27. Bernstein P., Newcomer E. Principles of Transaction Processing. 2nd Edition. Morgan Kaufmann Publishers. 2009. 400 p.

28. Sadalage P. J., Fowler M. NoSQL Distilled: A Brief Guide to the Emerging World of Polyglot Persistence. Addison-Wesley Professional. 2012. 192 p.

29. Severance C., Dowd K. High Performance Computing (RISC Architectures, Optimization & Benchmarks), 2nd ed. O'Reilly Media, 1998. 466 p.

30. Solihin Y. Fundamentals of Parallel Multicore Architecture. Boca Raton, Florida: Chapman and Hall/CRC, 2015. 468 p.

31. Sorin D. J., Hill M. D., Wood D. A. A Primer on Memory Consistency and Cache Coherence. Morgan & Claypool, 2011. 210 p.

32. Sosinsky B. Cloud Computing Bible. Wiley, 2010. 528 p.

33. Stallings W. Operating Systems — Internals and Design Principles. 7th ed. Prentice Hall, 2011. 816 p.

34. Sunshine C. A., editor. Computer Network Architectures and Protocols. Springer Science & Business Media, 2013. 542 p.

35. Tiwari Sh. Professional NoSQL. John Wiley & Sons Inc, 2011. 384 p.

Подольный Вадим

Архитектура высоконагруженных систем

3-е издание, дополненное

Главный редактор Мария Султанова
Руководитель проекта Анна Туровская
Арт-директор Татевик Саркисян
Иллюстратор Анастасия Балякно
Корректоры Максим Кузнецов, Елена Сербина, Евгения Якимова
Верстка Любовь Подольная
Препресс Белла Руссо

Издано под редакцией Альпина ПРО

ISBN 978-5-00206-054-2 (твердая обложка)
ISBN 978-5-00206-055-9 (мягкая обложка)
ISBN 978-5-00206-044-3 (EPUB)

www.ingramcontent.com/pod-product-compliance
Lightning Source LLC
LaVergne TN
LVHW080557051026
849527LV00004B/662